浙江省哲学社会科学规划
后期资助课题成果文库

U0647979

黄宗羲明文选本
文献学研究

The Study on the Philology of
Huang Zongxi's Selected Essays
Anthology of Ming Dynasty

崔 霞 著

ZHEJIANG UNIVERSITY PRESS
浙江大学出版社

目 录

绪　论

中国的 17 世纪,是天崩地解、风云变幻的时代,此间英才荟萃、能人辈出。有位传奇人物曾非常洒脱又略带无奈地自我宣称:"初锢之为党人,继指之为游侠,终厕之于儒林,其为人也,盖三变而至今。"①他在乱世飘摇动荡中经历了诸多大喧嚣、大波浪,最后铸就出常人难以企及的大风范、大成就。这位人生精彩纷呈、跌宕流转的历史名人,便是明清之际的文化巨匠、学术大儒——黄宗羲。黄宗羲(1610—1695),字太冲,号南雷,浙江宁波余姚人,世称梨洲先生、南雷先生等。他通经博古、精史善文,在波诡云谲的特殊年代,游刃有余地出入于不同学术领域之间,专心经营,建树卓著,将众多桂冠集于一身,在中国文化史上堪称特例。

当今学界对黄宗羲哲学、史学、政治思想等方面的成就向来称誉有加,相关研究成果迭现,比较之下,其文学领域的研究总体偏于薄弱。但其实黄宗羲文学著述相当宏富,成就亦很突出,丝毫不逊色于当时活跃在文坛上的文学大家。尤为可贵的是,他不仅写有大量诗文作品,还不惮精力编纂了《明文案》《明文海》《明文授读》三本大部头明文选集。可以说,编纂明文选本是黄宗羲以文保存有明一代 300 年史料的盛举,也是他彰显自己与众不同的散文理论和文学审美观的一种独特方式,而借助三大明文选本,我们也可以窥见黄宗羲深湛丰富、博洽融通的文学成就和精审严谨、高标大气的治学态度。故此,对《明文案》《明文海》《明文授读》展开研究,充分体认其学术价值,是我们展开黄宗羲明文选本研究的基本出发点。

一、研究现状综述

统观之,目前学界关于黄宗羲的生平经历、学术思想、著作整理等方面问题的研究成果林林总总,不一而足。学者们或从宏观层面展开整体性探索,或从微观角度予以个案细化分析。随着新视角的延展、新方法的丰富和研究体系的纵深推进,文学创作、文学理论等相关成果渐次涌现,近几十年来,原本略显沉寂的黄宗羲文学整体研究状况可谓大有起色,文献资料整理

---

① ［清］黄宗羲.自题［M］//［清］黄炳垕.黄宗羲年谱.王政尧,点校.北京:中华书局,1993:1.

方面也有喜人进步。现将黄宗羲明文选本的相关研究现状梳理如下。

近年来学界关于黄宗羲明文选本的研究多着眼于其版本考述及流传、编辑和文学思想等方面,成果渐多。兹综述如下。

1. 关于黄宗羲明文选本的版本、流传等研究

凡选本研究,版本考辨自是第一要义。《明文案》《明文海》因卷帙浩繁,刊刻不易,未尝付梓,但有各种稿本及抄本传世。而《明文授读》于康熙三十八年(1699)由黄宗羲门人张锡琨刻行,在有清一代广泛流传。目前关于黄宗羲明文选本版本考述和整理方面虽无专著出现,但已有多篇论文发表。其中先后刊载于《文献》上的两篇重量级文章:骆兆平的《〈明文案〉〈明文海〉稿本述略》①和童正伦的《〈明文海〉的编纂与传本》②都对黄宗羲明文选本的版本和流传情况给予了高屋建瓴的综合审视,作了相对深入细致的研究,引起了学人的高度关注。骆兆平文不仅论及现存的《明文案》稿本的具体卷数、各卷内容、稿本的流传端绪、散佚部分去向等问题,也对《明文海》的残稿现状、抽毁情况、流传抄本等展开了一定分析,并提出天一阁珍藏的《明文案》和《明文海》的残稿对了解原著的面貌,进行古籍整理出版和文献研究价值尤大。而童正伦主要就《明文海》的编纂、与《明文案》《明文授读》的差异以及特点和传本等情况予以了考述,并进一步分析了四库文渊阁本《明文海》的删改情况和原因等问题。他指出,黄宗羲之所以编纂有明一代之文,乃旨在赓续历史遗统,三选本在收录作者和篇数、编排体例、评语情况等方面互有出入,不尽相同。通过反复比较,他肯定浙图本《明文海》是现存最早、最全且有评之抄本,可视为《明文海》诸抄本之祖,四库全书本和其他抄本皆出于此,且缺文更多。这些成果对本书研究的深入展开均有所助益。他如汤纲、李明友的《〈明文海〉初探》③对《明文海》的编辑过程、版本情况、体例得失等作了较详尽的探讨,武玉梅的《〈明文海〉诸问题考述》④也对有关《明文海》的抄本、卷数和所收文章篇目等各具差异的说法进行了考证,极富借鉴价值。随后徐由由撰文介绍了原浙江图书馆馆长张宗祥对《明文海》进行增订的情况,⑤并大力呼吁学界重视张宗祥的《增订本〈明文海〉》,为我们的研究提供了又一新的借鉴材料和角度。郭英德教授所撰《黄宗羲明文

① 骆兆平.《明文案》《明文海》稿本述略[J]. 文献,1987(2).
② 童正伦.《明文海》的编纂与传本[J]. 文献,2003(7).
③ 汤纲,李明友.《明文海》初探[J]. 中国文化研究集刊:第三辑,1985.
④ 武玉梅.《明文海》诸问题考述[J]. 文献,2007(1).
⑤ 徐由由. 张宗祥与增订本《明文海》[J]. 中国典籍与文化,2000(4).

总集的编纂与流传——兼论清前期编选明代诗文总集的文化意义》①一文在对黄宗羲三部明文选本的编纂与流传情况逐一考证之后,重点强调了清前期明代诗文总集的编纂借文存人、借文存史的文化意义,对于今天的黄宗羲整体研究也大有裨益。宋学达教授新近发表的《〈明文海〉编纂的若干史实及版本源流考述》②一文对现存《明文海》较重要的 10 种抄本进行了认真的梳理考校,其所制《明文海》现存诸本之"一祖三宗"的版本源流关系图令人一目了然,印象深刻。他分前"四库"抄本、《四库全书》系列、后"四库"抄本系列几部分阐述了《明文海》现存诸本的源流关系,明确以浙江图书馆藏本为诸本之祖,国家图书馆藏朱格抄本自涵芬楼本出,而原涵芬楼藏本虽在修纂时代上晚于《四库全书》,但与诸"四库"本并无直接渊源关系,上海图书馆藏晚清抄本所存篇目少于文渊阁"四库"本,且其底本与"四库"不同,民国远碧楼本当系上海图书馆本中抄出,今仅余前 71 卷。其考证在一定程度上具有总结集成性质。

黄宗羲明文选本曾屡经删削抽毁,其删毁情况比较复杂,具有重大社会价值,学界对此也一直有所关注。春仲早于 1983 年即在《图书馆杂志》上发表了《明文海新探》③一文,文章虽短,但已初步对四库本删削的情况展开了分析,并提出以四库本与续钞堂本进行《明文海》的"补残校雠"之建议。而后 2003 年刘阳发表于《图书馆工作与研究》的论文《〈明文海〉文渊阁本抽毁稿初探》④介绍了原文渊阁《四库全书》中《明文海》抽毁稿的情况,认为其被抽毁的原因大都与政治上的违碍有关,同时强调研究抽毁稿对于探索《明文海》原貌的必要性。2004 年武玉梅所撰《清修〈四库全书〉对〈明文海〉之抽删探考》⑤一文对《明文海》被抽删问题阐述较详,分析更细。该文先从收文篇目、卷数等方面确认《明文海》被抽删之物证,然后剖析推测了《明文海》被抽删的原因、经过、范围及内容等问题,一定程度上弥补了学界在黄宗羲明文选本删削问题上论述流于简单之不足。而笔者所撰《黄宗羲〈明文海〉若干问题考略》⑥一文对《明文海》是否为黄宗羲晚年未定之本、原稿卷数几何、抽毁原因等问题进行了考证推理,认为《明文海》由于因人废言和因言废文等

① 郭英德.黄宗羲明文总集的编纂与流传——兼论清前期编选明代诗文总集的文化意义[J].郑州大学学报(社会科学版),2000(7).
② 宋学达.《明文海》编纂的若干史实及版本源流考述[J].图书馆研究与工作,2019(3).
③ 春仲.《明文海》新探[J].图书馆杂志,1983(2).
④ 刘阳.《明文海》文渊阁本抽毁稿初探[J].图书馆工作与研究,2003(4).
⑤ 武玉梅.清修《四库全书》对《明文海》之抽删探考[J].历史档案,2004(3).
⑥ 崔霞.黄宗羲《明文海》若干问题考略[J].广西社会科学,2018(11).

故频遭删改,今见者多为抽毁本,文献价值大大受损。上述宋学达教授的《〈明文海〉编纂的若干史实及版本源流考述》文在对《明文海》的删削情况予以综合梳理后,得出在遭到不同程度删削的各四库本中以文渊本、文澜本最劣的结论,带给人不一样的启发。河南省图书馆的徐黎娟在《〈明文海〉删余稿价值探析》①文中肯定《明文海》删余稿的存在除具文献价值与学术价值之外,还有更重要的史证价值,认为其不仅为清朝统治者禁锢民众思想而肆意删改图籍的做法提供了佐证,更为研究《四库全书》纂修史存留下极珍贵的第一手资料。

2014年黄灵庚教授主持的"《明文海》《明文案》《明文授读》及张宗祥《增订明文海》整理与研究"②课题是对黄宗羲明文选本整理的一次大手笔工作。据悉该课题重在对浙江图书馆所藏《明文海》等文献进行全面点校,目前相关成果喜人。2019年由人民文学出版社出版了黄灵庚负责点校的《明文海》③,以浙江图书馆藏482卷抄本为底本,参校《四库全书》四种抄本以及涵芬楼抄本、静嘉堂抄本,疏通句读,订正讹误。该书前言就明代政治、学术渊源、文学流变、遗民情思及七个抄本源流关系等问题均作出了深入的梳理、考索和研究。因诸抄本无总目,书以余姚市文管所藏《明文海总目》为基础,对勘八种抄本,重新厘定出《诸本总目表》,并附录《诸本作者音序分类表》。全书资料翔实全面,解决了《明文海》研究最基本的文献问题,也是近年来明文选本整理的最新力作,对后来研究者的助益之大可以想见。而且其研究团队先后发表有《〈明文海〉:追述一代学术轨迹》④《〈明文海〉:以史为鉴,叙说一代政治利弊》⑤《〈明文海〉:抒发遗民的黍离悲情》⑥《黄宗羲"明文正宗"说的文学史思考》⑦《四海宗盟与所得一半:黄宗羲明文统系中的钱谦益》⑧等文,不仅从学术史的角度肯定黄宗羲的选文能体现出明代300余年的学术轨迹,而且结合具体作品探究其文学地位、政史情思等,提出了不少发人深省、新人耳目的问题。

国外学者也注意到了黄宗羲明文选本的成就,尤其是在日本,陆续出现了一些针对黄宗羲明文选本展开研究的成果。如日本野村鲇子1993年发

---

① 徐黎娟.《明文海》删余稿价值探析[J].图书与情报,2019(4).
② 黄灵庚主持,《明文海》《明文案》《明文授读》及张宗祥《增订明文海》整理与研究,国家社科重大基金项目,2014,项目号:14ZDB074。
③ 黄灵庚.明文海[M].北京:人民文学出版社,2019.
④ 黄灵庚.《明文海》:追述一代学术轨迹[J].浙江社会科学,2016(9).
⑤ 黄灵庚.《明文海》:以史为鉴,叙说一代政治利弊[J].江苏师范大学学报,2017(9).
⑥ 黄灵庚.《明文海》:抒发遗民的黍离悲情[J].中国文化研究,2017(6).
⑦ 李圣华.黄宗羲"明文正宗"说的文学史思考[J].中州学刊,2016(5).
⑧ 慈波.四海宗盟与所得一半:黄宗羲明文统系中的钱谦益[J].北京社会科学,2019(12).

表于《学林》上的《黄宗羲〈明文案〉考》①一文即是较早的国外学者探讨黄宗羲明文选本版本情况的文章,虽然对于《明文案》版本所述较简,且稍有讹误,但此文还是具备相当影响力。1995 年,日本小野和子教授在收入《论浙东学术》中的《两种〈明文海〉》②一文中,针对黄宗羲的《明文海》和另一部作者不明的《皇明文海》进行了详细的分析探讨,认为收藏于日本东京永青文库的《皇明文海》或与黄宗羲所编《明文海》有渊源,但具体编纂者未明。就《明文海》本身的考辨而言,此文的论证过程偏于简单,学术价值并不算太大。而此前日本学者古城贞吉的《明文海考》③一文对于《明文海》研究的深入开展也可为国内外研究者提供一定借鉴。

2. 关于黄宗羲明文选本编辑方面的研究

《明文案》《明文海》是黄宗羲编辑的力作,学界有多人从编辑学角度对其进行探讨。总体来看,此类文章多偏重于一般的介绍性陈述,于学术研究性方面所涉不深,难免欠缺。但戴文葆 1989 年发表于《出版工作》的《历代编辑列传·三十三·黄宗羲(下一)》④一文则非常值得注意。该文不仅充分肯定了黄宗羲作为编辑家的卓著贡献,而且认为黄氏编辑思想中蕴藏有对诗文创作的独到看法。虽然文中对此点所述不详,但在介绍《明文海》的编纂过程及编辑体例等内容时不惜笔墨给出了大量篇幅,阐述周密、详尽,可见其对黄宗羲明文选本非同一般的重视程度。在纵横交错比较分析黄宗羲的《明文海》和另一部明文总集《明文在》的基础上,他充分认可了黄宗羲《明文海》选文超乎众人的犀利眼光、命意、取材等,并肯定其历史价值与文学价值均在《明文在》之上。这样的见识独到、精辟,评价也相当客观、公允。宋学达在《〈明文海〉编纂的若干史实及版本源流考述》⑤一文中也有对于《明文海》编纂的部分介绍,进一步肯定《明文海》是由《明文案》扩充而来,482 卷的《明文海》应为黄宗羲晚年编定的明文总集,而非"未定本",并得出"黄百家冒窃父名"之说实不足信的结论。这种观点针对学界中存在的一些疑义进行辨析,对黄宗羲明文选本文献版本的考辨等意义重大。运城学院图书馆王明云的《从〈明文海〉看黄宗羲的编辑思想》⑥肯定《明文海》是我国

---

① ［日］野村鲇子.黄宗羲《明文案》考[J].学林,1993(4).
② ［日］小野和子.两种《明文海》[M]//方祖猷,滕复.论浙东学术.北京:中国社会科学出版社,1995.
③ ［日］古城贞吉.《明文海》考[J].日本及日本人,1925(646).
④ 戴文葆.历代编辑列传·三十三·黄宗羲(下一)[J].出版工作,1989(5).
⑤ 宋学达.《明文海》编纂的若干史实及版本源流考述[J].图书馆研究与工作,2019(3).
⑥ 王明云.从《明文海》看黄宗羲的编辑思想[J].延安大学学报(社会科学版),2012(6).

编辑学上的巨著,并认为其中反映出的编辑思想,如求"实"的编辑主体观、求"全"的编辑意识、求"真"的编辑风格和求"严"的编辑方法等对今天的编辑学研究也具有积极意义。而孟国栋的《黄宗羲的金石义例观与〈明文海〉编纂》①一文在阐述黄宗羲的金石义例观时,认为致力于保存一代文献的观念使其在编选《明文海》时未能严格执行他的金石义例观。

他如薛红梅的《黄宗羲编辑思想探析》②,崔霞的《黄宗羲明文选本编辑思想新探》③《黄宗羲〈明文海〉编纂始末考略》④等文虽着眼点略有不同,但均注重从《明文海》的编辑意识、编辑方法、编辑经过等方面对黄宗羲《明文海》的编纂情况做出介绍。研究者们除了充分肯定《明文海》等选本在编纂学上占据一席之地之外,还就选本的编纂背景、条件及具体历程等剖析深细,使人对黄宗羲编选明文集的历史文化意义有了更清晰、更直观的认识。此类文章侧重于从编辑学的角度展开客观实在的分析,行文间涉及明文选本编纂的内容多属现象的盘点,缺少理论阐述,所论略浮于表面,但立足于选本本身来谈编著者的编纂思想和成就特色等,亦属另一种视角看问题,确可充实、丰富明文选本的研究。

3. 关于黄宗羲明文选本文学思想的研究

从 20 世纪后半期始,有关黄宗羲文学理论、文学创作方面的单篇论文频频出现,直接述及其文学批评观、文统观等的研究成果即不下 10 篇。如方祖猷的《论黄宗羲的文学思想》⑤、邬国平《论黄宗羲的文学观》⑥、张敏杰《论黄宗羲的文统观》⑦等文对黄宗羲的文学思想均予以了总体观照和分析。张如安的《不以门户论是非 且承学统求正路——论黄宗羲的明文批评》⑧、武道房的《黄宗羲的学术思想与诗文批评》⑨等文则在前人基础上多方审视,努力拓展和深化,对黄宗羲"情理兼顾""宗经务学"等文论主张进行了补充。另有张敏杰的博士论文《心史之间:黄宗羲的文学理论批评》⑩、俞

① 孟国栋.黄宗羲的金石义例观与《明文海》编纂[J].图书馆研究与工作,2016(3).
② 薛红梅.黄宗羲编辑思想探析[J].出版发行研究,1999(8).
③ 崔霞.黄宗羲明文选本编辑思想新探[J].中国出版,2013(10).
④ 崔霞.黄宗羲《明文海》编纂始末考略[J].中国出版,2014(22).
⑤ 方祖猷.论黄宗羲的文学思想[J].浙江学刊,1987(3).
⑥ 邬国平.论黄宗羲的文学观[J].复旦大学学报,1989(5).
⑦ 张敏杰.论黄宗羲的文统观[J].江西社会科学,2011(2).
⑧ 张如安.不以门户论是非 且承学统求正路——论黄宗羲的明文批评[J].浙江社会科学,2010(9).
⑨ 武道房.黄宗羲的学术思想与诗文批评[J].文学评论,2011(3).
⑩ 张敏杰.心史之间:黄宗羲的文学理论批评[D].北京:北京大学,2005.

波恩的硕士论文《黄宗羲传记写作及理论研究》①、王兴龙的硕士论文《黄宗羲散文研究》②等结合具体作品,从不同角度就黄宗羲的文论思想和创作实践展开了鞭辟入里的探究和梳理,在研究方法和思维上提供了新的启迪。上述文章论及的文学思想独立于黄宗羲的政论、史论思想之外,对于我们进一步明晰黄宗羲的文论主张,认清其在文学领域的特殊地位有一定参考价值。

而在探讨黄宗羲明文选本文章学思想的诸多成果中,孟伟的博士论文《清人编选的文章选本与文学批评研究》③辟出专节考察黄宗羲的明文选本与明文批评,强调重情、主理是他论文的重要标准;张则桐的《论黄宗羲的明文编选和古文理论》④结合选本序言、评语等对黄宗羲的明文批评予以论析;陈正宏《〈明文海〉与黄宗羲明文研究中的两重性》⑤指出黄宗羲对明文的研究存在“重情”和“崇道”两者呈现分裂的趋势;张思齐《比较视域中的〈明文海〉研究与明代时文格局》⑥则以比较视角对《明文海》纵剖横析,中肯评价了黄宗羲特设“时文”类目让八股文进入断代文学总集中的做法。明文选本评语背后实隐含黄宗羲对文学创作实践及理论批评等方面的独特创见,骆兆平据天一阁藏《明文海》稿本和浙江图书馆藏清抄本辑出黄宗羲评语撰成《〈明文海〉黄宗羲评语汇录》⑦一文,为后来研究者提供了学术上的便利,但目前尚缺乏系统研究其评语的成果。

相关专著中,李明友《一本万殊——黄宗羲的哲学与哲学史观》⑧、方祖猷《黄宗羲长传》⑨等均立足于《明文海》考察了黄宗羲的文学思想,但多偏于综合性的介绍,与明文选本有关的实质研究还待深入。而由沈善洪、吴光等主编的 12 册《黄宗羲全集》⑩及黄炳垕的《黄宗羲年谱》⑪将黄宗羲生平与各方面的著述尽收其中,集大成式的做法很好地补充和完备了其学术研究系统性,提供了新的、重要的学术资料和研究时空,有效地拓宽并延展了黄

---

①　俞波恩.黄宗羲传记写作及理论之研究[D].金华:浙江师范大学,2005.

②　王兴龙.黄宗羲散文研究[D].杭州:杭州师范大学,2012.

③　孟伟.清人编选的文章选本与文学批评研究[D].上海:复旦大学,2006.

④　张则桐.论黄宗羲的明文编选和古文理论[J].漳州师范学院学报(哲学社会科学版),2013(3).

⑤　陈正宏.《明文海》与黄宗羲明文研究中的两重性[J].中国文学研究辑刊,1999(1).

⑥　张思齐.比较视域中的《明文海》研究与明代时文格局[J].江西社会科学,2009(11).

⑦　骆兆平.《明文海》黄宗羲评语汇录[J].文献,1987(2).

⑧　李明友.一本万殊——黄宗羲的哲学与哲学史观[M].北京:人民出版社,1994.

⑨　方祖猷.黄宗羲长传[M].杭州:浙江大学出版社,2011.

⑩　沈善洪,吴光.黄宗羲全集[M].杭州:浙江古籍出版社,2012.

⑪　[清]黄炳垕.黄宗羲年谱[M].王政尧,点校.北京:中华书局,1993.

宗羲整体研究的生命力。

综观目前黄宗羲明文选本方面的研究,关于明文选本的编纂情况、版本流传方面的成果已较突出,当然总体而言尚存有一些不足。例如,虽然黄宗羲明文选本已引起了学界关注,但重视程度还不够,现有研究多为单篇论文,比较零碎分散,缺乏系统全面的专著。专论的文章多单独就其版本、编辑或把《明文海》等明文选本置于黄宗羲的学术整体大环境中进行研究,针对黄宗羲明文选本的专门论著则可谓寥寥。硕博学位论文也只是在研究其他问题时旁及黄宗羲的明文批评或文学主张而简单论述一二。且三大选本中,《明文海》受关注度较高,相比之下,其他两部或多或少都遭到了冷落,相关成果亦偏少,难免留下一些遗憾。另外,有的问题几经提及、重复研究,而部分领域则蜻蜓点水、浅尝辄止,有待进一步深研细讨。学界虽有不少论文阐述黄宗羲明文选本的版本及编纂问题,但各文之间颇多共识,分析较为单一,尤其是未及深入挖掘其中所见的黄宗羲散文理论与价值定位等问题。有些研究未能结合最新的学术动态变化及时进行调整,沿袭旧见,而接受史方面的研究则除少数论文偶见零星数语涉及以外,基本没有专论出现。黄宗羲不以文学家著称,是因其哲学、史学、政治诸方面的成就更为卓著耀目,更引人关注,而文学成就一定程度上被忽视甚至被遮蔽了。实则他的文学创作、批评理论和编纂实践等均有超乎凡俗、引领时代风范之处,在当时及后世均产生了深远的影响。是以,学界理应整合力量,破除成见,对黄宗羲明文选本的文献、文论、文化等问题展开立体多维、纵横交叉的系统梳理,既要独立观照,又应全面考察,深入研讨,不断推动黄宗羲明文选本研究更上一层楼。

二、选题缘由与价值

1. 从学术史与文学史的角度来看。作为身处明清鼎革、多元文化互动激烈时期的伟大思想家,黄宗羲在诸多领域都有极富开创性和时代性的大贡献,其成就涵盖了哲学、史学、文学、历法、地理、教育以及数学等各方面。业师欧明俊多次强调应通过对“大家”的研究点面结合、张弛有度地串起一个时代,串起整个文学史和学术史。黄宗羲毫无疑问是我国学术史上当之无愧的大家之一。研究这样一位大家,其学术价值自不待言。三大明文选本是黄宗羲以文保存有明一代史料、承继先贤伟业、赓续文化传统的大举措,集中体现了他“经世致用”的重要人生价值取向,也彰显了他融通多域、文史并举的学术史观。就文学而论,黄宗羲以自身丰富的诗文创作及鲜明的文学批评思想在明末清初的文坛上亦占有一席之地,他对自己的明文编选尤为重视。故此,要想全面观照和客观评价黄宗羲的学术成就,就不应忽略对其明文选本的研究。有感于此,本人欲以黄宗羲明文选本为研究中心作一探索,为学界关于黄宗羲的整体研究提供更丰富、更全面、更翔实的材料。

2.从学术界对明文选本的研究情况来看。文章选本是中国文学界一种独特而重要的典籍形式,对其进行尽可能周详的整理和系统的研究,具有重要的学术价值、文献价值和现实意义。在众多明代文章选本中,黄宗羲编选的《明文案》《明文海》等明文选本纵深度大,涉及面广,被认为是"一代文章之渊薮"①,对后世影响尤巨。目前学界对黄宗羲明文选本的研究虽较前已有推进,但仍比较零散,未成体系,论述也不够深入,有部分文献材料和理论问题尚待进一步挖掘和论证,如《明文案》《明文海》等的成书渊源、编纂条件、成编时间等问题几乎无人关注,其各种版本考辨亦待全面系统梳理,版本流变过程中反映出的社会文化现象也少有细致深微的考究。所以对黄宗羲明文选本进行全景式的文献整理及价值观照,对其予以更为综合、精深而广博的衡量、考察等是我们应该努力的方向,这对推进古代文学选本研究也具有重大价值。

3.从黄宗羲文学理论研究资料来看。黄宗羲鲜明独特的文论主张主要见于其自身散文创作、明文选本的编选实践及其评语等方面。虽然国内外学界对黄宗羲的研究成果已经相当丰硕,但对于黄宗羲散文理论方面的关注力度和研究深度都显得不足,许多内容浮于表面,有待进一步加强和完善。黄宗羲的散文理论综合见于其散文创作及明文选本的编选实践等方面。目前学界习惯于从理论研究理论或从创作研究理论,切入点多为以理论形态呈现的理论本身。而黄宗羲的散文理论已有研究成果中,或简单笼统、大而化之地总结其文学思想主张,或就事论事、单单针对其自己的散文创作言及理论批评,对黄宗羲或明或暗却一以贯之地体现在明文选本中的散文理论的系统性梳理及其价值定位、传播接受等问题的关注度则远远不够。实际上,黄宗羲三大明文选本中,除所选录的作品作家具体情况,包括见于选本当中的序言、凡例、评语等相当清晰明确地体现出他的文学理论主张外,其编纂实践也昭示着虽未明言但大量存在的隐性的以非理论形态呈现的文论思想。从这一视角观之,整理黄宗羲明文选本对深入挖掘、剖析其文学理论亦具特殊意义。

---

① ［清］永瑢,纪昀,等.四库全书总目提要[M].海口:海南出版社,1999:1038.

综上，迄今为止，学界尚未出现关于黄宗羲明文选本文献研究方面的专著，对明文选本的编纂实践及其学术意义评价不足，故此，对《明文案》《明文海》《明文授读》展开更周全、更细微的审视和研究，既有必要，也有价值。

三、研究方法与思路

(一)研究方法

本书主要立足于三大选本，从文献整理角度展开。黄宗羲三大明文选本数量繁富，版本较多，形式不一，情况复杂，各选本的文本研读、版本搜罗和考辨是首当其冲的大难题。而明文选本中可见的黄宗羲散文理论或显或隐，散落各处。其中显性理论主要见于序言、评语等文字，隐性理论则需于编选实践中搜罗辨析，探幽掘微，此间艰辛亦可想见。总之，黄宗羲明文选本文献资料尚未成体系，要从数千万言的煌煌巨著中逐一爬梳提炼，厘清眉目，进行概括，对研究者是一大考验，也是需克服的难点之一。

整个研究过程中，我们综合使用了多种方法：

1. 群体研究和个案分析结合。选本包含群体作家作品研究，又属于编纂者的个体行为。群体研究主要涉及三大选本具体内容和编排模式等方面的比较，通过入选著者、篇目、数量、位置等审视异同，分类归置，并行析之。资料整理过程中，对于每位入选的具体作家而言，可算个案研究；但就规模宏大的三部选本而言，又属群体研究，此处笔者既会作横向的比较分析，也会进行纵向的考究评判。

2. 文献勘察和版本考论结合。文献勘察是基础，版本考论是提升，二者相辅相成，缺一不可。本书首先通过原始文献考述三大选本，明晰其成书过程及现存状况，得出选本各自的特点及其共性。再进行详细校对、辑佚、整理，了解各选本的具体版本和存佚信息。此处叙议结合，从文献勘察比较过程开始即关注版本中反映出的若干问题，条分缕析，明确症结。在细研文本时进一步综合判断，作理论阐述，加以系统论证。

3. 实地调查和网络检索结合。文献调查法是我们采用的最常见、最基础，也最重要的研究方法。为尽可能多地获取相关文献，本人曾辗转多处，南下北上地奔赴三部明文选本现馆藏所在地查找资料，对三选本的馆藏信息、收录内容、版本流变等情况进行实地考察，逐一比对，查证核实，记录资料。同时线上线下双管齐下，发动身边各方力量，包括文献传递、海外朋友邮寄、复印拍照留存、出资购买备案等方法搜集电子版材料和海外文献资料等，互通有无，查漏补缺，努力推进研究。

（二）基本思路

本书主要通过研究黄宗羲编纂的《明文案》《明文海》《明文授读》三大明文选本的编纂过程、编纂特点、版本考论等问题,凸显其明文选本的文献价值,使黄宗羲明文选本的整体研究得以细化和深化。

本书以文献考察为基础,注重问题挖掘提升。文献方面,重在考辨整理,审查黄宗羲明文选本的编纂情况、版本种类和存佚流变等问题。同时通过挖掘提炼,比较分析,探讨三大明文选本中所蕴含的版本变迁、文化现象及学术价值等。研究思路简言之为:版本考辨、对比分析、总结规律、体系构建、考证探源、价值定位。笔者在具体研究时,尽可能多地搜罗黄宗羲明文选本的各种版本,详加甄别,认真考索,求同存异,对选本的编纂情况、版本考述、文献渊源等进行梳理。然后在此基础上将黄宗羲明文选本中比较特别的、尚有疑义或引人关注的部分问题进行挖掘整合,条分缕析,使之进一步系统化、理论化。最后综合比照,通盘反观,尽可能给黄宗羲明文选本的学术价值作出全面而科学的评定。本书写作过程中,遇到的最大拦路虎也即最需解决的关键性问题是《明文案》《明文海》与《明文授读》选本的文献考辨,为此,笔者不惮辛劳,尽力觅求各地可见的三选本的不同版本,细加甄别,认真考校,并就不同选本各自存在的值得深研的问题尝试展开讨论和分析。

本书所涉《明文案》《明文海》及《明文授读》的文献研究问题,当前学界虽隔三岔五有些成果出现,但总体数量不多,且分布零星,偏于单一,系统性和思辨性都有所欠缺,留下了较大的整理空间和研究余地。基于此,本书首先致力于文献整理工作,试图对黄宗羲三大明文选本的编纂情况、现存版本、问题个案等进行深入细致的研究,重点考察三选本的编纂背景、编纂条件、成编时间、编纂原则、编纂体例、各版本现存状况及相关问题考论等详情,凸显出明文选本的文献价值和学术地位。在文献考察的同时,特别关注学界未能形成定论或前人较少专门探讨的一些现象,尤其是选本考论中的部分存疑之处。如《明文案》的实际卷数几何、稿本散佚去向及遭"潜窃"一事等问题,《明文海》的"晚年未定之本"说、原书卷数、抽毁情况等,《明文授读》作者归属权、评语形式及序言作者位次等问题,等等。本书按图索骥,重新审视上述现象和问题,结合文献材料展开比较细致的探究,并提出有一定突破性的看法。统而观之,考论部分的内容或是目前学界已有部分研究但未及深入展开分析、流于表面的问题,或是之前关注度不高、有所疏漏、未能全面映射透示其价值的现象。毋庸置疑,这种努力在整理文献资料的基础之上,对黄宗羲学术研究形成了一种有效和有力的补充与扩张,有利于学界全面把握黄宗羲明文选本的丰富性、深邃性和复杂性。

第一章　编纂背景

《明文案》《明文海》《明文授读》是明清之际学术大儒黄宗羲名下备受推崇、为人称道的明文选本。三书编选精到，搜罗宏富，规模浩大，是黄宗羲积半世心血和一生藏书，在诸多助力下费时良久编纂而成的。其中《明文海》因体大文博被称为"一代文章之渊薮，考明人著作者，当必以是编为极备"①，成为明代文学选本中的翘楚之作，充分体现了彼时文章选本的真实水平，为后人提供了大量可资借鉴研究的文学、文献、史学资料等。三部选本的编纂前后相继，互有关联，或增补扩容，或精选取优，形成应时而变、无法分割的完整过程，我们不能将之当成孤立的纯个体来看待。黄宗羲为编此三选本辗转多地，先后费时近30载。自康熙七年(1668)《明文案》初编正式启动，至康熙三十二年(1693)《明文海》终卷告竣，期间殚精竭虑，勤耕不辍。《明文海》成编当年他又起意挑选该集中的优秀作品，圈定目录，另成《明文授读》62卷，命其子黄百家(1643—1709)等精读此书。而《明文授读》真正刊印已在黄宗羲辞世之后，由黄百家及黄氏门生张锡琨(1654—1719)等于康熙三十八年(1699)收束完结。故统而观之，三部明文选本的编纂过程并非一蹴而就，前后横跨30载，在风雨飘摇的家国更替阶段，此中艰辛可想而知，黄氏父子为之付出的努力也无法量计。选本编纂期间，社会动荡，人事变幻，时代政治几经流转，学术风气也不断嬗变，故若要论其编纂背景，必然要考虑当时的社会政治背景和学术文化背景，此外，除了明清易代之际的政治、文化氛围会直接影响到明文选本的编纂，特殊环境下黄宗羲个人的心态波动和生活经历等也会对编著情况产生重要作用。

第一节　社会政治背景

黄宗羲编纂《明文案》《明文海》等书约30年，恰值天崩地解的剧变动荡转向社会稳定、繁荣始现的时代。

明末清初之际，乾坤互换，新旧鼎革，中国历史上出现阶级矛盾空前激

---

① ［清］永瑢，纪昀，等. 四库全书总目提要［M］. 海口：海南出版社，1999：1038.

化、民族冲突异常尖锐的现象,中国传统文化也在此时陷入重大的更新变革。生活于这一风云不定时期的文人知识分子,经历了明亡清兴的朝代更迭,目睹了江山易主的社会剧变,开始沉痛反思国破家亡之殇,对明朝的倾覆进行理性的思考,并力图推动社会改革,而政权初定、立足未稳的新朝廷也急于着手进行统治思想的加固和社会安定的维护。

严格而言,黄宗羲明文选本的编纂从明清易代之际(按:以 1644 年计)动念开始到康熙三十六年(1697)完稿,纵向跨度长达半个世纪。具体分析,《明文案》真正实施编纂自康熙七年(1668,即戊申岁)起至康熙十四年(1675,即乙卯岁)终,前后共七年时间,此期属于清朝初创阶段,朝代更迭易主的冲击全面影响到整个社会及生活于其中的各色人物,尤其心系前朝的遗民对于新朝的不合作态度还相当明显;而《明文海》继之,若从《明文案》编定告讫后开始计算,至康熙三十二年(1693)选本成编,历时 18 载,这时期在康熙帝努力推行新政和各方人士的积极合作下,清政府的稳定繁荣景象开始初显并持续向更强、更大迈进;之后的《明文授读》编纂起于康熙三十二年(1693),最终在康熙三十八年(1699)付印,而其定编当在此之前,多半在黄宗羲去世之际即已大体成形。所以,仅就时间而言,黄宗羲明文选本的编纂主要集中在康熙年间,且偏于康熙初中期。而任何书籍纂修的实践活动都会和当时政治气候的变动、社会思潮的兴起产生极其密切的关联,毫无疑问,特殊历史时期的政治、社会、经济等状况皆会不同程度影响到文集编纂顺利程度与成功率等。《明文案》的正式编纂期被认为是康熙七年(1668)至康熙十四年(1675),而实际上黄宗羲起意编纂明文选本应远远早于康熙七年(1668),只是那时尚处于搜罗资料备用阶段。也即是说,编《明文案》时,刚刚经历明清更迭,政局动荡,人心不稳,矛盾尖锐,吏治腐败,思想活跃。在这样的社会背景之下,亲历时世丧乱、家国突变的黄宗羲不得已沦为了不折不扣的遗民,其身上的遗民情结表现相当浓烈而典型。身为明朝遗民又具豪侠意气的他在明清鼎革易代之初并不安分,经常参加抗清义举,被列在朝廷通缉榜上,因而也对自己所经历的生死苦难、乱世流离有相当真切而深刻的生命体验与感悟。多番辗转后,他从战乱中稍微安定下来,主要考虑的便是明代政治、经济、文化等方面的得失,展现出一位乱世学者和历史学家对社会、时运与政史的思考和选择。

自顺治后期到康熙二十年(1681)当中的数十年,属于清初立基之时,举国上下尚处在政权渐趋稳定、版图走向统一的建设阶段。此时,新朝廷未及完全推进文治武功,软硬兼施、恩威并举的策略功效未显,统治者急于树立新朝的各种规矩以警世人,于是更多地采用了强硬的军事或政治手段等以巩固刚建立起来的政权,一时之间,文字狱横生,各种冤假错案迭起,文人惶惶不安,朝不保夕,几乎没有言论自由的空间。身处此境,文士们常跋前疐后,进退两难:若进之,则必得屈仕新朝,宦海险恶,前途难料;而退之,不仅后方失据,深感无门,更于心不甘。尤其是部分犹自念念不忘已亡旧朝、对之感情仍炽的文人和那些心性倔强、傲骨十足、重视气节的士子,可谓是余痛未绝,备受煎熬。如此,在政治和文化双重高压的背景之下,大批文人士子深感压抑和憋屈,满腔不快和失意无处可泄。而康熙统治时期,清朝政权步入正轨,社会渐趋稳定,经济、军事、文化等均出现可喜进展,繁荣之态渐显。随着南明政权被灭,三藩之乱被平,康熙年间国势渐定,朝政大权渐稳,国家政策遂变,开始以文治取代武功,着力于安抚民心,建设文化。康熙十八年(1679),平定三藩后,为进一步笼络和争取新朝知识分子,缓解满汉之间深刻的民族矛盾,清廷首开博学鸿词科。此举对于收服民心、网罗人才成效极大。不少馆阁之臣如朱彝尊、姜宸英、汪琬、施闰章等直承唐宋派古文传统,讲求经世致用,注重文以载道。这时与顺治初年开科取士不同,国家快速发展,进入兴旺阶段,加上人才彬彬大盛,治世之音自然随之应运而生。正因为此,清代迎来了所谓"康乾盛世",也出现了"累洽重熙,人才辈出"①的局面。可以说,康熙十八年(1679)是清朝历史上承上启下的重要转折点,在它之前是顺治、康熙初年百业待兴的疲软之态,在它之后是盛极一时的康乾治世景况的来临。1683年清军攻克台湾,延平王郑克塽降清,宁靖王朱术桂自杀殉国,南明最后一个政权就此覆灭。实际上,从康熙中期开始,政权稳固,经济繁荣局面出现,文人们也找到了更多抒发性情、骋才用世的方式,对于前朝的留恋与追忆之情也随着复明希望的彻底破灭而逐渐淡化并最终归于沉寂。此时,康熙皇帝采取的怀柔政策效果开始凸显,笼络前朝遗民的手段发挥出了巨大作用,就连黄宗羲这种坚决不仕新朝、极重自身气节的遗民也因为看到了清朝的各种变化而开始接受新的现实,虽然对于清廷的征召他依然态度坚决,不予配合,但其他方面则出现了趋于合作的迹象。吕思勉《中国通史》中称黄宗羲"同清廷的关系,由对抗、不合作到基本顺从,这也影响了他的政治意识的变化"②,应该说,这种变化是确乎存在的。

黄宗羲一生约有三分之一时间是在国破家亡、生灵涂炭的战乱中以及

---

① [清]李祖陶.国朝文录[M]//续修四库全书:第1669册.上海:上海古籍出版社,2002:299.
② 吕思勉.中国通史:第十卷[M].北京:中国社会科学出版社,2013:398.

清廷打压、通缉、追捕的艰难时局下度过的。自许为英雄豪杰的他认为自己半世所历之事实在令人痛心骇目,不可细数,因而在直面国事时常怀千岁忧,扼腕悲叹,偏又回天乏力,难有所为。在南明政权正式宣告结束后,黄宗羲意识到复明之路已彻底无望,而以民族气节为贵的他对明朝灭亡一事倍感痛苦,情难自抑时曾发出"梦中失哭儿呼我,天未招魂乌降筵"①的悲叹,决意和清廷保持"朝不坐,宴不与,士之分亦止不仕而已"②的关系,自己虽然身负绝学但坚决不用于新朝,先后多次拒绝清政府的征聘。

当然,黄宗羲毕竟不同于一般的乱世文人,作为彼时社会影响力甚巨的名儒大家和优秀文士代表,他能立足大局去审时度势,并不囿于陈见,以洞烛古今的超前意识挺身而出,做着自己力所能及的文化大事业。三大明文选本的纂修工作即是黄宗羲在反清复明希望完全破灭之后,转而潜心发力于学术著述以传世人才开始的活动。

综上可见,黄宗羲生活在明末清初天崩地裂的转型时代,纷乱复杂的社会环境激发了有远见卓识的思想家反思现实与审视历史的潜力,造就了他伟大卓越的文化创举。他开始将全部心力转移到学术研究上,对于文献保存、著述等用力尤勤,明文选本的编纂也真正开始着手。而其三部明文选本的编纂,《明文案》成于战乱犹存、政权初稳的康熙朝前期,是黄宗羲感觉复明无望后欲留存前朝全文的一种尝试,《明文海》和《明文授读》则成于逐渐步入繁荣昌盛阶段的康熙朝中期,其时黄宗羲借鉴之前的大量经验,有效规避教训,借选本编纂保存故国有价值的历史文献之目的更为显豁。可以说,《明文海》是他为存明朝一代全书,有意识地在《明文案》的基础上进一步求全求真予以完善所做的努力。而《明文授读》是他精选《明文海》中的优秀篇章授之其子,以作家传的成果,亦有将明文精华延续传播之良苦用心。从历史政治层面看,三大明文选本的编纂自《明文案》始编至《明文授读》付梓,洋洋洒洒纵贯 30 年,经历了清初期至清中期的时世变化。此起彼伏的历史剧变对文人的命运产生了直接有效的影响,文人也会随之适时对自己的文化行为予以一定调整,从三大明文选本中我们可充分体察到黄宗羲作为编纂大家和文化使者的这种心迹历程。他以 80 高寿横跨明清两代,屡屡亲历大动荡和大安定之交替,深晓治乱转换间的人生况味,也明白可以留世传芳的

---

① [清]黄宗羲.卧病旬日未已闲书所感[M]//沈善洪,吴光.黄宗羲全集:第十一册.杭州:浙江古籍出版社,2005:223.
② [清]黄宗羲.谢时符先生墓志铭[M]//沈善洪,吴光.黄宗羲全集:第十册.杭州:浙江古籍出版社,2005:422-423.

唯有经得起历史考验的著书立说之举,所以才有意识地借编纂三大明文选本以求有补于世。

第二节　学术文化背景

　　黄宗羲生活时期的学术文化背景可一言蔽之为经学复兴时代:经天纬地的实学思潮、经世致用的治学精神不断推进。从明末清初到清代中叶,随着学术的兴衰沉浮,黄宗羲的编集活动也经历了不同阶段的变化。

　　黄宗羲自 1610 年至 1695 年近 90 载的人生轨迹,正值中国封建社会学术文化发生激变革新的时期。自明代中期开始,反对蹈虚弄空学风、倡导崇实致用的实学思潮逐步成型。16 世纪到 18 世纪,恰当明末清初之际,西学东渐,传教士输入的西方实用之学使当时知识界的学术视野大大开阔,明清鼎革时学博闻卓的先进学者自然不会对此熟视无睹,经过他们的努力引进、吸纳、学习,实用学风渐行渐盛。明清两朝政权互易,江山板荡,对于封建知识分子而言,无疑是天地间最大之激变。政局突变,文学风尚亦随之发生徙转迁化。"神州荡覆,宗社丘墟"的社会现实使置身于各种阶级斗争和民族斗争激流之中的文人,包括整个学术思想界开始了前所未有的深刻反省。李祖陶曾在《国朝文录自序》中称:

> 　　圣主当阳,贤臣交赞,天下平定,人心安和。一时元老钜公如张京江、陈午亭、李厚庵、汤潜庵诸先生,以其正学发为昌言,俊伟光明,非明代杨东里、李西涯所能及。其他馆阁之秀如汪钝翁、施愚山、朱竹垞、姜西溟,又分道扬镳,直接归唐之统,彬彬乎如唐之元和、宋之庆历。[①]

可见,在新的社会条件下,很多文人、学者都会致力于文化的保存和儒学的重建工作。而黄宗羲身为社会责任感极强和使命意识极重的明朝遗老,家国沦丧、时世兴亡之感较常人更甚,所受时代刺激亦更深。纷乱杂陈、目不暇接的各种变故促使他进一步反思现实、体察民生、洞见历史的潜力迸发。明季以来的学风颓败,虚无主义盛行,清谈风气泛滥,"开误后学,迄今祸尚未艾"[②]。在束书不观狂潮侵袭下,黄宗羲深感明代迂腐疏阔、沉溺空谈、穷

---

①　李祖陶.国朝文录[M]//续修四库全书:第 1669 册.上海:上海古籍出版社,2002:299.
②　[清]阎若璩.与戴唐器书[M]//潜丘札记:卷一.乾隆十年阎氏刻本.

究义理却无所作为的学风贻害之大。为扭转这种浮泛学风，具有远见卓识的他以"经天纬地""经世致用"为治学的根本目的，反对不学无术、盲从空想，力倡经世应务，注重经史之学，告诫学者读书治学的本源不在夸夸其谈，而在救世济民。他痛恨脱离社会政治的士大夫"束书而从事于游谈"①的现象，在批评明代学术态势时特别强调："明人讲学，袭语录之糟粕……故受业者必先穷经，经术所以经世，方不为迂儒之学"，同时又反复重申"读书不多，无以证斯理之变；读书多而不求于心，则又为伪儒"。② 为革除此弊，他注重勤学博览，不拘泥不自封，其学问广涉政治、经学、史学、算筹、地理、音律等领域，且一生致力于学术研究，尤重经世致用之学，从不懈怠，始终未辍。

南明政治斗争彻底无望后，黄宗羲全身心投入学术事业，尤其专注于讲学和著述。黄宗羲的讲学活动主要集中于康熙二年(1663)至康熙十八年(1679)，即他54岁到70岁这个阶段。在近20年的时间中，他恢复了老师刘宗周在绍兴的证人书院讲会，重开蕺山证人书院，辗转于余姚故居、语溪、越中、海昌、甬上等地讲学，"从之讲学者数百人"，拜其为师的人中甚至有部分清朝官员。③ 而"受其教者，不堕讲学之弊，不为障务之言，其学盛行于江南"④。"前此讲堂痼疾，为之一变"⑤。全祖望在《梨洲先生神道碑文》中曾形象地记载称："东之鄞，西至海宁，皆请主讲；大江南北，从者骈集，守令亦或与会。已而，抚军张公以下皆请公开讲，公不得已应之。"⑥足见其讲学之辉煌盛况。

晚明以来，阳明心学乃至整个宋明理学渐趋衰颓，学术界掀起了批判理学的实学高潮，黄宗羲也顺应这一历史趋势，在对宋明理学的批判中，建立了自己的学术思想。他讲学时特别强调要注重实学，反对空谈，主张经世致用。针对明中期以来学风空疏之流弊，他满心不满，毫不留情予以揭露："明人讲学，袭语录之糟粕，不以六经为根柢，束书不读，但从事于游谈，学者必

---

① [清]全祖望.梨洲先生神道碑文[M]//全祖望集汇校集注：上册.上海：上海古籍出版社,2000：219.

② [清]全祖望.梨洲先生神道碑文[M]//全祖望集汇校集注：上册.上海：上海古籍出版社,2000：219.

③ 白寿彝.中国通史：第十卷[M].上海：上海人民出版社,1999：228.

④ [清]江藩.黄宗羲[M]//[清]黄炳垕.黄宗羲年谱.王政尧,点校.北京：中华书局,1993：111.

⑤ [清]全祖望.甬上证人书院记[M]//鲒埼亭集外编：卷十六.四部丛刊本.

⑥ [清]全祖望.梨洲先生神道碑文[M]//全祖望集汇校集注：上册.上海：上海古籍出版社,2000：219.

先穷经,经术所以经世,乃不为迂儒。"①对于空疏不学、以之媚俗的文士不屑一顾,同时大胆申明"制科盛而人才绌,于是当世之君子,立讲会以通其变,其兴起人才,学校反有所不逮",故"讲会且遍天下"。② 他痛批明末读书社中那些荒废学业、不务实学的文人"本领脆薄,学术庞杂,终不能有所成就"③,对空谈道德性命而缺少真才实学的道学家,他明确表示出鄙夷不屑之情,其所撰《留别海昌同学序》一文中指斥"封己守残,摘索不出一卷之内。……天崩地解,落然无与吾事,犹且说同道异,自附于所谓道学者"④。在黄宗羲看来,身为学者,理应明经通史,文政双修,于世有补,真正实现经世致用之志。为此,他专门提出学生"必先穷经""兼令读史"⑤,这对于扫除和扭转明末脱离实际、流于虚浮的恶劣学风起到了很大的积极作用。正是通过孜孜不倦的讲学活动与著书实践,黄宗羲树立了一代学术大师的风范。清代学者皮锡瑞在评论明末清初的学术风气转变时即称"经学所以衰而复盛者,一则明用时文取士,至末年而流弊已甚。……一时才俊之士,痛矫时文之陋,薄今爱古,弃虚崇实,挽回风气,幡然一变。王夫之、顾炎武、黄宗羲皆负绝人之姿,为举世不为之学"⑥。作为清代学术的开山祖师和积极作为的实践者,黄宗羲的努力确实带动和引领着当时整个学界的风气变化。

总的来说,"经世应务"是黄宗羲为学、治史、撰述等活动的根本指导思想。他多次强调:

> 学必原本于经术,而后不为蹈虚;必证明于史籍,而后足以应务。⑦
> 夫二十一史所载,凡经世之业亦无不备矣,然其间缺略甚多。⑧

---

① [清]全祖望.梨洲先生神道碑文[M]//全祖望集汇校集注:上册.上海:上海古籍出版社,2000:229.

② [清]黄宗羲.陈夔献墓志铭[M]//沈善洪,吴光.黄宗羲全集:第十册.杭州:浙江古籍出版社,1985:452.

③ [清]黄宗羲.陈夔献墓志铭[M]//沈善洪,吴光.黄宗羲全集:第十册.杭州:浙江古籍出版社,1985:453.

④ [清]黄宗羲.留别海昌同学序[M]//沈善洪,吴光.黄宗羲全集:第十册.杭州:浙江古籍出版社,1985:646.

⑤ [清]全祖望.梨洲先生神道碑文[M]//全祖望集汇校集注:上册.上海:上海古籍出版社,2000:229.

⑥ [清]皮锡瑞.皮锡瑞集[M].长沙:岳麓书社,2012:1197.

⑦ [清]全祖望.甬上证人书院记[M]//鲒埼亭集外编:卷十六.四部丛刊本.

⑧ [清]黄宗羲.补历代史表序[M]//沈善洪,吴光.黄宗羲全集:第十册.杭州:浙江古籍出版社,1985:81.

简言之,身为学人的他认为的"经世应务"就是用心为文、潜于学问、致力治世等,若著书立说亦要能够吸取历史经验教训,为现实社会,包括政治斗争、国计民生、边防政事等服务。清朝建立后,统治者急于巩固新政权,采取了大量措施不断强化君主专制,对于从情感和思想上都忠于前朝的大批文人士子而言,他们需要寻求个人精神的皈依和心理的保障,故而会有很多表达自己思想的特别方式。

　　　　当是时,海内硕儒,推容城、余姚、昆山。然诸人隐遁自甘,声望益炳,虽荐辟皆以死拒,而公卿交口,天子动容,其著述易行于世。①

大明江山易主后,汉族文士们最关心的问题是如何保全故国文化历史,守护传统根基。黄宗羲始终坚持"国可亡,史不可亡"的原则,在亡国不亡史的信念支撑下进行了一系列的编著。虽然他自己坚决不仕清廷,却以各种方式支持了清政府的相关修史工作,其非凡的识见与卓越的成就也由此见出。有这一思想为基础,黄宗羲才可以不惮艰辛,全心扑在明文选本的编纂上。编纂明文总集正式开始于卫明活动彻底失败后,时黄宗羲已别无他法,又不愿违逆本心服侍新朝,他深感"后死之责,谁任之呼"②,朝堂政局纷挠可变,但历史痕迹不可抹杀,所以做出编集存史的选择。他曾借《山居杂咏》诗中"残年留得事耕耘,不遣声光使外闻"③等句道出自己泯却他想,专心投入著述的真实状况。此处的"耕耘",除了黄宗羲在各地开展的讲学活动,也包括各种史学、文学、经学方面的著述行为。对讲学、著书这类文化传播活动,黄宗羲很是勤勉用心,将其作为可以毕生去做的事业待之。当然,他也深知"古今志士学人之心思愿力,千变万化,各有至处,不必出于一途"④。所以他决意将全部精力用于对故国历史文化典籍进行整理和研究。因早年师从刘宗周,黄宗羲于经、史、子、集,天文、地理、数学、音律等历家学说可谓无所不读,无所不通,学识渊博,给后人留下了内容颇丰、多达上千万字的编著。

　　总体来看,明清之际学风已经开始出现新气象:空虚学风趋淡,经世风

---

①　[清]赵尔巽,等.清史稿:卷四百八十[M].北京:中华书局,1977:13102-13105.

②　[清]黄宗羲.弘光实录钞序[M]//沈善洪,吴光.黄宗羲全集:第二册.杭州:浙江古籍出版社,2005:1.

③　[清]黄宗羲.山居杂咏[M]//沈善洪,吴光.黄宗羲全集:第十一册.杭州:浙江古籍出版社,2005:235.

④　[清]黄宗羲.南雷诗历题辞[M]//沈善洪,吴光.黄宗羲全集:第十一册.杭州:浙江古籍出版社,2005:204.

气渐盛。时代的危机促使文人士子们集体性地进行了全方位的反省并努力振奋精神,一方面收心敛性,抛佛弃禅;一方面博学笃文,重视经世。在蕺山一派心学内部学者苦心孤诣的努力经营下,"明清嬗代之际,王门下唯蕺山一派独盛,学风已渐趋健实"①。时代的风云变幻和学风的由虚趋实,导致士人心境随之转化,文坛也因此被注入了耳目一新的气息。黄宗羲《补历代史表序》中提出的"夫二十一史所载,凡经世之业亦无不备矣"②,便径直扬言要以史籍为经世之书。他在弟子们面前反复强调"学必原本于经术,而后不为蹈虚;必证明于史籍,而后足以应务"③,黄宗羲的所有学术活动均是以"经世致用"为旨归,着意于史学经世恰是这一思想的表现。正因为此,黄宗羲自明代三朝实录,上溯 21 史,靡不究心,尤其对明代史料之征存保护,更是不计代价,倾尽全力。基于这一思想指导,黄宗羲对明代 300 年文人文章倍加重视,欲借编选整套文集对前朝历史的兴衰变动、士人的才华情感等作一个文学式的保存与佑护。

第三节 个人经历背景

黄宗羲在时代激变下作为个体遭遇的特殊人生和救世济民的情怀以及遵从内心的自主选择等构成了其编纂明文选本的个人经历背景。

新旧王朝的更迭对于生活于此阶段的所有人都产生了重大影响,对时刻保持敏感性的文人群体的冲击尤其厉害。明清时期,中国皇权专制发展臻于顶峰,随后迅疾跌落,政治、经济、文化、军事、对外关系等方面均发生了新的变化,而政治思想上的最显著发展就是出现继承、裂变、反思与批判思想并存,以黄宗羲、顾炎武、王夫之等为代表的进步思想家开始萌生改革、民主等意识,他们基于爱国立场,倡导经世致用,提出改良政治、服务社会的时代要求。世事变迁促使此期的社会思想发生了剧烈、鲜明的转变,多元思想开始探头,文人士大夫群体政治意识的抗争性与突破性凸显,崇实黜虚、讲求经世的风气日益盛行。

黄宗羲身具功业用于经天纬地的豪杰精神,自幼受父亲黄尊素及杨涟、左光斗等东林党人的影响,热衷于"讽议朝政,裁量人物",对当时的黑暗政

---

① 梁启超.中国近三百年学术史[M].北京:东方出版社,1996:45.

② [清]黄宗羲.补历代史表序[M]//沈善洪,吴光.黄宗羲全集:第十册.杭州:浙江古籍出版社,1985:81.

③ [清]全祖望.甬上证人书院记[M]//鲒埼亭集外编:卷十六.四部丛刊本.

治有一定了解,对阉党专权深恶痛绝。在父亲沉冤得雪后,他会同其他东林党人中的烈士遗孤积极揭发阉党罪行,锥刺许显纯致流血蔽体,又痛殴崔应元,拔其胡须,英勇之举震惊朝野,后又领导"复社"名士与阉党余孽阮大铖等人展开了不懈的斗争。他还积极参加南明王朝的政治活动。清兵入关进逼江南时,他不惜倾尽家产筹措资金,和弟弟组织"世忠营"进行抗清斗争。从黄宗羲接连以"身濒十死不言危"①"半生濒十死,两火际一年"②这样催人泪下唏嘘难抑的用语自述经历,可见他当时确实真正多次面临过九死一生、绝处逢生的困窘之境。他甚至一度亡命日本,也曾追随鲁王辗转海上,担任左副都御史时积极献计献策,还负责督查等务。他重义气,有才略,图复兴,可惜时世不顺,屡遭挫败,备尝艰辛,常觉"四野凶荒,景象惨淡",而最后四处流离逃亡,竟至难找一方安身立命之所。在《怪说》中,他曾细数自己抗清斗争时期艰苦卓绝的际况:"自北兵南下,悬书购余者二,名捕者一,守围城者一,以谋反告讦者二三,绝气沙墠者一昼夜,其它连染逻哨之所及,无岁无之,可谓濒于十死者矣。"③这样奔走呼号、奋斗不息、诡谲多变的人生历程并非每位文人都有,而黄宗羲在频遭死难威胁犹不言危的经历中所彰显出的百折不挠的坚强意志和英雄本色,令人能真切感受到豪杰之士"贫贱不能移,威武不能屈"④的大丈夫意气和民族气节。这段多方求索、以弱敌强的抗清斗争对黄宗羲思想的影响也特别深远。倘从心理学角度分析,一个人因有过非同一般的特殊境遇而形成的心理状态往往会严重影响其日后的人生历程。身历乱世而命途多舛,不可抗拒的亡国之痛、遗民之悲常令黄宗羲忧思萦心,深感不安,他曾将自己目睹的南明朝廷征战海上飘零挣扎的窘况记录在《行朝录》中:

  史臣曰:上自浙河失守以后,虽复郡邑,而以海水为金汤,舟楫为宫殿,陆处者惟舟山二年耳。海泊中最苦于水,侵晨洗沐,不过一盏。舱大周身,穴而下,两人侧卧,仍盖所下之穴,无异处于棺中也。御舟稍大,名河船,其顶即为朝房,诸臣议事在焉。落日狂涛,君臣相对,乱礁穷岛,衣冠聚谈。是故金鳌橘火,零丁飘絮,未罄其形容也。有天下者,

① [清]黄宗羲.五老峰顶[M]//沈善洪,吴光.黄宗羲全集:第十一册.杭州:浙江古籍出版社,2005:238.
② [清]黄宗羲.怪说[M]//沈善洪,吴光.黄宗羲全集:第十一册.杭州:浙江古籍出版社,2005:70.
③ [清]黄宗羲.怪说[M]//沈善洪,吴光.黄宗羲全集:第十一册.杭州:浙江古籍出版社,2005:70.
④ [战国]孟子.滕文公下[M]//孟子:卷八.万丽华,蓝旭译注.中华书局,2006:181.

以兹亡国之惨,图之殿壁,可以得师矣!①

国破家亡的处境之惨痛景象让黄宗羲记忆深刻,后来他写《思旧录》时再度提及此事:"觞余于鲸背之上,落日狂涛,凄然相对,但觉从古兴亡,交集此时,何处容腐儒道得一句。"②而《山居杂咏》中"锋镝牢囚取次过,依然不费我弦歌。死犹未肯输心去,贫亦岂能奈我何"③等句也是他彼时万般无奈、挣扎自救的内心世界的真实写照。

后黄宗羲感到自己在鲁王政权内无实际作为,清廷又用"以胜国遗臣不顺命者,录其家口以闻"相威胁,念及家中老母身处危境,无人照顾,黄宗羲终于心下不忍,"亟陈情监国,得请,遂变姓名间行归家"④。返乡后,他多次遭到清政府缉捕,但并未抛掷抗清复明大业于脑后,而是一直坚持秘密进行斗争,并表示"其得不死,皆有天幸,而宗羲不憾也"⑤。直到顺治十年(即南明永历七年,1653),鲁王监国称号去除,"海氛渐息,无复所望",他才"奉母返里门,毕力著书"⑥,将全部精力转投到论道治学上面,并屡拒清廷的征召,坚守底线,隐居著书,后重开证人书院,从事讲学之业。黄炳垕《黄宗羲年谱》中曾这样记载:"康熙二十一年(1681),公七十三岁。……公追忆五十年前,以身所见闻者,铨次其事,家国之恨,集于笔端,不觉失声痛哭。"⑦时代巨变下黄宗羲出生入死,屡经存亡考验的特殊人生阅历和与生俱来的救世济民情怀使其在面对生命难以承受之重时,仍致力于保存各种历史文献,做出了一个有追求、有担当的文人在乱世之下遵从一己执念、无愧于天地人心的行为。就此点而言,编纂明文总集无疑也是他在动荡不安的社会境况之下,个人于诸种万不得已中,身为尊重历史、肩负使命职责的传统文人,争取表达自己对于前朝的依恋情感的一种最好的选择。

---

① [清]黄宗羲.鲁王监国纪年下[M]//沈善洪,吴光.黄宗羲全集:第二册.杭州:浙江古籍出版社,2005:141.按:此处"史臣"乃黄宗羲自称。
② [清]黄宗羲.思旧录[M]//沈善洪,吴光.黄宗羲全集:第一册.杭州:浙江古籍出版社,2005:387.
③ [清]黄宗羲.山居杂咏[M]//沈善洪,吴光.黄宗羲全集:第十一册.杭州:浙江古籍出版社,2005:234.
④ [清]赵尔巽,等.黄宗羲传[M]//清史稿:卷四百八十.北京:中华书局,1977:13102-13105.
⑤ [清]赵尔巽,等.黄宗羲传[M]//清史稿:卷四百八十.北京:中华书局,1977:13102-13105.
⑥ [清]赵尔巽,等.黄宗羲传[M]//清史稿:卷四百八十.北京:中华书局,1977:13102-13105.
⑦ [清]黄炳垕.黄宗羲年谱[M].王政尧,点校.北京:中华书局,1993:43.

第二章 编纂条件

一个有几百年历史的朝代的文集编纂,事关千人千文,本非一人之力能成,黄宗羲却偏偏破除万难,调动各方资源,举数十年之功成就了非凡的编文伟业。《明文案》《明文海》《明文授读》能够面世并得以传之后人,除上述编纂背景外,还有一些编纂条件需引起我们特别关注,因为倘不具备这些主客观条件,黄宗羲编选明文总集的浩大工程恐难成功。这些条件包括:编选者是否有强烈的编书意愿和可以用来编选文集的大量书籍储藏,自身是否具备精深博洽的知识底蕴以及卓绝超凡的识见眼光,是否有足够强大的外力支持和物资援助等。幸运的是,黄宗羲正好集上述数种条件于一身。他的存史意愿、丰富藏书、渊博知识和非凡见地等,奠定了个人纂书的能力基础,而在纂集成风的文化环境下诸多亲友形式各异、大方无私的资助,则成为他编撰明文选本最有利的外力支援。

第一节 主观条件

一、强烈的编书意愿下积攒的藏书资料丰赡富足

黄宗羲亲历时艰世危,有强烈的以文存史意识,相信文人笔下可见历史之是非曲直,更深知编选一代文集必须查阅、利用大量相关文献资料,故充足、丰富的参考资料储备是其编集努力而为的第一要义和前提基础。为了顺利成就《明文案》等书的编纂,黄宗羲一生都在为书而战,试图确保自己能得到足够翔实丰赡的图书信息,除了自家上下几代用心保存各种文章典籍备查外,他还多方设法不断扩大私人藏书拥有量。

受限于客观条件,清代著录图书者的编书难度较之文章家挥毫成篇的不易有过之而无不及。浙东地区的藏书业在明清时期非常繁荣,甚至一度蓬勃发展臻于鼎盛。当时涌现出了一大批极富声望、名气在外的私人藏书家、藏书楼,如宁波范钦首建的天一阁、绍兴祁承爜所建的澹生堂及钮纬开创的世学楼、南京黄居中创立的千顷堂等。我们说充裕的文献、丰富的资料、大量的藏书是编选文集的基本信息来源,也是重要、必备的条件之一,官

方藏书加上私人藏书使资料的相对完备成为可能。但是,即便清代藏书之风盛极一时,可私人要收集大量藏书也绝非易事,反而存在难以想象的重重困难。尤其当时一些秘本、善本、珍本和异本基本都没有刊刻本,除了在借阅时趁机进行抄录外几无他法可想,加上交通不便,书籍出版后又可能因流通渠道限制,或者书一经刊出即"洛阳纸贵",导致书籍购买也存在相当难度,故大家"欲得其书,只有抄而藏之,舍此而别无他途"①。所以清代藏书家都非常重视抄书,当时"大抵收藏书籍之家,惟吴中苏郡、虞山、昆山,浙中嘉、湖、杭、宁、绍最多"②。据文献载录,清代浙东藏书家不但人数众多,藏书量丰富,而且规模宏大。今人虞浩旭曾对今属宁波的 90 多位清代藏书家作过梳理,其中藏书量达万卷以上,堪称藏书大家者即有黄宗羲、万斯同、郑性、全祖望、卢文弨、卢址、黄澄量、姚燮、葛朝、冯云濠、景辉、沈德寿、徐时栋、陈鉴、张寿荣、邓蔚斋、蔡鸿鉴、董沛、叶元墀等近 20 人。③ 此数字已足以说明当时浙东地区的藏书之盛,而这也构成了很多编纂家求之不得的"地利"优势。

黄宗羲便近水楼台先得月地利用江浙一带私人藏书极其富足的优越条件积攒下大量藏书,为编《明文案》《明文海》等书奠定了相当厚实的文献资料基础。黄宗羲十分清楚藏书对于编著的特殊意义,所以他很注重个人私藏,"康熙四年乙巳(1665),公五十六岁。建续抄堂于南雷"④。续钞堂是黄宗羲自建的私家藏书楼,他曾将自己想方设法搜集得到的数万卷典籍悉数藏于此楼中。自有编书之念起,黄宗羲便多方求索,通过借抄、转录、购买等办法积累了数量不菲的文集资料,有人称"余姚黄宗羲续钞堂藏书在 10 万卷以上"⑤,还有人认为"宗羲嗜书如命,至老不释卷。其藏书楼续抄堂聚书十五万卷"⑥。无论确切数字为何,可以肯定的是,黄宗羲的私人藏书量绝对不容小觑。实际上,续钞堂中不仅藏书多,规模大,而且质量佳,因为黄宗羲眼光独到,长于鉴别,重视源流,讲究版本,对精品的搜录尤为倾力,续钞堂有部分藏书版本尤其宋元版本是极为罕见的。黄百家曾感叹自家藏书楼"所得野史、遗集、绝学、奇经,殆不胜纪",其中"目所未见,世所绝传之书,数

① 顾志兴.浙江藏书史:下卷[M].杭州:杭州出版社,2006:557.

② [清]孙从添.藏书纪要·鉴别[M].上海:古典文学出版社,1957:35.

③ 虞浩旭.智者之香[M].宁波:宁波出版社,2006:51.

④ [清]黄炳垕.黄宗羲年谱[M].王政尧,点校.北京:中华书局,1993:33-34.按:不同资料中的"续钞堂""续抄堂"实为同一处,本书行文中写为"续钞堂"。

⑤ 冯晓霞,陈乐歌.清代浙东私家藏书的特色[J].兰台世界,2013(1).

⑥ 童正伦.《明文海》的编纂与传本[J].文献,2003(7).

百年来沉没于故家大族而将绝者,于今悉得集于续钞(堂),使之复得见于世"。① 黄宗羲续钞堂中的珍贵藏书,部分源自家传,更多的则是从各大藏书楼寻访搜罗所致。除了从祖父辈即开始流传几代的家中秘藏,黄宗羲还自己费银四处索购求取,还有不少靠手抄笔录才得以拥有和保存。宗羲弟子全祖望曾目睹他访书、求书的经过,叹服于老师寻访图书的赤诚和付出,在《梨洲先生神道碑文》中有言:"既发家藏书读之,不足,则抄之,同里世学楼钮氏、澹生堂祁氏,南中千顷斋黄氏,吴中则绛云楼钱氏,穷年搜讨。"②"公晚年益好聚书,所抄自鄞之天一阁范氏,歙之丛桂堂郑氏,禾中倦圃曹氏,最后则吴之传是楼徐氏。"③ 其子黄百家也曾列举:"吾家所藏……皆先遗献假于各藏书家以抄得者,于昔则借抄于吾族白下之千顷堂、虞山钱氏之绛云楼、山阴祁氏之澹生堂、钮氏之世学楼、甬上范氏天一阁、禾中曹氏之倦圃,近复得吾师果亭徐先生抄寄培林堂所藏集本,以补吾家所未备。"④ 从这些记载中可以得知黄宗羲求书、访书之迹遍布江南著名藏书楼所在地,他殚精竭虑四方奔走,光是亲自借录、抄书处即多达十数家。当时江浙地区各大藏书楼稍有名气者,黄宗羲无不登临拜访,或抄或购,积贮益多。之所以有此费力之举,皆因其深知自己一家所藏实在有限,要进行有明一代文章之选,就应持竭泽而渔的态度,借他人藏书楼补一己藏书之不足,则可为选文编集搜罗资料提供更广博的基础和更阔大的空间。为了给明文编选和其他编著做长足准备,黄宗羲一有机会就外出觅求资料,不惜人力物力,各家著述,靡不搜讨,想方设法不断扩充夯实自己的藏书库。正是在他长年累月孜孜不倦的努力下,后来他的私家藏书楼在清代名气渐盛。而续钞堂藏书数量的渐次增多与质量的得以保证又都与黄宗羲求全、求精的藏书观及毕生的投入有关。对黄宗羲而言,辗转各地的访书之举既能补自己家藏书籍之缺,又便于择取善本佳椠入集,所以他坚持几十年不断奔忙,勤抄不辍,日积月累,用心此务。在这过程中,他所付出的艰辛劳苦非一般人能比,总算是皇天不负,终有所成。从《黄宗羲年谱》中所记数条略摘一二便可见其搜书苦楚之一斑,如:崇祯七年(1634),"闻某家有藏书,公与天如(即张溥)提灯

① [清]黄百家.学箕初稿:卷一[M].四部丛刊本.
② [清]全祖望.梨洲先生神道碑文[M]//全祖望集汇校集注:上册.上海:上海古籍出版社,2000:219.
③ [清]全祖望.梨洲先生神道碑文[M]//全祖望集汇校集注:上册.上海:上海古籍出版社,2000:229.
④ [清]黄百家.《明文授读》序[M]//沈善洪,吴光.黄宗羲全集:第十一册.杭州:浙江古籍出版社,2005:83.

往观。……时《高忠献遗集》初出，公在舟中，尽日翻阅。先生摘其阑入释氏者以示公。返郡城，邂逅周仲于木莲庵，架上见其先人云渊先生《神道大编》数十册，方广皆二尺余，欲尽抄其所有，会仲游楚，不果"①。崇祯十一年（1638）"至朗三家，登三层楼，发其藏书，朗三赠公以《陈旅集》"②。可见黄宗羲 20 余岁即有了明确的求书意识，并不惮艰辛，不畏困难多方设法，访寻各种图籍经典等。这工作他终生未弃，至死方休。为能尽量多又便捷地寻访到别人的私藏书籍，黄宗羲频频在他人家中讲学，借机求得阅书、抄书之便。"崇祯十四年辛巳（1641），公三十二岁。之南中，主黄比部明立（即黄居中）家，千顷堂之书，至是审阅殆遍。朝天宫有道藏，公自《易》学以外，有干涉山川者，悉手抄之。闻焦氏书欲售，公急往讯，因不受奇零之值而止。"③从 1630 年到 1641 年，黄宗羲常常"主"于黄居中家，主要原因之一便是黄居中乃当时著名藏书家，他晚年所建千顷堂藏书极富，最多时达 60000 余卷，尤其是其中的明人著述，颇为齐备，对明文选本编纂必有助益。据载，千顷堂中凡明人所著之书，上自明代 16 朝帝王将相的著作，下至布衣文人的诗文杂记，不计地位身份，无不尽力搜讨网罗。黄居中子黄虞稷根据家中藏书编纂的《千顷堂书目》今尚存于世，共收录明人著作 14000 多种，是反映明人艺文最全的目录之作。另一藏书大家钱谦益也到千顷堂借阅明人诗文等书，对千顷堂藏书评价颇高，其所编《列朝诗集》亦曾于此受益。而黄宗羲借自己住在黄居中家讲学之机，长期在千顷堂按己所需地进行大量的自由阅读，为日后的编著事业做资料准备。毫无疑问，黄宗羲在此楼读到了很多之前难以得见的明朝文集等，大大弥补了自己后来编集的不足。

黄宗羲嗜书成癖，不论身在何处游访，都不忘对所需文章、史料等进行查询、抄录，一旦得到求书之机，便牢牢抓住，绝不放过：

> 崇祯十五年壬午（1642），公三十三岁。建忠端公祠。……公与陆文虎（即陆符）先生读书于万驸马北湖园中。十一月丙子（即十日）自京回。……后十一月戊申（即十二日），遂令促装缘蓝溪而进，月夜，走蜜岩，探石质藏书处。④

> 顺治七年庚寅（1650），公四十一岁。……三月，公至常熟，馆钱氏

---

①　[清]黄炳垕.黄宗羲年谱[M].王政尧,点校.北京:中华书局,1993:11.

②　[清]黄炳垕.黄宗羲年谱[M].王政尧,点校.北京:中华书局,1993:17.

③　[清]黄炳垕.黄宗羲年谱[M].王政尧,点校.北京:中华书局,1993:19.

④　[清]黄炳垕.黄宗羲年谱[M].王政尧,点校.北京:中华书局,1993:20.

绛云楼下,因得尽翻其书籍。①

　　康熙五年丙午(1666),公五十七岁。仍馆语溪,之海昌,同陆冰修(即陆嘉淑)访陈乾初(即陈确)先生。……五月望,东归,旋复之语溪。槜李高氏书归于吴氏(即吴之振),公在语溪三载,阅之殆遍。祁氏旷园之书,乱后迁至化鹿寺。公过郡,与书贾入山翻阅三昼夜,载十捆而出。②

　　康熙七年戊申(1668),公五十九岁。始选《明文案》。……天移地转,僵饿深山,尽发藏书而读之,近二十年,胸中窒碍解剥,始知曩日之孤负为不可赎也。③

　　上述《黄宗羲年谱》中的数条应属挂一漏万的记录,无论是夜访藏书处所之事,还是坐馆多年以求翻书之机,抑或是忍饥挨饿犹不废读书之举,都足以让我们窥见黄宗羲求书若渴、访书至诚的热忱和努力。而他辗转各方坐馆兼求书的艰辛劳累,都在后来的编著中得到了确证和回报。

　　黄宗羲自小勤于学问,知识淹博,"生平颇喜读书"④。从崇祯十七年(1644)到康熙元年(1662),10余年间他积极参与抗清活动,遭受清廷追捕,数度身陷窘境,在四处避难,历经折磨之时,能维持正常生活已然不易。即便如此,他仍然不忘尽己所能抓住一切机会搜书、读书。其《恽仲升文集序》中曾写道:"天移地转,僵饿深山,尽发藏书而读之。近二十年,胸中窒碍解剥,始知曩日之孤负为不可赎也。"⑤此处所言"天移地转"即指崇祯十七年(1644)的甲申之变。"近二十年"当约指康熙三年(1664)以前。而康熙元年(1662)时,黄宗羲鲁阳之望已绝⑥,其所著《明夷待访录》中申明"向后二十年交入'大壮',始得一治"⑦。此际与甲申之变相隔18年,正合"近二十年"之说。这是黄宗羲一生中最为仓皇狼狈时,后来他追忆过往落难经历时即

① [清]黄炳垕.黄宗羲年谱[M].王政尧,点校.北京:中华书局,1993:27-28.
② [清]黄炳垕.黄宗羲年谱[M].王政尧,点校.北京:中华书局,1993:34.
③ [清]黄炳垕.黄宗羲年谱[M].王政尧,点校.北京:中华书局,1993:35.
④ [清]黄宗羲.陈叔大四书述序[M]//沈善洪,吴光.黄宗羲全集:第十册.杭州:浙江古籍出版社,2005:44.
⑤ [清]黄宗羲.恽仲升文集序[M]//沈善洪,吴光.黄宗羲全集:第十册.杭州:浙江古籍出版社,2005:4-5.
⑥ [清]全祖望.明夷待访录跋[M]//沈善洪,吴光.黄宗羲全集:第十二册.杭州:浙江古籍出版社,2005:190.按:此为全祖望语,"徵君(指黄宗羲)自壬寅(即康熙元年,公元1662年)前,鲁阳之望未绝,天南讣至,始有潮息烟沉之叹,饰巾待尽,是书(即《明夷待访录》)于是乎出"。康熙元年(1662),永历政权瓦解,标志明政权余势的灭亡,黄宗羲由抗清转为著述。
⑦ [清]黄宗羲.明夷待访录题辞[M]//沈善洪,吴光.黄宗羲全集:第一册.杭州:浙江古籍出版社,2005:1.

以"可谓濒于十死者矣"①概之。这种颠沛流离,不断遭受冲击,在历史波折中逐渐成长的际遇并非寻常文人所能忍,但黄宗羲不仅承受住了这种动荡不安生活的考验,而且在这过程中思想几经变化愈趋成熟,坚定声称"然吾心之所是,证之朱子而合也,证之数百年来之儒者而亦合也。嗟乎!但不合于此世之庸妄者耳"②。在固守自己思想阵地的同时,他还经常与朋友谈诗论道,增进学问,从不放弃读书、索书的努力,曾感慨"读书者一生之精力,埋没敝纸渝墨之中,相寻于寒苦而不足"③。顺治七年(1650),他至常熟钱谦益家中坐馆,钱氏拥有号称"大江以南,藏书之富,无过于钱"的绛云楼,黄宗羲即"馆钱氏绛云楼下,因得尽翻其书籍"④。康熙五年(1666),年近六旬的他依然不辞艰辛,坚持搜书。后费时三载将携李高氏书翻阅殆尽,得知"祁氏旷园之书,初庋家中,不甚发现。乱后迁至化鹿寺,往往散见市肆",又"与书贾入山翻阅三昼夜,余载十捆而出,经学近百种,稗官百十册。"⑤即便自己身处困厄、安危难保、飘摇不定之际,仍执着地记挂读书、抄书之事,且无论经学还是稗学之书,悉数存阅,黄宗羲这种锲而不舍的求学精神和文献保存意识,着实令人敬佩。

关于黄宗羲努力增补图书文献,为编著做准备的这条漫漫访书、求书路,黄炳垕《黄宗羲年谱》中还记有数条,略举一二如下:

> 康熙十三年甲寅(1674),公六十五岁。时群盗满山,奉太夫人之海滨第四门,寓诸九徵(即诸来聘)书室,室容一几,三几之内,寝灶图书咸在焉。⑥
>
> 康熙十五年丙辰(1676),公六十七岁。……十月朔日,至海盐云岫山观合朔。前一日,公与仇沧柱、邵蓼三、陈彝仲至其地,许公遂之寺中,五更时起观之,遇雨,遂至胡考辕先生家,观藏书,其子令修,为公发其故箧。⑦

---

① [清]黄宗羲.怪说[M]//沈善洪,吴光.黄宗羲全集:第十一册.杭州:浙江古籍出版社,2005:70.
② [清]黄宗羲.恽仲昇文集序[M]//沈善洪,吴光.黄宗羲全集:第十册.杭州:浙江古籍出版社,2005:5.
③ [清]黄宗羲.天一阁藏书记[M]//沈善洪,吴光.黄宗羲全集:第十册.杭州:浙江古籍出版社,2005:117.
④ [清]黄炳垕.黄宗羲年谱[M].王政尧,点校.北京:中华书局,1993:28.
⑤ [清]黄宗羲.天一阁藏书记[M]//沈善洪,吴光.黄宗羲全集:第十册.杭州:浙江古籍出版社,2005:118.
⑥ [清]黄炳垕.黄宗羲年谱[M].王政尧,点校.北京:中华书局,1993:38.
⑦ [清]黄炳垕.黄宗羲年谱[M].王政尧,点校.北京:中华书局,1993:40.

这种不论刮风下雨、寒天酷暑，无惧条件之苦之难，始终访求书籍不辍不止的做法，一直延续到康熙三十一年（1692），黄宗羲 83 岁高龄时，才因"病几革，文字因缘，一切屏除"①而告终结。

由上述记载可知，从 20 余岁到年过八旬，黄宗羲搜书、藏书的热情通贯终生，丝毫不减，其私人家藏书籍本已不少，但他唯恐一己所藏缺漏太大，储备不够丰足，故不顾自己年老体衰，多方奔波访求各地，搜罗觅取各种资料，其足迹遍及浙东藏书之家，还跨出省际，远达数千里之外。如此热衷于各色图书的搜寻珍藏，是因为他清楚地知道自己所有的编著都立基于此。正是在这种意识催动下，黄宗羲编选明文集时先有"先夫子自戊申岁取家藏有明文集约五六千本，撷其精华，至乙卯岁成《明文案》二百一十七卷"②。后又"搜假司寇健庵先生传是楼明集，得《文案》以外所未有者"③。综之，《明文案》《明文海》等明文选本编纂最主要的参考文献和学术资源均来自于黄宗羲日积月累、苦心经营、多家齐聚而得的书库。

另外值得强调的一点是，古人藏书便于编纂之业，但藏书之难却超乎想象。因条件所限，求书、得书之不易已非常人所能想，而要藏之不失则更是难上加难。黄宗羲就有多年访书藏之待用但苦于保存的经历，曾于姚翼《玩画斋藏书目录序》文下发表评论曰："不知书之散尤易于他物，卷帙既繁，难于收拾。一散于婢仆，则入饧笛货碗之手；再散于书贾，则尺量其高下，权衡其轻重。故云积书于子孙，子孙不能卖。"④这段文字虽非自述，但已将时人藏书之艰辛状况道出。"古今书籍之厄，不可胜计。"⑤类似经历，黄宗羲记在了《天一阁藏书记》文中。今将该文悉数转录于下，以见彼时文人藏书用心及不易：

> 尝叹读书难，藏书尤难，藏之久而不散，则难之难矣。
> 自科举之学兴，士人抱兔园寒陋十数册故书，崛起白屋之下，取富贵而有余。读书者一生之精力，埋没散纸渝墨之中，相寻于寒苦而不

① ［清］黄炳垕.黄宗羲年谱［M］.王政尧，点校.北京：中华书局，1993：48.
② ［清］黄百家.《明文授读》序［M］//沈善洪，吴光.黄宗羲全集：第十一册.杭州：浙江古籍出版社，2005：199.
③ ［清］黄百家.《明文授读》序［M］//沈善洪，吴光.黄宗羲全集：第十一册.杭州：浙江古籍出版社，2005：199.
④ ［清］黄宗羲.明文海评语汇辑［M］//沈善洪，吴光.黄宗羲全集：第十一册.杭州：浙江古籍出版社，2005：125.
⑤ ［清］黄宗羲.天一阁藏书记［M］//沈善洪，吴光.黄宗羲全集：第十册.杭州：浙江古籍出版社，2005：117.

足。每见其人有志读书，类有物以败之，故曰读书难。

藏书非好之与有力者不能。欧阳公曰："凡物好之而有力，则无不至也。"二者正复难兼。杨东里少时贫不能致书，欲得《史略》《释文》《十书直音》，市直不过百钱，无以应，母夫人以所畜牝鸡易之，东里特识此事于书后。此诚好之矣，而于寻常之书犹无力也，况其他乎？有力者之好，多在狗马声色之间，稍清之而为奇器，再清之而为法书名画，至矣。苟非尽捐狗马声色字画奇器之好，则其好书也必不专。好之不专亦无由知书之有易得、有不易得也。强解事者以数百金捆载坊书，便称百城之富，不可谓之好也。故曰藏书尤难。

归震川曰："书之所聚，当有如金宝之气，卿云轮囷覆护其上。"余独以为不然。古今书籍之厄，不可胜计。以余所见者言之。越中藏书之家，钮石溪世学楼其著也。余见其小说家目录亦数百种，商氏之《稗海》皆从彼借刻。崇祯庚午间，其书初散，余仅从故书铺得十余部而已。辛巳，余在南中，闻焦氏书欲卖，急往讯之，不受奇零之值，二千金方得为售主。时冯邺仙官南纳言，余以为书归邺仙犹归我也，邺仙大喜，及余归而不果。后来闻亦散去。庚寅三月，余访钱牧斋，馆于绛云楼下，因得翻其书籍，凡余之所欲见者无不在焉。牧斋约余为读书伴侣，闭关三年，余喜过望，方欲践约，而绛云一炬，收归东壁矣。歙溪郑氏丛桂堂，亦藏书家也，辛丑在武林捃拾程雪楼、马石田、刘云龙集数部，其余都不可问。甲辰馆语溪。携李高氏以书求售二千余，大略皆抄本也，余劝吴孟举收之。余在语溪三年，阅之殆遍。此书固他乡寒故也。江右陈士业颇好藏书，自言所积不甚寂寞。乙巳寄吊其家，其子陈澎书来，言兵火之后，故书之存者惟熊勿轩一集而已。语溪吕及父，吴兴潘氏婿也。言昭度欲改《宋史》，曾弗人、徐巨源草创而未就，网罗宋室野史甚富，缄固十余簏在家。约余往观，先以所改《历志》见示。未几而及父死矣，此愿未遂。不知至今如故否也？祁氏旷园之书，初庋家中，不甚发视。余每借观，惟德公知其首尾，按目录而取之，俄顷即得。乱后迁至化鹿寺，往往散见市肆。丙午，余与书贾入山翻阅三昼夜，余载十捆而出，经学近百种，稗官百十册，而宋、元文集已无存者，途中又为书贾窃去卫湜《礼记集说》《东都事略》。山中所存，唯举业讲章、各省志书，尚二大橱也。丙辰至海盐，胡孝辕考索精详，意其家必有藏书，访其子令修，慨然发其故箧，亦有宋、元集十余种，然皆余所见者。孝辕笔记称引《姚牧庵集》，令修亦言有其书，一时索之，不能即得。余书则多残本矣。吾邑孙月峰亦称藏书而无异本，后归硕肤。丙戌之乱，为火所尽。余从邻家得其残缺《实录》，三分之一耳。由此观之，是书者造物之所甚忌也，不特不覆护之，又从而灾害之如此。故曰藏之久而不散，则难之难矣。

　　天一阁书，范司马所藏也，从嘉靖至今盖已百五十年矣。司马殁后，封闭甚严。癸丑，余至甬上，范友仲破戒引余登楼，悉发其藏。余取其流通未广者抄为书目，凡经、史、地志类书坊间易得者及时人之集三式之书，皆不在此列。余之无力，殆与东里少时伯仲，犹冀以暇日握管怀铅，拣卷小书短者抄之。友仲曰诺。荏苒七年，未蹈前言。然余之书目遂为好事流传。昆山徐健庵使其门生誊写去者不知凡几。友仲之子左垣乃并前所未列者重定一书目，介吾友王文三求为藏书记。近来书籍之厄，不必兵火，无力者既不能聚，聚者亦以无力而散，故所在空虚。屈指大江以南，以藏书名者不过三四家。千顷斋之书，余宗兄比部明立所聚。自庚午讫辛巳，余往南中，未尝不借其书观也。余闻虞稷好事过于其父，无由一见之。曹秋岳倦圃之书，累约观之而未果。据秋岳所数，亦无甚异也。余门人自昆山来者，多言健庵所积之富，亦未寓目。三家之外，即数范氏。韩宣子聘鲁，观书于太史氏，见《易象》与《鲁春秋》，曰："周礼尽在鲁矣。"范氏能世其家，礼不在范氏乎？幸勿等之云烟过眼，世世子孙如护目睛，则震川覆护之言，又未必不然也。[①]

据上所载，至此文成时，黄宗羲求访图书典籍的地方前后累计已不下于 10家。他从旧书铺购得世学楼藏书 10 余部、耗费 2000 金终得焦氏欲卖书籍、在钱谦益绛云楼得览挂心已久的典籍且有为读书伴侣闭关三年之约、亲访过郑氏丛桂堂、在武林觅得《程雪楼集》《马石田集》数部、借阅祁氏旷园之书并曾载 10 捆而出、求得胡孝辕家藏书、获取孙月峰三分之一残书、又得甬上天一阁范光燮破例"悉发其藏"，而且常借千顷斋之书以观……还有不少寻访未果留下遗憾的经历，如曹秋岳倦圃之书"累约观之而未果"、昆山藏书巨家徐乾学传是楼所藏"亦未寓目"等等。当然，《天一阁藏书记》写于康熙十九年（1680），时黄宗羲已近 70 岁，该文所述内容乃在此之前。这之后，黄宗羲仍然坚持四处奔波寻访各地藏书，"晚年益好聚书"[②]，终于在康熙二十二

① ［清］黄宗羲.天一阁藏书记［M］//沈善洪，吴光.黄宗羲全集：第十册.杭州：浙江古籍出版社，2005：117-120.
② ［清］全祖望.梨洲先生神道碑文［M］//全祖望集汇校集注：上册.上海：上海古籍出版社，2000：219.

年(1683)自己74岁之际,亲自奔赴徐乾学的传是楼了结当年未及寓目的遗憾,"细检传是楼所藏文集,复得《文案》所未备者三百余家"①,并将所选诸书借归旋里。全祖望曾经记载过黄宗羲访书故事中的一个细节,称他:

> 游屐所至,遍历通衢委巷,搜鬻故书;薄暮,一童肩负而返,乘夜丹铅,次日复出,率以为常。②

穿梭于大街小巷搜罗一切可能的藏书之所,带人日出而寻、日暮而返,还连夜批注、做笔记,周而复始,终日不辍。可见黄宗羲为得到图书典籍资料之殚精竭虑到了何等地步。黄宗羲友叶方蔼曾感叹:"梨洲先生家中藏书必富……不揣冒昧,就目中所开,此间未有者,录一单奉寄,求老年台令善书胥史,就梨洲先生家尽数抄写为幸。"李本晟也云:"知先生抱道怀古,探名山之秘笈,发二酉之微言,网罗之富,充栋汗牛。"③或许黄宗羲最初藏书主要是为便于自己著述时查询参考之用,但后来嗜书成癖,抄书、藏书渐成习惯,不惜将身家性命托付其上。其子黄百家曾写《续钞堂藏书自序》一文称:"家大人抱负内圣外王之学,不获出而康济斯民,心身性命,一托于残编断简之中,故颠发种种,寒以当裘,饥以当食,忘忧而忘寐者,惟赖是书耳,是是书之富而道之穷也。"④全祖望也在《二老阁藏书记》中说:"太冲先生最喜收书,其搜罗大江以南诸家殆遍。"⑤其爱书、藏书之深情,皆不虚也。续钞堂于康熙四年(1665)在南雷建成,黄宗羲所求之书尽数藏于该楼中,不计回报一以贯之的访书努力和辛苦收集使他总藏书量逾10万卷,经过长达数十年的整理勘校,续钞堂藏书也闻名于世,著称一时。而正是这得之不易的贮备丰富的资料库为其编选文集提供了足够优良的条件。

当然,黄宗羲藏书并非只为显摆学问延揽名声,其目的简单而明确:为读书、编书、用书而藏书。他之所以耗费毕生精力尽可能全面、系统地收集明代有关资料,是相信藏书在于致用,他提倡为经世、广识而藏书,为精研学

---

① [清]徐秉义.《明文授读》序[M]//黄宗羲.明文授读.中国社会科学院近代史研究所藏清康熙三十八年张氏味芹堂刻本.四库全书存目丛书集部:第400册.济南:齐鲁书社,1997:203.

② [清]全祖望.梨洲先生神道碑文[M]//全祖望集汇校集注:上册.上海:上海古籍出版社,2000:219.

③ [清]全祖望.梨洲先生神道碑文[M]//全祖望集汇校集注:上册.上海:上海古籍出版社,2000:219.

④ [清]黄百家.学箕初稿:卷1[M].四部丛刊初编本.

⑤ [清]全祖望.二老阁藏书记[M]//全祖望集汇校集注:上册.上海:上海古籍出版社,2000:1063.

问有所助益以备查,反对那种只收不用、藏而不取的鉴赏型做法。为此,黄宗羲曾告诫提醒身边的学者"当以书明心,勿玩物丧志也"①。其"续钞堂藏书,经若干卷,史若干卷,子若干卷,集若干卷,选文若干卷,选诗若干卷,志考类若干卷,经济类若干卷,性理语录、天文地理、兵刑礼乐、农圃医卜、律吕算数、小说杂技、野史、释道、俳优等若干卷,众合若干万卷"②。种类齐全,版本繁多。不过他"所得最多者前则澹生堂祁氏,后则传是楼徐氏,然未及编次为目也。垂老,遭大水,卷轴尽坏,身后一火,失去大半。吾友郑丈南溪理而出之,其散乱者复整,其破损者复完,尚可得三万卷,而如薛居正《五代史》,乃天壤间罕遇者,已失去,可惜也"③。后来其藏书因兵燹、水患、火灾、管理不善等原因屡次遭毁,损失惨重,但仍有 30000 卷幸存下来,可想而知黄宗羲续钞堂原本藏书数量丰硕之程度。北宋欧阳修曾说:"物常聚于所好,而常得于有力之强。"④黄宗羲自己亦言:"至于书之为物,即聚而藏之矣,或不能读,即有能读之矣,或不能文章。求是三者而兼之,自古及今,盖不能数数然也。"⑤以此观之,黄宗羲集善聚藏、能阅读、懂文章三者于一身,可谓是名副其实的藏书大家。一言蔽之,藏书是学问家之所好,而富足的藏书也正是黄宗羲赖以编选《明文案》《明文海》《明文授读》等书的最基本也是最坚实的基础。

二、具备渊博的知识储备和超拔的选文眼光

丰富的藏书贮备是编纂文集应具备的一大基本条件,但有了藏书并不能保证编著会成功,要想编纂出质量上乘的文集,编选者精审正确的判断力和别致独到的眼光也是必备要素之一,而这又需编者具有足够渊博厚重的知识储备。对于黄宗羲而言,这恰恰是他突出的一大特性与优势,深厚的知识底蕴和积极的自我思考成就了他超拔的识见和非凡的魄力,成为他文集的编选质量至关重要的保证。

黄宗羲出身于书香门第,本就酷爱读书,父亲黄尊素家教又极严,令其勤读苦学,志存高远,故他"肆力于学,经史百家,无所不窥",从小就涉猎极

① 李玉安,陈传艺.中国藏书家辞典[M].武汉:湖北教育出版社,1989:163.
② [清]黄百家.续钞堂藏书目序[M]//学箕初稿:卷一.北京:商务印书馆,1911.见民国涵芬楼景印四部丛刊集部《南雷集 20 卷》附《学箕初稿》。
③ [清]全祖望.二老阁藏书记[M]//全祖望集汇校集注:上册.上海:上海古籍出版社,2000:1063.
④ [宋]欧阳修.欧阳修全集[M].北京:中国书店,1986:287.
⑤ [清]黄宗羲.小园记[M]//沈善洪,吴光.黄宗羲全集:第十册.杭州:浙江古籍出版社,2005:129.

广,各领域知识无不遍览,而又不墨守成规,敢于突破旧习,"好窥群籍,不琐守章句"。①《黄宗羲年谱》曾记:"忠端公课以制义,公于完课之余,潜购诸小说观之。太夫人以告,忠端公曰:'亦足开其智慧。'"②此事发生在黄宗羲14岁时。显然,以传统观点而论,少年黄宗羲是一个不太乖巧听话、有点桀骜不驯的学生,明明聪慧过人学有余力,却不用心研究经、史、子、集等正规学问之道,反而偷买小说等难登大雅之堂的俗文学读物念得津津有味。所幸其父黄尊素的教育观颇为先进超前,不拘旧俗,异乎常人。对于黄宗羲的逾矩行为,他不以为意,丝毫不加以指斥反对,甚而还有些纵容他去广泛阅读,开阔眼界,适当拓宽求知范围。可见,黄氏父子俩都不是囿于传统俗见之人,反之,他们思想十分灵活变通,很能接受新鲜事物,也有高远的目标和开阔的求知意识。这样自由开明、通达先进的家教氛围自然深深影响到黄宗羲的成长,可能也是导致后来他能够成为中国历史上第一位主张民主思想的开创性人物的重要原因之一。

黄宗羲在父亲黄尊素死后两年间,潜心向学,四处交游,以文会友,经常往来奔波于余姚、宁波、杭州、绍兴、南京、苏州、常熟等地,广泛结交江南一带文社、诗社中的名流之士。当时张溥、陈子龙、吴伟业、周镳、沈寿民、何乔远、林茂之、汪逸、钱谦益、陆符、万泰等人,均与其私交甚好,号称"诸子皆来相就"③"四方名士毕集"④。黄宗羲开始也曾依循旧制,"志在举业"⑤,但科考落第、未有所得后,他很快认清现实,调整方向,明确自己"不合于此",之后愈加发奋苦读经史子集等著作,手不释卷,"每日丹铅一本,迟明而起,鸡鸣方已,两年而毕"⑥。就这样黄宗羲弃科举不攻而埋首群籍之中,出经入史,广采博涉,"上下古今,穿穴群言,自天官、地志、九流、百家之说,无不精研"⑦。由是见闻益广,才思愈雄,终于自成一家,名气大振。其弟黄宗炎、黄宗会皆受宗羲之教而博得声望,儒林遂有"东浙三黄"之谓,"一时老宿闻

---

① [清]黄炳垕.黄宗羲年谱[M].王政尧,点校.北京:中华书局,1993:16.

② [清]黄炳垕.黄宗羲年谱[M].王政尧,点校.北京:中华书局,1993:11.

③ [清]黄炳垕.黄宗羲年谱[M].王政尧,点校.北京:中华书局,1993:15.

④ [清]黄炳垕.黄宗羲年谱[M].王政尧,点校.北京:中华书局,1993:19.

⑤ [清]黄宗羲.恽仲升文集序[M]//沈善洪,吴光.黄宗羲全集:第十册.杭州:浙江古籍出版社,2005:4-5.

⑥ [清]黄炳垕.黄宗羲年谱[M].王政尧,点校.北京:中华书局,1993:125.

⑦ [清]唐鑑.余姚黄先生[M]//[清]黄炳垕.黄宗羲年谱.王政尧,点校.北京:中华书局,1993:119.

公名者,竞延致之相折衷"①。后黄宗羲不仅在蕺山学院、甬上学院等地主持讲学,广收门徒,而且还走南闯北,辗转多方,一边借授课讲学之机传播自己的思想心得,一边四处求教增长个人的知识见闻,随着授业解惑的能力渐强,读书面日广,其学问也越发精进高深,以致声望频传,为时人所追捧:"公之学问才思,复足以通畅之,海内翕然,推为刘门董、薛云"②。

　　黄宗羲读书一贯不喜拘泥,他遍涉各界,多方攫取,注重交融互通,翻新出奇。年轻时的他举科举不第之后,即"愤科举之学锢人,思所以变之"③,到晚年仍然求新求变,"晚岁乃以濂洛之统,综会诸家,横渠之礼教,康节之象数,东莱之文献,艮斋、止斋之经术,水心之文章,莫不旁推交通,自来儒林所未有也"④。他始终秉持着勤奋踏实的态度做学问,治学用功之勤鲜有人能及。在费时七年编好《明文案》后,黄宗羲考虑到自己选集的初衷是欲成一代之雄文,又自知一人势单力薄,所选明文多有不足,为补所缺,必得再行补缀修缮。于是他不惮年老,不顾体弱,康熙二十二年(1683)犹举高龄之身,亲往昆山藏书名家徐乾学的传是楼中求访珍稀典籍,终在"细检传是楼所藏文集"后"复得《文案》所未备者三百余家",喜出望外的他又"侵晨彻夜,拔粹摭尤",⑤孜孜矻矻于《明文海》之编纂。这种勤于治学、锲而不舍的精神在黄宗羲年逾古稀时仍不曾放弃,78岁的他还亲自上手校改文稿,"康熙二十六年丁卯(1687)……王颐庵督学,刊《自刘子文集》,公取家藏底草,与伯绳先生原本,逐一校勘,必以手迹为据"⑥。年过八旬,疾病缠身之际犹勉力作序:"三十一年壬申(1691),公八十三岁……秋七月,公病几革……接仇子沧柱都中来书,言北地贾醇庵(即贾若水子)已将《明儒学案》梓行,公暂彻呻吟,作序文一首,口授季子主一公书之。"⑦虽因年事太高、病痛太过而无法亲自执笔创作,但黄宗羲依然以口授的形式令儿子百家记下自己所言,以成序文,其一生忠于学问,勤苦至此,着实令人钦佩。即便有恙在身,他丝毫

① [清]全祖望.梨洲先生神道碑文[M]//全祖望集汇校集注:上册.上海:上海古籍出版社,2000:212.又见于[清]黄炳垕.黄宗羲年谱[M].王政尧,点校.北京:中华书局,1993:87.

② [清]黄炳垕.黄宗羲年谱[M].王政尧,点校.北京:中华书局,1993:35.按:此为"康熙七年戊申(1668),公五十九岁。始选《明文案》"条下小字另记。

③ [清]李元度.黄梨洲先生事略[M]//[清]黄炳垕.黄宗羲年谱.王政尧,点校.北京:中华书局,1993:125.

④ [民国]易宗夔.新世说[M].成都:四川大学出版社,1998:2.

⑤ [清]徐秉义.《明文授读》序[M]//黄宗羲.明文授读.中国社会科学院近代史研究所藏清康熙三十八年张氏味芹堂刻本.四库全书存目丛书集部:第400册.济南:齐鲁书社,1997:203.

⑥ [清]黄炳垕.黄宗羲年谱[M].王政尧,点校.北京:中华书局,1993:45.

⑦ [清]黄炳垕.黄宗羲年谱[M].王政尧,点校.北京:中华书局,1993:48.

不改严谨治学、奋发不辍之态，"公平日读《水经注》，参考各省通志，多不相合，乃不袭前作，条贯诸水，名曰《今水经》，是年书成，遂序之"①。黄宗羲这期间的创作后被编为《病榻集》，"是年后，所作文曰《病榻集》。修儒学落成，遂序之"②。此后，他又零零星星写了一些较短的序文之类作品。这种做法令后学感动不已，靳治荆即连连叹赏宗羲"年垂八十，精神弗衰，日把一编，目不辍视，手不停披"③的精神。康熙三十二年（1693），时已 84 岁的黄宗羲"寄万子贞一五古五百字。《姚志》底本，皆公所著，考核颇详，而人物一门，为后来妄增颠倒，公恐言之则招怨，因作《八绝》，使读者可追寻也"，而且"《明文海》四百八十二卷选成，谓主一公曰：'唐《文苑英华》百本，有明作者，轶于有唐，非此不足存一代之书，故读本不须如许，我为择其尤者若干篇，授汝读之。于是有《明文授读》六十二卷'"④。可见其对学问的勤勉执着、拳拳用心当真是终生不弃，至死方休。本着这种精神和信念，在时间、精力等都非常有限而自身生活又动荡困窘的情况下，黄宗羲在进行明文之选的同时，还撰写了《明儒学案》《宋元学案》等规制宏大的明代思想史著作，学术成果极为丰硕，足见其治学著述之心和用功发愤之勤。正是这种专意著述、勤学奋进、认真负责的态度，促成了《明文案》《明文海》等书的相继出炉。

编著工作除了需要勤于搜书、用书之外，还往往面临审文甄选之难，这考验的是著述者的学问功底和识文眼光。尤其编选整个朝代的文集势必得从成千上万种文章作品中拔优选萃成其一家，编著者不仅要翻阅大量原始的文献典籍，逐一过目，品评筛选，以"勤力钜眼""为之遴拔"⑤，而且为确保资料确凿无误，还需进行各种更加烦琐、细致的甄别考证、辨伪存真工作。这种工作不仅耗费大量心神，而且非常考较个人功力，黄宗羲因此常常闭户攻读，通宵达旦，"手为点定"⑥，以致"所凭之几，双肘隐然，庆吊吉凶之礼尽废"⑦，期间艰辛，难与人道。就选文而言，编纂者作为手掌乾坤的核心人物，其眼光、见识、格局等是决定著述品次优劣的关键所在。想具备超拔独

① ［清］黄炳垕.黄宗羲年谱［M］.王政尧，点校.北京：中华书局，1993：48.
② ［清］黄炳垕.黄宗羲年谱［M］.王政尧，点校.北京：中华书局，1993：48.
③ ［清］靳治荆.《明文授读》序［M］//［清］黄宗羲.明文授读.中国社会科学院近代史研究所藏清康熙三十八年张氏味芹堂刻本.四库全书存目丛书集部：第 400 册.济南：齐鲁书社，1997：205.
④ ［清］黄炳垕.黄宗羲年谱［M］.王政尧，点校.北京：中华书局，1993：48-49.
⑤ ［清］黄百家.《明文授读》序［M］//黄宗羲.明文授读.中国社会科学院近代史研究所藏清康熙三十八年张氏味芹堂刻本.四库全书存目丛书集部：第 400 册.济南：齐鲁书社，1997：211.
⑥ ［清］黄宗羲.《南雷文定》凡例四则［M］//沈善洪，吴光.黄宗羲全集：第十一册.杭州：浙江古籍出版社，2005：84.
⑦ ［清］黄宗羲.怪说［M］//沈善洪，吴光.黄宗羲全集：第十一册.杭州：浙江古籍出版社，2005：70.

特的鉴赏力和精准高效的判断力，除了要养成对文章的敏感性，还必须多读、多想、多甄别、多比较，唯有勤于学问方能积具厚识，唯有积具厚识方可形成高见。黄宗羲深解其中奥妙，故而苦读不辍，平素自己不废笔墨，勤勉为文，其文学创作量多且不乏精品，备受时人称赏。康熙三年（1664），徐枋曾经读到黄宗羲文章，惊叹不已，认为其才情堪比有"明文第一"①之誉的归有光。《黄宗羲年谱》中记载："公箧中有文数篇，昭法（即徐枋）见之，嗟赏不已，谓'此真震川也'。"②"康熙十年辛亥（1671），公六十二岁。之郡城，寓古小学，鲁庶常韦庵（即韦栗）来访，观公文，叹曰：'二川以后，拜年无此作矣。'"③"康熙七年戊申（1668），公五十九岁……公次婿茂林，蕺山家孙也。公从其家搜得遗书，乃太阐其传，而公之学问才思，复足以通畅之，海内翕然，推为刘门董、薛云。"④可见，黄宗羲在当时已成文坛领袖，是蜚声南北的大咖级别的古文家。因为有创作散文的切身经验和体会，他更能细腻而多角度地揣摩、审视他人散文的优劣，据之评定其价值、判断其大致地位也更为恰当精准。换言之，在读书万卷、勤学苦为、笔耕不辍的过程中，黄宗羲识文断篇、审定作品的能力也日益见长，择优去劣的眼光亦较常人胜出一筹。有丰富的知识功底、敏锐的文字感悟和创作经验为依托，黄宗羲选拔文章的质量也的确高于那些没有创作实践，只知道纸上谈兵、理论至上的纯文论家。

　　要说知识面的广博开阔和思想的通达深邃，在当时鲜有人能与黄宗羲相提并论。黄宗羲思辨力强，灵活奔放，特别善于融通贯达，能将所学相互关联，深入琢磨，并能早窥风气、洞烛先机，然后"发前人所未发者"⑤，常有新见，高论迭出。康熙皇帝便因其天才纵横，卓绝难得，而欲招致麾下，曾多次命人延请他为官，甚至亲自问询：

　　　　康熙二十九年庚午（1690），公八十一岁。二月，圣祖仁皇帝问徐尚书乾学："海内有博学洽闻、文章尔雅、可备顾问者？"乾学对："以臣所知，止有浙江黄宗羲，学问渊博，行年八十，犹手不释卷，曾经臣弟元文奏荐。"⑥

---

①　［清］王应奎.柳南随笔·续笔［M］.北京：中华书局，1983：208.

②　［清］黄炳垕.黄宗羲年谱［M］.王政尧，点校.北京：中华书局，1993：32-33.

③　［清］黄炳垕.黄宗羲年谱［M］.王政尧，点校.北京：中华书局，1993：38.

④　［清］黄炳垕.黄宗羲年谱［M］.王政尧，点校.北京：中华书局，1993：35.

⑤　［清］黄炳垕.黄宗羲年谱［M］.王政尧，点校.北京：中华书局，1993：34.

⑥　［清］黄炳垕.黄宗羲年谱［M］.王政尧，点校.北京：中华书局，1993：47.

但黄宗羲不仕清廷之心非常坚定,此事终究无果。虽因世事动荡,他时常处于"惴惴不保"①的状态,却从未废卷,坚持阅书无数,以惊人的学习力和强大的创造力广泛涉猎了经学、史学、哲学、文学、教育学等领域,对经史百家、天文地理、乐律算术以及释、道等学问无不精研细究,屡有建树,成就卓然。即便如全祖望所称,他"著书兼辆,然散亡十九"②,但这丝毫不影响他凭满腹经纶,成为清代的史学宗师、浙东学派的创始者,又以高绝千古的见识与顾炎武、王夫之并称"明末清初三大思想家",得享"中国思想启蒙之父"之誉。博学多才如他,既被冠名"明末清初五大家",又跻身"海内三大鸿儒"之列,备受世人推崇。吴光曾经在《黄宗羲与清代学术》一文中总结概括黄宗羲的学术成就,认为迄今为止,其可考知的著作"共计一百十二种,至少有一千三百卷,二千万字"③,他还将黄宗羲著作按照体裁分成文选、专著和自著诗文集三大类,称:

> 一是文选,如《明文案》《明文海》《明史案》《宋元文案》《黄氏捃残集》《姚江逸诗》等十八种,一千余卷;二是专著,如《留书》《明夷待访录》《破邪论》《易学象数论》《孟子师说》《子刘子行状》《明儒学案》《宋元学案》《东浙文统》《行朝录》《四明山志》《今水经》《授时历法假如》《西洋历法假如》《勾股图说》《开方命算》《思旧录》《黄氏家录》等六十八种,三百多卷;三是自著诗文集,如《南雷文案》《南雷文定》《南雷文约》《南雷杂著》《南雷诗历》等二十六种,七十多卷。现存文选九种、专著二十八种、诗文集十八种,共五十五种,一千零七十七卷,确实算得上"著书兼辆"了。④

各类著述中,《明儒学案》保存了有明一代的学术,开创出一种新的史体范式——学案体;《明文案》《明文海》等则集中了明代数百年文章之精华,"可谓一代文章之渊薮,考明人之著作,当必以是篇为极备矣"⑤,意义非凡、价值甚巨。黄宗羲对自己生平多有著述也心满意足,临终前曾致信孙女婿万承勋,自称:"年纪到此可死;自反平生虽无善状,亦无恶状,可死;于先人未

---

① [清]黄炳垕. 黄宗羲年谱[M]. 王政尧,点校. 北京:中华书局,1993:23.
② [清]全祖望. 书明夷待访录后[M]//全祖望集汇校集注:上册. 上海:上海古籍出版社,2000:1390.
③ 吴光. 黄宗羲与清代学术[J]. 孔子研究,1987(2).
④ 吴光. 黄宗羲与清代学术[J]. 孔子研究,1987(2).
⑤ [清]永瑢,纪昀,等. 四库全书总目提要[M]. 海口:海南出版社,1999:1038.

了,亦稍稍无歉,可死;一生著述未必尽传,自料亦不下古之名家,可死。如此四可死,死真无苦矣。"①认为自己一生行事为人无愧于天地先贤,且著述成就突出,能媲美前代名家,做人至此已可死而无憾。今黄宗羲墓前二柱上所书"不事王侯,持子陵之风节;诏钞著述,同虞喜之传文"一联,不失为是对黄宗羲的精当评价。

丰富的藏书、广博的知识使黄宗羲眼界宽广、胸襟开阔、见识高远、思想通透,使他能游刃有余运用所学,著书编纂。正是这种出色的能力,使他在甄选整理明人文集时,能以精到超拔的眼光做出尽可能合理科学的判断,从而准确地予以存留或舍弃,真正做到"既能揽众家观点于一书,又能突破一己之束缚,真正从书山文海中存精汰粗,披沙沥金"②。许是深知编著业之艰辛不易,故而选本编成时黄宗羲也忍不住自鸣得意称:"有某兹选,彼千家之文集庞然无物,即尽投之水火不为过矣!"③"若以《文案》与四选并列,文章之盛,似谓过之。"④要之,黄宗羲正是在占有大量文献资料的基础上凭借自己丰富的知识储备和出色的眼光秉笔著述,推动了明文总集编纂之举,并保证《明文案》《明文海》等具备极高的学术价值。

第二节　客观条件

除具备上述主观条件外,黄宗羲明文选本的编纂成功还有赖于当时编集成风的环境和气候熏染、亲朋故友的鼎力相助等客观条件的存在。

一、蔚然成风的编集环境熏染

易代之际士人强烈的济世济民情怀使得文集编纂风气蔚为大观,出于对国家命运和历史走向的关注,文人士子们对世风世情、时局变化忧心如焚,产生了慷慨自任的救世热忱。随着清朝政权逐步稳固,学风渐由空虚浮泛转向经世务实,激发了新一轮的文集编选热潮。不仅朝廷统治者认识到搜罗前代文章编集对于文化的重建、政权的稳定、人心的收服具有特殊作用,而且很多有识之士也敏锐地意识到哀集编纂明代文章对整理故国的历史文献、确立新朝的文风导向意义重大。基于此,明清之际,面对改朝换代

---

① 李玉安,黄正雨.中国藏书家通典[M].香港:中国国际文化出版社,2003:59.
② 崔霞.黄宗羲《明文海》编纂始末考略[J].中国出版,2014(22).
③ 黄宗羲.《明文案》序[M]//沈善洪,吴光.黄宗羲全集:第十册.杭州:浙江古籍出版社,2005:19.
④ 黄宗羲.《明文案》序[M]//沈善洪,吴光.黄宗羲全集:第十册.杭州:浙江古籍出版社,2005:19.

的激烈动荡态势,文章选本编纂成风,造成一派佳作纷呈、种类各异、形式繁多的蓬勃景象。其中古文选本更是伴随着时风世风、学风文风等的熏染而呈现出多元化集中化态势。朝廷政权有意识地引导、利用文人通过文献编纂、书写和创作、著述等活动进行历史的记载、塑造与述说、建构。文士们则通过不同载体记录和描绘着众声喧哗、纷扰不休的易代场景。故文集编选者们,上自王侯贵胄、朝廷重臣,下至中下层文人知识分子乃至籍籍无名的普通民士,各阶层不同地位不同身份者均有涵括,其编选目的也各自不同:有为经世致用而编,有因服务科举而选,有需引导文风而著,还有为构建自家流派文统并说明该派取向而纂的。①

有明一代历经 16 帝 276 年,文人文作风云迭出,数不胜数。编选明代文章总集自如聚沙成塔,是一项极其浩大繁复的工程,不仅编选者需阅读浩如烟海难以量计的文集,修炼出足够精深丰厚的学养、卓绝超人的眼光,还得讲究天时、地利、人和兼备,所以一部文集的编纂成功,外在环境的促进作用绝对不容忽视。

在黄宗羲编纂《明文案》之前,康熙年间官方和民间均有人起意编修明文总集,可惜最终都未能如愿。康熙初期,官方曾开始授意朝臣进行明文编选。时身为清廷台阁重臣,官拜吏部尚书、保和殿大学士,人称“乌头宰相”的魏裔介(1616—1686)即热衷于编纂古文选本之事,曾自行编成《古文欣赏集》《两汉欣赏集》等书,并欲将汉唐至元明的诗文进行系统的整理,但他很快意识到这个计划太过宏大,需要多人合作方有可能实施。他自己公务繁忙,为尽快将此项工作提上日程,魏裔介专门委托当时社会名望颇高的吴伟业(1609—1672)和担任内阁中书之职的陈玉璂(1636—1700)二人负责编选明代文章总集事宜。据陈玉璂《奉答魏相国书》文所言,魏裔介认为前人文集多有散失不全者,如何评价前朝诗文也众说纷纭,意见不一,故编选明文势在必行且正当其时,他特意致信吴伟业加以提醒:“乃自唐、宋以来,诸家著作,渐以零落散失。今既有三吴、两越诸子网罗分校,先生综其成,岂不为文圃之盛事乎!又元、明以来亦有数十百家诗文,尚无定论,参伍进退,似亦在此时也。惟留意而商榷之,远追昭明,近绍天如。”②吴伟业博古通今,本是明代声名显赫、誉满天下的文人,顺治十年(1653)九月,迫于清廷淫威,并碍于亲人敦促,他应诏北上仕清,但其内心对自己屈节之举一直耿耿于怀,

---

① 孟伟.清人编选的文章选本与文学批评研究[D].上海:复旦大学,2006.
② [清]陈玉璂.奉答魏相国书[M]//学文堂文集:卷九.上海:上海书店出版社,1993.转引自韩希明.耕读偶记.文学研究与教学[M].广州:世界图书出版广东有限公司,2013:258.

深感愧悔。魏裔介此言恰中其欲存明代文献以报前朝并补自己过失之心意，他也想为易代之后的文化传承发挥一点作用。于是他"读书而喜"，欣然领受任务并提出自己的建议："则以为所选文体当求合于唐宋大家。"①陈玉璂也积极回应表示配合："今前明人集幸而具在者，苟不急为刊布，将来散亡之忧，视昔为甚，此固后死者之责，璂敢不竭蹶以仰成阁下意。"②在此事上，几位有识之士志同道合，一拍即合，这场由官方授意启动的明文编选活动便纳入计划之中。然则天不遂人愿，康熙十年（1671），吴伟业突然"旧疾大作，痰声如锯，胸动若杵"③，不久即因病去世，陈玉璂独自一人难当选文重任。更致命的是，康熙九年（1670）、十年（1671）魏裔介被人弹劾专权乱政，无奈之下不得已上疏以老病乞休，最终诏许解官还乡，编选明文这项工作未及全面展开便猝然搁浅，后不了了之，徒留遗恨。

康熙中期（1694，即康熙三十三年），江苏巡抚宋荦也准备系统地编辑明代文章总集。黄宗羲弟子邵廷采（1648—1711）在《答陶圣水书》中说道："近传江苏宋抚军先生聘毗陵邵君子湘辑有明三百年文录，访遗钩萃，便可告成。此君大江以南人望，必能精于取舍，可垂法式。"④"毗陵邵君子湘"等语即指清初著名古文家邵长蘅（1637—1704）。邵长蘅文宗唐宋，继承唐顺之、归有光为文传统，与侯方域、魏禧齐名，所著《青门全集》浑脱苍凉、流畅自然，在文坛有一定影响。宋荦拟将负责主持文集编选一事交付给他，但这项计划最终也限于人员、物资、财力等各种条件不足而夭折。后邵长蘅百般无奈之下，只能退而求其次地挑选了 10 位明代古文名家编成一部《明十家文钞》，而宋荦也仅主持编就《国朝三家文钞序》一书，将清初侯方域、魏禧、汪琬三人的文章选录入册，以堪称"跨宋轶唐"标志的三家古文来昭示清朝文治之盛，编纂明文总集这一纵贯全朝的浩浩工程不得不成为无疾而终的一大憾事。

如是，统而观之，吴伟业、陈玉璂、邵长蘅等源自官方授意的明文编选活动由于各种原因最终都未能成功。⑤

随着政治环境与舆论氛围的变化，除了官方组织的文集编选活动之外，

---

① ［清］陈玉璂.奉答魏相国书［M］//学文堂文集：卷九.上海：上海书店出版社,1993.转引自韩希明.耕读偶记.文学研究与教学［M］.广州：世界图书出版广东有限公司,2013：258.

② ［清］陈玉璂.奉答魏相国书［M］//学文堂文集：卷九.上海：上海书店出版社,1993.转引自韩希明.耕读偶记.文学研究与教学［M］.广州：世界图书出版广东有限公司,2013：258.

③ 冯其庸.吴梅村年谱［M］.南京：江苏古籍出版社,1990：539.

④ ［清］邵廷采.答陶圣水书［M］//思复堂文集：卷七.祝鸿杰,校点.杭州：浙江古籍出版社,1987.

⑤ 张则桐.论黄宗羲的明文编选和古文理论［J］.漳州师范学院学报（哲学社会科学版）,2013(3).

有更多有志于拯时救世的文士应声而起,积极投身于保存文献的伟大事业。他们广泛地参与到文集编写过程当中,通过书写本朝史事来表达自己的爱国情怀与文史、政治观点,同时也着意于编纂大量珍稀文献资料等,以此引导舆论,影响政局,且各有作为。

简言之,从明代中期开始,选文编集已蔚然成风。而早在明清交替时危世乱之际,许多学者文人忧患意识强烈,经世观念突出,体现在学术行为上,即热衷于撰述经世之作。由于著述编撰、私刻文集之举盛行,众人声气相应,一时之间,各色文集作品纷纭迭现,而将目光放在衰集有明一代文章者亦不乏其人。当时积极着手选编明文者不下于四五家。如先后出现的程敏政的《明文衡》、张时彻的《明文范》、何乔远的《明文徵》等,这些编著均早于黄宗羲的明文编纂。各本明文选集特色不一,《明文衡》编著最早,共98卷,所录文章侧重明初之文,限于洪武以后至成化之前;《明文范》紧接成书,选文下止于嘉靖年间;《明文徵》则于明代末期问世,收文止于崇祯初年。此三部明文集虽各有所长,但不足也非常明显,不是收文时限太短,就是搜集明文数量有限,难以反映整个明代文章的实际情况。

黄宗羲向来批判空疏学风,注重经世务用,入清后即以明代遗民自居的他对之前的选文颇为不满,本着抢救儒家文献瑰宝、彰显明代文脉之心,他决意尽自己全力辑录明代数百年文章以示后人。在他看来前人所编明文集都不够理想,各本皆有不同的弊端,所以他打定主意要编纂出能真正涵括有明一代全文的集子,既用以补前人选文之不足,又可借机保存明代近300年历史,还可据此不动声色彰显自己的文论主张,一举几得,何乐而不为?当然,作为一位极具政治敏锐性及文学前瞻性的思想大家,编纂明文也是黄宗羲在特殊时代下救亡图存努力表现之一种。故此,黄宗羲暗下决心,从30多岁即开始有意识地准备各种明文资料的收集整理,穷年累月穿梭各处搜猎古文,积攒资料,此后断断续续,不舍不弃,年逾80,尚矻矻不休,在广泛征采之余更见缝插针完成了大量阅读和甄别工作。其实,文集编纂从某种程度来讲也是黄宗羲不随俗、不从众、不趋同而独立思考的产物,是他蔑视成规、突破传统的创新表现,也是他为补前人之缺做出的努力和想别立一家进行的自我挑战,而当时举国上下方兴未艾的编集环境确实也给他提供了积极行动的动力和披荆斩棘的信心。

虽然此期编纂者们眼界胸襟、学养造诣各自不同,但毋庸置疑的是,编选明文集不仅客观上可以保留大量的明朝原始文献,而且主观上编纂者也可借此对明代众家古文创作进行综合性的总结与评论,故不同的文章选本均有特定的文献价值和文学批评意义。相较之下,仅就编纂眼光和编纂目标而言,黄宗羲的文集确有前人所不及处,但倘若没有选本编纂成风的大气候和前辈编集的经验、教训提供借鉴,或许也难有黄宗羲三大明文选本的问世。故此,在社会现实的驱动和编集成风的环境影响下,《明文案》《明文海》等选本的编纂作为其实践经世的一大成果也应时、应景而生。

二、家人、朋友、弟子等多人鼎力相助

如前所述,明清政权更替,时局动荡,忧患意识强烈的学者文人们热衷于撰述经世之作。而黄宗羲向来批判空疏迂阔学风,注重推崇实务,在大小环境共同渲染下,《明文案》《明文海》等明文选本的编纂可谓恰逢其时并获得了众多外力赞助支持。这些支援主要来自黄宗羲的亲友团,如其子黄百家,其友钱谦益,其生徐秉义、陈弘绪等。他们或亲自参与编选工作,或积极提供藏书之资,或帮忙抄录文献图籍,或给予资金后备援助,出人力,补材料,赠钱财,尽己所能对黄宗羲明文编选活动给予支持。①

正是在众亲友的合力资助下,《明文海》才最终得以成编。据前文可知,黄宗羲年纪尚轻时即一有机会就遍访各大藏书楼,博览群籍,增长见闻。为使选本尽可能齐全、准确,黄宗羲翻阅查证了许多资料,丰富的藏书为他编集选文建立了基本的、庞大的文献资料库。但资料的收集整理过程琐碎而漫长,极端不易,若非借助诸多亲朋好友等的集体援助,缺少大家慷慨的支持、无私的馈赠和额外的关照,此事恐怕难以顺利完成。

在黄宗羲明文选本的纂成过程中,其子黄百家可谓功莫大焉!黄百家(1643—1709),乳名祝国,原名百学,字主一,号不失,又号末史,别号黄竹农家,清初浙江余姚通德乡黄竹浦人,是黄宗羲第三子。黄百家亦好学问,喜钻研,对于黄宗羲明文选本编纂的贡献最多,主要表现在:其一,他直接参与了文献资料的收集及文集的编选工作。其二,他间接进行着明文总集的流传播布工作。作为黄宗羲明文之选的最主要参加成员和得力助手,黄百家全程参与了《明文案》《明文海》的编选工作,从资料的搜寻整理到文集的审阅删修,再到定稿的编纂抄录等都不遗余力,这点可从黄百家在今存《明文案》等残稿本上留下的墨迹得以证实。黄百家一直毫无怨言地支持着父亲的著述伟业,默默跟随黄宗羲进行明文选本的编纂,只要父亲需要,事无巨

---

① 崔霞.黄宗羲《明文海》编纂始末考略[J].中国出版,2014(22).按:此处有部分文字已另行整理正式发表,可参之。

细,不论难易,他都随时随地倾力而为。所以,黄百家不仅参与了审订、增补《明文案》《明文海》等文集的若干事项,还根据父意完成了《明文授读》的编选刻印,并将黄宗羲对各家散文及作者的评语等誊录其上,自己也酌情予以补记。为区分父亲所评与自己所言,他将追记黄宗羲的论述一一注明"先夫子曰",增入自己的意见以"百家私记"语开头。关于此事,黄百家后来在《明文授读》"发凡"中曾进行说明:

> 先遗献遍阅有明文集,间有数行或数语,偶记其爵里、姓氏及评其功力手笔者,今遇兹选所及,谨敢搜掇并载于篇,以为读书知人之助。以非本篇原评,特加"先夫子曰"或"先夫子书某集"以别之。其有未经先遗献所评及者,不孝或追忆先遗献平日之绪论,或私有触核以补之,则谨注"百家私记"于下。①

这段话可与《明文海》今存稿本相互印证。集中的评语为后世学者深入研究黄宗羲的文论主张等提供了极其宝贵的资料。

作为黄宗羲三个儿子中继承父学最给力者,敏而好学的黄百家编纂经验也最为丰富。他本身长于天文、历法、数学,精通拳术,曾问业于梅文鼎,习推步法,撰有《勾股矩测解原》等书。以父为师的他一直勤奋躬耕学问,著述不辍。由于天资过人,又幼承庭训,遍览群书,父亲对他寄予厚望,辅助著述之事常假手于他,使他在编著工作方面也别具心得。黄宗羲的未完之作《宋元学案》即经由他和全祖望之手得以续写完篇,《明文授读》一书也基本是由黄宗羲圈点篇目,而最终完稿、定编,包括刊刻等都是黄百家及宗羲门生张锡琨合力承担的。

据史料记载,康熙十九年(1680),明史馆聘黄宗羲赴京与修,宗羲坚持初衷,借口年老多病拒之:"以老病疏辞……因招季子主一公至署,校勘如干册……徐公又延主一公参史局,公以书戏之曰'昔闻首阳二老,托孤于尚父,遂得三年食薇,颜色不坏。今我遣子从公,可以置我矣。'"②但因内心存史宏愿未泯,新朝廷修史虽不合己愿,毕竟是千秋功业,黄宗羲希望能够借他人之手为故国修史,廓清历史原貌,于是"遣子从公"。就这样,黄百家奉父命与万斯同一起赴京入馆参与了《明史》修纂工作,从而得与徐乾学、徐元文

---

① [清]黄百家.《明文授读》发凡[M]//黄宗羲.明文授读.中国社会科学院近代史研究所藏清康熙三十八年张氏味芹堂刻本.四库全书存目丛书集部:第400册.济南:齐鲁书社,1997:214.
② [清]黄炳垕.黄宗羲年谱[M].王政尧,点校.北京:中华书局,1993:42.

等朝廷修史官员亲近。当时徐乾学在朝廷任要职,徐元文担任《明史》总裁官,而黄百家修史便主要寄住于徐元文家中。因与徐氏私交甚好,他有机会可以阅览皇家图书馆所藏的珍稀典籍,能够提读史馆原典资料,并予以搜集传抄,顺便给其父提供最完备的宋、元、明等相关文集资料。黄百家在北京访得的很多珍贵文献非一般人家所能持有,进一步充实了明文资料库,非常有利于《明文海》编纂工作的推进。所以说,黄百家承父学而精编纂,晚年黄宗羲因老病之故无法亲自著述时,常口授百家令其执笔代书。现代学者郭英德肯定他对《明文海》的编纂之功:"黄宗羲去世时,《明文海》实仅粗定,后由其子黄百家整理定稿"①,这个说法是有一定依据的。毋庸置疑,黄百家确实是父亲身边最为得力、最可仰仗的助手,没有他数十年如一日的倾情援手和大力投入,《明文授读》肯定难以成编付印,《明文案》《明文海》等文集的编选也定然会遇到更多的障碍。

黄宗羲三大明文选本能纂成,除黄百家的付出之外,还有赖于诸多朋友的大力资助,这方面主要体现在各种图书资料的供求、搜集和整理等具体帮扶工作上。前文已述,黄宗羲编集时为获取更丰赡、充沛的学术资源常向友人借读翻阅书籍,朋友们也多尽力支持,类似"为公发其故箧"②这样的事情实为常态,而清初各大知名藏书楼主或慷慨解禁,或亲自上阵提供的访书抄书之便,对其助益尤大。我们已知,黄宗羲编撰明文总集的文献来源除了自家藏书,就是外出寻访或购或抄所得的资料,清初的重要藏书楼,他几乎均曾亲自登临探访。今可见记录中,为黄宗羲提供学术资源者,仅有案可查的便近10家,如钱氏绛云楼、祁氏澹生堂、徐氏传是楼、金陵黄氏千顷堂、山阴钮氏世学楼、宁波范氏天一阁、禾中曹氏倦圃等,还有很多零星求访,未记录在册者。这其中,常熟钱谦益的绛云楼和宁波范氏天一阁名冠东南,但绛云楼"所积充牣,几埒内府",藏书一向不予外借,天一阁藏书更素不示人,从无外人能登临观书。但是,这两家藏书楼楼主却都对黄宗羲另眼相看,慷慨破例予以优待。今见黄宗羲《思旧录》"钱谦益"条中所记:"余数至常熟,初在拂水山房,继在半野堂绛云楼下……绛云楼藏书,余所欲见者无不有。"③而据《天一阁藏书记》称:"庚寅三月,余访钱牧斋,馆于绛云楼下,因得翻其书

---

① 郭英德.黄宗羲明文总集的编纂与流传——兼论清前期编选明代诗文总集的文化意义[J].郑州大学学报,2000(4).
② [清]黄炳垕.黄宗羲年谱[M].王政尧,点校.北京:中华书局,1993:40.
③ [清]黄宗羲.思旧录[M]//沈善洪,吴光.黄宗羲全集:第一册.杭州:浙江古籍出版社,2005:378.

籍,凡余之所欲见者无不在焉。"①黄炳垕《黄宗羲年谱》中亦曾记:"康熙十二年……适甬上,范友仲引公登天一阁,发藏书,公取其流通未广者,抄为书目,遂为好事者流传。"②这种从不对外人开放,令读书人可望而不可即的藏书楼,却都破例允许黄宗羲成为登楼观书"第 一人",任其入阁观书,真的是千载难逢之幸事。而黄宗羲借机从中觅得大量别处无法获取的善本佳椠,大大充实了文库贮备,有力地推进了自己的明文编选事业。所以说,这些朋友对黄宗羲文集编选的支持力度和贡献之大实非常人能比,若无此类慷慨相助,明文选本所需资料的搜寻恐怕会更耗时日、更费周折,成编亦会变得更加艰辛、漫长。

就与三大明文选本的编纂关系而言,在黄宗羲诸多朋友中,特别值得一提的当数"昆山三徐"和钱谦益。

"昆山三徐"即徐乾学(1631—1694)、徐秉义(1633—1711)与徐元文(1634—1691)三人,此兄弟三个均为才华卓著之士,因"同胞三鼎甲"而名噪天下,声望极高。其中,徐元文是顺治十六年(1659)状元,长兄徐乾学为康熙九年(1670)探花,而次兄徐秉义则考中康熙十二年(1673)探花,一门三人得获此等成绩,难有人企及,后人因之誉为"昆山三徐"。三徐皆好读书,并以喜爱藏书著称于世,都有私家藏书楼,且均曾给自家藏书编目,徐乾学有《传是楼书目》,徐秉义有《培林堂书目》,而徐元文著有《含经堂书目》。在黄宗羲编纂明文选集的过程中,他们多次出手相助,不仅提供书籍查找之便,更派人甚而亲自帮忙进行资料整理,这在当时是极为难能可贵的。黄宗羲曾先后在康熙二十四年(1685)、二十五年(1686)、二十七年(1688)相继到昆山抄书、借书,获得大量的宋、元、明文集等。徐氏三兄弟中,以徐元文与黄宗羲二人私交最好。徐元文在负责主持编修《明史》时,曾多次力邀黄宗羲出山加入《明史》修纂队伍,虽因黄宗羲坚持不在新朝为官而屡遭拒绝,但彼此交情深厚如故,并未受到影响。黄宗羲曾回忆自己与徐元文的交往而感叹:"扩我以见闻,杜我之疵隙。……一部明室史,功已过半百。……仆归未一年,夫子之病革。仆亦抱奇病,呻吟以永夕。……空怀磨镜心,松丘无泪渍。嗟乎徐孺子,千载不相及"③,称二人互相成就,彼此赏识,更以千载之

---

① [清]黄宗羲.天一阁藏书记[M]//沈善洪,吴光.黄宗羲全集:第十册.杭州:浙江古籍出版社,2005:117-120.

② [清]黄炳垕.黄宗羲年谱[M].王政尧,点校.北京:中华书局,1993:38.

③ [清]黄宗羲.哭相国徐立斋先生[M]//沈善洪,吴光.黄宗羲全集:第十一册.杭州:浙江古籍出版社,2005:361.

下难见的真情概括这段关系,除了表明自己对徐元文给予的帮助念念不忘,也对其不幸辞世表示痛心不已,字里行间处处透出真挚情谊。徐元文兄长徐乾学在昆山有座藏书楼,名曰传是楼,藏书极为富足,时人谓其藏书名甲天下。黄宗羲曾于康熙二十二年(1683)亲赴昆山寻访此楼藏书,后又在康熙二十四年(1685)再度来到传是楼抄书,以编纂《宋元集略》《宋元文案》,同时也继续为《明文海》之编搜求各种文籍。黄宗羲在传是楼逗留多日,查阅了大量新资料,抄录了不少常人未见之书,"复得《文案》所未备者"300余家,毫无疑问,这也是黄宗羲编纂《明文海》的重要资料来源地之一。因时间有限,部分资料在馆时抄之未尽,黄宗羲后面再找机会设法将若干书借回黄竹浦故里续抄,获益极丰。对徐乾学提供藏书、辑补资料一事,黄百家也进行了相关记载,表达谢意:"先夫子究以有明作者林林,歉于未尽,亲至玉峰,搜假司寇健庵(即徐乾学)先生传是楼明集,得《文案》以外所未有者,又如我家藏之数,汗数牛而归。缀以红楮,第其甲乙,复还玉峰。"[1]为帮黄宗羲完成编集大业,徐氏兄弟不仅让他到自家藏书楼自由查访文献,还多方提供便利,以朝官身份帮助黄百家借阅官方书籍,甚至亲自参与到典籍抄录、整理工作中来。徐秉义称自己看到黄宗羲为文集不辞辛劳地殚精竭虑而作,深受感动,于是也用心为黄氏抄录筛选文章,整理资料,承担了部分助理之职:"手抄目勘,遥为勷理。"[2]他后来受邀为《明文授读》所写的序中,对此事有详述:"姚江梨洲黄先生初有《明文案》之选,其所阅有明文集无虑千家,搜罗广矣,犹恐有遗也。询谋于余兄弟伯氏,细检传是楼所藏明集,复得《文案》所未备者三百余家。先生惊喜过望,侵晨彻夜,拔粹撷尤。余亦手抄目勘,遥为勷理。于是增广《文案》成《文海》。"[3]除自己出力,徐秉义还派"佐史"帮忙进行誊录摘抄等工作:"宫詹果亭(即徐秉义)先生命诸佐史,茧指录出,亲正豕鱼,以寄先夫子。于是复合《文案》而广之,又有《明文海》之选,为卷凡四百八十,为本百有二十,而后明文始备。"[4]由此可见,至少在《明文海》的编集过程中,徐氏兄弟为黄宗羲提供了诸多便利:除了将传是楼、培林堂、

① [清]黄百家.《明文授读》序[M]//[清]黄宗羲.明文授读.中国社会科学院近代史研究所藏清康熙三十八年张氏味芹堂刻本.四库全书存目丛书集部:第400册.济南:齐鲁书社,1997:210.
② [清]徐秉义.《明文授读》序[M]//[清]黄宗羲.明文授读.中国社会科学院近代史研究所藏清康熙三十八年张氏味芹堂刻本.四库存目丛书集部:第400册.济南:齐鲁书社,1997:203.
③ [清]徐秉义.《明文授读》序[M]//[清]黄宗羲.明文授读.中国社会科学院近代史研究所藏清康熙三十八年张氏味芹堂刻本.四库存目丛书集部:第400册.济南:齐鲁书社,1997:203.
④ [清]黄百家.《明文授读》序[M]//[清]黄宗羲.明文授读.中国社会科学院近代史研究所藏清康熙三十八年张氏味芹堂刻本.四库全书存目丛书集部:第400册.济南:齐鲁书社,1997:210.

含经堂等私家藏书楼中的藏书开放,给黄宗羲提供翻阅资料、遍览典籍的机会,而且传是楼楼主徐乾学还特意将留在京邸的宋、元、明文集带回昆山供他参考,其中还包括部分原属曹溶静惕堂、后归徐乾学所有的藏书,使黄宗羲的访书量又扩容不少。其弟徐秉义还动用人脉,发动下属帮助黄宗羲完成了增益 200 余卷的《明文案》为 400 余卷的《明文海》的浩大工程。他们如此尽心尽力的无私相助,使黄宗羲在编选文集过程中受惠极大,倘若无此后援力量,《明文案》《明文海》等巨著的编纂势必会面临更多磨难。

而钱谦益与黄宗羲算是忘年之交,钱氏比黄氏年长近 30 岁,二人处世大节等虽表现有别,但彼此交谊多年,相知甚深。钱谦益因金陵失陷时屈节投降被列为"贰臣",人多不齿此举,时人称"钱蒙叟之为人,热中作伪,久为论者所鄙夷"①,可黄宗羲依然对其不吝赞颂,称他"四海宗盟五十年"②"主文章之坛坫者五十年,几与弇洲(即王世贞)相上下"③,认为他是王世贞后文坛最负盛名之人。二人还相约为"读书伴侣"④,钱谦益甚至欲将自己身后文字托付与黄宗羲。虽然后来读书之约因绛云楼意外遭焚毁而作罢,写墓志铭一事亦因钱谦益之子未遵父意而不了了之,但这些事已足以证明钱黄二人关系之笃。在黄宗羲编纂明文选集的过程中,身为好友的钱谦益自然不遗余力施以援手,如引其观览自己名闻天下的绛云楼中的珍贵藏书补其资料之缺、馈赠金银助其度过艰难岁月等等。尤为难得的是,钱谦益本身亦是文学大家,和黄宗羲以文存史的想法一样,钱氏以诗存史的意识极强,他编著的《列朝诗集》选录有明代近 300 年间的诗作凡 81 卷,诗人 1600 余家,即旨在通过诗集编纂之举保存下有明一代珍贵文献。《列朝诗集》全书共分甲、乙、丙、丁四集,帝王之诗置于卷首称为"乾集",僧道、妇女、宗室和域外诗列于卷末作为"闰集",元末明初的诗则编在"乾集"后为"甲集前编"。细观之,黄宗羲的《明文案》等明文选本从编纂思想到选本体例等都或多或少受到了钱谦益集子的影响,二人的著述行为也是惺惺相惜、英雄同见的力证。

---

① [民国]天台野叟.艺苑志异[M]//大清见闻录:下卷.许朝元,点校.郑州:中州古籍出版社,2000:2.

② [清]黄宗羲.《八哀诗》之五:钱牧斋宗伯[M]//沈善洪,吴光.黄宗羲全集:第十一册.杭州:浙江古籍出版社,2005:256.

③ [清]黄宗羲.思旧录[M]//沈善洪,吴光.黄宗羲全集:第一册.杭州:浙江古籍出版社,2005:377.

④ 按:此处文字见[清]黄宗羲.天一阁藏书记[M]//沈善洪,吴光.黄宗羲全集:第十册.杭州:浙江古籍出版社,2005:117-120.其中所记:"庚寅三月,余访钱牧斋,馆于绛云楼下,因得其书籍,凡余之欲见者,无不在焉。牧斋约余为读书伴侣,闭关三年,余喜过望,方欲践约,而绛云一炬,收为东壁矣。"

　　文集编纂工作不仅耗费作者大量的时间、精力等,还需有足够雄厚的钱财作为经济支撑。在这点上,黄宗羲经常是捉襟见肘的。因为长期过着颠沛流离的生活,居无定所,平日家里用度已十分紧张,而为了编集搜罗资料不得已四处访书购书,更令黄宗羲经常陷入囊中羞涩、经济匮乏的地步。友人们了解到他的困境,又深知其著书之心,敬仰其为人,感佩其精神,所以时不时明里暗里地予以物质方面的资助。不少朋友都曾为他慷慨解囊,赠书、馈金之举等等多次出现……这类财物支援对于黄宗羲编著的助益之功也不可忽视。黄炳垕《黄宗羲年谱》中便记有数起黄宗羲友人馈食、赠金予他的事情,如:

　　　　崇祯十一年戊寅(1638),公二十九岁。之宛上,访沈眉生征君,不遇,欲抵安庆,征君弟治先(即沈寿国)知之,拉公入城,则梅朗三(即梅朗中)、麻孟璇(即麻三衡)与徐律时、颜庭生十余人,出迎于路,遂寓徐乾岳家,款留十日。至朗三家,登三层楼,发其藏书,朗三赠公以《陈旅集》,将行,出宿治先家。公卧后,治先发公匮,空无所有,以五十金置其中,锁如故。①

此处明确载录黄宗羲曾在访书途中得到沈寿国、徐乾岳等人的热情款待,在沈寿国家不仅吃住全包,临走时沈寿国还私赠黄氏"五十金"供其使用,在徐乾岳家也被盛情相待多达十日等等。另《思旧录》中亦记钱谦益曾赠金给宗羲:"一夜,余将睡,公提灯至榻前袖七金赠余,曰此内人(即钱谦益妻柳如是)意也。"②怕黄宗羲不好意思接受馈赠,还贴心称是自己夫人的意思。此类行为对于常苦于经济不足、青黄不接的黄宗羲而言,无异于雪中送炭。友人从物质和精神两方面给予他切实的帮助和满足,使之能够不惧困难,继续在著述的路上辛苦奔忙。

　　此外,还有一点需注意,黄宗羲与当时文坛上多位名流人士皆交往甚密,此中不乏仰慕其名前来拜访求教于他者,而他也经常外出与友人访学问道、谈经论史。大家进行学术切磋,思想碰撞,彼此交流点拨,对于开阔彼此眼界、增益见闻、启发思路等也大有好处,而这也促使黄宗羲编集工作更顺利地向前推进。这种交游和助益记载有很多,此略记二三如下:

---

① [清]黄炳垕.黄宗羲年谱[M].王政尧,点校.北京:中华书局,1993:18-19.

② [清]黄宗羲.思旧录[M]//沈善洪,吴光.黄宗羲全集:第一册.杭州:浙江古籍出版社,2005:378.

乃约吴、越中高材生六十余人，共侍讲席，力摧其说，恶言不及于耳。故蕺山弟子，如祁、章诸公，皆以名德重，而四友御侮之助，莫如公者。蕺山之学，专言心性，而漳浦黄忠烈公兼及象数，当是时，拟之程、邵两家。公曰："是开物成务之学也。"乃出其所穷律历诸家相疏证，亦多不谋而合。一时老宿闻公名者，竞延致之，相折衷，经学则何太仆天玉，史学则钱侍郎谦益，莫不倾筐倒庋而返。因建续钞堂于南雷，思承东发之绪。阁学文文肃公尝见公行卷，曰："是当以大著作名世者！"都御史方公孩未亦曰："是真古文种子也。"有弟宗炎字晦木，宗会字泽望，并负异才，公自教之，不数年，皆大有声，于是儒林有东浙三黄之目。①

康熙五年丙午(1666)，公五十七岁。仍馆语溪，之海昌，同陆冰修访陈乾初先生。又偕至朱康流先生家，公读其所记《五经》，剧谈彻夜，谓生平大观。至金陵，尝入何元子署中，讨论《五经》，至此而二耳。②

康熙十五年丙辰(1676)，公六十七岁。二月，之海昌。安阳许侍郎酉三(即许三礼)为邑令，以公曾主教于越中、甬东，戒邑士大夫胥会于北寺，昆山徐果亭(即徐秉义)官詹来，健庵大司寇遣门人彭羡门(即彭孙遹)来。公曰："诸公爱民尽职，即时习之学也！"留两月，省观归，作《留别海昌同学序》。顾宁人先生(即顾炎武)寓书于公，以所著《日知录》，呈请评弹。……九月，复之海昌，与朱止豁先生(即朱嘉征)剪烛论文。③

所以，钱谦益、何天玉、万斯大、徐枋等人，包括黄宗羲的很多门生弟子等均在他编选明文这件事上以各种或明或暗的方式施以援手。其与朋友进行学问切磋交流、谈文论道、倾囊相授、互为点拨的盛况亦可从"一时老宿闻公名者，竞延致之，相折衷，经学则何太仆天玉，史学则钱侍郎谦益，莫不倾筐倒庋而返"④"剧谈彻夜""剪烛论文"等语中窥见一斑，这样的文学圈交往助其视域进一步扩大，思维时有新拓，信息源流增多，对编集的益处可谓不言自明。

综上，一言以蔽之，倘若没有亲朋好友们的多方协助和扶持，黄宗羲《明文案》《明文海》等选本能否顺利成编恐还属未知。而《明文案》《明文海》都规模庞大，尤其《明文海》数百卷部帙浩繁，架构恢宏，如此形制的巨著，能以

---

① [清]全祖望.梨洲先生神道碑文[M]//全祖望集汇校集注:上册.上海:上海古籍出版社,2000:219.按:此文亦见载于[清]黄炳垕.黄宗羲年谱[M].王政尧,点校.北京:中华书局,1993:87.
② [清]黄炳垕.黄宗羲年谱[M].王政尧,点校.北京:中华书局,1993:34.
③ [清]黄炳垕.黄宗羲年谱[M].王政尧,点校.北京:中华书局,1993:39.
④ [清]全祖望.梨洲先生神道碑文[M]//[清]黄炳垕.黄宗羲年谱.王政尧,点校.北京:中华书局,1993:87.

私人之力撰成,作为编著者的黄宗羲有强烈的存文存史心愿和经世济民的实际行动是最主要、最关键的原因。他把编选明文总集当成己任,乐此不疲,全心投入,不辞辛劳遍访各地增加藏书以备编选材料之资,又由内至外提升自我、涵养性情,以精审独到的眼光披荆斩棘进行选文工作,终于在众多外力推动和扶助之下,以数十年之功完成了这项浩大又艰巨的工程。可以说,正是因为易代之际巨人有鸿愿方能有此难能可贵之举,正是因为此举实施不易而更显意义非凡也。

第三章　编纂始末

第一节　编纂经过

关于黄宗羲明文选本的编纂始末，《明文案》《明文海》等选本中相关序文记载有数条，试掇取如下。

其一，黄宗羲自己所撰《〈明文案〉序》云：

> 某自戊申以来即为明文之选，中间作辍不一，然于诸家文集搜择亦已过半，至乙卯七月，《文案》成，得二百七卷。①

其二，黄宗羲之子黄百家所作《〈明文授读〉序》称：

> 先夫子自戊申岁取家藏有明文集约五六千本，撷其精华，至乙卯岁成明文案二百一十七卷。……逮后，先父子究以有明作者林林，歉于未尽，亲至玉峰，搜假司寇健庵先生传是楼明集，得《文案》以外所未有者，又如我家藏之数，汗数牛而归。缀以红楮，第其甲乙，复还玉峰。官詹果亭先生命诸佐史茸指录出，亲正豕鱼，以寄先夫子。于是复合《文案》而广之，又有《明文海》之选，为卷凡四百八十，为本百有二十，而后明文始备。先夫子尝谓不孝曰："唐《文苑英华》百本，有明作者轶于有唐，非此不足存一代之书。顾读本不须如许，我为择其尤者若干篇，授汝读之。"于是，更有《授读》一书。②

其三，宗羲弟子徐秉义《〈明文授读〉序》所记：

---

① ［清］黄宗羲.《明文案》序上［M］//沈善洪，吴光.黄宗羲全集：第十册.杭州：浙江古籍出版社，2005：18.
② ［清］黄百家.《明文授读》序［M］//［清］黄宗羲.明文授读.中国社会科学院近代史研究所藏清康熙三十八年张氏味芹堂刻本.四库全书存目丛书集部：第400册.济南：齐鲁书社，1997：210-212.

姚江梨洲黄先生初有《明文案》之选，其所阅有明文集无虑千家，搜罗广矣。犹恐有遗也，询谋于余兄弟伯氏，细检传是楼所藏明集，复得《文案》所未备者三百余家。先生惊喜过望，侵晨彻夜，拔萃撷尤。余亦手抄目勘，遥为勷理，于是增益《文案》而成《文海》。夫以先生之明眼卓识，而又精勤于搜罗择取如此，则《文海》成而有明一代有全书，更无有埋没阑入之憾矣！顾其缃帙浩繁，为卷几至五百，令嗣主一尝私请于先生，更抡剔其最者，秘之枕中，是名《授读》。盖《文海》所以存一代之文，《授读》所以为传家之学，各有攸当也。①

其四，宗羲门人之子张锡琨《〈明文授读〉序》所言：

先生明文之选，权舆于《文案》，绝笔于《文海》，而《授读》之集为家传简捷之本。②

其五，黄百家所著《〈明文授读〉发凡》中有记：

先遗献于《文案》《文海》中更拔其尤，加朱圈于题上，以授不孝所读者。此系有明一代文章之精华。不孝读《礼》荒山，未遑自读，遽以付梓，耿耿私心，实不免有舍田芸人之病焉！③

又，关于《明文案》，王重民在其专著《中国善本书提要》中曾说：

考宗羲辑是书始于康熙七年，至十四年七月成书二百一十六卷。④

而文津阁四库全书本《明文海》卷首题有《四库全书总目提要》之《明文海提要》，开篇即云：

---

①　[清]徐秉义.《明文授读》序[M]//[清]黄宗羲.明文授读.中国社会科学院近代史研究所藏清康熙三十八年张氏昧芹堂刻本.四库全书存目丛书集部：第400册.济南：齐鲁书社，1997：203.
②　[清]张锡琨.《明文授读》序[M]//[清]黄宗羲.明文授读.中国社会科学院近代史研究所藏清康熙三十八年张氏昧芹堂刻本.四库全书存目丛书集部：第400册.济南：齐鲁书社，1997：213.
③　[清]黄百家.《明文授读》发凡[M]//[清]黄宗羲.明文授读.中国社会科学院近代史研究所藏清康熙三十八年张氏昧芹堂刻本.四库全书存目丛书集部：第400册.济南：齐鲁书社，1997：214.
④　王重民.中国善本书提要[M].上海：上海古籍出版社，1983：482.

国朝黄宗羲编。宗羲有《易学象数论》《明儒学案》，诸书已别著录。宗羲于康熙乙卯以前，尝选《明文案》二百卷。既复得昆山徐氏所藏明人文集，因更辑成是编。①

另据黄宗羲七世孙黄炳垕所编的《黄宗羲年谱》（按：该书初名为《黄梨洲先生年谱》，后改此称）中载有数条关于编选《明文案》《明文海》《明文授读》的记录，如：

康熙七年戊申(1668)，公五十九岁。始选《明文案》。②

康熙十四年乙卯(1675)，公六十六岁。南山乱定，闰五月，还故居。……《明文案》选成，共二百十七卷。③（其下注：抄入《四库全书》，后广为《文海》四百八十二卷，亦抄入《四库全书》）

康熙三十二年癸酉(1693)，公八十四岁。……《明文海》四百八十二卷选成，谓主一公曰："唐《文苑英华》百本，有明作者，轶于有唐，非此不足存一代之书，故读本不须如许，我为择其尤者若干篇，授汝读之。于是有《明文授读》六十二卷。"④

由上述各条记载互相参校，至少可以明确得到以下相关信息：

1.关于《明文案》。首先，《明文案》起编时间为"戊申岁"，终编时间为"乙卯岁"。"戊申岁"即康熙七年(1668)，"乙卯岁"即康熙十四年(1675)，故其编纂前后共历时七载。其次，无论是"《文案》成，得二百七卷""成《明文案》二百一十七卷"，还是"《明文案》选成，共二百十七卷"，总之，《明文案》的卷数均为200卷以上，这在当时已经算是私人编纂的大部头的明文选本著作，值得重视。

2.关于《明文海》。首先，《明文海》是黄宗羲亲自编纂的第二部明文选集，且是在200多卷本《明文案》的基础上增补而成，目的是真正达到收录有明一代全文以存史、存人于世的意图。其次，《明文海》的编纂费时更久，虽然找不到确切的时间数字说明《明文海》于何时开始着手编纂，但大致可以

① [清]纪昀，等.四库全书总目[M]//文津阁四库全书：第1453册.台北：台湾商务印书馆影印本，1983—1986：1457-1458.

② [清]黄炳垕.黄宗羲年谱[M].王政尧，点校.北京：中华书局，1993：35.

③ [清]黄炳垕.黄宗羲年谱[M].王政尧，点校.北京：中华书局，1993：39.

④ [清]黄炳垕.黄宗羲年谱[M].王政尧，点校.北京：中华书局，1993：49.

推测自《明文案》成编后，黄宗羲即因"犹恐有遗"而开始留心进一步搜罗其他明人文集资料，至康熙三十二年(1693)，黄宗羲 84 岁才最终编定成稿，中间又横跨了 10 余年，时间长，难度大，困难多，着力勤。再次，《明文海》收文数量大大超过《明文案》，总卷数为《明文案》两倍有余，此从"为卷凡四百八十，为本百有二十，而后明文始备""顾其细帙浩繁，为卷几至五百"等语可得到推论。

3. 关于《明文授读》。首先，可以明确一点，即三书之中，《明文授读》卷数最少，成编时间最晚，编纂费时也最短。和前面两部明文选本断断续续耗费多年才完结相比，《明文授读》的编纂可谓是一气呵成，但其文章虽多由黄宗羲圈定，最终编定者却是其子黄百家及其门生张锡琨，书稿最终付梓已是康熙三十六年(1697)，彼时黄宗羲已经过世两年。而黄氏编选明文活动至《明文授读》止，真正可称活到老，编到老。其次，《明文授读》收文数量相对较少，是关于明文选本的一部精编本，由"抢剔其最者，秘之枕中""于《文案》《文海》中更拔其尤，加朱圈于题上，以授不孝所读者。此系有明一代文章之精华"等语可知，该书重在选文质量而非收录数量，意在传授家人私学之用而非传于世人所知。

概言之，黄宗羲三部明文选本先后撰成，彼此关联，其编纂上传下续，并非一步到位，共历经数个阶段几度修缮方成。下试详述之。

第一个阶段是《明文案》的编选，自康熙七年(1668，即戊申岁)至康熙十四年(1675，即乙卯岁)。此间，黄宗羲搜集、阅览了数千本明人文集，费时七年编定《明文案》217 卷。据黄炳垕《黄宗羲年谱》"七年戊申，公五十九岁，始选《明文案》"①条所记可知，黄宗羲正式着手选编《明文案》时已年近花甲，然细加考察，早在崇祯、顺治年间，即他二三十岁时便已进行明文集的大量阅读，"秉烛观书"，手不释卷，其编纂明文总集一念当始于其时，而相关文集资料的搜寻、整理、批阅等准备工作也相应开展。对此，黄炳垕在《黄宗羲年谱》中有数条相关记载可兹证明：

> 崇祯七年甲戌(1634)，公二十五岁……闻某家有藏书，公与天如(即张溥)提灯往观……时《高忠献遗集》初出，公在舟中，尽日翻阅。先生摘其阑入释氏者以示公。返郡城，邂逅周仲于木莲庵，架上见其先人云渊先生《神道大编》数十册，方广皆二尺余，欲尽抄其所有，会

---

① ［清］黄炳垕.黄宗羲年谱［M］.王政尧，点校.北京：中华书局，1993：35.

仲游楚,不果。①

    崇祯十一年戊寅(1638),公二十九岁……至朗三家,登三层楼,发其藏书,朗三赠公以《陈旅集》。②

    崇祯十四年辛巳(1641),公三十二岁。之南中,主黄比部明立(即黄居中)家,千顷堂之书,至是审阅殆遍。朝天宫有道藏,公自《易》学以外,有干涉山川者,悉手抄之。闻焦氏书欲售,公急往讯,因不受奇零之值而止。③

类似记载尚有多处,此不一一摘录。实际上,黄宗羲的确早有编选明文存世之意,但因衰辑有明300年文章成集,不仅要具备深厚学养、远见卓识等基本能力,而且搜罗各家文集,进行海量阅读和取优舍劣、甄别选定等工作均需耗费大量心血和时间,工程浩大,任务艰巨,不能肆意而为,亦非一时可成。彼时恰逢明清嬗代,黄宗羲屡经磨难,生活动荡,居无定所,编集之事即便有心为之,也无力付诸实施。由于各方面条件均不成熟,在很长一段时间内他只好先做些力所能及的搜集材料、批阅文献等工作,以备正式编集之需。为此,黄宗羲穷年经月充实家藏书籍,同时辗转各地搜讨寻访资料,足迹遍及同里钮氏世学楼、祁氏澹生堂、南中黄氏千顷堂、常熟钱氏绛云楼、甬水范氏天一阁等处,通过求书、抄书补充自己家藏之不足,后积书达数万卷,这些前期工作极大地便利了《明文案》的编辑。待《明文案》正式起编,因基本条件具备,可立即着手。只是碍于政局,中间绵延多载,编书时断时续,"作辍不一",到康熙十四年(1675)《明文案》辑成时,黄宗羲已66岁。书成之后,黄宗羲特意作《明文案序》说明自己的选文意图及明文的基本发展规律与特征等,并欣然表示"有某兹选,彼千家之文集庞然无物,即尽投之水火,不为过矣"④。此为黄宗羲明文编选之第一阶段。

    第二个阶段是《明文海》的编选,从《明文案》成编后至康熙三十二年(1693)。《明文海》篇制最长,规模最大,耗时也最久。《明文案》217卷编成已属不易,而黄宗羲的明文编选工作并未止步于此,作为一个见识高远、思

---

① [清]黄炳垕.黄宗羲年谱[M].王政尧,点校.北京:中华书局,1993:11.

② [清]黄炳垕.黄宗羲年谱[M].王政尧,点校.北京:中华书局,1993:17.

③ [清]黄炳垕.黄宗羲年谱[M].王政尧,点校.北京:中华书局,1993:19.

④ [清]黄宗羲.《明文案》序上[M]//沈善洪,吴光.黄宗羲全集:第十册.杭州:浙江古籍出版社,2005:19.

想通透的学者,他充分意识到"有明作者如林",①此文集不可能穷尽300年明文之菁华,其间必有缺漏,"歉于未尽"。为补所失,黄宗羲虽已年高体弱,仍继续四处奔波,发力寻访图书典籍,多方求索,广搜勤抄,甚至不惜以八旬之身亲至江苏昆山徐氏传是楼、培林堂及禾中曹氏倦圃等处觅求珍籍,加以抄录,终于再"得《文案》以外所未有者"②,搜罗了300多家《明文案》未曾辑得的明文集,将之扩编增容为体大思深、卷帙更为浩繁的482卷本《明文海》。至此,即康熙三十二年(1693)八月十八日,黄宗羲才欣然放言:"《明文海》选成,亦一代之书"③。其子黄百家也表示:"复合《文案》而广之,又有《明文海》之选,为卷凡四百八十,为本百有二十,而后明文始备"④。彼时,黄宗羲已经八十有四,此书成后仅两年,即因病辞世。

第三个阶段是《明文授读》的编选,自康熙三十二年(1693)黄宗羲起精选明文再编授读之意始,至康熙三十八年(1699)黄百家将之付梓,耗时六七年。自《明文海》编成后,年逾80的黄宗羲难掩兴奋,他也知《明文海》卷帙浩繁,想要穷尽而读绝非易事,但自己集毕生心血费时数十年方编成的巨著不能任其束之高阁无人问津。于是他综合考量实际情况后,决定再出一个精编本。萌生此念后,他兴致勃勃地"谓主一公曰:'唐《文苑英华》百本,有明作者,轶于有唐,非此不足存一代之书,故读本不须如许,我为择其尤者若干篇,授汝读之。于是有《明文授读》六十二卷。'"⑤所以,《明文授读》是晚年黄宗羲遴选文章中的精华之作以方便儿子课读而编。黄百家后来在为《明文授读》写序忆及此事时称:"夫所谓《授读》者,先夫子怜不孝有志学文赋,性钝鲁,不能博记,故为是简捷者而授之读也。"⑥并有"广而《文海》,精

① ［清］黄百家.《明文授读》序[M]//沈善洪,吴光.黄宗羲全集:第十一册.杭州:浙江古籍出版社,2005:199.
② ［清］黄百家.《明文授读》序[M]//沈善洪,吴光.黄宗羲全集:第十一册.杭州:浙江古籍出版社,2005:199.
③ ［清］黄宗羲.与郑禹梅书一[M]//沈善洪,吴光.黄宗羲全集:第十一册.杭州:浙江古籍出版社,2005:79.
④ ［清］黄百家.《明文授读》序[M]//［清］黄宗羲.明文授读.中国社会科学院近代史研究所藏清康熙三十八年张氏味芹堂刻本.四库全书存目丛书集部:第400册.济南:齐鲁书社,1997:210.按:此序亦见于沈善洪,吴光.黄宗羲全集:第十一册.杭州:浙江古籍出版社,2005:199.
⑤ ［清］黄炳垕.黄宗羲年谱[M].王政尧,点校.北京:中华书局,1993:49.
⑥ ［清］黄百家.《明文授读》序[M]//［清］黄宗羲.明文授读.中国社会科学院近代史研究所藏清康熙三十八年张氏味芹堂刻本.四库全书存目丛书集部:第400册.济南:齐鲁书社,1997:211.按:此亦见于沈善洪,吴光.黄宗羲全集:第十一册[M].杭州:浙江古籍出版社,2005:199。

而《授读》"①之说。张锡琨在《〈明文授读〉序》中也强调"先生（即黄宗羲）明文之选,权舆于《文案》,绝笔于《文海》,而《授读》之集为家传简捷之本"②。此语并非虚言。需要说明的是,编选《明文授读》时,黄宗羲年事已高,且疾病缠身,"文字因缘,一切屏除"③,几乎不再进行文学创作或编著活动,然《明文授读》之选已势在必行。但未待此书编印全部完毕,黄宗羲即于康熙三十四年(1695)因病去世,而《明文授读》62卷最终在其卒后数年方成。

将上面所言稍加梳理,一条脉络相对清晰的黄氏明文选本编纂始末路径即大体呈现出来:从康熙七年(1668)《明文案》正式起编开始,到《明文海》接续至康熙三十二年(1693)成编,再到康熙三十四年(1695)黄宗羲去世,而后其子代编《明文授读》至康熙三十八年(1699)刊印,《明文案》《明文海》《明文授读》三部明文选本的编纂工作称得上是跨度极广,费时极长,工作量极大,完成性极高。三书编纂前后勾连,相互承接或互为参补,既相对独立、自成单集,又是难以切分、无法割裂的一场体系完备的整体性行为。三书之中,《明文案》编纂最早、《明文海》规模最大、《明文授读》内容最精,各具不同特点和不同价值。而以三书为代表的黄宗羲明文选本编纂工作在其去世后数年方真正拉上帷幕,也算是文坛奇事了。

第二节 成编时间

《明文案》《明文海》《明文授读》三选本先后编就,留下了极其丰富的明代文人文章和史料。自张锡琨《明文授读序》中称"先生明文之选,权舆于《文案》,绝笔于《文海》,而《授读》之集为家传简捷之本"④以后,大家多认同《明文案》乃《明文海》的雏形,《明文授读》为《明文海》的简本这一说法。三选本均为黄宗羲的心血之作,但其成编时间却先后不一,从第一部《明文案》定编到《明文授读》定编,时间先后相差有20余年。

---

① ［清］黄百家.《明文授读》序［M］//［清］黄宗羲.明文授读.中国社会科学院近代史研究所藏清康熙三十八年张氏味芹堂刻本.四库全书存目丛书集部:第400册.济南:齐鲁书社,1997:211. 按:此亦见于沈善洪,吴光.黄宗羲全集:第十一册［M］.杭州:浙江古籍出版社,2005:199.

② ［清］张锡琨.《明文授读》序［M］//［清］黄宗羲.明文授读.中国社会科学院近代史研究所藏清康熙三十八年张氏味芹堂刻本.四库全书存目丛书集部:第400册.济南:齐鲁书社,1997:213.

③ ［清］黄炳垕.黄宗羲年谱［M］.王政尧,点校.北京:中华书局,1993:48.

④ ［清］张锡琨.《明文授读》序［M］//［清］黄宗羲.明文授读.中国社会科学院近代史研究所藏清康熙三十八年张氏味芹堂刻本.四库全书存目丛书集部:第400册.济南:齐鲁书社,1997:212-213.

前文已述,黄宗羲明文选本的编选时间主要集中在康熙年间,尤其是康熙初中期。那么,三大选本各自成书究竟是在何时呢?受限于资料,我们难以准确探知每部文集的具体起讫时间,不过从现存的部分资料可推测各本的大致成编时段。下面试从相关记载的蛛丝马迹中理出些线索。

首先来看《明文案》。

一、《明文案》的成编时间

《明文案》是黄宗羲明文选本的初编本,作为他最先着手的明文总集,其成编时间无疑也最早。今可见直接言及该书编纂过程的记载主要有:

> 某自戊申以来即为明文之选,中间作辍不一,然于诸家文集搜择亦已过半,至乙卯七月,《文案》成,得二百七卷。①

此为黄宗羲本人所言,见于其所撰《〈明文案〉序》。

> 先夫子自戊申岁取家藏有明文集约五六千本,撷其精华,至乙卯岁成《明文案》二百一十七卷。②

此为黄宗羲第三子黄百家所言,见于其所作《〈明文授读〉序》。

> 康熙七年戊申(1668),公五十九岁。始选《明文案》。③
> 康熙十四年乙卯(1675),公六十六岁。南山乱定,闰五月,还故居。秋,孙千顷过访,遂同游永乐寺。八月,有客自长洲来,接沈眉生四月二十日手书,而眉生于五月三日逝世,此书盖绝笔也。车厩谒杨慈湖先生墓。《明文案》选成,共二百十七卷。④

此为宗羲七世孙黄炳垕所言,见于其所著《黄宗羲年谱》。

我们来重点考校《明文案》的编定时间。上述各条均为黄氏本人或其亲

① [清]黄宗羲.《明文案》序上[M]//沈善洪,吴光.黄宗羲全集:第十册.杭州:浙江古籍出版社,2005:18.
② [清]黄百家.《明文授读》序[M]//沈善洪,吴光.黄宗羲全集:第十一册.杭州:浙江古籍出版社,2005:199.
③ [清]黄炳垕.黄宗羲年谱[M].王政尧,点校.北京:中华书局,1993:35.
④ [清]黄炳垕.黄宗羲年谱[M].王政尧,点校.北京:中华书局,1993:39.

人及后代所言,可信度较高。按上文说法,《明文案》编纂过程历时七年,自康熙七年(1668)始,至康熙十四年(1675)终,这点基本无疑义。再细分析,则《明文案》成编时间可大致明确:无论是"乙卯七月""乙卯岁",还是"康熙十四年乙卯……南山乱定,闰五月,还故居……《明文案》选成",所见记载都告知我们,《明文案》的定稿当在康熙十四年(1675)夏天。

他人说法亦可证实这点。《黄宗羲年谱》中所说的"南山乱定",指的是四明山乱。此前,康熙十二年(1673)十一月,吴三桂起兵于云南。康熙十三年(1674)靖南王耿精忠也起兵反清,派大将曾养性等大肆进犯浙江,龚万里则据余姚大岚山遥相呼应。① 黄宗羲《行朝录》卷九《四明山寨》中曾记录:"甲寅冬,复啸聚半载而平,然皆偷驴摸犊之贼,徒为民害,其父杀人报仇,其子行劫,浸浸失其传矣。""甲寅"即康熙十三年(1674)。据载,"十三年,精忠叛,土寇扰宁波,与龚万里等聚大岚山"②。"时群盗满山"③,"数百里皆荡为灰烬",黄宗羲的家乡黄竹浦亦深受其害。为避祸乱,他选定离黄竹浦60里左右的泗门作为隐身之地。是年黄宗羲已65岁,但为躲兵患,他不得不携家带口辗转投居第四门友人诸九徵半草堂书室④。当时境况黄宗羲曾写《避地赋》一文描述:"……奉老母而窜于海隅。累故书之千箧兮,欷家具之一车。襁女孙之三孩兮,因世乱而怜渠。一室分为庖湢井臼兮,盈丈而共鸡犬图书。"⑤并就这段避乱生涯发以血泪之声:"游东山之古寺兮,怅亡宋之哭声;历千载而不散兮,悲天运之复丁……独丧乱之于余兮,前未往而后复迫;疲曳而不免避地兮,尚惶惶其何适?"⑥被时代裹挟着横遭流离之难的他不停悲叹,"横身苦趣,淋漓纸上"⑦,可想而知,彼时黄宗羲的处境何其困窘,何等无奈。即便如此,心存宏图伟业的黄宗羲,想着自己要编成利国利民的著作,未曾有一日放下手中之笔。《黄宗羲年谱》中记录道:

---

① 按:大岚山在四明山心,地处余姚,见《乾隆余姚县志》卷十一所载。
② [清]董沛.明州系年录[M].北京:当代中国出版社,2001.
③ [清]黄炳垕.黄宗羲年谱[M].王政尧,点校.北京:中华书局,1993:38-39.
④ 按:诸九徵为明诸生,曾参加抗清,其居为"昌古斋",与诸名士结"昌古社"相砥砺,仿杜甫草堂,傍汝湖筑陋室三间"半草堂"为读书处。
⑤ [清]黄宗羲.避地赋[M]//沈善洪,吴光.黄宗羲全集:第十册.杭州:浙江古籍出版社,2005:630-631.
⑥ [清]黄宗羲.避地赋[M]//沈善洪,吴光.黄宗羲全集:第十册.杭州:浙江古籍出版社,2005:631.
⑦ [清]黄宗羲.南雷诗历题辞[M]//沈善洪,吴光.黄宗羲全集:第十一册.杭州:浙江古籍出版社,2005:204.

康熙十三年甲寅(1674),公六十五岁。时群盗满山,奉太夫人之海滨第四门,寓诸九徵(来聘)书室,室容一几,三几之内,寝灶图书咸在焉。暇则泛汝仇湖,历牛屯吞,泊九龙亭,观石壁凿像,访东山寺,略临山以观海。发箧,得半山(讳嘉仁)、景州(讳尚质)诸公诗稿、《缩斋文集》(泽望公集),皆为之校正作序。唐陆鲁隆、皮袭美有《四明山倡和诗》,分为九题,后之言四明名胜者,莫不渊源于是,公作《四明山九题考》,并各系之以诗。①

纵然身陷乱世,安危之事朝夕难测,黄宗羲仍随时伏案勤读,不忘著述,"三几之内,寝灶图书咸在",寝灶之迹、鸡犬之声、图书之墨常伴其左右。此段逃难避居的生活长达半年,期间虽境遇堪悲,流离徙转,但他仍一边用心著述,一边参加所在避难地的诗文书社,进行文学研讨,尽力奖掖后进等。在泗门,黄宗羲还参加了"昌古社",和诸如锦、谢天益、汪伯蟠、魏圣水、周肇修等人时有诗文交游,一起讲学、传道、品文、论事。黄宗羲曾写诗以"景濂避地方于我,君是当年陈宅之"②句自比为宋濂,以陈堂西轩置景濂(宋濂字)来比拟诸九徵用半草堂接待自己。数年后,他另作《过诸九徵二侈舍》诗称:"三间矮屋避兵来,奉母辛勤迹未灰……一一都成肠断地,孤儿垂泪费徘徊"③,逼真地再现了此期自己不得已避乱异地辛苦度日,却仍与友切磋文墨的经历。此期,他还校订了其六世族祖半山、四世族祖景州的诗集,整理了其弟黄宗会的《缩斋文集》,且全部写好了序文。《四明山九题考》和《丹山南咏序》亦在此时完稿。

康熙十四年(1675)五月,四明山乱平定。黄宗羲得以在闰五月奉老母暨女孙离开泗门返归故里。临别泗门时,黄宗羲挥笔写下《南山乱定白海滨返故居》两首诗回忆这次避乱生活,并再次表达对诸九徵等友人难中相助的谢意:"今日扁舟将欲去,此情不异昔离家。""一段闲情真不恶,临行多谢主人贤。"④返回故居后,黄宗羲又马不停蹄投入《明文案》的编选收尾工作中。之前因值清廷初建时期,战乱频起,著文一事无法一鼓作气,避难期间更缺乏可资借鉴的文集资料和赖以编著的安静环境,但黄宗羲依然不废文选编

---

① [清]黄炳垕.黄宗羲年谱[M].王政尧,点校.北京:中华书局,1993:38-39.
② [清]黄宗羲.赠征士诗二首[M]//王清毅,岑华潮.慈溪文献集成:第一辑.杭州:杭州出版社,2004:423.
③ [清]黄宗羲.吾悔集:卷三[M]//沈善洪,吴光.黄宗羲全集:第十册.杭州:浙江古籍出版社,2005:18.
④ [清]黄宗羲.四库家藏[M]//黄梨洲诗集.济南:山东画报出版社,2004:43.

纂,即便"中间作辍不一",仍"于诸家文集搜择亦已过半,至乙卯七月,《文案》成,得二百七卷"①。黄宗羲一家在战乱中保住平安,重归故居之后,必然需要一段时间用以休整和平复心情。所以从该年五月到七月,黄宗羲利用约两个月的时间对即将竣工的《明文案》进行最后的修缮,并凭借超人的毅力和不懈的坚持,克服万难,将《明文案》整理好,结集完篇。

据上可推断,《明文案》自康熙七年(1668)开始着手编辑,此前黄宗羲已经进行了长期的收藏和抄写明代文献五六千本的工作,《明文案》的选辑是水到渠成的必然结果。后因时局动荡,频经战乱,四处颠簸,文集编选不得已时断时续,进度受阻。编辑工作大概是康熙十三年(1674)黄宗羲避地余姚海滨第四门时,在诸九徵半草堂书室内基本编成,至次年(即康熙十四年,1675)五月返归余姚故居后又费时一至二月予以完善,七月最后定稿,并作有《明文案序》对明文流变等问题予以概述,表达自己编纂《明文案》的良苦用心和特殊深意。《明文案序》分上下两篇,不知究属何故,但两篇序写就的时间应不完全一样。中间极可能有段时间差,故序中所言虽然都发以宏观之论,具体内容却有所差异。

据此,《明文案》成编时间定于康熙十四年(1675)七月,当无误。后人也多认可这一时间点。王重民《中国善本书提要》中明确无误记为:"考宗羲辑是书始于康熙七年,至十四年七月成书二百一十六卷。"②徐定宝、吴光、方祖猷等人也均记以"是年《明文案》选成。作《〈明文案〉序》"③等之类。

除《明文案》外,黄宗羲还在康熙十四年(1675)基本编写完成《行朝录》这本南明抗清的编年简史。《行朝录》记载隆武、绍武、鲁王、永历几个明朝流亡政权的历史。这些著述都是黄宗羲借文述史、以文存史的成就。

二、《明文海》的成编时间

《明文海》规模宏大,收文完备。关于这部选本的成编时间,黄宗羲自己没有明确文字交代,他人对此或略而不谈,或虽有记载但语焉不详,若将之与《明文案》相较,更显模糊不清。今可见记录者,所论大体类似。诸如"宗羲曾选编《明文案》二百卷,后得昆山徐氏所藏明人文集,因增辑成书"④"后

---

① [清]黄宗羲.《明文案》序上[M]//沈善洪,吴光.黄宗羲全集:第十册.杭州:浙江古籍出版社,2005:18.

② 王重民.中国善本书提要[M].上海:上海古籍出版社,1983:482.

③ 徐定宝,匡亚明.黄宗羲评传[M].南京:南京大学出版社,2011:358.

④ 吴枫.简明中国古籍辞典[M].长春:吉林文史出版社,1987:491.

广为《文海》四百八十二卷"①之类，钱仲联、傅璇琮、王运熙等负责主编的《中国文学大辞典》中对《明文海》的介绍也一语带过，大而化之："在康熙十四年(1675)之前，编者曾辑成《明文案》二百卷，既而复得昆山徐氏所藏明人文集，便进一步扩编成本集。"②这些说法，都无从判知《明文海》的具体成书时间。

不过，虽然没有直接确凿的文章记载揭示出《明文海》于何时成编，但我们仍可从部分序言、诗文等记录中查到一些信息，大致推测出其编定时段。

《明文案》编讫后，黄宗羲虽称"有某兹选，彼千家之文集庞然大物，即投之水火不为过矣"③，但他深恐此书收集有遗漏，所以决定在《明文案》的基础上再行补辑，使之规模更为宏大，内容更为全面。这部因为作者"犹恐有遗"而成就的选本就是《明文海》。

而黄百家《〈明文授读〉序》中记：

> 逮后，先父究以有明作者林林，歉于未尽，亲至玉峰，搜假司寇健庵先生传是楼明集，得《文案》以外所未有者，又如我家藏之数，汗数牛而归。缀以红楮，第其甲乙，复还玉峰。官詹果亭先生命诸佐史茸指录出，亲正豕鱼，以寄先夫子。于是复合《文案》而广之，又有《明文海》之选，为卷凡四百八十，为本百有二十，而后明文始备。④

给出的时间几乎都是一个概数。黄宗羲曾屡次在昆山抄录传是楼所藏文集，康熙二十二年(1683)查阅文集300余种。康熙二十七年(1688)，徐秉义从苏州将黄宗羲接至昆山，宗羲这次在昆山逗留长达月余，借机抄录搜罗了不少之前在传是楼未检出的宋、元、明文集等，当时《明文海》尚在编过程中，这部分明文资料大大弥补了其作品缺失，但《明文海》究竟成编于何时无人明言。《四库全书总目提要》之《明文海提要》所述也含混不明，只称："国朝黄宗羲编……宗羲于康熙乙卯以前，尝选《明文案》二百卷。既复得昆山徐

---

① 徐定宝，匡亚明.黄宗羲评传[M].南京：南京大学出版社，2011：358.
② 钱仲联，傅璇琮，王运熙，章培恒，鲍克怡.中国文学大辞典[M].上海：上海辞书出版社，1997：908.
③ [清]黄宗羲.《明文案》序上[M]//沈善洪，吴光.黄宗羲全集：第十册.杭州：浙江古籍出版社，2005：19.
④ [清]黄百家.《明文授读》序[M]//[清]黄宗羲.明文授读.中国社会科学院近代史研究所藏清康熙三十八年张氏味芹堂刻本.四库全书存目丛书集部：第400册.济南：齐鲁书社，1997：210-212.

氏所藏明人文集,因更辑成是编。"①

目前,稍微详细一点的记载仅黄炳垕《黄宗羲年谱》所记:

> 康熙三十二年癸酉(1693),公八十四岁。寄万子贞一五古五百字。《姚志》底本,皆公所著,考核颇详,而人物一门,为后来妄增颠倒,公恐言之则招怨,因作《八绝》,使读者可追寻也。《明文海》四百八十二卷选成,谓主一公曰:"唐《文苑英华》百本,有明作者,轶于有唐,非此不足存一代之书,故读本不须如许,我为择其尤者若干篇,授汝读之。于是有《明文授读》六十二卷。"冬,仲子直方公卒。②

凭上述记载,只能确定《明文海》编成的年份当是康熙三十二年(1693),黄宗羲时为 84 岁,因文集编成自感欣慰而对黄百家发出"存一代之书"的慨叹,并从中择优若干以教儿子,至于《明文海》成于当年几月则无从考索。今亦只能尝试进行大致推论。

据《黄宗羲年谱》记载,康熙三十二年(1693)前一年夏天,黄宗羲"病几革",因患重病差点丧命,遭逢此劫后,他停止了所有的文字案头等工作,"文字因缘,一切屏除"③,连《明儒学案》序都是"口授季子主一公书之"④。这当中的文字因缘自然也包括编集著书一类事情。时《明文海》尚未出炉,按常理推测,其编纂应也暂时被搁置而中断了。不过,即便如此,黄宗羲还是没有完全放下这一事业,一旦病情稍有起色便又断断续续写文章整理书稿。

康熙三十二年(1693)黄宗羲写了长达 500 字的《寄万贞一》诗,历述万言入明史馆、出知五河县等遭遇。该年五月海宁友人朱人远卒,七月万言父亲万斯年亦卒于五河县。数月之内好友接连离世,黄宗羲悲痛不已,不顾自己身体欠佳,抱恙为两人分别作下情真意切的墓志铭,今《朱人远墓志铭》⑤《万祖绳墓志铭》⑥均收入《黄宗羲全集》第 10 册中。《朱人远墓志铭》中曰:"今年三月,寄其诗集求序,余喜而促笔为之。逮五月中寄去,人远已不及见

① [清]纪昀,等.四库全书总目[M]//文津阁四库全书:第 1453 册.台北:台湾商务印书馆影印本,1983—1986:1457-1458.
② [清]黄炳垕.黄宗羲年谱[M].王政尧,点校.北京:中华书局,1993:48-49.
③ [清]黄炳垕.黄宗羲年谱[M].王政尧,点校.北京:中华书局,1993:48.
④ [清]黄炳垕.黄宗羲年谱[M].王政尧,点校.北京:中华书局,1993:48.
⑤ [清]黄宗羲.朱人远墓志铭[M]//沈善洪,吴光.黄宗羲全集:第十册.杭州:浙江古籍出版社,2005:483-485.
⑥ [清]黄宗羲.万祖绳墓志铭[M]//沈善洪,吴光.黄宗羲全集:第十册.杭州:浙江古籍出版社,2005:486-488.

矣,伤哉! 临殁,以《日观山人纪年》,令其子谒铭。余何忍不铭?"①能够拖着病体为友人写墓志铭,说明他健康状况较前应有所好转,或可继续《明文海》编纂的未竟之事。而一般年谱叙写方式当基本按照时间先后逐一进行记载。据此推断,《明文海》的成编应是七月之后的事,且在黄宗羲因《余姚县志》事而作《八绝》之后。众所周知,黄宗羲涉猎广泛,在地理学方面亦有贡献。他除了修撰有著名的《四明山志》以外,还认真考察了余姚地理环境,编纂了《余姚县志》。康熙《新修余姚县志》底本便是其所著,考核颇为详审,质量很高。据洪焕椿《浙江方志考》,康熙年间余姚曾经两修县志,一次是康熙二十二年(1683)由知县李成龙主持修订,但该志卷数不详,亦未见传本;另一次为知县康如琏在康熙三十二年(1693)组织修纂,今存有 25 卷。黄宗羲曾自言"余修县志""顷余修志",应该是就李成龙本而言。此志由宗羲主笔,但并未刊行,且保管不善。后任县令康如琏重加改纂,其底本用的便是黄宗羲主纂的李成龙本,但重修本于人物一门多有改削,"为后来妄增颠倒"②。黄宗羲看到康本后,自然不满意,于是专门赋诗《八绝》,使读者对此事原委有所了解。这便是上述黄炳垕在《黄宗羲年谱》"康熙三十二年癸酉"条下所记。③ 今《八绝》已佚,而笔者查《余姚县志》底本一事,所见资料均记为康熙三十二年(1693),并没有更为确切的月份时间记载。如此,则据上述依然无法得知《明文海》具体成编于几月。

《黄宗羲年谱》中关于是年记载最后一句为:"冬,仲子直方公卒。"④此处"仲子直方公"即黄宗羲第二个儿子黄正谊(1640—1693),正谊 54 岁时去世。据《江夏黄研究》载:"黄宗羲娶同乡任广西按察使叶宪祖之女为妻,生三子,名叫百药、正谊、百家。他们都能以书香传家,继承家学渊源。长子黄百药,字弃疾,著有《留芳草》等书;次子黄正谊著有《黄山竹脚草》等书;三子黄百家,字主一,号不失。在兄弟三人中,以黄百家最杰出,最得传家学,为清初著名学者。"⑤其中,黄百家的传《清史稿》中有载。三子之中,关于黄正谊的记载最少,今仅知其为清太学生,字直方,著有《黄山行脚草》,无后绝传。黄宗羲《硕肤孙公墓志铭》曾云:"孙女几人,其一嫁太学生黄正谊,即余

① [清]黄宗羲.朱人远墓志铭[M]//沈善洪,吴光.黄宗羲全集:第十册.杭州:浙江古籍出版社,2005:485.
② [清]黄炳垕.黄宗羲年谱[M].王政尧,点校.北京:中华书局,1993:48-49.
③ 张如安.黄宗羲与地方志[J].浙东文史论丛.北京:中国文联出版社,2000(7).
④ [清]黄炳垕.黄宗羲年谱[M].王政尧,点校.北京:中华书局,1993:48-49.
⑤ 黄赞强,黄雄.江夏黄研究[M].广州:暨南大学出版社,1996:210-211.

子也。"①顺治十八年(1661)六月,黄宗羲派遣黄正谊到常熟找钱谦益,所谈何事无人知晓。但应属不宜公开的秘密,因钱谦益将其答复书于纸扇内由黄正谊带回,纸扇密信乃是当时江南一带通用的隐秘传讯方法。此事金鹤冲《钱牧斋先生年谱》辛丑(顺治)十八年(1661)条有记载:"六月,黄太冲之子正义(后名正谊)奉父叔之命,有咨于先生,先生为文书于其扇,已而托邓大临往报。"因为资料确实匮乏,笔者至今未觅得黄正谊的确切去世时间点,故也无从据此判断《明文海》的成编时间之限。

由是,《明文海》成编于康熙三十二年(1693)当明确无误,但具体月份不详。我们目前推断其最后定稿当在是年的七月至十二月之间。

而《明文海》的成编之际也即是第三部选本《明文授读》的起编之时,因为《明文海》482卷选成后,黄宗羲异常兴奋地告知黄百家这才可称一代之书:"非此不足存一代之书,故读本不须如许,我为择其尤者若干篇,授汝读之。于是有《明文授读》六十二卷。"②《明文授读》由是而生。那么,《明文授读》的成编时间又在何时呢?

三、《明文授读》的成编时间

关于《明文授读》的编纂,今说法不一。有人认为是出自黄宗羲之手,有人认为真正的编著者应是黄百家。我们暂时不议此事,无论实际编著权归属何人,该书乃黄氏父子合力而作是确凿无疑的,而其成编时间也可以推断出大概。

黄百家《〈明文授读〉序》中称:

> 先夫子尝谓不孝曰:"唐《文苑英华》百本,有明作者轶于有唐,非此不足存一代之书。顾读本不须如许,我为择其尤者若干篇,授汝读之。"于是,更有《授读》一书。③

徐秉义为《明文授读》写序论及:

---

① [清]黄宗羲.硕肤孙公墓志铭[M]//沈善洪,吴光.黄宗羲全集:第十册.杭州:浙江古籍出版社,2005:419.

② [清]黄炳垕.黄宗羲年谱[M].王政尧,点校.北京:中华书局,1993:48-49.

③ [清]黄百家.《明文授读》序[M]//[清]黄宗羲.明文授读.中国社会科学院近代史研究所藏清康熙三十八年张氏味芹堂刻本.四库全书存目丛书集部:第400册.济南:齐鲁书社,1997:210.

　　夫以先生之明眼卓识，而又精勤于搜罗择取如此，则《文海》成而有明一代有全书，更无有埋没阑入之憾矣！顾其缃帙浩繁，为卷几至五百，令嗣主一尝私请于先生，更抡剔其最者，秘之枕中，是名《授读》。盖《文海》所以存一代之文，《授读》所以为传家之学，各有攸当也。①

黄百家《〈明文授读〉发凡》中亦有记：

　　先遗献于《文案》《文海》中更拔其尤，加朱圈于题上，以授不孝所读者。此系有明一代文章之精华。不孝读《礼》荒山，未遑自读，遽以付梓，耿耿私心，实不免有舍田芸人之病焉！②

　　据上述材料，《明文授读》的编纂就黄宗羲而言是作为家庭私教材料授子读书之用，所谓"传家之学"，故名曰"授读"。特别之处在于这是黄宗羲于"《文案》《文海》中更拔其尤，加朱圈于题上"，书中乃是"有明一代文章之精华"。黄炳垕《黄宗羲年谱》"康熙三十二年癸酉"条下所记已告知我们该书的起编，上述各序中也论及此点。至于最终稿定于何时，细查之，亦可寻得一些迹象。如：

　　首先，黄百家序言中所论均以"先遗献""先夫子"等称父亲黄宗羲，可知《明文授读》编定时黄宗羲已与世长辞。虽然《明文授读》仅 62 卷，远不及《明文案》和《明文海》那般体量庞大，但因为这是选拔优秀文章用于家教，要择精品佳作而录，故而实际上花费的心血并不比其他两部要少，一时半会恐亦难成编。而《明文海》编成两年后黄宗羲即故去，之前他已老病缠身，难以再来耗费精神的大动作。所以基本可以断定《明文授读》的编选多半是黄宗羲负责圈定篇目为主，真正整理归类乃至具体编制安排等，则由黄百家付诸实施。最终定编也是在黄宗羲去世之后的可能性更合乎实际。故而《明文授读》的体例与前两部选本相比差异较大，应主要由黄百家敲定，包括《明文授读》中有若干篇目和作者均为《明文海》中所未录，如李邺嗣、顾炎武、归庄等，总数几近 20 家。黄百家称此举是考虑到"文海之选，先遗献甫定成帙，

①　［清］徐秉义.《明文授读》序［M］//［清］黄宗羲. 明文授读. 中国社会科学院近代史研究所藏清康熙三十八年张氏味芹堂刻本. 四库全书存目丛书集部：第 400 册. 济南：齐鲁书社，1997：203.

②　［清］黄百家.《明文授读》发凡［M］//［清］黄宗羲. 明文授读. 中国社会科学院近代史研究所藏清康熙三十八年张氏味芹堂刻本. 四库全书存目丛书集部：第 400 册. 济南：齐鲁书社，1997：214.

往往有名篇大作未及圈点者。不孝一依原本,不敢妄施以乱。观目知能读是选者,定不以圈点之有无揣文之优劣"。又说:"先遗献平日有尝称道其文而未见其集者,如归元恭、顾宁人诸公不一二数,不孝耿耿在怀,多方购索,谨敢私登数篇,亦先意也。"①"先遗献平日有尝"等语说明黄宗羲在世时常对明文选本一事进行反思总结,并极可能在重新审定篇目时酌情修整,聊补遗憾,时《明文授读》并未完稿。据此可先推断该书成编在康熙三十四年(1695)之后。

其次,《明文授读》前有徐秉义、靳治荆、张锡琨、黄百家等人序言数篇。今查其写序时间,靳治荆序、黄百家序均写于康熙戊寅年(1698,即康熙三十七年),徐秉义、张锡琨序均作于康熙三十八年(1699)。这时候,《明文授读》已经付梓。书稿定编必在刊刻之前,据此可推断《明文授读》编成时间应该在康熙三十七年(1698)之前。由此我们可得出《明文授读》的成编时段:康熙三十四年(1695)至康熙三十七年(1698)之间。

接下来,再作进一步查索。黄百家《〈明文授读〉发凡》第一条称:

> 不孝读《礼》荒山,未遑自读,遽以付梓,耿耿私心,实不免有舍田芸人之病焉!②

第六条称:

> 吾家所藏宋、元文集极多,皆先遗献假于各藏书家以抄得者,于昔则借抄于吾族白下之千顷堂、虞山钱氏之绛云楼、山阴祁氏之淡生堂、钮氏之世学楼、甬水范氏天一阁、禾中曹氏之倦圃。近复得吾师果亭徐先生抄寄培林堂所藏集本,以补吾家所未备。于是先遗献有《宋元文日抄》一书,部帙浩繁,内亦有朱圈、甲乙,以授不孝读者。今明文既不能自藏,则《授读》《宋元文》索性嗣出以公世也。③

此处有两点值得注意:其一,黄百家所言"读《礼》荒山,未遑自读"是在黄宗

① [清]黄百家.《明文授读》发凡[M]//[清]黄宗羲.明文授读.中国社会科学院近代史研究所藏清康熙三十八年张氏昧芹堂刻本.四库全书存目丛书:集部.济南:齐鲁书社,1997:214.
② [清]黄百家.《明文授读》发凡[M]//[清]黄宗羲.明文授读.中国社会科学院近代史研究所藏清康熙三十八年张氏昧芹堂刻本.四库全书存目丛书:集部.济南:齐鲁书社,1997:214.
③ [清]黄百家.《明文授读》发凡[M]//[清]黄宗羲.明文授读.中国社会科学院近代史研究所藏清康熙三十八年张氏昧芹堂刻本.四库全书存目丛书:集部.济南:齐鲁书社,1997:214.

羲去世之后不久，极可能正当百家为父守孝三年期间。这时《明文授读》已经编定，但百家戴孝在身，勤于研习《礼记》，尚未及细读其他。加上黄百家序言中提到《明文案》遭窃一事发生后他心存顾虑，所以虽有《明文授读》在手，但最初并不曾考虑将该书公开付印。他的说法是："既而，山阳戴子唯一、戴子西洮屡以书来索刻《授读》，不孝迟迟未应。"①戴唯一、戴西洮都是清代喜欢读书亦爱好刻书的学者。黄宗羲《南雷文定四集》就有山阳戴唯一、杨禹江校刊本，"戴子西洮"即戴晟，他曾拜学于黄宗羲，二人经常一起品读赏论文章。黄宗羲曾写《戴西洮诗文题辞》称："所接不过腐生末学，所读不过毛头制义。"②"文章之道，非可一蹴而至者。苟好之，则必聚天下之书而读之，必求天下之师而讲之，心聚一生之力而为之。"③如此坦诚相待，可想而知，戴黄二家也有较深的渊源关系。故戴氏二人也知道黄百家手上有其父授意编就的《明文授读》一书，于是想请百家将刊印权交予他们，不意却遭百家拒绝。此事详情如何已无人知晓，但由上所述能推断，在张锡琨劝说黄百家刊印书稿之前，《明文授读》早已经定型。

其二，再审黄百家所言"近复得吾师果亭徐先生抄寄培林堂所藏集本，以补吾家所未备。于是先遗献有《宋元文集日抄》一书，部帙浩繁，内亦有朱圈、甲乙，以授不孝读者"。果亭徐先生即前文提及的"昆山三徐"之一徐秉义，与黄宗羲父子交往甚密。徐秉义曾为自家藏书撰目录《培林堂书目》，著录图书600余种（按：一说为3300多种），其中有宋代精椠数种，元刊明本较多，常与黄宗羲父子等谈经论史，切磋学问，在黄宗羲编纂《明文海》的过程中提供了不少切实、给力的帮助。百家尊其为师辈，故以"吾师"称之。徐秉义将自家培林堂的部分文集抄录下来寄与黄宗羲，黄宗羲始有"《宋元文集日抄》一书"，《宋元文集日抄》也是黄宗羲圈定而授，则此处所言"近复得"当为他尚未去世之时，由此猜测《明文授读》正式编成离黄宗羲辞世应该不会太久。而黄百家为《明文授读》写序明确标注"康熙戊寅年"，即康熙三十七年（1698），时黄宗羲已故去三年，如此综合推论，则《明文授读》以在康熙三十六年（1697）前后最终成编的可能性最大。

就《明文授读》而言，黄宗羲虽然未经完稿便离世，但他确立了《明文授

① ［清］黄百家.《明文授读》序［M］//［清］黄宗羲.明文授读.中国社会科学院近代史研究所藏清康熙三十八年张氏味芹堂刻本.四库全书存目丛书:集部.济南:齐鲁书社,1997:211.

② ［清］黄宗羲.戴西洮诗文题辞［M］//沈善洪,吴光.黄宗羲全集:第十册.杭州:浙江古籍出版社,2005:107.

③ ［清］黄宗羲.戴西洮诗文题辞［M］//沈善洪,吴光.黄宗羲全集:第十册.杭州:浙江古籍出版社,2005:107.

读》一书的基本内容与整体格局。黄宗羲殁后,由已传承其业、谙于编纂的儿子黄百家继续进行校补编定,而百家之所以能够踵成其事,除禀赋天定之外,还与他平时所受的良好家庭教育、积累的深厚文学功底及其编纂方面的训练有素和投入的辛勤劳动有关。

另,据东华大学杨小明所编《黄百家年谱简编》载,康熙三十二年癸酉(1693),时黄宗羲 84 岁,黄百家 51 岁。"是年,辑《明文授读》六十二卷。"①"其《秃笔赋》中云:'末史既完《明文授读》之选,复有事于三礼……亦且以布衣而任石渠之务,用汝于《明史》之中……亦且推测天文,旁通算数。'"②末史是百家的字,此处的末史即黄百家。三礼即许三礼(1625—1691),安阳人,推崇程朱理学,早年曾从学于著名学者孙奇逢,苦读于山林之中,著有《政学合一集》《彰郡逸志》。顺治十四年(1657)中举,十八年(1661)登进士。他很重视办学,先后创办过"正学书院""海昌讲院"等,曾于康熙十五年(1676)任海宁县知县期间邀黄宗羲赴海宁讲学。但许三礼在康熙三十年(1691)正月初九日即病逝于京师,葬在安阳县西灵药。彼时,《明文海》即将纂成,而《明文授读》起编在《明文海》成稿之后,故此处杨小明所记"既完《明文授读》之选"中的《明文授读》疑为《明文海》之误。对于《明文授读》的成编时间,则无确切文字记载。

综上所述,简而言之,三大选本中,《明文案》的成编时间最为清晰、明确,为康熙十四年(1675)七月;《明文海》的成编时间约在康熙三十二年(1693)七月至十二月之间,而《明文授读》的成编时间则当以康熙三十六年(1697)至康熙三十七年(1698)之间的可能性最大。三书编讫均非一蹴而就,前后费时几十年,确系黄氏父子一生心血之作。

---

① 杨小明.黄百家年谱简编[J].宁波党校学报,2007(3).
② 杨小明.黄百家年谱简编[J].宁波党校学报,2007(3).

第四章　编纂特点

第一节　编纂原则

古代着意著述者,或为公,或为私,编纂目的纷纭复杂,不一而足。但诸子百家、历代鸿儒编书著说基本为一"治"字,实质上都是为政治服务。无论江山如何转换,历朝历代的统治者皆喜好借保存整理文献典籍来标榜自己的"文治德政",故多会下令史官从事典籍资料等的编纂工作。但《明文案》《明文海》等书的问世,却非出自某统治者的授意,而是身处历史鼎革之际的黄宗羲欲努力肩负起保存明代文化典籍,以部分实现救亡图存理想的私人行为,是一位面临明清嬗代而有着强烈社会责任感和高度历史良知的文化学者在承袭中力求突破、于困境中努力重构学术追求的实践体现。三部明文选本是逐步递进和依次完善的,其共同目的小言之是为保存明代文章作品,大言之是在抢救连绵不绝的儒家优秀文献历史。细究起来,各本侧重点有所不同。《明文案》是最根本的基础,为存文存史而编,从无到有,重在求真;《明文海》在《明文案》的基础上予以增益扩充,虽未竭泽而渔,却尽全力查漏补缺,积少成多,重在求全;《明文授读》又在《明文案》《明文海》的基础上进一步精挑细选,剔除杂芜,拔优去劣,重在求精。三部选本前后关联,纠缠错结,缀成一体,其编纂标准难以分而为三独立阐述。就编纂目的而言,《明文案》和《明文海》初衷大体相同,都是借存文之举实现保存明人明史的意图,当然其初衷虽一致,但在编纂过程中重心不尽相同。而《明文授读》较之前两部选本,编纂用心明显有异,其意不重在存史,而在授以家教。前二部主要是留待后世以资史用,后一部则主要是交予家人当学文习作。正是因为有这样的差别,所以黄宗羲的明文选本出现了一些有趣的争议现象,譬如《明文案》《明文海》《明文授读》的作者归属权、著文著者或缺或补等问题,这些后文会详述,此暂略而不谈。若就三大选本的编纂原则而言,通常编书者都是基于某一明确目的而制定书籍编纂标准。黄宗羲起意编纂明文选本是他身为明代遗民,试图尽可能多地整理保存故国文献,抢救前明史迹,其最根本宗旨即在以文存史、以文存人,因而选文时主要依循情理兼备、博洽通达的标准进行取舍,并着力于开拓创新、求全补缺,以成就自己的学术宏愿。

一、以文存史、以文存人的编纂宗旨

明代散文作家作品众多,鱼龙混杂,良莠不齐,倘若没有一个明确的编纂宗旨,要从近300年的浩瀚文海中取自己所需的那一瓢水难如登天。故,亲历明清鼎革而又自觉肩负文化使命的黄宗羲编纂《明文案》《明文海》时目的非常明确:欲成一代之书![①] 他曾多次表达这一意愿,自称:"《明文海》选成,亦一代之书。"[②]"非此不足存一代之书。"[③]其朋友兼门生徐秉义也在为《明文授读》写序时发出慨叹:"《文海》成而有明一代有全书。"[④]那么成一代之书所为何来? 概言之:以文存史、以文存人。黄宗羲有强烈的现实文化关怀精神和超人一等的存史意识,他是想借编纂明文选本保存有明一代300年的文章典籍,同时也为撰写明史做史料保存准备工作。[⑤] 其实当时有这种意识和做法的并非只有黄宗羲一人,但真正将这一想法付诸实践的人却屈指可数。在黄宗羲之前,钱谦益已经出于敏锐的历史责任心编纂了《列朝诗集》81卷,意在通过以诗存史,保存明代文献。钱谦益的存史意识丝毫不逊色于黄宗羲,当时有人认为"虞山尚在,国史犹未死也"[⑥]。黄宗羲和钱谦益关系甚密,不少方面都受钱氏的影响。两位学者一个以文存史,一个以诗存史,共同以自己的方式不谋而合地践行着文化学者力所能及做到的保护文献工作。

在以文存史、以文存人的编辑宗旨指导下,黄宗羲特别注重文章是否能够"经世务用"。可以说,"经世务用"一直是黄宗羲的治学原则,也是他编纂《明文案》和《明文海》的标准之一。他强调以文存史,重视文章的证史补史作用,欲借编文与国史相互参证,为明史的纂修收存资料。[⑦] 所以《明文案》

---

① 崔霞.黄宗羲明文选本编辑思想新探[J].中国出版,2014(10).按:本节中有部分文字可参此文。

② [清]黄宗羲.与郑禹梅书[M]//沈善洪,吴光.黄宗羲全集:第十一册.杭州:浙江古籍出版社,2005:79.

③ [清]黄炳垕.黄宗羲年谱[M].王政尧,点校.北京:中华书局,1993:49.

④ [清]徐秉义.《明文授读》序[M]//[清]黄宗羲.明文授读.中国社会科学院近代史研究所藏清康熙三十八年张氏味芹堂刻本.四库全书存目丛书:集部.济南:齐鲁书社,1997:203.

⑤ 崔霞.黄宗羲明文选本编辑思想新探[J].中国出版,2014(10).

⑥ 按:此为黄道周评钱谦益语,钱谦益《启祯野乘序》中曰:黄道周"就义之日,从容语其友曰:'虞山尚在,国史犹未死也'"。[清]钱谦益.启祯野乘序[M]//牧斋有学集:卷一四.上海:上海古籍出版社,1996:687.

⑦ 崔霞.黄宗羲明文选本编辑思想新探[J].中国出版,2014(10).

《明文海》中凡关涉国计民生者,如政治经济、文化教育、天文地理、军事学术等无不见录,疆域、动乱、边患、兵防、赋税、农田、水利、风俗等方面的文章不同程度都有收入,选文题材涉及明代社会现实的各个方面,内容上表现出非常鲜明的以史为鉴的痕迹。从其选文可以明显看出黄宗羲试图从人们对明代大小社会事件的文学书写身上,获知整个明代历史的印迹,并通过文集的方式予以收藏,希求后人能不忘明朝的过往,加强对明代历史的认识。当然他也希望通过对明代文章的选录编纂,来达到振聋发聩警醒世人的目的。显然,黄宗羲以其学术大家的视角,展现了在时代变换之际,文人对江山社稷、故国文献的深沉关怀。他相信文史互补,可令后世之人于其中取法得失,资治通鉴。而赖其书之编选得以保存下来的诸多精品佳作和奇人逸事等,更见其功不可泯。

四库馆臣曾批评《明文海》采"游戏小说家言"入集而"不免失之泛滥"①,其实将这些常人眼中难登大雅之堂的作品收入明文总集中,正见出黄宗羲作为大学问家、大编辑家的敏锐眼光和过人气魄。因为"游戏小说家言"往往较所谓正统之文更能凸显明人的生存状况和鲜活姿态,更能反映真实的社会面貌和时代精神。而《明文案》编成后不久,清政府为撰修明史到各地广征文献,《明文案》便作为关乎明史的著述被抄送史馆,为纂修明史者提供了很多重要的有价值的材料。② 其中有 16 篇奏疏全文或部分被移录进《明史》列传部分。《明文海》卷 387 至卷 472 按名臣、能臣、文苑等类分列有传记、墓文共 600 余篇,这其中大部分的人物事迹均未被载入正史之中,如果没有《明文案》《明文海》,则这些人与事都将湮没于风尘,无法留存后世。

《明文案》《明文海》依循"经世务用"的原则择篇录文,见出黄宗羲独特的眼光,在他看来,留存后世的文章理应是对当时和后代均具备切实效用和价值的作品,"意欲通过选编《明文海》来表明自己的审美趣味……注重和提倡那些关乎国计民生的实用文字"③。《明文案》《明文海》中有很大部分文章属于奏疏、碑、传、记、序之类实用性极强的文体。④ 尤其是《明文海》一书中原来收有不少涉及党争、边患、政教等直指现实、针砭时弊的文章,可惜后来清政府对之进行了大刀阔斧的删改抽毁,把这类现实主义色彩浓厚到令

① ［清］永瑢,纪昀,等.四库全书总目提要[M].海口:海南出版社,1999:1038.
② 崔霞.黄宗羲明文选本编辑思想新探[J].中国出版,2014(10).
③ 张思齐.比较视域中的《明文海》研究与明代时文格局[J].江西社会科学,2009(11).
④ 崔霞.黄宗羲明文选本编辑思想新探[J].中国出版,2014(10).

当政者心生忌惮、必欲去之而后快的文章尽数剔除,使《明文海》的全面性大大受损。而《明文案》更是被直接列为禁毁书目,官方授意不得流播。但这种做法也恰恰反证出黄宗羲所编的《明文案》《明文海》原本确实很好地实现了他以文存人、存史的初衷。当然,也是因为他秉持这一初衷,竭尽所能在二书中将网罗到的可资史用的各具代表性的文章均存录下来,导致"缃帙浩繁,世无任而刻之者"①,难以查阅。总之,这一文学选本,以其自觉的存史意识,保存了大量当时的史料,为我们研究明代数百年历史中真实生动的细节,以及潜藏埋伏于历史当中的各种政治、经济、军事、文化信息等提供了便利。而以文存史、以文存人也成为《明文海》等文集的鲜明特征,它不仅是明代文人文章创作实力的强大显示,亦昭示了在特殊条件下自觉肩负历史意识和社会责任感的文人学者对时代发展、政局变革、文化动态的回应。

与前两部选本相较,《明文授读》的编纂宗旨明显有不同。黄百家自称该书是因为《明文海》编好之后:

> 先夫子尝谓不孝曰:"唐《文苑英华》百本,有明作者轶于有唐,非此不足存一代之书。顾读本不须如许,我为择其尤者若干篇,授汝读之。"于是,更有《授读》一书。②

此处明确指出《明文授读》的编纂是黄宗羲考虑到《明文海》篇帙太过庞大、繁杂,并不利于学习,"顾读本不须如许",若是自己家庭私教用的话,完全没必要也不可能如此费时费力搬来《明文海》翻阅,故而他决定"择其尤者若干篇",从《明文海》中抽丝剥茧般整理出一个精编本,其意不在存文,亦不在存史,只在"授汝读之"。关于这点,黄宗羲门人张锡琨也算深解其意:

> 至于先生明文之选,权舆于《文案》,绝笔于《文海》,而《授读》之集为家传简捷之本……《授读》一书,先生固非欲以行世。③

---

① [清]张锡琨.《明文授读》序[M]//[清]黄宗羲.明文授读.中国社会科学院近代史研究所藏清康熙三十八年张氏味芹堂刻本.四库全书存目丛书集部:第 400 册.济南:齐鲁书社,1997:212-213.

② [清]黄百家.《明文授读》序[M]//[清]黄宗羲.明文授读.中国社会科学院近代史研究所藏清康熙三十八年张氏味芹堂刻本.四库全书存目丛书集部:第 400 册.济南:齐鲁书社,1997:210-212.

③ [清]张锡琨.《明文授读》序[M]//[清]黄宗羲.明文授读.中国社会科学院近代史研究所藏清康熙三十八年张氏味芹堂刻本.四库全书存目丛书集部:第 400 册.济南:齐鲁书社,1997:212-213.

《明文案》和《明文海》是黄宗羲在数千家明人文集中去粗取精而成,而《明文授读》又是他在《明文案》和《明文海》的基础上进一步选优拔萃而编,侧重于私家传授,其意与前自有不同。这也导致三部选本在编纂宗旨上出现一些差异。

这种不同的用心和编法,其实从三书名字也能略窥究竟。《明文案》称"案",即有史可依,有据可查,有迹可考,意在强调"史",以文当史,文史互参,求实求真,为存史而录的宗旨显露无遗;《明文海》命名为"海",侧重于"广",希图海量,求全求博,故可芜杂,亦为史用,文献价值尤现其中,同时力求海纳百川,尽显其包容通洽特性;《明文授读》中的"授读"二字意旨明确,直接指向家庭教育之用,是精益求精,旨在突出"优",讲究文章的质量、技巧和品位,是要求惠及家人子弟的,故在良莠混杂的文海中择优而录,宗旨即在当成范本,利于授学。当然,统而观之,《明文案》《明文海》和《明文授读》都是当时不可多得的高质量明文选本,在以文存人、以文存史方面也发挥了极大的作用。

二、开拓创新、求全补缺的编选意图

黄宗羲起意编选《明文案》,还有一个很大的动因在于:他想要在鱼龙混杂的编著活动中辟出新径,有所建树,编选出可与前人的古文选本佳作相媲美的经典巨著,这是他作为文学家兼编辑家的质朴而美好的心愿。对此,他曾在《〈明文案〉序上》中确凿无疑表态道:

> 前代古文之选,《昭明文选》《唐文粹》《宋文鉴》《元文类》为最著。《文选》主于修词,一知半解,文章家之有偏霸也;《文粹》掇精撷华,亦《选》之鼓吹;《文鉴》主于政事,意不在文,故题有关系而文不称者皆所不遗;《文类》则苏天爵未成之书也,碑版连牍,删削有待。若以《文案》与"四选"并列,文章之盛,似谓过之。①

在学术上,黄宗羲素来勇于开拓创新,不断尝试突破。他反对蹈袭前人,主张学贵自得,这一特点也反映在明文总集的编选追求上。明代编著颇多,各种诗文集纷然迭现。据《〈明文案〉序上》载可知,黄宗羲在编《明文案》之

---

① ［清］黄宗羲.《明文案》序上［M］//沈善洪,吴光.黄宗羲全集:第十册.杭州:浙江古籍出版社,2005:19.

前对于前代各种古文之选进行了认真比较研究,分析出各自的优劣利弊,明确地认识到历代文选中,堪称经典的《昭明文选》《唐文粹》《宋文鉴》《元文类》等虽声名在外,但各有缺憾。如萧统组织编选的诗文总集《昭明文选》"主于修词,一知半解,文章家之有偏霸也",过于重视文章艺术性,讲究形式、技巧则选文难免出现偏颇;姚铉主编的《唐文粹》以古雅为命,选文不事雕琢,"掇精撷华",为人推重,但主要沿袭《文选》的做法,终究是"《选》之鼓吹";吕祖谦所编《宋文鉴》以文为鉴,以资治道,故"主于政事,意不在文",因太过重视文章功用而忽视了艺术方面的权衡,虽然搜罗广博,却是"题有关系而文不称者皆所不遗",文集中多平庸之作;而苏天爵编纂的《元文类》将元文精要加以罗致,但毕竟是"未成之书",缺憾更多,"碑版连牍,删削有待"。

如此一番析长短、辨优劣之后,黄宗羲表示前朝各代古文选本可以供己借鉴,帮助自己规避各种弊端而后推陈出新。当时,有意识地专门收录明代文集者不乏其人,如程敏政编有《皇明文衡》、张时彻编有《皇明文范》、张士瀹编有《国朝文纂》、何乔远编有《皇明文徵》等,但这些书在选文时均多有缺失遗漏,"未能囊括一代之文"①,无法起到全面地展现明代文章风貌的作用,更勿论借此保留明朝 300 年的历史资料。

可以说,正是有感于前人已撰文集尚有所缺,而明代其他文选又遗珠颇多,所以黄宗羲才决意在吸收前人成果的基础上充分发挥自己的主观能动性,重新选择,突破窠臼,求全图备,编辑一部全明文性质的选本,成就自己集存文、存人、存史于一体的编纂佳作的学术追求。为此,即便明知编选一代全文工程极其浩大繁复,他依旧能不厌其烦,几十年如一日地认真对待此事,在这过程中呕心沥血,殚精竭虑,倾尽所有。黄宗羲认为编辑图书不仅要意在当时,更应着眼后世,著述要经得起时间的考验,故常"畏后生之意"而"于旧本间有改削"。② 正是这种审慎负责、日求精进的编纂态度使其最终编成三部高质量的明文选本,此举非毅力惊人、智力惊人、识力惊人者绝对难以完成。无怪其弟子万言会由衷慨叹:"舍夫子而外,孰有缘再能聚数千家之集于一家,而又得勤力钜眼如夫子者而为之遴拔乎? 则此《文海》,夫

---

① 郭英德. 黄宗羲明文总集的编纂与流传——兼论清前期编选明代诗文总集的文化意义[J]. 郑州大学学报(社会科学版),2000(4).

② [清]黄宗羲.《南雷文定》凡例[M]//沈善洪,吴光. 黄宗羲全集:第十一册. 杭州:浙江古籍出版社,2005:83.

子目光心血之所存,有明三百年文士英灵之所寄也。"①黄宗羲以一介布衣,
受世乱之累却自觉担负起保存明代文献的历史重任,且穷极一生发愤而为,
这种精神不得不令人为之钦佩、叹服。

三、情理备至、博洽通达的选文标准

　　明文卷帙浩繁,作家众多,在具体考虑入选篇目的时候,若没有明确的
选文标准,要从浩如烟海的文章中择取出精华编选成集难度可想而知。如
果说"经世务用"是黄宗羲就文章实用性立下的准则,那么"以情至为宗"②
则是他针对文章艺术性提出的要求。黄宗羲对"情之至者""情至之语"等尤
为欣赏,时时加以标举,以致四库馆臣都称:

　　　　宗羲之意,在于扫除摹拟,空所倚傍,以情至为宗。③
　　　　试观三百年来,集之行世藏家者不下千家……其间岂无一二情至
　　之语,而埋没于应酬讹杂之内,堆积凡案,何人发视? ……向使涤其雷
　　同,至情孤露,不异援溺人而出之也。④

黄宗羲在《明文案》序文中,态度鲜明地提出以文章是否能达"情至"作为自
己的选文标准:

　　首先,"其人不能及于前代,而其文反能过于前代者,良由不名一辙,唯
视其一往情深,从而掇摭之"⑤。黄宗羲不以人取文,他所看重的是文章本
身是否"一往情深",至于作者的名气大小、地位尊卑等均不是选文所该着重
考虑的。因此,即便某人身份不如别人,但只要其文达到"情深",便取之入
集,他以"情深"作为选取标准:"凡情之至者,其文未有不至者也。"⑥能否
"情至"是黄宗羲衡量文章优劣高低的重要标准,遴选文章时也自然以此为
准则。在"宗情"的主张下,他提倡作文应该具备真情实感,表达要言之有
物,反对虚浮矫饰、浅薄空洞的作品。故舞文弄墨、华而不实者他均弃而不

① [清]黄百家.《明文授读》序[M]//[清]黄宗羲.明文授读.中国社会科学院近代史研究所藏清
　　康熙三十八年张氏味芹堂刻本.四库全书存目丛书集部:第400册.济南:齐鲁书社,1997:212.
② [清]永瑢,纪昀,等.四库全书总目提要[M].海口:海南出版社,1999:1038.
③ [清]永瑢,纪昀,等.四库全书总目提要[M].海口:海南出版社,1999:1038.
④ [清]永瑢,纪昀,等.四库全书总目提要[M].海口:海南出版社,1999:1038.
⑤ [清]黄宗羲.《明文案》序上[M]//沈善洪,吴光.黄宗羲全集:第十册.杭州:浙江古籍出版社,
　　2005:19.
⑥ [清]黄宗羲.《明文案》序上[M]//沈善洪,吴光.黄宗羲全集:第十册.杭州:浙江古籍出版社,
　　2005:19.

录,对"埋没于应酬讹杂之内"的"情至之语"深表惋惜,为使明代"至情孤露""一往情深"的上佳之作不至于散失亡佚,他决定穷尽余生毕其功力于一役,编选《明文案》以存文传世,而《明文海》更是继这一宏愿追求更加圆满而为的大手笔行为。

其次,作为学识渊博、涉猎广泛、眼界开阔的大家,黄宗羲一直强调学术要善于"会众合一"①,主张广收博采,这种博洽融通、兼容并蓄的态度也影响着他编辑明文选本的活动,正是在广博通达并重的主张下,他选文时绝不非此即彼的一刀切,而是将文章的实际写作水平作为收黜选文的重要衡量指标,基于这一指导标准,他既不轻易因人废文,也不随意因文废人。面对明代众多的文集,黄宗羲不惧艰辛,遍览群书,选优择精,掇菁撷华,对道德、学问、情感兼擅之文从宽采录。他提出:"钜家鸿笔,以浮浅受黜;稀名短句,以幽远见收"②,文人作品不论是"钜家鸿笔"还是"稀名短句",但凡其有一二可取之处,即具备入选资格,而无可取处则毅然弃之。同时,收文的对象不论身份,不分性别,只要臻于"情至"即一概纳入:"凡情之至者,其文未有不至者也,则天地间街谈巷语、邪许呻吟,无一非文。而游女田夫,波臣戍客,无一非文也。"③文人士子、朝廷官员等有一定身份地位的人文章达到"情至",收之;平民布衣,如市民、农夫、商人、流亡者、充军边疆的罪徒等,只要其文"情之至",亦一视同仁收之,甚至常为人诟病鄙夷不屑的"游戏小说家言,亦为兼收并采"④。由此可见,黄宗羲编选明文集是本着从文章本身出发,多从文学价值角度进行衡量定夺,客观、公正地予以去取,以"至情""情深"作为文章入选标准,这在当时是相当进步的观念。在这种选文标准指导下,他择文的对象范围由原来固定的文人学士这一狭窄圈子,扩大到名不见经传的普通民众,大面积予以了增广;其择文的内容范围也大大拓宽,不仅典雅规训的正统篇章可入集,而且街头巷口的"邪许呻吟"之类俗文俗语也可入集。

黄宗羲这种包容博取、雅俗并举的选文标准,必然也为一部分严守规矩、讲究雅驯的人所不满,如李慈铭便批评他:"其论文主于随地流出,而谓

---

① [清]黄宗羲.万充宗墓志铭[M]//沈善洪,吴光.黄宗羲全集:第十册.杭州:浙江古籍出版社,2005:417.
② [清]黄宗羲.《明文案》序上[M]//沈善洪,吴光.黄宗羲全集:第十册.杭州:浙江古籍出版社,2005:18.
③ [清]黄宗羲.《明文案》序上[M]//沈善洪,吴光.黄宗羲全集:第十册.杭州:浙江古籍出版社,2005:18.
④ [清]永瑢,纪昀,等.四库全书总目提要[M].海口:海南出版社,1999:1038.

方言语录皆可入文,故往往不脱明末习气……故所选颇泛滥驳杂,多非雅音"①,认为黄宗羲选文太过随意、任性。而四库馆臣也讥讽他"兼收并采""游戏小说家言"②的行为,认为如此一来则"失之泛滥"。殊不知,从某种程度而言,这恰恰"是黄宗羲博洽融通、兼收并蓄的选文标准之体现,也是其异于他人、超于他人之处"③,已经"超越了历史上的《昭明文选》《唐文粹》《宋文鉴》《元文类》的选文标准,一新耳目"④。倘若没有包容宏通的全局意识,恐怕黄宗羲的《明文案》《明文海》就不会因"搜罗极富""其它散失零落赖此以传者尚复不少""考明人著作者,当必以是编为极备矣"⑤而被冠以"可谓一代文章之渊薮"⑥的桂冠了。黄宗羲在康熙年间即能具备这种融通、博大的识见,实在是难能可贵。

第二节　编纂体例

　　黄宗羲编集意在求明代之文,可如何将明代数百年的文章周全、科学又井然有序地编纂出来,体现出其最大价值则并非易事。作为追求卓越的编辑家,黄宗羲对于自己的明文选本体例编排有套自成一体的方法,三书编纂目的不一,编纂时间各异,故其体例编排也别具特色。

　　《明文案》和《明文海》资料极为丰富,篇章卷帙浩繁,编排时如何做到叙述谨严,条理清晰,令读者能一目了然,便于查索检阅,是黄宗羲编选时考虑的重点之一。将《明文案》和《明文海》两相比较可发现,虽是出于同一目的对同一对象进行整理,但二书容量相差极大,收录的具体作家、文章也各自有异。《明文案》因是初编本,内容、体例方面皆有不足之处,《明文海》选文卷数、篇目、作者等均较《明文案》成倍数增长,黄宗羲在编辑体例上也特别用心考量,力求有所变通。他不仅对所辑得的明文作品按照特定的体例精心加以编录,而且还反复斟酌、调整。三书文章大致按文体分类,但如何分门别类、详细排布则不尽相同,其中展现的编纂体例之变是值得注意的问题之一,特予详述。

---

① 按:此处为《明文授读》中所记李慈铭《越缦堂读书记》中所言,转引于此。
② [清]永瑢,纪昀,等.四库全书总目提要[M].海口:海南出版社,1999:1038.
③ 崔霞.黄宗羲明文选本编辑思想新探[J].中国出版,2014(10).
④ 方祖猷.黄宗羲长传[M].杭州:浙江大学出版社,2011:267.
⑤ [清]永瑢,纪昀,等.四库全书总目提要[M].海口:海南出版社,1999:1038.
⑥ [清]永瑢,纪昀,等.四库全书总目提要[M].海口:海南出版社,1999:1038.

从体例上讲,这几部明文选本自成体系,不尽一致,又有类似之处。

1.各部选本类目的设立充分反映出黄宗羲选文的特点。黄宗羲重经世之学,选文时他尽可能注意做到各类作品比例均衡,但还是会下意识地对经世之作有所偏重。如其对于"奏疏""墓文"之类实用性较强的文章关注度、重视度会多一些,故而在《明文案》中,"奏疏"一体仅次于"赋"体位居前二,所收篇目多达三册,"墓文"类比例也很高,占了六册,可见其在编著者心目中的地位特殊,备受重视。而《明文海》光从类别上即可窥见其对经世之文的青睐有加。当然,有些类目的设立并不算成功,如《明文授读》中将蒋德璟的《椰经》《珠经》单独设为"经"一体,实在欠妥,但从中还是可以窥见编纂者努力创新的一种意识。

2.类目繁复且琐碎。严格说来,将文章按照不同类别加以归总,亦是寻常编排,无甚出奇。但从千余家作者数以万计的作品中甄别比较,然后确定其文体,分门类归置,可想而知这一工作有多么费时、费力、费心神,相当不容易。当时社会上文章选本虽纂辑成风,但非官方者多属小打小闹,气候不足,成就有限,难以突破。而身历改朝换代、江山易主的人们还是着力于这种可以寄托一己之志的怪圈。在这种困境下,黄宗羲编选明文力图完备的意义便彰显出来,而为求全,其文体分类也尽可能做得精细化、具体化,如此一来,选本类目便偏于繁多,甚至琐碎。当然,这并不影响黄宗羲文学选本的可读性和可观性。

3.体制力求谨严但并不完备,编排上存在缺陷。关于这点,我们推断,黄宗羲或许限于一人之力,思虑不周;或许另有自己特别的设计,或许其中尚有未完之作,总之今存三部明文选本在整体编排上并不完美。集中作者作品前后不统一者有之,篇目分类混杂不清者有之,难以涵括暂归特例者有之。统而观之,从体例方面将三选本互相参看,则《明文案》作为初编本,属于牛刀小试,经验较少,偏于粗糙;《明文海》是增益本,体例基本沿袭《明文案》但有所调整,规模体系庞大,偏于烦琐;《明文授读》为精选本,以内容为优,讲究文章质量,在编排类目方面则最显细碎,偏于拙劣。

需要说明的是,编排上存在的缺憾应该并非黄宗羲主观意愿所造成,平心而论,选本的编纂应该受制于个人精力和当时客观条件等,作者在具体实施编著时对体例分布、顺序安排等很难进行充分、全面的考虑而总结出一条非常合理、严密的规律,故存在类目上的缺失是难以避免的。但据三部选本体例的不同可见,黄宗羲一直在试图修正调整自己的编纂,争取以一种更为科学、可行的体例来取长补短,他的努力和进步在选本行文体例中留下了较明显的痕迹,这种孜孜不倦、精益求精的编辑态度使得《明文案》《明文海》《明文授读》具有了不同于一般文章选本的意义。关于《明文案》《明文海》等三书彼此相辅相成,编纂体例方面能找到承继和创新关系这点,黄宗羲之子黄百家作为实际参与者有着清醒的认知。他在《〈明文授读〉发凡》第二条中说:

> 选中篇数,序、记最多,其次则书与墓文,若依《文案》以撰人之前后序列,难于记忆。今遵《文海》例,如《唐文粹》,于各体中,条别门类,以便检读。但《文海》篇章大备,其分最细,此则稍区大略耳。①

明确地指出了三者体例的求同存异。接下来就此问题分而述之。

一、《明文案》的编纂体例

《明文案》在黄宗羲明文选本中编选最早,作为尝试性的发轫之作,体例编排方面有思虑不周处自属正常,而这也最能见出黄宗羲编选文集的用意。譬如欲存有明一代全文、存文是为存史、注重经世思想等等,这些特点在体例编排上均有所反映。今察《明文案》,其体例方面的特点主要表现为:

(一)以类相从,先文后史

《明文案》按文体类编,共有 13 门,依其先后次序分别如下:"赋""奏疏""碑""颂""议""论""书""传""墓文""哀文""记""序""古文"。其中"古文"一体下又分"铭""赞""箴""戒""原""辨""解""说""考""问答""文""诸体文"12类,想来是黄宗羲对于无法明确判定其文体性质的文章采取了大而化之的做法:一概笼统地归入"古文"名下。这一编排显然有些欠妥,且不论其"古文"之称与前列"墓文""哀文"存在包含与被包含的关系,单单"古文"下所列各小类也互有混淆,难以严格区分类别,如"诸体文"的说法本就含糊无确指,"文"和"诸体文"二者又鱼龙难辨,而且它们也无法与前大类中的"墓文""哀文"截然判作不同文体。由此可见,黄宗羲初编明文选本时并没能马上确定一个科学、严谨的成熟体例,限于主客观等实际困难,他必也是摸着石头过河,一边尝试一边调整。故其后来再编《明文海》时,想法变得成熟起

---

① [清]黄百家.《明文授读》发凡[M]//[清]黄宗羲.明文授读.中国社会科学院近代史研究所藏清康熙三十八年张氏味芹堂刻本.四库全书存目丛书集部:第 400 册.济南:齐鲁书社,1997:214.

来,便摒弃了"古文"这个名目,直接将此体之下的小类调整为大类重新予以了划分。许是明了选本有此弊端,童正伦撰文论及《明文案》体例时索性忽略了"古文"类别,直接将其下所含各小类计入大类之中而称"《明文案》二十四门"①,这也说明黄宗羲虽为编辑大家,但因编选一代文集实非易事,尤其初期缺乏经验,难免会有所疏漏或偏差,《明文案》体例确实是出现了失当之处。当然,毋庸置疑,《明文案》以类别分目的体例框架已经奠定了黄宗羲明文选本编纂体例的基础,其后两部文集均是以此为据进行必要的修改、调整。

从选文体例次序来看,"赋"这一纯文学体裁在《明文案》中列于首位,而"奏疏""碑""颂""议"等侧重实用功能的文体则位列其后,可知黄宗羲选文是秉持先文后史的原则进行编排的。而且,他遴选作家时也偏向于有实干功绩的一类。如明代被尊为"大明开国帝师"的文渊阁大学士宋讷(1311—1390),为学严立学规,治太学功绩斐然,深受明太祖赏识,曾应诏陈边事,主张"备边在乎实兵,实兵在乎屯田",建议"于诸将中选谋勇数人,以东西五百里为制,立法分屯,布列要害,远近相应。遇敌则战,寇去则耕",②认为这才是应受重视的"长策"。客观地说,宋讷虽有《西隐集》《东郡志》《纪德禄》等著作传世,但其文章在明代众多文学家中并不是特别突出。可黄宗羲却在《明文案》卷一中选其赋文两篇,数量与有"明初诗文三大家""浙东四先生""一代之宗"等称誉在身的宋濂(1310—1381)持平。虽其赋文今已全佚,难以得见,但仅此一点已能充分说明黄宗羲对他的另眼相看,而这青睐多半是出于对其政治方面功绩的肯定。而上通天文、律历,下晓地理、卜算,特别于天文纬候学方面造诣颇深但并不精于写作的胡俨(1360—1443),其《述梦赋》一文能入选《明文案》恐也是因他通览天文学成就引起了黄宗羲的关注而特意留出一席之地给他。

(二)类下不分细目,排序基本以作家年代先后为准

《明文案》虽是依类编次,但较为粗糙,类下不再分目。那么具体文章如何排列顺序呢?黄百家在《〈明文授读〉发凡》中称"若依《文案》以撰人之前后序列,难于记忆"③,可知在《明文案》13 大类之下,其所收录的篇章原则上

---

① 童正伦.《明文海》的编纂与传本[J].文献,2003(3).
② [清]张廷玉,等.列传:第二十五.明史:卷一百三十七[M].北京:中华书局,1974:3952.
③ [清]黄百家.《明文授读》发凡[M]//[清]黄宗羲.明文授读.中国社会科学院近代史研究所藏清康熙三十八年张氏味芹堂刻本.四库全书存目丛书集部:第 400 册.济南:齐鲁书社,1997:214.

是按照所录文章作者的年代先后排次序,但仔细核查原文,又会发现总体上看《明文案》所选作家确实是按明朝初、中、晚三期排布,但出生于同一阶段的作家具体排序时却有错位,排序并未做到严格执行。如"赋"下第一卷有宋濂(1310—1381)、王祎(1322—1373)、刘基(1311—1375)、朱右(1314—1376)、高启(1336—1373)、唐肃(1318—1371,一作 1321—1374)、梁寅(1303—1389)、宋讷(1311—1390)的文章,八位作者都属于明代初期文人,但唐肃、梁寅、宋讷三人出生年均在高启生年之前,而卒年又较其更晚,目录中其赋文排序却都列在高启之后;孙宜(1507—1556)生年较皇甫汸(1497—1582)要晚 10 年,但其《乐田赋》《巧赋》《询隐赋》三文却排列在皇甫汸的《禄雪南郊赋》之前等。此种情况在《明文案》中多有出现,屡见不鲜。故《明文案》中的文章只能算大体以时间为序排列,但并未非常严格、百分百地按照作家的生卒年论先后。

(三)关于《明文案》的编纂体例,有几点特别注意事项

1.《明文案》各卷命名或以天干名之,或依序号而列。如"赋"文共有 10卷,依次命名为:第 1 卷"赋甲",第 2 卷"赋乙",第 3 卷"赋丙",第 4 卷"赋丁"……第 10 卷"赋癸"。中间偶有错漏遗误,如第 5 卷应为"赋戊",但目录中第 5 卷下"赋戊"二字缺。自"奏疏"始,各体即按数字编序为"奏疏一""奏疏二""奏疏三"等。缘何会有这样不同的安排,应与黄宗羲编纂《明文案》期间四处奔波流离,没有相对安静的无干扰环境可任其专心一意从事著述有关。而且文集编纂历时七年,难免标准有些不一,能汇编一处的时候就赶紧随当时想法先行编好,留待细化。而后面或在调整时未经仔细核对,故而前后排序命名不尽一致。另,《明文案》编成后,黄宗羲有感于自己所藏文集有限,耳闻目睹的资料远远不够达到"一代之全文"的标准,所以马上便琢磨着要在《明文案》的基础上再予以充实、增补,故而对初编本没有余力亦无时间和心思再回过头来对其进行细化、完善。

2.《〈明文案〉目录》中的作家作品名与正文所列大体相符,偶有不合处。

此处不合的情况可细分为篇名不符、人名不符、人文错漏等几种。

其中篇名不符者,即篇名大体相同、字句略有脱误的现象。如《明文案》首篇文章是宋濂的赋文,目录中题为《蟠桃核赋》,卷中正文则题为《奉制撰蟠桃核赋》,且下注"有序"二字。这种加注"有序"二字的篇章不在少数,但均在目录中被省略。第 6 卷"赋己"中目录是谢杰的《海月赋》,正文中记为《海月赋同萧给事使琉球作》,显然,正文部分的题名更为完整详尽,此种情况或是编《〈明文案〉目录》者一时疏忽无心所致,或是其图省时省事而故意略之。还有第 11 卷"奏疏一"中两篇文章分别为叶居升的《万言书》和解缙的《万言封事》,卷中正文处此二文题名均多了一个"上"字,即篇名为《上万言书》和《上万言封事》,邹缉的《奉天殿灾疏》卷中也多了一个"上"字,题为《奉天殿灾上疏》。同卷杨士奇目录撰名《除授方面疏》者,卷中文名为《计议除授方面等官疏》。第 15 卷"奏疏五"倪岳《正祀典疏》正文中篇名为《复正祀典疏》。当然,此中并不排除有因粗心而误录文名者,如第 12 卷"奏疏二"中李贽的《论太学疏》即被误录为《论大学疏》,虽是一字之差,但其意却相距甚远。此种问题,频繁出现,且字迹不同者均程度不一出现此误。可以想见,《明文案》在抄录过程中,定然产生了不少讹误、疏漏的状况,今原稿已残缺不全,我们无法一一核查,不免令人叹惋。类似舛误见于多处,故而全方位地对《明文案》进行舛讹归正是很有必要的。

人名不符的情况也有不同表现。有的人名不符并非指作者名字有误,而是目录与正文中同一作者可能一处用名,一处用字,表面上看未能完全一致。如"赋甲"中《吊贾生赋》一文目录中署名"朱右",而卷中署名"朱伯贤"。朱右(1314—1376),字伯贤,一字序贤,自号邹阳子,临海章安人,生于元仁宗延祐元年(1314),卒于明太祖洪武九年(1376),是刘基的好友,二人互有唱和之作。他博通经史,曾修《元史》,另自著《白云稿》五卷,《四库总目》又有春秋类编、秦汉文衡、元史补遗等,并行于世。因此,目录著"朱右"、卷中著"朱伯贤"者,实为同一人,但不知详情者极易对此产生误会。还有的人名不符则不知目录处与正文中是否为同一人。所幸此种现象总体较为少见。

另有种情况比较特别:同一篇文章篇名重复出现,但一处有名无文,一处文名俱全,不知何故如此。譬如"赋乙"中胡广的《河清赋》篇名有两处,一出现在周是修的《放凫赋》和杨荣《皇都大一统赋》二文之间,但仅列有篇名和作者名,并不见正文,算存目无文;一出现在张宁的《愁阴赋》和黄淮的《四愁赋》二文之间,此处文目皆存。而这两处位置无一能与目录中所列该文位置相合。另"赋丙"中王翰的《闲田赋》一文亦如是:先后出现于两处不同地方,前面一处仅录文章篇名和作家名,其下不见有正文;后面一处始见篇名正文俱全。何以会出现这种令人费解的奇怪现象呢? 笔者猜测,或许是当初《明文案》抄写者不一,中间偶有抄录重复、叠合之处,最后将文稿誊为一部时,虽按要求前后重复者择一删除,但难免因大意删了正文却遗留下篇名和作者名的地方,而后人誊写《〈明文案〉目录》时则依序抄录其上,于是便产生了今见的奇怪状况。

3. 目录中多处出现有目无文者。如"赋"体之下,有目无文者即多达 21

首。具体为:第 1 卷"赋甲"中标明"无文"者有宋讷的《茄子酒赋》《镜河□隐赋》;第 4 卷缺文较多,如赵宽(1457—1505)的《观澜生赋》、朱应登(生卒年不详,约明世宗嘉靖三十年即 1551 年前后)的《归来堂赋》、钱福(1461—1504)的《哀春赋》、何景明(1483—1521)的《拟恨赋》《招魂词赋》均有目无文;第 5 卷中有李濂(1488—1566)的《艮岳赋》《哀曹娥赋》《剡溪集》《首阳山赋》《吊长平赋》《岳阳楼赋》,孙宜(1507—1556)的《乐田赋》《巧赋》《询隐赋》,皇甫汸(1497—1582)的《禄雪南郊赋》;第 9 卷注有"无文"二字的篇目有黄忠端公(1584—1626,即黄宗羲之父黄尊素,此避讳,为尊称)的《清景赋》《北怀赋》《虎丘看月赋》《浙江观潮赋》。凡目录中明确标为"无文"者,正文中即不出现任何与其文有关联的信息,属于真正的无作者无内容,何以如此,盖因收文时先记录下文章名目而其文章正文则可能散失所致。

4.正文篇章顺序与目录中也不尽统一,间有混乱。

《明文案》的取材和体例编排是比较讲究策略的,但因受制于客观条件,其体例也存在一些混杂不清的地方。我们同样以"赋"体为例说明。如第 3 卷"赋丙"中依目录应是姚绶(1422—1495)的《水仙花赋》接胡俨(1360—1443)的《述梦赋》排在最末,王翰(1325?—1402?)的《闲田赋》、鲁铎(1461—1527)的《已有园赋》、李东阳(1447—1516)的《拟恨赋有序》《鹊赋》、汪伟(崇祯元年,即 1628 年进士)的《落叶赋》等均列于其前面,但正文中实际排于本卷末的却是汪伟的《落叶赋》一文,《水仙花赋》的位置提前至王翰《闲田赋》、鲁铎《已有园赋》、李东阳的《拟恨赋有序》《鹊赋》前面。位置与目录中出现了较大的错位,无法按目录顺序索文。类似情况还有很多,此处不再一一详列。究其缘故,多半还是因编者不一,易致舛讹也。

又如《明文案》第 6 卷"赋己"中,目录中列有顾璘(1476—1545)三篇赋,序次为《鸣蛙赋》《诮沙燕赋》《祝融峰观日赋》,但察其卷中排位却变作《祝融峰观日出赋》(按:目录中题名较此处少一"出"字)、《鸣蛙赋》、《诮沙燕赋》。第 15 卷"奏疏五"中收录有潘潢(1521 年前后在世)的《郊祀疏》和《郊祀对》二文,目录中《郊祀疏》列前,《郊祀对》列后,但卷中正文则是先《郊祀对》后《郊祀疏》。如此等文名错位的排列在《明文案》中不一而足,略举示之。

此外,今浙江图书馆所藏清抄本《明文案》抄录者甚多,大体风格虽一致,但具体细节犹存差异,明显可见非出于一人之手。如"赋"体中书写卷次均用"第某卷"的形式,下列细目则以天干命名为"赋甲""赋乙"等;而"奏疏"一体书写卷次形式则变为"卷某",且下列细目也不再采用天干名之而代以数字序号,如"奏疏一""奏疏二"等。再如"赋"体卷 1 至卷 5 为某抄者,卷 6

至卷 10 则应是另一抄者。笔迹不一，且前五卷中文名、作者名一一对应，按照一文一作家条理清晰尽录于案，但后五卷中同一作者的多篇文章仅在第一篇文章录全篇名、作者名，其他编录在后的文章中不再一一写清楚作者名。如前文所提"赋己"收录顾璘《鸣蛙赋》《诮沙燕赋》《祝融峰观日赋》三篇赋文，正文中仅位次列于最前的《祝融峰观日出赋》篇名下署有作者"顾璘"之名，其余二文均略去了作者名字。这种做法当然可以节省部分时间和力气，但万一书稿脱落则可能出现部分文章只知文名而不知作者名的弊端。

有人说《明文案》的体例与钱谦益的《列朝诗集》相近，黄钱两人同样置身明清改朝换代之际，钱谦益纂集有借诗以存其人的意思，整部《列朝诗集》以诗系人，以人系传，"使一代诗人精魄，留得纸上"①。就此点而言，两位跨时代的学者确乎意图一致，黄宗羲借文存史的苦心孤诣也深植其选本之中，遴选文章注意旁见侧出，不拘一格，体例编排也没有固守传统，故时有自己别具匠心的安排。

今存宁波天一阁的《明文案》残稿属于分册列目，每册卷首列一总目，分列该册所选篇目的卷次，册中各卷第一页下另记有详细的卷次，但其目录中所写卷次与各卷首页写的卷次并不完全一致，偶有错位之处。这点或是笔误，宜细心核对予以纠正，否则易导致查找障碍出现。

此外，《明文案》"尝标其中十人为甲案，然较之唐之韩、柳，宋之欧、苏，金之遗山，元之牧庵、道园，尚有所未逮"②，可略见学案体的借鉴痕迹。因《明文案》原稿已残，无法确知哪 10 位作家被列入"甲案"之中，但有"甲案"的存在即可说明黄宗羲是分出了部分出类拔萃的特优者的。文集中对这 10 人是以圈点方式标注还是另外单列作评，今难以得知。可以确定的是，黄宗羲编选《明文案》的同时还着手在做另一部学术著作——《明儒学案》的编纂。《明儒学案》专门综述明代学术思想史，是黄宗羲搜罗各家文集语录，分总别派撰成的一部有关整个明代学术流派的书籍。其写作始于康熙八年（1669），成于康熙十五年（1676），前后历时七年。此期间，正是黄宗羲孜孜用心于编选《明文案》的阶段。可想而知，二书的编纂过程几乎同步进行，必然会有交错，相互影响也在所难免。黄宗羲将明文选本命名为《明文案》即可见其用意。以"案"名之既有将文集资料记录在案的意思，又有考察研求、

---

① ［清］钱谦益.与周安期［M］//［清］钱谦益.钱牧斋全集：第七册.钱曾，笺注.钱仲联，标校.上海：上海古籍出版社，2003：236.
② ［清］黄宗羲.《明文案》序上［M］//沈善洪，吴光.黄宗羲全集：第十册.杭州：浙江古籍出版社，2005：18.

归类整理的目的。从书名即可判定，这是一部和《明儒学案》意图略同，旨在梳理有明 300 年古文的传承流变历程的学术史著作。李邺嗣曾在《杲堂文续钞》卷三《答溧阳周二安书》一文中评论黄宗羲称：

> 至其学，贯穿百氏，无所不通，而尤于三百年文献最详其本末。其所撰述，自洪、建以来国家大事、人臣贤邪及历朝章疏曰《史案》；方正学而后至阳明、蕺山，论学宗旨授受相承，曰《学案》；录三百年以来名文曰《文案》。①

李邺嗣与黄宗羲可谓亦师亦友，对其著述有非常深的了解，依其所言，《明史案》《明儒学案》《明文案》显然是互有关联的系列作品，它们分别是关乎明代政治、学派、文章的学术性著作，三部书统归于"案"，堪称是相当完整的体系统一的明代文献丛书。② 以此推断，则《明文案》的编选学术意图相当鲜明，这无疑就是一部丰富完备的文化文献类资料，而其体例编排也显示出黄宗羲深刻精辟的历史意识和独到隐蔽的学术用心。这种文选编纂形式给后来编纂同类著作者提供了一定的启发，为后世部分学者所接受和效法，对丰富和发展中国文章选本也有贡献。

当然，《明文案》毕竟是三部明文选本中的草创之作，编排组织方面无法与之后的选本相提并论。后二部卷中或卷末均见有若干评语，而此部亦有简单的圈点和评述式话语，据今存残稿推断，评语总体数量有限，不太多见。笔者推测，黄宗羲最初主要是想集明代散文于一体作为历史参考文献之用，并没有过多地发表己见，其后随着选集渐入佳境，评点也能丰富对文章及作者的认识，自然有所增加。

而"学案体"为黄宗羲始创，是一种融学人传记和学术资料于一体的综合性史学体裁，重在以人为纲，阐述学术宗旨，突出学术创见，辨别学术源流。《明儒学案》中依据传授系统，将明儒中的代表人物分成各个学派，后来黄宗羲在《明文海》中，虽没有明确的学案体模式，但也多多少少反映出学案体影响的痕迹：不袭用前人的文集专著，从明代文人的全集专集中抽取自己需要的篇章，依宗旨归类，并适当予以点评。而点评话语也多是简单介绍作者生平事迹、为文风格等，以利于读者辨其流派。对文人作品施以评点是明

① ［清］李邺嗣.答溧阳周二安书［M］//［清］李邺嗣.杲堂诗文集.张道勤，校点.杭州：浙江古籍出版社，1988：657.

② 张则桐.论黄宗羲的明文编选和古文理论［J］.漳州师范学院学报（哲学社会科学版），2013（3）.

代通行的做法,并非黄宗羲个人独创,但评语中侧重甚至是完全只列举作者生平简历,突出其资料性和文献特征,选文中杂以大量传记,这种做法并不多见,大概是受到了当时黄氏偏好以学案体撰史的思路影响,而且,这也展现出黄宗羲不拘泥于传统束缚,勇于打破陈规旧习,坚持以史家眼光选文并身体力行的气魄。

二、《明文海》的编纂体例

《明文海》一书为黄宗羲在"得《文案》以外所未有者"后"复合《文案》而广之"①所得,王重民在《中国善本书提要》中论及《明文案》时曾说:"考宗羲辑是书始于康熙七年,至十四年七月成书二百一十六卷。后阅徐氏传是楼所藏名集三百余家,又增广为《文海》四百八十二卷。"②《明文海》是以《明文案》为蓝本增益扩充而成,不过两相比较可发现,二者体例有所不同。简而言之,《明文海》的体例安排总体方向上依循《明文案》模式,但并未严格规范地恪守《明文案》中的编纂方法,而是在某些方面巧加变通,具体的文章类别、排序等较之《明文案》大有不同。最明显的改动是:在以类相从的大前提下按类分目,小目编排并非完全按照年代时序编年记事,说明黄宗羲在编纂《明文案》的过程中,对于如何更好地合理归类和科学排序应该有深切的感悟,在积累了一定经验的基础之上也留下不少遗憾。待编选《明文海》时便试图以前者为鉴,在编辑体例上做出优化和改造,按照新的体例方式编好更多容量、更大部头的选集。不管实际效果如何,黄宗羲这种既不拘于他人体例,又不囿于自己前例的努力是值得肯定的,具有积极意义。实际上,关于《明文海》的体例编排,其优缺点相当集中而又明显:其一,按体编次,类下分目;其二,分类过细,编次杂糅;其三,间有评语,评中见传。具体内容见下述。

(一)按体编次,类下分目

《明文海》在体例方面较《明文案》是有继承又有新创。整体来讲,该书仍按文体编次,但类别大大增加,篇目排序也不单以时间为准。全书凡28类,包含"赋""奏疏""诏表""碑""议""论""说""辨""考""颂""赞""铭""箴""戒""解""原""述""读""问答""文""诸体""书""序""记""传""墓文""哀文""碑"等,类别数量为《明文案》两倍还多。每种文体之下又各依内容或形式

---

① [清]黄百家.《明文授读》序[M]//[清]黄宗羲.明文授读.中国社会科学院近代史研究所藏清康熙三十八年张氏味芹堂刻本.四库全书存目丛书集部:第400册.济南:齐鲁书社,1997:210.
② 王重民.中国善本书提要[M].上海:上海古籍出版社,1983.

分有若干子目,如"赋"类下面又设有 16 目,包括"国事""时令""山川""吊古""哀伤""述怀""人事""居处""感别""闲情""赏鉴""音乐""仙隐""禽虫""花木""器物"等小类;"书"下有 27 目,"序"下有 5 目,"记"类有 15 目,具体为"居室""纪事""游览""古迹""学校""书院""祠庙""寺观""考古""图画""清玩""功迹""名号""兴造""纪行"等,"传"下有 20 目,"墓文"有 13 目。在此细目之下再按照作者先后顺序排列文章。如此编排,详尽具体,线索明晰,针对性强,方便读者依自己的研读兴趣按目索骥查考,大大节省了查阅者的时间。今台北故宫博物院藏文渊阁四库全书本《〈明文海〉提要》中对文体分类有详细的阐述:"分体二十有八,曰赋、曰奏疏、曰诏表、曰碑、曰议、曰论、曰说、曰辨、曰考、曰颂、曰赞、曰铭、曰箴、曰戒、曰解、曰原、曰述、曰读、曰问答、曰文、曰诸体文、曰书、曰序、曰记、曰传、曰墓文、曰哀文、曰稗。每体中各为子目。凡赋之目十有六,书之目二十有七,序之目五,记之目十有七,传之目二十,墓文之目十有三。"①

《明文海》凡 482 卷,目录 3 卷,全书共收录作者不下 500 家,选文数量不少于 4500 篇②,极为宏富。该书选文篇数几近《明文案》的两倍,其中"赋""书""序""记""传"诸类所增尤多。据郭英德统计,《明文案》有"赋"类文 98 篇,《明文海》中扩至 287 篇,较《明文案》多出了 189 篇,"书"类原有263 篇,《明文海》增为 448 篇,多出 185 篇,"序"类更甚,原《明文案》中收有898 篇,《明文海》中共录 1496 篇,整整增加了 598 篇,他如"记"类多出篇目达 323 篇,"传"类多出 191 篇。③ 可见,《明文海》在原有《明文案》基础上进行了大刀阔斧的增补扩容,使《明文海》真正不负"一代文章之渊薮"的称誉。

而这种按文体归类、以类相从的编纂体例最大的好处便在于:可以随得随编,随补随删。编纂过程中篇目如果有增减或调整,也可小范围内解决,不至于牵一发动千军,在体系庞大的编著中,这种体例可谓是最实用、最省心的。总之,这一编排体例较为灵活、周全,也充分体现出黄宗羲有鉴于明清变革造成的文献大量散失佚亡,汲汲于保存有明一代文献传于后世的历史责任心、社会使命感和忧患意识。

① ［清］黄宗羲.明文海[M].台北:台湾商务印书馆,1983—1986:1457-1458.
② 按:关于《明文海》的收文数量,有不同的说法,如童正伦先生称他曾统计浙江图书馆所藏清初抄本《明文海》得到数字为七百三十余家、四千七百三十余篇;郭英德先生认为《明文海》共收作者五百余人,选文四千五百多篇;徐由由《最早最全最真的〈明文海〉抄本》一文则称"浙图本共收作者八百一十人,录有篇目四千四百五十七篇,内容最全"。
③ 郭英德.黄宗羲明文总集的编纂与流传——兼论清前期编选明代诗文总集的文化意义[J].郑州大学学报(社会科学版),2000(4).

(二)分类偏细,编次杂糅

黄百家曾说:"今遵《文海》例,如《唐文萃》,于各体中,条别门类,以便检读。但《文海》篇章大备,其分最细,此则稍区大略耳。"①此语指出了《明文海》体例方面的最大不足:分类过细,难免变简为繁,有拖沓繁复之嫌。仔细观察,《明文海》的体例编排确实颇受人指摘,《四库全书总目》卷190《明文海》提要下有一段著名的评议,内容如下:

> 分类殊为繁碎,又颇错互不伦。如议已别立一门,而奏疏内复出此体;既立诸体文一门,而《却巧》《瘞笔》《放雀》诸篇,复别为一类,而止目为文,尤为无谓。他若书、序、传、记诸门,或析学校、书院为二,或叙文苑于儒林之上,或列论文、论诗于讲学、议礼、议乐、论史之前,编次糅杂,颇为后人所讥。②

从"分类殊为繁碎,又颇错互不伦""编次糅杂,颇为后人所讥"等语可知,四库馆臣对于《明文海》的编次安排明显是持批评态度的。特别是他们认为《明文海》分类不当,过于琐碎,间有混乱错杂处,导致条目不清。平心而论,此评价虽有失偏颇之处,却大体不误,也别具慧眼,基本上抓住了《明文海》体例方面的最大不足(或称缺陷):条目过细,导致归类时有混杂不清者。如28类中已专立"议"为一门,可"奏疏"之下的细目中却又出现了"议",显然出现了错杂;又如《却巧》《瘞笔》《放雀》等篇文章不好确切判断归属何种文体,按理当放入"诸体文"一门中,实则列在别处;还有学校、书院本是同指,应当归于一类,却被分成二目等等,各种交互错杂、含混不清或间有重复的讹误多处出现,所以遭到后人指斥也是必然。据前述,《明文海》共有大类28门,大类之下又有细目,如此编排虽给读者查考资料提供了便利,但于选本自身而言也势必会带来杂糅、错乱之嫌。如各小类中,所收文章采用方法不一,略显混乱:其中绝大部分按照文章作者先后顺序予以编次归属,概以时代为准;也有部分依据文章内容分出类别;还有少部分则无法确定编次依据,缺乏统一标准,最终造成随便类聚之嫌。

---

① [清]黄百家.《明文授读》发凡[M]//[清]黄宗羲.明文授读.中国社会科学院近代史研究所藏清康熙三十八年张氏味芹堂刻本.四库全书存目丛书集部:第400册.济南:齐鲁书社,1997:214.

② [清]永瑢,纪昀,等.四库全书总目提要:卷一百九十·集部四十三·总集类五[M].海口:海南出版社,1999:1038.

　　一般而言，某种文体类别分得越细，越容易导致同一作家同一文体不同篇章更多地散见于不同卷次之中，也就越难以考见某种文体的历史演变痕迹，仅就此点而言，《明文海》的文体细分反不若《明文案》的合并大类来得妥当。黄宗羲自己也意识到了这点隐患，他曾经在《南雷诗文集（上）·留别海昌同学序》中批判理学的空疏学风称："尝谓学问之事，析之者愈精，而逃之者愈巧。"①有此高见卓识，《明文海》体例如此编排就难免有作茧自缚之嫌了。从科学性上来讲，分类过于琐细，确显芜杂，概念之间或有交叉，反失简洁有序之感。黄宗羲生性通达灵活，故在编纂明文时可能不拘泥于编纂常规，而出以自己的创新之举。但创新不一定都能成功，这种编排体例既是《明文海》的一个编纂特点，也可以说是其编纂方面的一处缺陷，此点本是出于黄宗羲之手，自也无须替他隐讳。当然，相对于《明文海》不可估量的文献价值而言，这点不足只能算白璧微瑕，瑕不掩瑜。

（三）间有评语，评中见传

　　据黄百家《〈明文授读〉发凡》中说：

> 　　《文海》之选，先遗献甫定成帙，往往有名篇大作未及圈点者。不孝一依原本，不敢妄施以乱。观目知能读是选者，定不以圈点之有无揣文之优劣。②

虽然黄百家是就《明文授读》而言，但由"往往有名篇大作未及圈点者""不孝一依原本"等语可确定《明文海》中本就有诸多评语。而文中"间有数行或数语偶记其爵里、姓氏及评其功力手笔者"③，评语包括作者的名号、爵里等，也兼评各家文章的优劣得失，评述作品长短处时能力排门户之见，力求客观公允。总的说来，黄宗羲评语比较中肯、深刻，卓见迭现。而被其评议的这些文人中，既有蜚声文坛、纵横当时的名流大家，也有不少名不见经传的小人物，无论名气如何，在《明文海》中一经作者黄宗羲搜撦考订，便有许多重

①　［清］黄宗羲.留别海昌同学序［M］//黄宗羲全集：第十册.杭州：浙江古籍出版社，1995：645.
②　［清］黄百家.《明文授读》发凡［M］//［清］黄宗羲.明文授读.中国社会科学院近代史研究所藏清康熙三十八年张氏味芹堂刻本.四库全书存目丛书集部：第400册.济南：齐鲁书社，1997：214.
③　［清］黄百家.《明文授读》发凡［M］//［清］黄宗羲.明文授读.中国社会科学院近代史研究所藏清康熙三十八年张氏味芹堂刻本.四库全书存目丛书集部：第400册.济南：齐鲁书社，1997：214.

要文献得以保存。

这一做法倒有仿钱谦益《列朝诗集》的编排痕迹，至少二者有相似处。《列朝诗集》中有小传，小传中包括诗人的字号、爵里、著作、交游等，且史迹评述较诗评更重，钱谦益是借小传表露自己对诗作的理解，同时彰显自己的诗论主张，这一形式在以诗传史方面起到的作用极大。而这种做法被黄宗羲借用到明文选本的编纂中，但他不是完全袭用钱氏，而是结合文章特色以评语形式代替了《列朝诗集》小传，选本评语也是借文存人、借文存史的最佳形式之一。

此外，需要注意《明文海》中亦有目录作者名与正文作者名有出入的情况。如卷4《放鬼赋》目录作"胡广"，而正文中写的是"周是修"；卷5《升平赋》中目录作者为"邱云霄"，而正文中作"丘云霄"；卷27《梦归赋》文目录中作者署名"张文宿"，正文则为"王材"，而《愍惑赋》目录作"赵枢生"，正文则冠以"汪必东"；卷30《淳庵赋》文目录作"李承基"，正文中写成"李承箕"；卷31《卜居赋》正文中的"徐应雷"目录作"徐应来"；卷36《画角赋》文作者目录中名为"方逢春"，正文处写作"方逢时"；卷40《调鹦赋》目录作"王文骥"，正文处为"王士骐"；卷62《出狱谢恩疏》文目录署名为"黄尊素"，然而卷中正文处则归入"方震孺"名下；卷65《纠内臣橄谒疏》中"金铉"目录作"金铉"；卷72《重修朝鲜箕子庙碑》一文目录作"程瑶"而正文作"何宗彦"；卷140《祭阮大司马文》中作者"沈士柱"中的"柱"目录称"桂"等等，不胜枚举。综观之，此类情况之所以会发生，或是由于编著者笔误所致，或源于编者将文章作者张冠李戴，或是同一作者本身即有多个姓名。从总体比例判断，此类问题尚属少数，否则鱼龙不分，会造成很多阅读障碍。另外，《明文海》中目录题名和正文处的题名不相吻合的现象也屡见不鲜，非常严重，如卷470中徐渭《高升志》的正文中题为《高君墓志铭》，还有文章被重复收录的现象，如祝允明的《跋王右丞画真迹》一文先后出现在301卷和315卷中，王云凤的《补烛记》也分别见于卷342和卷378中。① 这种情况应是誊录者笔误导致的可能性较大。而造成这种现象出现，管理不到位是一大因素，抑或是由于该书属于私人编纂，人力、物力都很有限，编纂体例等也并不是特别严谨，多处出现舛漏问题，而且《明文海》卷帙过繁，不同卷可能由不同的人进行抄写，各式各样的字体、大小不一的笔迹都有，看上去不太整齐划一，缺字少字的现象也委实难免，部分缺字少字处有空出位置以避免误读，但整体观之，漏失部分还是会给后人阅读带来较大困难和不便。

---

① 按：此处信息得自浙江图书馆藏《〈明文海〉著者索引》，笔者将其全部转录统计而得。

在《明文海》中，评语的位置和形式不止一种，今可见者有眉批、文末批、圈点、涂改等。可惜现存四库本《明文海》中均已将评语删除殆尽，难见其详。幸有天一阁残稿本中尚能窥见一二痕迹。譬如：眉批形式仅卷160所选王廷相的《与郭价夫学士论诗书》一文便出现多次。"如是言之，则有比兴而无赋矣"等眉批语见于"若夫子美北征之篇，昌黎南山之作，玉川月蚀之词，微之阳城之什，漫敷繁叙，填事委实，言多趁帖，情出附揍，此则诗人之变体，骚坛之旁轨也……"句上，而"作诗之法非不详备，然终是揣摩得之，不如宋景濂所谓五美者语语见血"等眉批语则见于"然措手施斤，以法而入者有四务，真积力久，以养而充者有三会……"句上。文末批语卷114中也有多处，如罗虞臣《小宗辩》文末批语云："辩班固四宗之非。"张恒《血气心知辨》文末批："释氏本觉之言未尝不是，又何怪乎其同也。公有心学论四篇，中无实得，不自知其言之离合"等。圈改如用朱笔改"六"为"陆"、改"目"为"耳"、改"于"为"淤"、改"判"为"叛"、改"佰"为"伯"等等。他如文中"奴虏""东虏""夷狄"等字多被涂抹。所以有人称黄宗羲《明文案》（按：有误，此处实应为《明文海》）体例与钱谦益《列朝诗集》相类似，除了所编作品以类相从之外，恐多是就此而言。选本中夹有评语并非黄宗羲独创，评点之风在明清之际非常盛行，所以黄宗羲也不过是受流风影响，选择文章成集时将评语随文附之。综合来看，黄宗羲选明代各有代表性的人物文章类编成册，使明代名人事迹略具于一书，保存了大量珍贵的文史文献资料，既可与明代正史相辅而行，又可补朝代正史之缺。

此处还有一点小遗憾需要说明，即今天我们所能见的四库本《明文海》，因不同程度遭到删削抽毁，内容含量有减，篇目顺序有变，分卷也出现生搬硬套之处，其编排已非当初原貌，而原稿本只剩残稿，无法观其整体样貌，有些问题已无从证实，只能留待日后如有新发现再予详考。

综上，细加考察比较可知，《明文案》全书体例清晰明了，简便易查。《明文海》在作家数量、选文卷数、篇目比例等方面均较《明文案》成倍数增长。《明文海》编辑体例虽然仍按文体编次，但加入了不少新类别，各类别的先后位置排序也多有变化。如此结果，究竟是黄宗羲细考各文体后的精心刻意安排还是如四库馆臣所说的尚属于"晚年未定之本"[①]，我们不得而知。总之，较《明文案》而言，《明文海》不仅内容有所增加，而且选文体例上也更加变通。对这种改变，众人态度褒贬不一。如童正伦认为"著者在编《明文海》

---

① ［清］永瑢，纪昀，等.四库全书总目提要［M］.海口：海南出版社，1999：1038.

时对《明文案》作了取舍,并重新作了编排,使书变得更加宏博精到"①。郭英德也称如此一来,《明文海》"极为琐细,反不若《明文案》简洁有序……虽便于按目查考,却不免杂糅错迕","反不如《明文案》之合并大类为当。"②在此,我们且不论二书体例之变究竟是优是劣,但至少由此变动一举可以见出黄宗羲编选文集时在体例编排方面进行过几番斟酌,而分类过细其实也是他作为编辑家以严为旨、追求精品、从高要求的一种结果。黄宗羲这种严于学术、慎于编辑的做法,是明代同期其他学者所未能及的。③

三、《明文授读》的编纂体例

三选本中,《明文授读》最后成稿,却最先刊印,流传最广。就体例排序方面而言,《明文授读》的特点是:依循前本,稍作调整,更显琐细。《明文授读》前有凡例,凡例是总纲,对《明文授读》整部书的编选用意、内容裁夺、序次安排、集子优劣等进行了简明扼要的概括,同时也有一二处兼及了《明文案》与《明文海》的体例说明。如黄百家在《〈明文授读〉发凡》说:"选中篇数,序、记最多,其次则书与墓文,若依《文案》以撰人之前后序列,难于记忆。今遵《文海》例,如《唐文萃》,于各体中,条别门类,以便检读。但《文海》篇章大备,其分最细,此则稍区大略耳。"④此处说明,黄百家认为《明文案》按照"撰人之前后"为序列,会造成文种不分、记忆出现困难的障碍,比较方便检读的方式还是"于各体中,条别门类",所以编纂《明文授读》时,选文体例基本依循《明文海》而来,但鉴于《明文海》有篇目烦琐、分类细碎之弊,"篇章大备,其分最细"⑤也易造成杂糅错乱,黄百家便试图针对《明文海》的体例编排稍做更改,予以优化微调。众所周知,《明文授读》是以择优萃精为准,因此该书并不特别讲究文体齐全与比例平衡之类问题,如前所言,选本按照收录文体数量多少而论,依次为"序""记""书""墓文"等等,其中以"序""记"两类文章所占比例最大,"书"与"墓文"类紧随其后。下试就此详叙之。

---

① 童正伦.《明文海》的编纂与传本[J].文献,2003(7).

② 郭英德.黄宗羲明文总集的编纂与流传——兼论清前期编选明代诗文总集的文化意义[J].郑州大学学报(社会科学版),2000(4).

③ 按:此处可参见崔霞.黄宗羲明文选本编辑思想新探[J].中国出版,2014(10).

④ [清]黄百家.《明文授读》发凡[M]//[清]黄宗羲.明文授读.中国社会科学院近代史研究所藏清康熙三十八年张氏味芹堂刻本.四库全书存目丛书集部:第400册.济南:齐鲁书社,1997:214.

⑤ [清]黄百家.《明文授读》发凡[M]//[清]黄宗羲.明文授读.中国社会科学院近代史研究所藏清康熙三十八年张氏味芹堂刻本.四库全书存目丛书集部:第400册.济南:齐鲁书社,1997:214.

（一）关于选本类别

若以严格的标准衡量，《明文授读》在体例方面只是提供了更多让人指摘之处。选本体例大致以《明文海》为准，略加改动，几乎没有特别大的突破，全书依然按体分类，但更为繁杂、琐碎。

前文已说《明文海》分为 28 门类显得烦琐，《明文授读》较之有过之而无不及，仅此一点即备受后人诟病。今本《明文授读》门类比《明文海》又多两种，共 30 门，按序依次为"奏疏""表""论""议""原""考""辨""解""说""释""颂""赞""箴""铭""疏""文""对""答""述""丛谈""书""记""序""碑文""墓文""哀文""行状""传""赋""经"等。

经比较发现，《明文授读》中将《明文海》中的"诏表"改为"表"，"问答"改为"答"，"碑"改为"碑文"，再将《明文海》原有的"戒""读""诸体文"和"稗"四类撤销，重新增补了"释""疏""对""丛谈""行状""经"六类，这些类别《明文海》中均不见。① 之所以有此改变，是缘于《明文授读》中不曾收录"戒""读"两类文章，而新增类别中，"释"在《明文海》中被列入"解"类，"疏"归入了"诸体文"中，"丛谈"则因为《明文授读》中的体裁是依据所收文章题目名称而定，对题名中没有明确提及文体的文章统归一类，命名为"丛谈"。"丛谈"一名类似于现在的"杂谈"，应是编者随性而取，可能还不如原《明文海》中的"诸体文"来得切贴。更令人啼笑皆非的是，《明文授读》新增的"经"体不过是据文章题名将蒋德璟的《椰经》《珠经》二文列出，称为"经体"，实在欠妥。这一做法自然会遭受后人批评，清人阎若璩便就此进行了讥诮："闻高论《椰经》《珠经》只算得东坡《酒经》，入文集杂著类中，岂得标一目曰'经'，实以《椰经》《珠经》乎？ 真不通！"②认为将《椰经》《珠经》专门标为"经"目是没有道理没有根据的，并断定这种"不通"做法"必非黄先生之本意也，主一为之"③。今人童正伦也表示"这种擅改有乖原意，甚至闹出笑话"④。郭英德则认为《明文授读》是黄百家最终编定的，并由此下结论："黄百家在文体分类方面确实不仅不高明，甚而较显拙劣。"⑤另外，《明文授读》中不是各体之下统一再分细目，而是仅有部分文体如"书""记""序""墓文""传""赋"等类

---

① 按：此处童正伦先生认为"对答"是一门，计为二十九门，而郭英德先生认为"对答"是分开的两个门类，故计为三十门. 笔者细察《明文授读》原本，应以郭英德的说法更为准确，今从其说.

② ［清］阎若璩. 潜丘札记［M］//钦定四库全书：子部十. 乾隆十年阎氏刻本.

③ ［清］阎若璩. 潜丘札记［M］//钦定四库全书：子部十. 乾隆十年阎氏刻本.

④ 童正伦.《明文海》的编纂与传本［J］. 文献，2003（3）.

⑤ 郭英德. 黄宗羲明文总集的编纂与流传——兼论清前期编选明代诗文总集的文化意义［J］. 郑州大学学报（社会科学版），2000（4）.

下列出子目若干,如"书"中选方孝孺文12篇,单列为"书一",黄百家在其下注明"先夫子云方先生书不可分类",其他"书"则按"经学、讲学""杂论""国是、吏治、持正、交游""论诗""论文上""论文下""自叙、忧馋、悽惋、感愤、讼冤"分列进"书二"至"书八"。"记"下也分"考古纪功纪事类""学校书院官廨类""祠庙寺观类""居室亭池类""古迹""游览纪行类""杂类"共7种;"序"下亦分成了"著述类上""著述类下""文集上""文集下""诗集上""诗集中""诗集下""时文""赠""送别""杂类""题跋""寿挽""方外"14类;"墓文"分"名臣""忠义""儒林""文苑""杂类"5类;比较特别的是"传"这一类,共有4类,但前面两类未列具体类别而只写"传一""传二",后面两类则记为"杂流"和"物类",可见编者分类并不周全,有时候或许自身思路也有些混乱不清。而从上述又可知,《明文授读》中很多类目之中都会列有特别的一项,如"杂类"。所谓"杂类",顾名思义就是各种混杂的、非正统的、难以区分门类的特殊类群,换言之,这一类别包含内容可以很广、很宽,凡没有把握明确归于哪一类的作品均可置于此门,有此一类目,在给文章进行归类区分碰到不明晰状况时就可以解决很多的实际问题。这是一种比较明智或者说是讨巧的做法,可以确凿无误据类而分的内容让其依类入目,而部分只能确定大类但无法区分小类的文章则单设一目"杂类"而收。这样既可以不出现类别混乱的情况,又能够不因类别有误而导致查阅困难,对于文章检索还是有利的。

综上,确实可以说,《明文授读》的选文标准值得称道,但其"繁碎糅杂、错互不伦"较《明文海》更甚,体例难获肯定。

(二)关于文体文章的次序编排

据上列门类已可初步断定,《明文授读》中所收文章的排列顺序较前两部选本出现了较大变动。《明文案》《明文海》中均将"赋"列于全集之首位,"奏疏"为次。《明文授读》则将原置于书首的"赋"体移至书尾,后面仅余其新增补的"经"体两篇文章。而原居第二位的"奏疏"就此一跃而为首席。另外,《明文海》中列于16位的"原"一体的位置大大挪前,在《明文授读》中排在第五,可算是跨越式大踏步前进。那么,此变化说明什么问题呢?笔者推测,这应该和黄氏父子对"文章"功用的认识观及编纂文集的宗旨、目的有关。黄宗羲编纂《明文案》和《明文海》都是从大处出发,着眼于宏观,顾全大局,故在"存有明一代全文"的最高宗旨引领下,以"文学"标准衡量是否入选,而"至情"的要求使其相当注重文学性突出的文体——"赋"。但经世致用、排斥空泛的主导思想又使其集中所选文章实用性文体的比例远超文学性强的文体,故而编排时给"纯文学"的文体优先权也算是一种聪明的折中法。这一编纂体例由此确定了黄宗羲对文学作品"文"方面的充分肯定。当然,也不排除此举有要公然做给世人看,达到引领文坛风气的意图,因此有所顾忌并未放手随心所欲地编排。不同的是,《明文授读》旨在个人家庭内部相习相授而纂,其意并不在传世以惠及众人(虽然实际上后世学者皆从中受益),所以来得更加私密,也更加自由,可以按照自己个人的喜好予以编选。又,此书经证实并非黄宗羲一人编定,虽然此书确实由他起意编纂,篇目内容也大体由他圈定,但是最后成编时黄宗羲已然过世,定本未经他手,真正收结定编者当为其子黄百家和门生张锡琨。前文对此问题已有说明,此不再赘述。因《明文授读》与《明文案》《明文海》出自不同编纂者之手,故而类别改动较大,篇目排序也随之产生了较大调整。

此外要注意,《明文授读》具体卷次中,编者亦是按文体内容性质先分出类别,再大致据作者年代先后排序。所以卷五"表"中,收文六篇,顺序依次为:苏伯衡(生卒年不详,约公元 1360 年前后在世)的《进元史表》、李东阳(1447—1516)的《进历代通鉴纂要表》、张邦奇(1483—1544)的《进历代通鉴纂要表》、李东阳的《重进大明会典表》、丘濬(1421—1495)的《拟进大明一统志表》、林文俊(1427—1536)的《圣驾临幸太学谢表》。中间偶有错位,或因当时信息不畅、所知有误等造成亦未可知,当属正常。

(三)选本内容有别

黄百家一直协助黄宗羲进行明文选本的编著,尤其是《明文海》费力颇多。至《明文授读》时,他在选文内容上依循父意,偶尔收录有黄宗羲未加圈点者,也在凡例中加以特别说明,如下所记:

> 四、文海之选,先遗献甫定成帙,往往有名篇大作未及圈点者。不孝一依原本,不敢妄施以乱。观目知能读是选者,定不以圈点之有无揣文之优劣。①
>
> 五、先遗献平日有尝称道其文而未见其集者,如归元恭、顾宁人诸公不一二数,不孝耿耿在怀,多方购索,谨敢私登数篇,亦先意也。②

依此二条可见,秉持着"一依原本,不敢妄施以乱"的原则,《明文授读》基本

---

① [清]黄百家.《明文授读》发凡[M]//[清]黄宗羲.明文授读.中国社会科学院近代史研究所藏清康熙三十八年张氏味芹堂刻本.四库全书存目丛书集部:第 400 册.济南:齐鲁书社:214.
② [清]黄百家.《明文授读》发凡[M]//[清]黄宗羲.明文授读.中国社会科学院近代史研究所藏清康熙三十八年张氏味芹堂刻本.四库全书存目丛书集部:第 400 册.济南:齐鲁书社:214.

上按照黄宗羲当初圈点的内容编排,但也有部分为黄百家私相补录者,而补录入编的文章其实也算他据父意而为。如原《明文海》中仅录程敏政文《书济宁王翁事》一篇(见卷 420),《明文授读》中则补入了他的《考正孔庙从祀疏》(见卷 2“奏疏二”)、《宋太祖太宗授受辨》(卷 12“原考辨”)等,此二文即为百家据宗羲之意增补进书中的。黄百家意识到一人之见毕竟有限,且必因个人喜好有所偏颇,或受限于时间无法顾全,父亲黄宗羲为《明文授读》选文时难免会遗漏部分精品佳作,“先遗献甫定成帙,往往有名篇大作未及圈点者”,而且因为黄宗羲是以《明文海》为依据进行授读圈点的,故而有部分本来文章不曾被收录进《明文海》中的人,诸如归庄、顾炎武等,《明文海》中便不见有其文录入,这部分作家的文章因此被漏而不选。而归庄(1613—1673)乃是黄宗羲倍加推崇的明代著名散文家归有光(1507—1571)的曾孙,是明末清初卓有成就的书画家与文学家,当时与顾炎武(1613—1682)齐名,人称“归奇顾怪”。归庄能诗文,善书画,其文章“胎息深厚”,诗歌多具奇崛之气,在文坛也算一枝独秀。而顾炎武为江苏昆山人,本名绛,乳名藩汉,字忠清、宁人,因仰慕文天祥学生王炎午的为人而改名炎武,与黄宗羲、王夫之并居明末清初“三大儒”之行列,亦通经善文,学问渊博,著述宏富,文风简明锐利。黄宗羲平素对此二人都称道有加,但今本《明文海》中却并未选入他们的文章,令人费解。这部分“先遗献平日有尝称道其文而未见其集者”的作品未能用于家教,黄百家是甚觉遗憾的,所以“耿耿在怀,多方购索”,想方设法求得其文,再精心挑选,终究在编印《明文授读》时“私登数篇”,将归庄的《简堂集序》《侯研德文集序》两篇序文收入卷 34 序四“文集下”,顾炎武的《原姓》及《吴同初行状》二文则分别录入卷 11“原考辨”和卷 52“行状”中。百家这一做法其实不算违背父亲黄宗羲的意思,因黄宗羲生前对此二人赞誉有加,选其经典之作入集大抵还是所谓“亦先意也”,此举一定程度上弥补了黄宗羲在《明文海》中因他故而将部分佳作遗漏的缺憾。

《明文授读》的编订授意出于黄宗羲,具体篇目也多由他亲自圈定,但是实际编纂的操作者是其子黄百家。百家考虑到其父在之前的文集编选时曾喟叹有部分堪称精品的妙文欲选入集中,但因未见其文而不得已作罢的遗憾,决定将自己后期搜罗到的此类部分作品参照父意编入集中。对此,黄百家在《明文授读凡例》第五条中已经特别予以说明,这当中,有些篇目为百家增录,也有部分是黄门弟子张锡琨选补而得。为此,黄百家和张锡琨等人也付出了诸多心血精力,如倪宗正《溪山岁月记》末有“百家记”云:“先遗献未见其文,今得其《小野集》。”周容《裁衣者说》末有“张锡琨记”云:“梨洲先生尝觅之而不得,近从友人处得文十余首……因为补入。"实属不易。经过梳理统计,《明文授读》较《明文海》多出新的之前未见的 21 位作者、81 篇文章。新增的 21 家作者分别是:归庄、顾炎武、丰坊、叶逢春、丘维屏、王履、倪宗正、李邺嗣、李清、李应升、郑鄤、郑溱、周容、张自烈、孙爽、黄琭、熊开元、施邦曜、薛三省。这里面,大概也有不少是黄宗羲本就十分欣赏但终究未选其文入集的人。

换个角度考虑,或许正是黄宗羲过世,百家才得以尝试按照自己心意进行《明文授读》的编排,所以他总是试图努力做到与《明文案》《明文海》不同。但其虽文学造诣不错,又长于史学和天文历算学等,对于文学方面的感悟能力和驾驭功夫实际上则不如父亲。百家这方面的能力有限、水平差异,也体现在了文集编纂体例中,加之其又有自作聪明、弄巧成拙之处(也不排除他确实想表达出与其父不同的编选想法),如别出心裁创制出"经"这一体,看似创新,实为大谬!

目前学界出现了比较统一的看法,即《明文案》《明文海》是出自黄宗羲之手,而《明文授读》则由黄宗羲儿子黄百家和其门人张锡琨合作编定。这一观点,尚无更多确凿资料可证,但从三书的编排体例来看,似也可得出结论:《明文案》《明文海》体例更接近,二书在分门别类和次序安排上调整不大,基本一致,风格相似,均为黄宗羲主编;而《明文授读》较前两部选本无论类目还是排序皆有较大变动,且水平貌似不升反降,鉴于黄宗羲自己有分类越细越易出错、析之愈精逃之愈巧的观点,极有可能这种编法并非出于黄宗羲,而应是百家和锡琨的"杰作"。

此处值得注意的是,《明文案》《明文海》《明文授读》三书是黄宗羲父子以布衣之身、私家之力编成的巨著,虽讹误难免,不够周全,但仅此一点已足显其难能可贵。

由上述论证可见,黄宗羲三部明文选本的编排大致有一个渐次细化、日趋严密的逻辑思路,其体例不失矛盾、纠结之处,部分地方甚至存在混杂相悖的问题,这恰恰符合当时以私家学者个人之力编纂一代全文的实际困难情况,也见出黄宗羲文学作品编纂思想逐渐成熟、不断明晰、力求深化的历程。而借此体例的梳理过程,也逐步树立完善了黄宗羲个人文论的主张,其文学理论体系的建构亦散见于此三集之中。

第五章　版本考辨

　　黄宗羲天才俊逸,勤于著述,《明文案》《明文海》《明文授读》三大明文选本是其文学成就中最浓墨重彩的一笔,在明清编著中占据重要地位,影响极为深广。前人对此三选本的版本问题多有研究,成果不少,但专门针对其成系统的特定版本研究尚存有缺憾。笔者经过仔细查阅,分别对《明文案》《明文海》《明文授读》现有的馆藏状况、版本类型、各本关系等问题进行了集中的考察。三书之中,《明文案》今存版本最珍贵者为宁波天一阁藏稿本,浙江图书馆现藏稿本及清抄本价值亦巨,但因资料有限,其版本研究总体存在简单化的倾向。《明文海》今存版本较多,主要见存于国内各省级图书馆,国外如日本亦有藏本。其中最善者为天一阁藏残稿本,浙江图书馆藏清初抄本被认为是目前学界认为最早、最全、最真的《明文海》抄本,而最常见的四库本因屡遭抽毁,学术价值大打折扣。《明文授读》版本今可见最珍稀者为康熙三十八年(1699)张锡琨味芹堂初刻本,另有藏于各省图书馆的以味芹堂刻本为底本的影印本。本章即就三书现存各版本的具体情况予以重点考索。

第一节　《明文案》版本考辨

　　《明文案》于康熙十四年(1675)成编后,未尝付梓,只有稿本与抄本传世。康熙十九年(1680),清廷广征文献修撰《明史》,命地方官将有资明史之典籍抄录送至史馆。黄宗羲的很多文集,包括《明文案》被列入必征文献之中。于是《明文案》由藩司李毅可负责派人抄录,经黄百家校勘后送付清朝国史馆。康熙二十六年(1687),黄百家入明史馆参与《明史》修撰,据《明文授读》黄百家序中“简阅史馆中书,此《文案》固在也”①等语可知,当时《明文案》已存于明史馆内备查。但康熙二十八年(1689)黄百家“再至史馆,已不

---

① 　[清]黄百家.《明文授读》序[M]//[清]黄宗羲.明文授读.中国社会科学院近代史研究所藏清康熙三十八年味芹堂刻本.四库全书存目丛书集部:第400册.济南:齐鲁书社,1997:210.

见所谓《文案》。盖有潜窃之而去者矣!"①彼时原送呈抄本已被潜窃而去，
消失不见，后盗书者或将此本稍加改易行之于世。但行世之本，始终未见其
迹，不知究竟是原稿本还是誊抄本。乾隆年间，《明文案》被列为禁毁书，几
近失传，诸家目录不见有载。据笔者目前所见，黄宗羲《明文案》现存版本主
要有宁波天一阁藏稿本、浙江图书馆藏稿本、浙江图书馆藏清抄本、北京图
书馆藏清抄本等。现将各版本情况简介如下。

一、宁波天一阁藏稿本

《明文案》残稿现存于宁波天一阁中，共 210 卷，存 188 卷，有张宗祥跋
语。此稿本为目前所见最早的《明文案》稿本，选文上自元明之际的宋濂、刘
基，下至明清之际的钱谦益、吴伟业、侯方域等人。全书按文体编次，凡 13
类，依序列为："赋""奏疏"("诏表"附)"碑""颂""议""论""书("启"附)"传"
"墓文"("行状"附)"哀文""记""序""古文"(含"铭""赞""箴""戒""原""辨"
"解""说""考""对""问""文""疏")。其中"赋"有 10 卷，从卷 1 至卷 10;"奏
疏"有 22 卷，从卷 11 至卷 32;"碑""颂""议"有 5 卷，从卷 33 至卷 37;"论"有
5 卷，自卷 42 至卷 46;"书"有 23 卷，自卷 47 至卷 69;"传"有 17 卷，自卷 70
至 86;"墓文"有 24 卷，自卷 87 至卷 110;"哀文"有 4 卷，自卷 111 至卷 114;
"记"共 22 卷，分别为卷 119 至卷 131，卷 136 至卷 144;"序"有 48 卷，分别为
卷 145 至卷 147，卷 151 至卷 196;"古文"有 7 卷，自卷 197 至卷 203，共 43
册。② 所收之文，按体而列，且大致按作家生卒年代先后为序。卷次间有不
相连属者，中缺卷 115 至卷 118、卷 132 至卷 135、卷 148 至卷 150 等，按目前
所见存留稿顺序猜测，其内容应该分别为"记"和"序"。

此稿本卷首无序，今见黄宗羲自序文收于其《南雷文约》和《明文授读》
中。现存稿每册首列卷次目录，各卷首页下再另记卷次，经审核，其目录所
编卷次与各卷首页所记卷次偶有差异，不尽一致。稿本为毛装，书写纸张多
为清初蓝丝栏竹纸，间有无栏白纸或乌丝栏竹纸，无栏白纸和乌丝栏竹纸所
书者行格大小不一，全本不标页码次序，每半页 12 行，每行 24 字。具体版
式见下图 5-1 宁波天一阁藏《明文案》稿本所示。

---

① ［清］黄百家.《明文授读》序［M］//［清］黄宗羲.明文授读.中国社会科学院近代史研究所藏清
　　康熙三十八年味芹堂刻本.四库全书存目丛书集部:第 400 册.济南:齐鲁书社,1997:210.
② 按:此信息他文亦有类似记载,见童正伦.《明文海》的编纂与传本［J］.文献,2003(3)。

图 5-1　宁波天一阁藏《明文案》稿本

　　从所抄文字笔迹多有不同可推断此书稿抄者甚众,且不排除有助手代抄写者。原稿本有一特别处需注意,即书中间有刻本插入,如罗圭峰之文拆用《罗圭峰文集》刻本数十页、归熙甫之文拆用《归先生文集》刻本数页、王遵岩之文也拆用了《遵岩先生文集》原刻本。经统计,稿本共插入 141 页,分别见于第 20、22、29、37、39 诸册中。此不太多见之举,想是选辑成稿时为省去誊录校对的工夫而采取的便捷之法,这种操作不仅省时省力,且可确保誊录无误,提高效率。前北京大学教授马廉曾分析:"盖选辑时为节省钞录及校对之手续,即以原书装订之。"①《黄梨洲先生〈明文案〉目录》的后记中对此

①　马廉.《明文案》稿本跋[M]//黄梨洲先生《明文案》目录:卷首.马氏平山堂稿本,现藏宁波天一阁.

亦有说明："中有剪订别集，如《遵岩文集》《罗圭峰集》《归先生文集》，以省誊
录之劳。"①而唐时升为归有光写的墓志《太仆寺丞归公墓志铭》一文的版心
处没有"两金堂"字，与他其余各篇文章不相同，应也是为节省时间、免除缮
写之劳而以残页充数。这种情况，见于多处，不再细列。当然，此举也使得
该稿本更显特殊。

　　书中有目无文的情况较为多见，如卷87列了5篇有目无文者，而卷129
至卷131有目无文者多达17篇，卷198刘宗周《黄忠端公赞》一篇也仅存目
而不见有文，这可能是因为书稿正文在流传过程中已遭佚失，亦可能是出于
避祸所需，选录文章本身遭到抽毁而仅余题目以示原集中曾收入该文。

　　《明文案》稿本上有圈点，也有少量眉批，当为黄宗羲批语。② 如下图5-2
宁波天一阁藏《明文案》稿本批语所示。

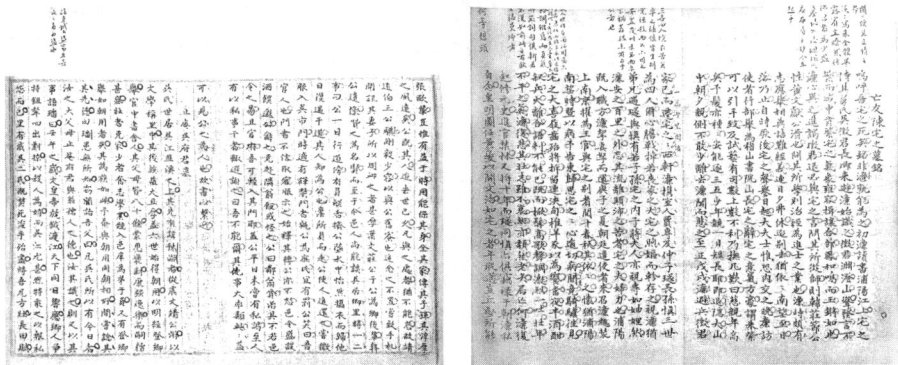

图 5-2　宁波天一阁藏《明文案》稿本批语

　　黄宗羲子黄百家在《明文授读》卷首"发凡"第一条中曾作相关说明："先
遗献遍阅有明文集，间有数行或数语，偶记其爵里、姓氏及评其功力手笔者。
今遇兹首所及，仅敢搜掇并载于篇，以为读者知人之助。"③可知黄宗羲披阅
明代作家各种文章时，会偶尔施以点评，主要内容涉及作者生平、背景简介
及写作特点等，间有议论他人文章短长之语。据此可推断《明文案》稿本的

---

① 朱鼎煦.黄梨洲先生《明文案》目录:后记[M].按:此处文字出自今国家图书馆藏《黄梨洲先生
　〈明文案〉目录》中的后记。
② 按:有此推断是源于《明文案》藏主朱赞卿在马廉《黄梨洲先生〈明文案〉目录》一稿《跋语》说,他
　曾将第三十卷崇祯十一年七月初五日黄道周召对一段的红笔批文,与他购得之黄宗羲致郑禹
　梅一函原件细致校对,认为两者"如出一手"。
③ [清]黄百家.《明文授读》发凡[M]//[清]黄宗羲.明文授读.中国社会科学院近代史研究所藏
　清康熙三十八年张氏味芹堂刻本.四库全书存目丛书集部:第400册.济南:齐鲁书社,1997:
　206.

批语为黄宗羲亲笔所书。如《明文案》第 18 册第 10 页所选宋濂《亡友陈宅之墓铭》文中多有圈点，天头可见四段长短不一的朱字批语，其中"开口便见文情之挚，淡淡写来，全体毕露，宾主瞭然，仿佛昌黎《马少监墓志》入后，回环照应，布局之妙，全在起手""三世四人，境良苦矣！卒之璷慎，皆坐胡党诬杀。而公亦因之安置茂州，未至而卒。蒙祸荐酷，未有至于公者也""格调虽旧，而真气所至，词句俱新，若不复知前此之有欧公志曼卿者""何等想头"等语，既有评点文章笔法、架构的，也有述及铭文中人物之遭际者，理性感性尽显于此。同页另有三行小字："此人快语，虽浊酒园蔬亦足为乐，何必执羊豕以示侈。冷眼观之，必有贵人在矣，意中矣"，字体稍异，似为后补语。

　　一般而言，大凡知名藏书家都喜欢在自己珍藏品上钤印上自家姓名字号或斋名堂号等。钤印书籍自唐以来渐成习尚，别致古雅、各具特性的钤印不仅可见出藏家的不同风度气质、癖好志趣等，而且藏书者往往可借此声气大振，美名远播，而作为后人的我们今天借助书稿上的各种藏书印鉴又可得窥书籍的主要流传渊源等过程。今天一阁藏《明文案》稿本上并未发现天一阁主人藏印，因为早期（包括明清时期）钤在书上的天一阁藏印是极其少见的。但根据《明文案》稿本现存可见的几枚印鉴，还是能大略推知该稿本的流转端绪。今见《明文案》天一阁本每册开卷首页依上、中、下位置分别钤有三枚印章，最上方的印章为刻有"吾存宁可食吾肉，吾亡宁可发吾椁，子子孙孙永无鬻，熟此直可供饘粥"等字样的白文长方印，中间位置稍偏下为"万言字贞一"字样的白文方印，紧接其下为一枚刻有"赤堇山人"几字的朱文方印。前二枚印章是鄞县万言的藏书印，可见此《明文案》稿本曾归万氏所有。万言（1673—1705），字贞一，号管村，为清初著名学者万斯年之子，学问淹博精深，长于文史之学，少时即声名在外，尤以豪迈、精湛的古文见称于世。他曾求学于黄宗羲，成其高足，备受赞赏。黄宗羲对才学非凡的万言不吝赞美，以厚望寄之，自称"屈指后起作者，惟言与慈溪郑梁二人"。万言曾应邀入明史馆参与修史大业，今天一阁尚藏有多种万贞一写本。万言不知于何时得到《明文案》稿本，视若珍宝，钤印其上，小心藏之，以传后人。稿本中第一枚印章所刻文辞即见万氏当初心迹意愿，其情恳切真挚又言之凿凿，明确提出无论遭遇何等变故、身陷何种困境都不许后代子孙售卖此书，立誓要将其永远予以保存。仅此一端，已足见万言对《明文案》给予的非同一般的珍爱与重视。前文所述插入的《归先生文集》附录中亦钤有"世统""管村"二枚印章，每册首页还可见"万言字贞一"及"子孙毋鬻"二印，可知此集确当为万言所编或曾拥有。稿本第三枚藏书印中的"赤堇山人"是指慈溪诸生叶元阶。叶元阶(1804—1838),字仲兰,又字心水,为嘉道时期人,有《赤堇诗钞》传世,其藏书楼名退一居。《明文案》稿本第6册至12册中钤有白文长方印,上书有“慈水叶氏退一居珍藏”等字样,此处“慈水叶氏”即为叶元阶。20世纪30年代,叶氏藏书因社会动荡散失零落,《明文案》稿本遂流入萧山朱氏别宥斋。别宥斋位于宁波市区北门孝闻街179号,是浙东著名藏书家朱鼎煦的藏书楼,该楼藏书多达100000余卷。朱鼎煦(1886—1968),字酂卿、赞卿,号别宥、香句,浙江萧山人,是现代著名的藏书家、版本目录学家、文物收藏家及鉴赏家。朱氏一生最好藏书,每遇有故家藏书藏品散出,他便倾尽全力,不惜重金予以收购。据闻常熟汲古阁,湖州知不足斋,余姚抱经堂,萧山十万卷楼、湖海楼,鄞县天一阁、抱经楼,慈溪退一居等处流散而出的藏书,他均予收藏,其中不乏名家稿本、校刻本等,仅宋、元、明三代精品即500余种。① 当时别宥斋藏书庋藏两处,分别在鄞县宁波府和萧山,而以鄞地为主。其后人于1979年8月将别宥斋藏书悉数捐赠给天一阁,《明文案》当是彼时成为天一阁藏品。

朱鼎煦从退一居访得黄宗羲的《明文案》存稿后,专门刻了一枚“万黄斋”朱文方印,钤于书稿中各册最后一页,又在每册首页加盖两枚自己的专属朱文大印:一为别宥斋大方印,一为“萧山朱鼎煦收藏书籍”长方印。今见该稿本内有多处朱笔批语,墨迹参差,圈点、删改、增补之痕迹赫然,当为黄宗羲手录。如卷30收录黄道周《崇祯十一年七月初五日召对》一文,其眉间朱批书有数十字:“嗣昌敢于面谩如此,皇上即可欺,两傍诸臣不可欺也;两傍诸臣可欺,天下后世必不可欺也。”“衣冠之盗即嗣昌也,皇上岂知之哉?”等。北大马廉教授曾着力于《明文案》整理,1933年他费时三月编定《〈明文案〉目录》二册,“从此按图索骥,成为完璧”,为后来研究者提供了很大的便利。马廉一度猜测朱批文为万言所写,依据是“批者率性之鲠直,已流露于字里行间,指斥嗣昌一端,亦与鄞志恰合”。他认为批语风格与万言耿直的个性非常相吻合。但查阅《明文授读》后,他探知黄宗羲曾亲自对部分明文施以点评,留有不少批语,于是想法改变,认为“是则此等批语皆为梨洲所自评者也”②。朱鼎煦经过仔细辨识比对,也认为此处的批语手迹与黄宗羲

① 张传保,汪焕章.鄞县通志·文献志·艺文[M].余姚:鄞县通志馆,1935—1951.据载:“常熟毛氏汲古阁,歙鲍氏知不足斋,馀姚卢氏(文弨)抱经堂,萧山王氏十万卷楼,陈氏湖海楼,山阴沈氏鸣野山房,鄞范氏天一阁,卢氏(址)抱经楼,慈溪叶氏退一居,诸家流散,如水赴壑,集于朱氏。复往来杭州、上海间,购所未备。”

② 马廉.《明文案》稿本跋[M]//[清]黄宗羲.明文案.天一阁藏稿本.

《致郑禹门尺牍》一文笔迹似出自一人。其《〈明文案〉目录跋》中曾记录此事：“惟疑第三十卷崇祯十一年(1638)七月初五日召对一文，眉间朱批为贞一手笔，当时因无确证，不敢质疑。越十有一年，于常卖邬苇舫许收得黄先生《致郑禹门尺牍》，细核之次如出一手”①，并进一步推断说“至涂抹原稿及有题无文，皆由清初屡兴文字之狱，藏弃者深恐株连，故灭其迹”②。另外，稿本卷54所录《与郭价夫学士论诗书》一文，为王廷相所著，上亦有一段20余字的眉批，内容为：“作诗之法非不详备，然终是揣摹得之，不如宋景濂所谓《五美》者语语见血。”批录之语与《明文海》中黄宗羲的评语完全一致，并无二样。但细察之下，所书笔迹与《明文海》还是存在差别的，没有那么粗犷、古朴，到底是因书写时间有先后之别笔迹稍有变化还是经由他人誊录翻抄过，无处查证，笔者未经确考亦不敢妄下定论。

　　天一阁藏《明文案》原稿本中，卷内文字有多处经朱笔或墨笔圈点涂抹，疑似删正批校。经仔细查考，以所改内容为据，圈点涂抹情况大致可分两种不同形式：有用朱笔直接改写在原稿抄写文字之上的，如改“于”为“淤”、改“六”为“陆”、改“目”为“耳”、改“判”为“叛”等，大概是因为誊录时偶有笔误，后经校对再行修正所致；也有用墨笔或朱笔将原文直接抹除的，如卷29中的文震孟《国步纂艰圣衷宜启疏》一文的“奴虏”字、卷63中的张居正《与张心斋计不许东虏款贡》一文的“东虏”字样等均遭涂抹，但其原文痕迹尚隐约可辨。“虏”字显然触犯了清廷的忌讳，文稿中凡有此类字眼处即遭删毁，这种情况显然与清代盛行的文字狱有关，藏书者害怕因书中文字遭受株连，出于避祸考虑，索性出手将明显为朝廷忌讳的字样毁尸灭迹，以绝后患。但也偶有例外，如同是张居正《与张心斋计不许东虏款贡》一文，其册首篇题有“不许东虏款贡”等字，其中的“东虏”二字竟然未被抹除，而且该卷张居正另一文《答王鉴川计贡市利害》中多处出现“胡虏”字样，也未遭涂抹，甚是奇怪。但此种情况极为少见，今推测之所以有此或是编书者一时疏忽所致，也或者是当时此书抄录太过匆忙而未能详加细省，导致部分地方删改出现遗漏。

　　清乾隆年间，《明文案》被列入军机处第八次奏进全毁书目，理由记载如下：“《明文案》一部五十册。查《明文案》系黄宗羲编，所录皆明人各体古文，中间多有干碍字面，应请销毁。”③故学者多以为此书早已失传。版本学家孙殿起1956年曾在《清代禁书知见录》“自序”中为此唏嘘不已：“每叹我国

---

① 朱鼎熙.《明文案》目录跋[M]//[清]黄宗羲.明文案.天一阁藏稿本.

② 朱鼎熙.《明文案》目录跋[M]//[清]黄宗羲.明文案.天一阁藏稿本.

③ [清]姚观元,孙殿起.清代禁毁书目附补遗[M].北京:商务印书馆,1957:241.

古籍,自秦政焚书后,实以此次查禁为书籍空前浩劫,各书多有未经镌刻只系传钞孤本存留者,如黄宗羲辑《明文案》一部五十本,采辑可谓繁富,竟因销毁而散亡"①,对于黄宗羲所辑《明文案》经销毁散失一事深表叹惜,而今有此残稿幸存于世,虽不十分周全,但毋庸置疑,此稿本大大有助于增进我们对黄宗羲所编《明文案》初始面貌的了解,对于古籍整理出版和文献研究意义甚富。

二、浙江图书馆藏稿本

今浙江图书馆善本特藏阅览室藏有两种《明文案》版本,据图书馆记一为稿本,一为清抄本。② 下文分述之。

先看馆中所记稿本。浙江图书馆藏稿本为线装,多用清初蓝丝栏竹纸抄写,左右双边,黑口双鱼尾,每半页 12 行,行 26 字,无页码。具体版式见图 5-3 浙江省图书馆藏《明文案》稿本所示。

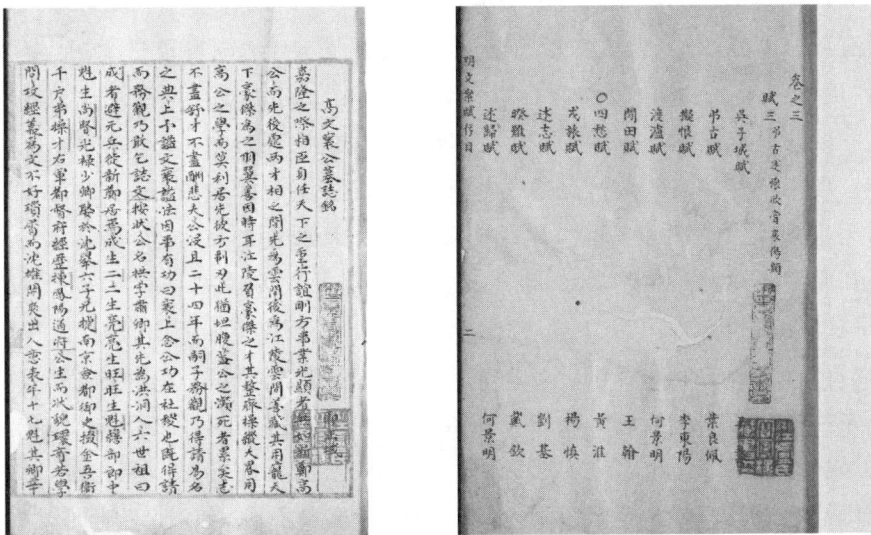

图 5-3　浙江省图书馆藏《明文案》稿本

① 〔清〕姚观元,孙殿起.清代禁毁书目附补遗[M].北京:商务印书馆,1957:241.

② 按:吴光曾撰《〈明文案〉考——兼驳〈明文案〉"尚存稿本"说》一文,以文献实物等为据加以逻辑推理断定《明文案》原稿本已合并至《明文海》稿本中,因此后世只存有《明文海》稿本而不再有《明文案》稿本。详见吴光.儒学与浙江文化[M].中国广播电视出版社,1993.又见其《黄宗羲著作汇考》之二十七《〈明文案〉考》.吴光以为:"浙江图书馆古籍部、宁波天一阁乃至当代学界某些人误将浙图、天一阁所藏《明文案》清抄本判定为'黄宗羲《明文案》稿本',实是未加详审、人云亦云之故。"见吴光.天下为主——黄宗羲传[M].浙江人民出版社.2008:69.

稿本共7册,总卷数不详,今存7卷,目录有缺,现存卷3至卷48,正文存有卷17、卷18、卷22至24、卷41、卷45。

抄者笔迹各异,观其抄写字体与运笔风格等,与天一阁藏稿本极为相似,或以为天一阁《明文案》稿本之残缺者。① 但细察之,两个稿本上所钤藏书印章有很大不同。浙江图书馆藏稿本每册首页除"浙江图书馆珍藏金石书画"朱文长方印外,还钤有"浙江卢氏宝凤楼藏书印"白文方印一枚,天一阁藏稿本上所钤万言、叶元阶的藏书印此本不见,而且该稿本中也不似天一阁本般间或插入其他刻本。册首不编总目,也无卷次,每册中各篇文章均自为起讫。有少数文章题目上方钤有朱文小方印,上书"选"字,篇题下亦有部分钤有"已刻"字样的朱文长方印者,如方豪《竹溪记》(游览)一文处即有"已刻"印,卷17唐时升《太仆寺寺丞归公墓志铭》(按:目录作《太仆寺寺丞归震川墓志铭》)文名下亦有"已刻"印。但此种印章也并不多见。稿本多处遭虫蛀,有明显破损。其中内容排序也有不相吻合处,如原稿本卷103至107在此为现存卷17"墓文"30篇,原稿本卷111至114即现存卷18"哀文"34篇。另有部分内容,虽多为稿本所有者,但分卷编次异于稿本,如卷22至卷24有"记"150篇、卷41和卷45有"序"195篇等。综上所述,可推知此稿本与天一阁藏稿本并非同一本,且其不是原稿的可能性当更大。

现将今存稿本其他情况略述如下:该稿本中多有涂改痕迹,有的地方用朱笔,有的地方用白色颜料,有直接修改覆盖于原字之上者,也有涂抹后改写在原字之侧者。总体观之,以朱笔校改圈点处较为多见,如卷16中陈束《寄杜渐山书》改"杜"为"屠",曹学佺《全州道山松树记》改"山"为"上",卷24《石假山记》文下作者朱子范用朱笔改"子范"为"模",卷45林右《题项明轩先生笔后》中"当必有所战如天不祚宋,则其死节岂文丞相之后哉"中朱笔改"战"为"建",后"今以进士起家仕列侍后将致通显,此亦忠孝家之报耶"中改"后"字为"从"等。而以白笔涂抹改字的情况也不少,如卷17唐时升《太仆寺寺丞归公墓志铭》文中"其仲子子宁求余志其墓而未暇为也"中"余"有白色涂改印圈于原文处,原文已无法辨认;卷24方豪《游谢氏庄土桥溪记》(游览)一文中"嘉靖丁巳岁计得商筹无十徵为火祥"句的"为"字、"又最比刑部郎中谢君"句的"中"字等均有明显白色涂改印迹。稿本中还存在一篇文章同时出现朱笔、白笔两种涂改痕迹的现象,如文徵明《重游琅琊山记》(古

---

① 按:浙江社会科学院有研究者称"此即天一阁所藏《明文案》稿本残缺者",《宁波史话》也有"部份存浙江图书馆"等语。

迹)中,全文用朱笔圈点断句,而"乃九月十有四者至滁,止东门魏氏故人家也"一句中"者"用白笔涂改,因破损有数字缺失,难以辨认,他如"念此亦以远□□谋遍搨之""而所谓醉翁亭文""乃至屡游不已,去而复来"等句中的"翁亭""已"等处亦用白笔加以改动。这种情况会出现,今推测当是抄写者或后人对稿本先后进行过多次审核、修改,而每次修改都要与之前的修改内容加以区别使然。此外,卷中还有墨笔修改之迹,如卷17汪静峰《墓碑记》、郝敬《心丧记》下均以墨笔改"杂类"二字为"墓文",笔者认为此类情况或是抄者修正文稿时笔误疏失所致。

该稿本中亦有存目所记题名与正文题目不完全吻合的情况,今以卷17"墓文"(附行状)为例进行说明。其中有文名不符的,如邹元标的《钱启新墓志铭》正文题为《启新钱公墓志铭》,《甘义麓墓志铭》正文题为《义麓甘公墓志铭》即属此类。有地名不全的,如邹元标的《按察司副使段蒙岗墓志铭》正文中题为《贵州按察司副使蒙岗段公墓志铭》,冯梦祯的《五台山龙泉寺莽会首塔铭》正文题名为《五台山旧路岭龙泉寺开山莽会首塔铭》等。有的目录名与正文名相差较大,如陈有年的《陈有勋行状》正文记为《伯兄署正公行状》等。还有正文题名直接缺失部分内容者,如汪静峰的《李卓墓碑记》正文题目仅余《墓碑记》,陈有年的《大中大夫湖广右参政紫墩陈公行状》正文题目简化为《陈紫墩行状》;有正文题名多出部分内容者,如娄坚的《何长史墓表》正文题记为《奉训大夫淮王左长史何公墓表》、孙镰的《恭介陈公行状》正文题记为《明故吏部尚书赠太子太保谥恭介陈公行状》、汤显祖的《国子监祭酒刘士和墓表》正文题记为《明故朝列大夫国子监祭酒刘公墓表》等,不一而足。此类情况之所以会出现,或因该《明文案》稿本的抄写者图便利故意为之,或因笔误疏忽无心所致。

稿本中间还偶有装页错误现象,如卷17郝敬《心丧记》与汤显祖《明故朝列大夫国子监祭酒刘公墓表》文之间杂有一页,注明"属心望为名相者,一出而阴为国本重显,重定边计,意念皆在国家……以告后之君子欲有为于世者"等字,不知为何人何文,又因何会错置于此。

此外还需注意,浙江图书馆所存《〈明文案〉存目》一册,为后人所编,用纸与稿本稍有差异。该存目为抄本,无栏,内容有缺,编次目录与原稿本不同。内容从卷三始,依次记有:明文案存目、姚江黄梨洲先生选、卷数(按:记为"卷之某")、该卷文体、具体篇名及作者。版心处上记"明文案赋存目""明文案奏疏存目""明文案书存目"等字,下列页码,页码按文体逐一编次。其中有部分文目以朱笔圈点于题名之上,如黄淮的《四愁赋》,方孝孺的《深虑论一《斥妄论》,解缙的《大庖西上封事疏》,程敏政的《考正孔庙》,黄省会的《难封建论》,侯方域的《赠江伶传》,苏伯衡的《进元史表》等文题名上即有朱圈,但此朱圈究竟为何意,暂无法辨知。

目录中文体下记有类别,如"赋三"分吊古、述怀、欣赏、哀伤类,卷19"记"分7类:考古纪功纪事类、学校书院官廨、祠庙寺观静室、居室类、古迹亭池类、游览类纪行类、纪行类杂类;"书"从卷9至卷16,依次分类为:经学史学类、讲学、附启杂类、国是吏治类、持正交游、论文论诗、自叙忧馋类、悽惋感愤讼冤类共8种。与现存残稿正文对照,类别相合,目录中如此编排简单明了,让人一目了然,大大便利了后来者查索。

当然,总体而言关于此稿本今掌握的相关信息还欠具体完备,部分事实有待他日再加考辨。

三、浙江图书馆藏清抄本

除上述馆藏稿本外,浙江图书馆善本特藏阅览室还藏有一部原嘉业堂藏清抄本《明文案》。嘉业堂主人刘承干(1881—1963),字贞一,号翰怡、求恕居士,晚年自称为嘉业老人,吴兴(今浙江湖州)人,是近代有名的藏书家、刻书家,一生痴心于藏书,醉心于刻书,用心于护书。他是清代富商刘镛的长孙,曾耗巨资藏书、刻书、聚书达60万卷,共20万册,并建有嘉业堂藏书楼用以庋藏,其藏书量大、质精、版佳,不乏稀见的善本,自编有《善本藏书志》28册,称其所藏富甲海上绝不为过。刘承干不仅豪掷千金以藏好书,还自己雕版刻书,题跋于已刻之书上,嘉业堂所刊书籍皆以精美、典雅著称于世。在其藏书中,有大量宋椠元刻、明清稿本、抄本及地方志,如宋元珍本即超过200种,明代珍本更逾20000种。最难能可贵的是,嘉业堂藏书并非以赏玩秘藏为目的,而是真正做到了藏以致用,不仅数十万藏书全部对外开放,连珍本秘籍亦供人传抄。1951年,刘承干为使自己私藏书籍发挥更大作用,主动给浙江省图书馆写信称:"愿将藏书楼与四周并藏书、书版连同各项设备等,悉以捐献与贵馆永久保存。"这之后该藏书楼即附属于浙江省图书馆,其所藏《明文案》抄本当是此时归入浙江省图书馆,图书馆一直以善本珍藏至今。

今见此抄本著录共48册,217卷,实际存录篇数不详,线装,无纹竹纸,纸色泛黄,各册厚薄不一。书页上钤有印章四枚,最上方为"浙江图书馆珍藏金石书画"朱文长方印,中间两枚一为"吴兴刘氏嘉业堂藏书印"朱文方印,一为"启章钱氏吟莲馆主保寿校图籍印"朱文方印,最下方为"皖南张师

亮筱渔氏校书于笃素堂"朱文大长方印。首册正文中卷首下钤有二印,一为
"浙江图书馆珍藏金石书画"长方印,一为"吟莲书记"朱文小方印。其余各
册目录首页钤有二印,除"浙江图书馆珍藏金石书画"长方印外,另一枚为
"吴兴刘氏嘉业堂藏书印"朱文方印。通过上述,可知此抄本至少曾经吴兴
刘承干、慈邑钱保寿(按:"吟莲馆"是其斋号)、安徽桐城张师亮(按:张师亮
字筱渔,张廷玉五代孙)三位藏主之手得到过保存。

卷中部分文体下有分类,如"赋"分甲乙丙丁戊己庚辛壬癸各类、"论"分
甲乙丙丁各类等等。

此抄本为无格抄本,外画板框,板框大小相同,统一白口,多为每半页
12 行,行 24 字。如图 5-4 浙江省图书馆藏《明文案》抄本所示。

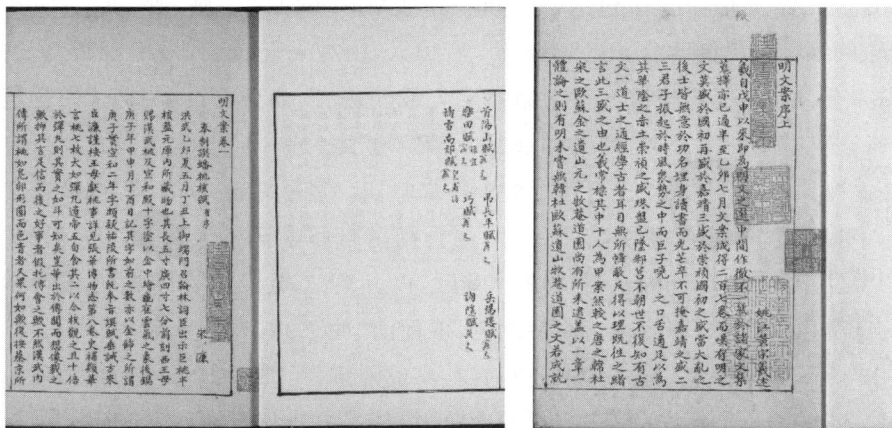

图 5-4　浙江省图书馆藏《明文案》抄本

但笔者仔细比对后发现,该抄本不仅抄录者笔迹差异明显,出现字体不
一、粗细有别等情况,而且各本具体的版式编排等方面也存有不少差异。如
关于页码方面,有的卷上计有页码,有的卷上不计页码。抄本第 1 卷至第 59
卷、第 64 至第 69 卷、第 78 至第 86 卷均无页码,其余各卷则在版心下方处
标注有页码。再如行款,各卷也不尽一致。虽然多数是每半页 12 行,每行
24 字,但也有每半页 10 行,每行 28 字的,如第 39 卷中方孝孺的《释统》三
篇、《深虑论》(一、二、三、五)各篇即如此;有每半页 12 行,每行 22 字的,如
卷 50 至卷 53;每半页 12 行,每行 25 字的,如卷 54 至卷 56;而卷 57 至卷 59
又出现每半页 13 行,每行 24 字的情况。行款差异颇大,多有不同。另外,
全卷中前半部分多四周单边,后半部分多左右双边;卷中同一作者多篇论文
出现于一卷中则首篇列题名与作者,余无作者名,但卷 70 中不仅卷首本册
"明文案目录"后多出了"明文案卷之七十　传一""明文案卷之七十一　传

二""明文案卷之七十二　　传三""明文案卷之七十三　　传四"等更为明确的标注,而且按文体依次编写页码,每篇文章题名、作者名一起列出,与他本明显不同。

该抄本中校改出现朱笔、墨笔两种。朱笔点校修改印迹文中多处出现,如第40卷"论丙"中周洪谟的《殷民叛周论》通篇朱笔校改,同卷刘定之的《宋论 二》正文中为《论 帝问翰林学士王安石以唐太宗何如曰陛下当法尧舜何以唐太宗为哉帝深纳之寻以为参知政事 行新法》下为刘定之名,后《康王构即帝位于应天府》一文中多处朱笔句读、删改,如"如泰山磐得以固其存,不幸而亡矣"中"幸"原为"卒",直接于原字上改"卒"为"幸",又"而燕韩魏居七雄之三,以祀姬姓之祖宗"中"宗"为朱笔补入。"易于反掌"中用朱笔改"文"为"反"于原字上。包瑜《无鬼论》中改"曰"为"日"一侧,改"母"为"毋"于原字上,作者包瑜名下记"字希贤,青田人,由举人任教谕,号稽古斋"。文中亦有直接以墨笔校改文字于原字上方或侧边者,如卷57"书十一"中的庚辰《答罗整庵少宰》(按:此文目录题为《答罗整庵》)一文中"遂以教我以反复晓谕恻然,唯恐不及救正之乎"句中第二个"以"字墨笔改为"而",直接覆盖原字,后"格物者,大学之实下手处,彻首彻尾自始学至圣人只此工夫而已"中"尾"字亦被墨笔改于侧,"理一而已,以其理之凝聚而言则谓之性"中,"已"字原为"也",直接改于原字之上,下面的"性"字则改于旁侧。

除了修正错字之外,文中还间有补字或圈删处,如卷10吴绮的《闻蟋蟀赋》中补入"论""持""必"三字,"俨铁骑之相尔"中"相"后补入"持"字,"载银须怒铦铁齿甘心"中"甘心"前补"必"字等。而卷60至卷63顾养谦《滇云纪胜书》中除直接改动别字、错字或增补缺失字眼之外,还有圈删文字的情况,如"而西适威楚之威要路也,自太华稍西南行山腰"中"威2""稍西南"重复,被圈出以示多余应当删除。

比较特别的一个情况是,此抄本中有部分地方出现了墨笔批校,如第12册卷58中,除了有改"与"为"于"、改"经"为"径"、改"夫"为"天"、改"贯"为"贤"等之外,唐顺之的《答李中溪》一文天头处有墨笔书"以曲折为奇"字样、《与王遵严参政 附》正文天头处亦有墨笔书写"此言终属矫枉,康节之诗乃是有韵语录,不能脱化字句之外,佛家所谓触也,进乎此者其白沙乎"等字,《与茅鹿门主事书》(按:目录题作《答茅鹿门论文书》)天头处亦见墨笔所书"只八股便无限转折"等语。这类批语各处笔迹相近,且他本少见此种现象,故可推测或许是该本抄录者边抄边读,有感而发信手评点,当然也不排除此抄本在流传过程中历经辗转为某藏者批校而得的可能。

　　该抄本今有多处被虫蛀坏毁损的痕迹，部分地方已经补缀，部分地方虫洞仍赫然在目，当时藏书条件受限、保管不易的状况亦可于此窥见一二。

　　总之，同一抄本中之所以会出现字体不一、版式各异、页码或有或无、作者题名有异、错字漏字或圈改等情况，笔者猜测该抄本极可能不是同一时间同一批人抄录而成，书中纸张新旧差不多的或为同期补录，而有些部分则属于后来补抄完成。

　　此48册抄本前有"《明文案》序"上下，序后为"《明文案》总目"，各册文体一目了然，依次为：第1至第2册"赋"、第3至第5册"奏疏"，第6册"碑颂议"、第7至第8册"论"、第9至第14册"书"、第15至第18册"传"、第19至24册"墓文"、第25册"哀文"、第26至第32册"记"、第33至第45册"序"、第46至第48册"古文"。"《明文案》总目"后为"《明文案》目录"，按卷次写明文体。部分文体下又分细目，以"赋"一体为例，下又细分为甲、乙、丙、丁等不同部分，各卷收文数量不一。如第1卷"赋甲"共13篇文，第2卷"赋乙"计11篇，第3卷"赋丙"计16篇，第4卷"赋丁"计18篇，第5卷内容为"赋戊"，收文31篇，其中有10篇题后加括号标注"无文"二字，说明此为有目无文者。具体包括：卷1中宋讷的《镜河鱼隐赋》《茄子酒赋》；卷3周叙的《赤石潭赋》；卷4赵宽的《观澜生赋》、朱应登的《归来堂赋》、钱福的《哀春赋》、何景明的《拟恨赋》《招魂词赋》；卷5李濂的《艮狱赋》《哀曹娥赋》《剡溪集》《首阳山赋》《吊长平赋》《岳阳楼赋》，孙宜的《乐田赋》《巧赋》《询隐赋》，皇甫汸的《祷雪南郊赋》均用小括号注明"无文"。目录后紧接具体文篇内容，之后再列"《明文案》目录"。从第6卷"赋己"至第10卷"赋癸"，共录赋文50篇，含4篇"无文"者，分别是黄尊素的《清景赋》《壮怀赋》《虎丘看月赋》《浙江观潮赋》。此种编排模式比较特殊，用心不明。至于究竟原稿即如此还是后人调整为之，其中有无深意等，因缺乏实证，难以考究。正文中有序者，序言或低一格或低三格书写。如首册中文章序言均低一格，但第二册中序言均低三格，卷6顾璘的《诮沙燕赋》序言即低三格书写。

　　文中偶有顺序错乱者，如卷6"赋己"中首篇标为顾璘的《鸣蛙赋》，但实则是《祝融峰观日出赋》一文，卷41中《御戎论》分上、中、下三篇，但上、下篇后即为《宗论》，然后再接《御戎论中》等。此种情况或是抄者编著目录时记序有误，或是装订时出现疏失所致。

　　与上述稿本相似，此抄本亦有题名不符的情况，如卷48中方孝孺的《与苏编修书》目作《与苏平仲》，《答王修德书》目作《与王修德书二首》，《与郑仲辨书》目作《答郑仲辨》，《答郑叔度书》目作《与郑叔度》，《答王仲缙书》与《复郑好义书》则目中多出"二首"字;卷 49 中方孝孺的《与友人论井田书》目作《论井田》,《与舒先生书》目作《与舒君》等;卷 57"书十一"中的《答罗整庵》文下未记作者名,但文中记为庚辰《答罗整庵少宰》等。此种文题前后稍有出入的情况集中比较普遍,大概是因为当初著录时有多位人员参与编目,大家各自分录,误为不同部分,且造成存卷数量与著录数目不符。今见此本抄者笔迹差异明显,编排格式也有不同,可证此书确为多人合作抄录而成。

仔细核查该本,可发现第 203 卷以下部分皆佚失不见。何以会如此呢?有一说法或可资借鉴:据说日寇侵华时,刘承干探知日本人喜欢中国古籍但鄙薄残本,为了能保存下珍贵典籍,他逼不得已剑走偏锋,故意将自家藏书每部都抽走一二册,使之成为残缺不全的本子,而日军因对残本不屑一顾,并未加以掠夺。刘承干遂借此险招得以保存下大量珍稀典籍资料,《明文案》亦曾为他所收,此本不知是否亦因这一缘故而出现佚失情况。虽然终卷情况因此不明,但二本合之,正好为 217 卷,亦可算《明文案》完璧之作,实属难得。且据笔者所知,目前国内各大图书馆仅此一足本,因而尤为珍贵。

四、国家图书馆藏清抄本

国家图书馆所藏《明文案》清抄本,15 册,线装,著录 216 卷,46 本,实存 202 卷,卷中多处有水渍印。无总目,各卷目录以 5 至 8 卷一组等分别标注,如卷 1 至卷 5、卷 6 至卷 10 目录集中标注,后接各卷原文,卷 11 至卷 18 目录集中标注,后亦紧接各卷原文。该本目录按卷次写明"赋""奏疏""碑""颂"等文体,下依天干又进行了细分。其中卷 114"哀文丁"与卷 125"记一"之间实缺 10 卷,但文体类别序次无误,或系抄录者误记卷数。又卷 200 中"序四十六"收倪元璐文《嘉定四君集》至《书王损仲诗文后》文 30 篇,但有目无文,题名处注有"以上俱毁"字样,与序类中其他各卷相比,该卷收文篇数明显远超其他各卷,故推测此处或许本是两卷序文,后合成为一卷。此本缺失现象较为严重,且缺损形式不一,有目文皆缺、目在文缺、文在目缺等不同情况。如卷 70 至卷 73 目录与文章俱缺,卷 114 自《祭刘瑞当文》后至卷 125 也是无目无文,俱缺。而有目无文者亦多,如卷 109 钱谦益的《杨忠烈墓铭》至《缪文贞行状》凡 22 首、卷 152 黄道周的《大涤书院记》至《书卢孔礼事》凡 12 首,目录处均注明"以上俱毁"字样,全缺;卷 170《跋东坡草书千文》一文前诸篇均有目无文;另如卷 87 宋濂《孙炎墓铭》《赵洗仲墓铭》《鹿皮子墓铭》《汪先生墓铭》四文亦缺正文。仅缺目录者,如卷 171 至卷 174、卷 188 至卷 198 均缺失目录,但正文无恙,详情则难以查考。

　　文中正文顺序偶有与目录不符处，如卷 129 目录中《游东山记》在《石冈书院记》前，正文中则在《石冈书院记》后；卷 187 目录中《饶太医》《宗子相集序》《乌孝廉奉父母》三文依先后次序排列，而卷中《宗子相集序》一文则出现在《乌孝廉奉父母》文后等等。

　　此本有可能是据 207 卷本抄录而来，若果如此，则正好与黄宗羲《明文案》序上所称"得百七卷"之数相符。

五、浙江省图书馆藏影印本

　　北京出版社 2013 年出版的《四库禁毁书丛刊补编》第 44 册至第 47 册收有《明文案》影印本，此本多家图书馆有藏，底本为浙江图书馆藏清抄本。见图 5-5《四库禁毁书丛刊补编》所收《明文案》影印本。

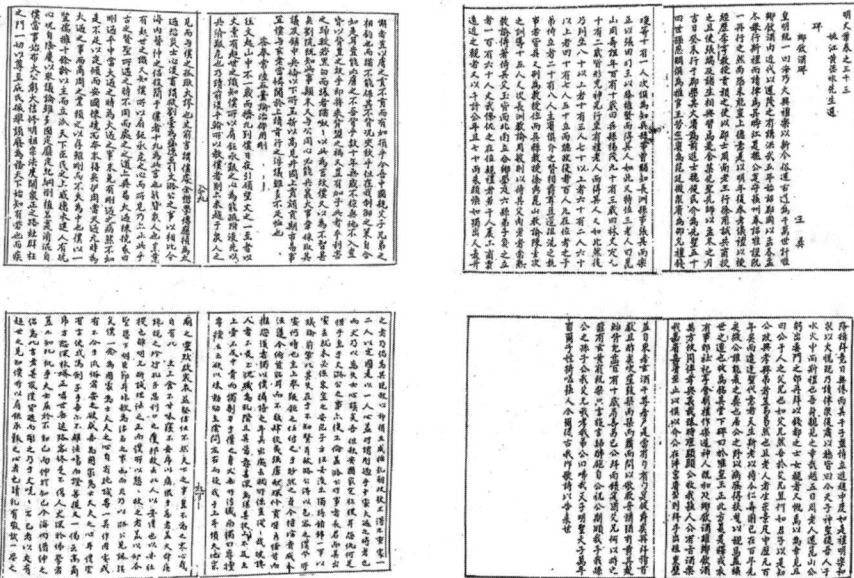

补 45-350　　　　　　　　　　补 45-3

图 5-5　《四库禁毁书丛刊补编》所收《明文案》影印本

　　该本题为"《明文案》二百十七卷"，并特别标注"存卷一至卷一百十四卷一百二十五至卷二百十七"字样，可知此本中间有缺卷，即卷 115 至 124 共有 10 卷缺失。此影印本收文计 2123 篇。卷首有"《明文案》序"，分上、下两篇。"《明文案》序"页钤有四方印章，其中一枚为"嘉兴刘氏嘉业堂藏书楼"朱方印，每册卷首"明文案目录"下均钤有此方印。后接"《明文案》总目"，据总目可知该本共分 48 册。分上、下两栏，两栏格式基本一致，无界格,无鱼尾。四周单边,每半页 12 行,每行 24 字,抄者字体不一。虽是据浙江图书馆藏清抄本影印而来,但有些地方还是略有不同。如原浙江图书馆藏清抄本不计页码,影印本前半部分亦无页码,但自卷 171 开始版心处却编上了页码,且部分篇目行款亦有变化,如卷 175 中唐顺之的《赠蔡年兄道卿序》《赠训导兵君序》等文字体明显偏小,每半页 14 行,每行 30 字。两栏间隔也有大小之别。这等差异情况当是因为抄录人员不同所致。

另,《四库简明目录标注》有"浙目有《明文案》二百卷,仁和沈氏所藏本"的说法。仁和即今杭州余杭,此处"仁和沈氏"当为清朝学者、藏书家沈廷芳。沈廷芳(1702—1772),字畹叔、荻林,号椒园,喜自称为"古柱下史",为官清正,能诗善文,著有《隐拙斋诗文集》,曾校录《大清一统志》,有藏书楼名隐拙斋,藏书量丰富。其藏书常钤有"古杭忠清里沈氏隐拙斋藏书印""古柱下史""购此书甚不易,遗子孙勿轻弃"等印。可惜后来因家境渐贫,所藏书籍多半散失。据《四库简明目录标注》记,"隐拙斋"应曾藏有一部 200 卷的《明文案》,但今查而不见,不知此抄本是否仍存于世。

综上,《明文案》成编之后,因未曾刊印,传抄者极少,后又经列入"禁书"之厄,越发稀见于世。可以确定的是,萧山别宥斋主人曾藏有《明文案》部分原稿,今入天一阁中得以保存。国家图书馆收有一部注明"鄞马廉编 别宥斋抄本"的《黄梨洲先生〈明文案〉目录》。目录分二册,蓝丝栏本,中有多处朱笔校改字迹,均为朱鼎煦(别宥为其号)所注。批注或补充说明原文评语,如王廷相的《答何粹夫论五行书》右侧以朱笔注明"原有朱笔眉批曰:作诗之法非不详备,然终是揣摹得之,不如宋景濂所谓五美者,语语见血",王维桢的《驳乔三石论文书》亦有朱笔题记:"首有朱笔眉批曰:破叙事议论裂为二者之说";或注明原题缺文或缺卷情况,如王廷相的《答何粹夫》题下用朱笔增补"论乐律书"几字,第 83 卷黄忠端公(即黄尊素)的《汪文言传》下题"本文缺",第 131 卷"记十七"处注明"本卷二篇有目无本文"等;或增加作者简介,如第 82 卷高攀龙《高氏谐传》后朱笔注曰:"高材,字国文,号静成。生弘治戊午九月十一日,卒万历乙亥四月七日,年七十八",孙鑨后朱笔题:"字文中,余姚人",陈有年后朱笔增:"字登之";或对原本格式进行说明,如第 83 卷"传十四"李贽的《耿楚空先生传》文下题有"此文原与上篇接写"等,第 82 卷陆光祖名下以朱笔题补"字与绳,平湖人"几字,旁另注明"中有空白二十行,上有眉批云:中缺一页,共四百二十余字"等。卷 131 目录栏外钤有"朱别宥校"长方印。该本目录前有"《明文案》总目",末有"后记"。首页"《明文案》总目"下有二印章,一为"北京图书馆藏"篆文长方朱印,一为"萧山朱鼎煦所藏书籍"篆文长方朱印,天头处另有"别宥斋"篆文方朱印。目录正文依次说明每一册内容。书末所附"后记"述及《明文案》的流传保存状况等,今关于《明文案》原稿的信息所知甚少,此"后记"可资备考。兹将见于《黄梨洲先生〈明文案〉目录》的"后记"全文抄录于下:①

　　　萧山朱氏别宥斋藏黄宗羲梨洲选《明文案》稿二百七卷。(原目作二百十卷,自八卷以下用墨抹去,缺三十八之四十一、一百十五之一百十八、一百三十二之一百三十五、一百四十八之一百五十、二百四之二百七,凡佚十九卷五册。)见存一百八十八卷,四十三册。旧为鄞万贞一言所藏,经慈溪叶氏退一居流入朱氏。蓝墨丝阑笺,双鱼尾格,写本,非出一人手笔。圈点批本,朱墨粲然。中有剪订别集,如《遵岩文集》《罗圭峰集》《归先生文集》,以省誊录之劳。编者名字有署黄德冰者,为世四千。知是稿经鄞马隅卿廉写定,目录两册,合成二百七卷之数。复以余藏旧钞本编目补殿之卷末。然与原题目次有不相合者,考北平图书馆书目,有钞本《明文案》二百十六卷,《明文授读》中《明文案序》作二百十七卷(合目计之),清库书目称"宗羲选《明文案》二百卷",盖其卷第固未定也。清库目曰:"宗羲后得昆山徐氏所藏明人文集,因更辑成《明文海》四百八十二卷。据其元稿著录中缺两卷(内文十二篇,有目无书),分体繁碎,编次糅杂。阎若璩《潜丘札记》,辨此书体例,必非黄先生所编,乃其子主一所为。若璩尝游宗羲之门,其说当为可据。"(慈溪三七市董氏青风草庐有钞本《明文海》,后归奉化孙鹤皋商务印书馆,拟将原稿印入《四部丛刊四编》,以倭难不果,可惜)四明张氏"味芹堂"刻本《明文授读》六十二卷,署黄宗羲编,李慈铭谓其"泛滥驳杂,多非雅音,疑出主一所为,求其知古文义法者,盖无一二矣!"梨洲不幸,一再经人窜乱,寄语世人,苟有述作不及身,写定,其不遭黎丘之鬼者,几希。翻阅一遍,掷笔三叹。

　　　　　　　　　　民国三十有七年花朝孟颛冯贞群记

　　　呜呼!此亡友隅卿马君之遗著也。隅卿尝客京都,某时,视其夫人疾,来甬上,询孟颛:"此间有籍萧山而好版本者,知其人否?"孟颛召余对。于是始相识,每见辄谭版本,旁及书画金石。又尝与共社,祭谭卿

①　朱鼎煦.黄梨洲先生《明文案》目录·后记[M]//马廉.黄梨洲先生《明文案》目录.别宥斋抄本.

先哲谢山遗事，不休泛迹，因日以密。后，鄞堕城之多古砖，余与隅卿迅视。每日之昃，常相见于八角楼下，甚风雨不间。隅卿以空米囊、余以辇载砖归之。则掌镫椎，拓得异品，走伻相示以为乐。岁阑，馈贻隅卿以太元，辛卯岁，砖来，家人启椟，以为误也，笑视久之。欲令伻持以返，余闻声出，亟收之，而以梅伯花卉轴报。迨蜚云南下为馆收黑鞑事，略。隅卿欲得今乐考证主者，故昂其值，为之说，合赍不继，复贷之。又久之，其夫人卒，余经纪其丧，丧举，而隅卿北游，未几，病中猝死。隅卿在甬时，常独居一室，诵习不辍，其藏书处曰"不登大雅之堂"，稿草之纸则署"平妖堂"。一日携黄梨洲先生《明文案》去，为余成是目。朱墨粲然，编纂精审，言之备矣，惟余有不能已于言者。梨洲垂髫读书，十四补诸生，父死诏狱，具疏讼冤，袖长锤之许显纯等，南太学诸生作《留都防乱公揭》，珰祸，诸家子弟，推梨洲为首。及阉党纠其师刘（宗周），并及梨洲，会清兵至，得免。复随孙熊诸军以抗清，诸军倾覆，乞师东瀛，生平于书无所不窥，家藏书不足，抄之"世学楼""淡生堂""千顷斋""绛云楼""天一阁""五桂堂""倦圃"，最后尽得"传是楼"明人文集，日夜丹铅而从游之。万祖绳（斯年）、万（斯程）、万正符（斯祯）、万（斯昌）、万公择（斯选）、万充宗（斯大）、万允诚（斯备）、万季野（斯同）、万贞一（言）、张有斯（锡琨）、朱（朴）、刘（茂林）皆执笔参与，随见随抄，或随时辑成一书，《明文案》其一也。但其誊第，清库目作"二百卷"，北平图书馆书目作"二百十六卷"，隅卿考定为"二百七卷"，而序跋未附，凡例未成，篇名之上有角者，有圈者，二圈三圈者，又间有钩去者。如卷三十七之《大学》《格致》《古传序》有黏红签，或签已失黏迹尚存者。有白纸签，书王宗沐《与胡弘甫书》，此或是其尾。查补，见卷六十二又有此，是胡直《与唐仁卿书》，查补前段，见卷六十三有书宜补者，如卷八十三有《汪文言传》，宜补此处之纸签。（按：以上三纸签其字迹颇似梨洲）。黄（尊素）有有目无文者，黄（宗会）则仅有目，其文皆缺。或以家人著述，易于检取增入故，留以有待，时日久远而遗忘者，其前半多点次及校笔，并记其爵里，评其功力，数语或数行。隅卿最后谓为出于梨洲之手者，是也。后半则较少〔至如卷三十六胡（广）《平南（乙）安颂》、杨（荣）《平安南颂》之间，割目，并删其文，又于文中涂去一字或数字，盖文网严密，以后之人所为〕。其为稿草也，自可推见。他若阎百诗之于《明文海》，李越缦之于《明文授读》，皆致微辞，且疑为主一所为。《文海》余未之见，不敢有所论列，《授读》之刊，出于张斯年之手，版心署其室名"味芹堂"，卷首署

"姚江黄梨洲先生选授""门人张（锡琨）、男（百家）校读"，一若梨洲为彼二人而作。中间虽录"百家私记"，安知非出于张氏之手以相标榜乎？越缦不察，谓为主一所为，要之二书与《文案》颇不相涉，孟颙为余编书目，跋称"梨洲不幸，一再经人窜乱"，按清帝征梨洲举博鸿，修明史，皆力拒。而徐元文承意旨，复延主一参史局，主一为父折冲，勉为其难。又能世父学，梨洲编《宋元学案》，未成，卒，主一续成之，未闻有讥其窜乱者。喜拳法，学于王来，咸尽得其传，又从梅文鼎问推步法，有《内家拳法》《体独私抄》《王刘异同》《勾股矩测解原》《幸跌草》，未闻有疑盗父书为己有者。梨洲于经、史、理、律、历、算、经济诸学，固炳之百世。又有续《宋文鉴》《元文钞》，未闻为出于主一假托者，如以古文义法绳有明一代之文，入彀者正复不多。元文之不类，已有先例，故步自封，湮于胡底。且不知是书之蕴所包者广，岂容轻掉？（此）非深知梨洲者。梨洲于丧乱之际，以涯海孤臣搜集数百家之文，成此巨著，即义法有违，亦史料攸关，身后一水一火，故书荡然。盖喜谤前辈，久成积习，承前人之谬，推一己之澜，凿空无据，诚多事也！且是书署"姚江黄德冰先生选"八字，仅一见于三十三卷之首，书其父早年不经见之名，又何足以欺世？果如所云，主一之无似甚于孝拱，狂妄过于人神矣！隅卿又曰归先生文集附录有"世统""管村"二印记，每册首页有"万（言）字贞一"及"子孙毋鬻"二印，疑为贞一所编。按书归先生文选十二篇，一百二十八卷，四篇，用刊本者一篇，钞者三篇；一百六十七卷，八篇，刊者五篇，钞三篇。是见刊本归集，并非全书。而唐（时升）《震川墓志》，版心无"两金堂"字，与他篇不类，以残页充数，节缮写之劳，乃意中事。当康熙己未庚申，雄猜之主，以《明史》大典，特举博学宏词五十人，又举贞一、黄俞邰（虞稷）、姜（西溟）（宸英）食七品俸，任纂修，事宏词。诸公既得实授翰（苑）职衔，凡迁转点差及告假，俱得缘本职行事，掺觚者曾无几人。贞一既擅三长，又于史事之外，无端可借，故笔削之任，为力较多。任事九年之久，生性耿直，因杨（嗣昌）孙挟要津札乞于（嗣昌），传少宽假，贞一力格之，以此忤贵人，出知五河大吏，又陷之，得罪，论死，其子营救得免。故余疑是书（乃）贞一在馆时假之而去，就曾读之书，作参证之用，事半功倍，当为师座所许。后来之不遭水火，以此黄氏诸孙仅以耕读自给，或转让，或报赠，皆未可知。若窃师门之著述，以充一己之箧笥，贤如贞一，必不出此，观者勿疑焉。余因其书体不一，古致盎然，以梨洲公择充宗、允诚、季野尺牍，并假友人所藏"禹慎斋"四贤同直图，主一题跋,并几互证,而知是书书写多出此数君子之手。他日当细心参会,作一考证。昔年内书友之介尽收叶氏"退一居"藏书,先是,以重金得万氏《明史稿》真迹。于是颜余居曰:"黄万岁暮祭书,祭毕,邀朋侪麦饮,不无自矜之色。回忆尔时会合,孟颙往往最后至,至即娓娓不休,隔卿徐徐曰:'冯先生又假截搭题矣!'座中人笑破口,孟颙语亦竟。"今隔卿不可复见,玩其遗迹爽焉。伤之,而余之齿加于初见隔卿时三十年,衰病日侵,旧学废忘,未必言之足征,隔卿而在,或往复讨论,有以益我,此则黯然可思矣!

公元一九五一年二月萧山朱鼎煦赞卿藁草越五年重录

见存之《明文海》,疑是清帝征梨洲先生修明史,先生以母老已病辞。掌院学士叶(方蔼)、徐(元文)乃请下诏,浙中督抚钞先生所著书关史事者,送入京师之物。莫子偲谓:"四库所据者,其手稿也。"邵位西谓:"原书六百卷,今余姚尚有传钞本,四库所剩之百十八卷,皆晚明事,有所避也。"

又记

第二节 《明文海》版本考辨

《明文案》编成后,黄宗羲觉其并不详尽周全,要裒集有明一代全文,达到以文存史、以文存人之目的,自不能止步于此。于是他继续各处奔走,致力于访书抄书购书,多方施法广搜博采,竭尽所能寻求汇集明人文章,如此历时19年,终于在去世前两年,即康熙三十二年(1693),以84岁高龄完成了将《明文案》增广为《明文海》的伟大创举。《明文海》号称明代全书,"可谓一代文章之渊薮"①,陈垣曾对《四库全书》中页数过万的书进行统计,《明文海》共计11558页,是31部超过万页的书籍之一,正因其卷帙浩繁,体量庞大,《明文海》始终未能刊印,留下遗憾。《明文海》现存版本颇多,学界认为具有代表性的本子共四种,分别为:天一阁藏稿本、浙江图书馆藏本、北京图书馆藏本和上海图书馆藏本。实际上,原本流传于世的《明文海》抄本远超此数,据笔者所知当有10余种,除去部分因年代久远而失传者,目前尚存世的大概如下:宁波天一阁藏26卷残稿本,浙江图书馆藏旧抄本及文澜阁《四

---

① [清]永瑢,纪昀,等.四库全书总目提要[M].海口:海南出版社,1999:1038.

库全书》本 2 种，北京国家图书馆藏清抄本（原上海涵芬楼本）、朱格抄本及
文津阁《四库全书》本，上海图书馆藏清抄本，台北故宫博物院藏文渊阁《四
库全书》本，甘肃图书馆藏文溯阁《四库全书》本，河南图书馆藏残卷本，湖南
省图书馆藏残卷本（原顾沅艺海楼抄本）等。另外，日本东京静嘉堂文库也
藏有陆心源旧藏本，而近代著名学者张宗祥还留下了增订本《明文海》。上
述各本《明文海》，以天一阁藏残稿本为最善，浙江图书馆藏的清稿本则是目
前学界认为最早、最全、最真的抄本。① 现就各本情况作一梳理。

一、宁波天一阁藏残稿本

此稿本目前藏于宁波天一阁中，是诸版本中最珍贵者，只剩残稿，存有
26 卷，收文 203 篇，包括 9 种文体，分别为："赋"70 篇、"奏疏"16 篇、"辨"38
篇、"颂"8 篇、"赞"16 篇、"铭"17 篇、"箴"4 篇、"戒"4 篇、"书"30 篇。具体分
卷如下：卷 19 至卷 22 为"赋"，卷 38 至卷 42 为"赋"，卷 51 至卷 54 为"奏
疏"，卷 114 至卷 118 为"辨"，卷 122 至卷 126 为"颂""赞""铭""箴""戒"，卷
160 至卷 162 为"书"。

残稿本存书六册，破损严重，毛装，抄写纸张多为无栏白纸，间有乌丝栏
竹纸。每页行款不一，分半页 10 行或 11 行不等，每行 20 字左右。抄者笔
迹各异，各册除抄录外还间有原明人文集刻本的散叶插入，剪接粘贴之迹明
显，之所以如此或是出于抄校劳顿、省时省力考虑，或因确保选录时不至与
原文文字出入有关。目前所见插入者有《皇明文衡》《皇明文徵》《皇明沐化
续编》《三台文献》《白河全集》《王氏家藏集》《纺授堂文集》《牧斋有学集》《皇
明奏疏类钞》《息园存稿》《隐秀轩文集》《明文奇赏》《皇明文则》《皇明文范》
《薛考功集》《皇明经世文编》《赖古堂文选》《宋学士全集》《震川先生文集》
等，六册共计 474 页，其中刻本 123 页，约占三分之一。据此大致可认定此
本是康熙年间原稿本的残本。② 此稿本各册前编有目录，但缺损不全，如第
160 卷、第 161 卷和第 162 卷目录即全部佚失，今尚存九页。

天一阁藏残稿本中多处可见黄宗羲手迹，这些手迹或见于各册之首的
目录，或见于所选篇目中的批语，既有墨笔书者，又有朱笔所写。今上海图
书馆藏有《黄宗羲南雷杂著稿真迹》和《昭代名人尺牍》中的宗羲致秖宁函件

---

① 童正伦.《明文海》的编纂与传本[J]. 文献,2003(3). 按亦见于徐由由. 最早最全最真的《明文
　　海》抄本[J].图书馆研究与工作,1995(2).二人均认为浙江图书馆藏清稿本《明文海》是最全、
　　最有价值的本子,并进行了相关考证.
② 骆兆平.《明文案》《明文海》稿本述略[J].文献,1987(2).

两份黄宗羲手稿真迹,两相比对,残稿本中各卷目录及部分朱批笔迹与其如出一辙,由此可以推断天一阁藏《明文海》残稿本上朱批确系黄氏亲笔所书,而此本因有黄宗羲手迹,愈显珍贵。

今考残稿本上的黄宗羲手迹,其存在形式主要有三:

其一,见于各册之首的目录。目录今仅存九页,且有缺损,其中卷160至卷162三卷的目录佚失不见。残稿本各卷目录是黄宗羲亲自以墨笔书写而成,中间偶有用朱笔加以补录所遗之处。

其二,见于各处的明文批语。现存批语中,一部分是黄宗羲自撰,一部分由其子黄百家笔录转述。除了各卷目录,黄宗羲还以朱笔对明文进行批校点评,书中多处留有他和百家父子二人的批语笔迹。批语用朱笔或加以眉批或记于文末或录于句侧,而以文末批语居多。眉批者如卷53所选夏言《申议郊祀二祖并配疏》文后附有霍韬《与夏公谨书》,其"盖泉府之政,即桑弘羊均输之政也,安石行焉,遂致元丰、熙宁梦梦如也……"句上用朱笔眉批"深文刀笔"四字表示对其文犀利风格的称赏。卷160王廷相《与郭价夫学士论诗书》文中屡见眉批,如"若夫子美北征之篇,昌黎南山之作,玉川月蚀之词,微之阳城之什,漫敷繁叙,填事委实,言多趁帖,情出附揍,此则诗人之变体,骚坛之旁轨也……"句上有眉批,记为:"如是言之,则有比兴而无赋矣。"又其后"然措手施斤,以法而入者有四务,真积力久,以养而充者有三会,谓之务者庸其力者也……"句上亦见眉批语曰:"作诗之法非不详备,然终是揣摩得之,不如宋景濂所谓五美者,语语见血。"

文末批语更加多见,如卷114张恒的《血气心知辨》一文于文末批有"释氏本觉之言未尝不是,又何怪乎其同也。公有心学论四篇,中无实得,不自知其言之离合"等字样,卷117宋懋澄的《辩文章五声》文末有八字批语:"强为分疏,实未必然",卷123方应祥所撰的《黄大年像赞》一文,也在文末出现朱笔题写的三行批语云:"大年讳可师,余族伯也,与先公同榜进士,官行人,拔杜松于小校。松后死戊午之难,不负所知。"黄大年与黄宗羲父黄尊素为同科进士,据《明清进士题名碑录》所记,黄大年为万历四十四年(1616)丙辰科三甲第三名进士,黄尊素为同科三甲第183名进士,批语中所称"先公",即黄宗羲父亲黄尊素,故施以朱批者为黄宗羲本人无疑。此亦为稿本朱批是黄宗羲手迹又一力证。黄宗羲留下的这些批语多为其对某文某作者的褒贬及他对明代文学状况的思考,黄氏的文学思想和文学艺术主张等于兹可见一二,其文献价值和学术研究价值不容小觑。骆兆平《〈明文案〉〈明文海〉

稿本述略》一文专门移录有 10 余处朱笔批语。① 详情可见其文,兹不转录。

另需注意,从书写内容及笔迹看,此稿本朱笔批语有部分是出自黄宗羲子黄百家之手,黄百家将父亲于其他文章中发表的明文批语进行梳理、追记并移录于《明文海》稿本之上,句首通常冠以"先夫子曰……",还有部分是他就所选作家作品发表自己的看法,开头记以"百家私记",双行小字排版,二者区别分明,一目了然。残稿本上留有不少黄百家的墨迹,如卷 39 叶宪祖《后相思鸟赋》文末批语为:"先夫子撰先外祖墓志铭:公讳宪祖,字美度,别号六桐,姓叶氏,宋石林先生梦得之后也,迁于余姚,明洪永间,有原善者官。"介绍作者叶宪祖的生平文字出自黄宗羲所写墓志铭,黄百家摘录过来置于文稿中,权当批语。卷 117 郝敬《周公不杀兄辨》文末先以朱笔单行书:"先夫子曰:仲与京山人,给事中,楚望穷经,其文滔滔莽莽,尽情舒写,另是一种家数。"下接双行小字:"私记:楚望穷经十九年不出户,乃作《九经解》。"同页另贴有校签曰:"百家私记:楚望字仲舆,京山人,万历己丑进士,为给事中,以劾奄人陈增,辅臣赵志皋,大计归,十九年不出户,作《九经解》,学案有传。"此处两条私记均对前注予以补充说明,介绍背景,以加强理解。观其写法,辨其笔迹,这些朱笔批语为百家手笔无疑。稿本中亦偶见百家眉批,如卷 51,张孚敬《正典礼疏》文末标注:"百家私记:公初名媳,字秉用,永嘉人,正德辛巳进士,官至太子太师吏部尚书、华盖殿大学士,赠太师,谥文忠……而光禄寺垂河渊遂欲宗之列祀太庙,公力争,谓当别立庙,不当于正统,此限于分者也。"页上又有眉注语,记为:"批语低两字,双行,后凡遇百家私记依此。"此处文字亦出自百家手书,用以说明此类批语的格式及出处,申明这一类批语均为黄百家所为,给后人辨析黄氏父子批语提供了线索。

黄百家在《〈明文授读〉发凡》中交代《明文授读》中评语的来历及其整理目的时明确提到:"先遗献遍阅有明文集,间有数行或数语,偶记其爵里姓氏及评其功力手笔者,今遇兹选所及,谨敢搜掇并载于篇,以为读书知人之助。以非本篇原评,特加先夫子曰或先夫子书某集以别之。其有未经先遗献所评及者,不孝或追忆先遗献平日之绪论,或私有触核以补之,则谢注百家私记于下。"②《明文授读》选文主要是以《明文海》为本,故《明文海》中部分文章原本有黄宗羲批语,后被精选入《明文授读》时,评语也一并直接移录进集中,黄百家此语恰可与天一阁《明文海》残稿本互为印证。

① 骆兆平.《明文案》《明文海》稿本述略[J].文献,1987(2).

② [清]黄百家.《明文授读》序[M]//[清]黄宗羲.明文授读.中国社会科学院近代史研究所藏清康熙三十八年味芹堂刻本.四库全书存目丛书集部:第 400 册.济南:齐鲁书社,1997:214.

其三，见于明文错抄或遗漏而经校改处。观黄宗羲手书卷目及批校等，可发现残稿本中多处明文有不小心抄写错误或被疏漏遗失者，黄宗羲对此一一亲自核查并施以朱笔进行校改，这种情况较多，均比较醒目。如将"早"改为"旱"，"佰"改为"伯"，"行"改为"阴"，"自"改为"视"，"子"改为"知"等。又如汤显祖《嗤彪赋序》中原录"道士扑跌为戏"句，黄宗羲以朱笔在"道士"后增补"时与"二字成"道士时与扑跌为戏"。另如"不知恩子别"句改补为"不知恩义轻重之别"，而"交人有言，我初匪夸"句中新增16字，补为"交人有言，我因荼毒，天子生我，旋厉为福，交人有言，我初匪夸"等等，类似情况不胜枚举。

值得一提的是，细检文稿，可发现原稿中有部分文字经过了涂抹删削。如卷51张孚敬《孔庙从祀疏》配有明刻本散页，其中出现的"夷狄"二字，被朱笔圈掉。卷54杨继盛《乞诛奸险巧佞贼臣疏》一文中多处写有"胡虏"两字，凡此二字均经涂抹，该文端有眉注，书为："空○二"，意为原圈改处以两空格代之，观其笔迹非出自黄宗羲之手，或是后人考虑到避祸文字狱而采取的技术处理方法。

综上，据现存天一阁《明文海》残稿本可大致确定，此本应该是由黄宗羲亲自负责编辑定目，而其门人、子侄等协助其抄录整理，辑成终编。《四库全书总目》卷190"《明文海》提要"中称："考阎若璩《潜丘札记》，辨此书体例，谓必非黄先生所编，乃其子主一（按：黄百家字）所为"①，认为《明文海》不是黄宗羲主持编纂的，实编自其第三子黄百家之手，此记所写对象尚存争议，或非就《明文海》而言。不过黄宗羲于康熙三十四年（1695）七月去世，时《明文海》确实可能尚未完稿，但其卷数、内容、格式等均已粗定，待宗羲离世后，黄百家将其整理成编，最终定稿。黄宗羲为前明遗民，宁作布衣，甘耐贫寒，也不愿出仕清廷。虽著作逾身，但身处变革时代、清贫无依、资金不足的他没有能力刊刻自己如许多的著作，以至大量作品散失消亡，令后人痛惜不已。其《明文案》亦因卷帙浩繁，抄者少之又少，虽原稿本后为清初学者万言所得并令家人小心珍藏之，但关于其遭"潜窃"真相至今不明，有待深研。而搜文更加宏富、规模更为庞大的《明文海》稿本究竟落于何人之手亦无从得知，今检此书中无任何藏书印章或其他线索可供考证，限于材料缺失暂存疑待查。值得庆幸的是，此二书历尽艰难险阻，几经辗转流变，残稿本在民国时均被近代藏书家朱鼎煦收藏于别宥斋中，1979年朱家将一己所藏尽数捐

---

① ［清］永瑢，纪昀，等.四库全书总目提要［M］.海口：海南出版社，1999：1038.

于天一阁，于是天一阁得存《明文案》《明文海》残稿本。骆兆平曾在《书城琐记》文中对此问题进行说明，惜未得见原文。但《鄞县通志·文献志》对此本有数语记载，当时记有卷 55，故作存 27 卷，此记若非笔误，则或系后又佚失了部分。

二、浙江图书馆藏旧抄本

此本为浙江图书馆藏清初抄本（下简称浙图本），应当是目前所知存世抄本中最早、最全，也是最接近原貌的本子。① 浙江图书馆原古籍部主任童正伦曾详加考证，认为此本当为黄宗羲续钞堂本，即康熙年间《明文海》稿本的誊清本。② 该本现存 125 册，共 473 卷，缺卷 184 至卷 187、卷 461 至卷 464、卷 482，所缺卷中共包括 4 卷"书"、4 卷"墓文"、1 卷"稗"。其中关于卷 461 至卷 464 缺卷问题，也有"盖抄本未标卷数，其文固赫然在也"③之说，认为此数卷并没有缺失。全书各册首页抄有篇章目录，首尾两册均明显遭磨损。第一册目录缺，其首篇桑悦《南都赋》缺数页（按：约缺五页），缺页前衬有空白纸张两页，后接文如下："势之莽莽兮风气蒙蒙而未开……安渊蛰之匪才"，下再接双行小字，曰："自冈艳艳以下形容上古之时金陵气象未开之状，以为天遣吴、晋等国为我朝渐次开辟之地，文有起伏，意思绝妙今古"，双行小字当为黄氏或后人评议语，下再续接单行大字："于是役吴载柞，命晋其耘，宋齐为奋，梁陈为斤，其建金华。赤乌王烛重云：太极清暑之俵丽，结绮永安之清□"。尾册有缺页破损，文止于卷 481《崖鸡》篇。与册前目录核对可知，卷 481 本录文七篇，其中蒋德璟《椰经》和《珠经》、许自昌《漫录》三篇缺，卷 482 宋懋澄《李福达》，杨锵《随笔》，佚名《陶真人》《侠客》《分宜》《海中介》《徐文长》《徐芳杂记》八篇文章亦有目无文。另，册前有目而文缺者还有 18 篇。

抄本用连纹竹纸书写，纸色泛黄，其中多册原纸上印"荆川太史纸"朱蓝印记，清代印书多用连史纸、太史纸，此纸为清朝康熙年间所特有，故据此本书写用纸推测当抄于康熙间。每半页 10 行，每行 25 字，无界格，无边栏，无页码。具体情况参见下列图 5-6 浙江省图书馆藏《明文海》清抄本。

---

① 徐由由.最早最全最真的《明文海》抄本[J].图书馆研究与工作,1995(2).
② 童正伦.《明文海》的编纂与传本[J].文献,2003(3).
③ 骆兆平.《明文案》《明文海》稿本述略[J].文献,1987(2).骆文中提到：承徐静波先生细核，其中四百六十一至四百六十四并非缺卷，"盖抄本未标卷数，其文固赫然在也"。此情况尚待确证。

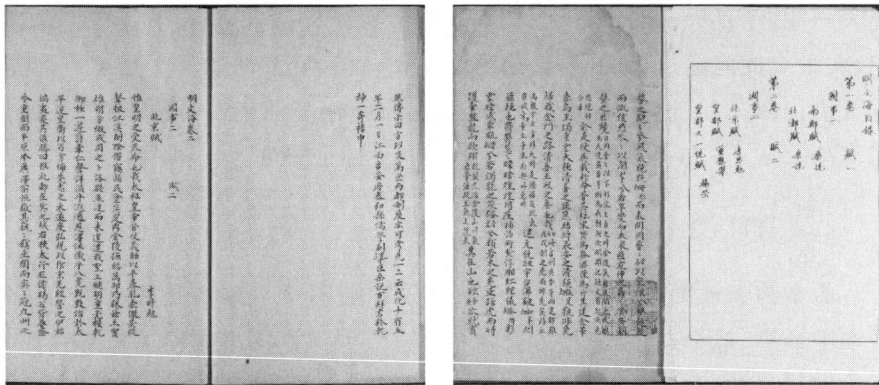

图 5-6　浙江省图书馆藏《明文海》清抄本

　　该本抄者字体不一，笔迹各异，应为多人共同抄录而成。书中部分地方可见校字，分朱笔、墨笔两种。朱笔校于原字之上，如第五册王翰《问田赋》中将"千载而杀"之"杀"改"刹"者，"今古之同料"改"料"为"科"者，另有将原"暦"字改为"歷"，原"丘"字改为"邱"等。亦有朱笔补缺字，如王翰《问田赋》前文为桑悦之《吊贾生赋》，中有补"视蝼蚁"之"蝼"字。朱笔校改笔迹与抄文不同，可知非抄者改，而墨笔校于原字一侧，笔迹与抄文无异，应系抄者自己圈改。

　　卷中多处以小字补录部分文字的注释和注音，部分注释有出处，注音方式有注为"某某切""音某"等。如卷首桑悦的《南都赋》一文，开篇即为："南都有博古先生同州邑秀，先游于北都，乃观气象之恢宄（恢宄大貌，《楚辞》收"恢台之孟夏"），民物之遒堷（徒和切，多也），神莽莽兮外淫，意惶惶兮俪俄（音哦痴也），独先生兼□（言蹇）极凌碎（矜才貌，见《荀子》），浪惊施拖（不以为意也，见文中子）……"其中便有"恢宄""堷""凌碎"等字词的注释及"堷""俄"的注音。

　　卷中偶有目录顺序与正文所录有异者，当为抄录者疏忽所致。如第四册第 14 卷中目录顺序与正文所录即前后颠倒，本册内还夹有字条数张，上面分别书有以下文字："六行'殇'应为'觞'；七行'联北户''北'疑为'比'；八行'唫'疑为'吟'；九行'与'疑为'兴'；十一行'又鸟能''鸟'应为'乌'；十八行'蕉垒'疑为'旧垒'；十九行'卧食不兮''兮'当为'分'误。"应为校改者记录并插入。

　　此抄本卷中目录题名多有和正文处题名不完全吻合处，第 122 册目录中卷 470 此种现象便屡次出现：如罗圮《都豫轩志》正文题为《都豫轩墓志》，徐渭《高升志》正文题为《高君墓志铭》，而《宋丘文定碑》正文处为《重修宋太师魏国丘文定公神道碑》，又有《孙见山志》正文为《孙见山墓铭》，《刘绍卿表》为《刘绍卿墓表》，何良俊的《董隐君表》正文题作《董隐君墓表》，他如《来君志》题为《来君墓志铭》，《刘涵江表》正文为《刘涵江墓表》等。这种情况是抄写目录时故意简单处理致此还是纯属笔误，今无法确知。若为笔误，似不应有如许之多。若专门为之，则意在何为？此暂存疑。

每册首列目录格式与残稿本同，当从稿本传抄而来。进一步校勘该书目录，可知册前有目无文者共 15 篇，具体如下：卷 47 中徐渭的《前破械赋》，卷 111 中童轩的《七政左旋赋》，卷 125 中赵汸的《象山先生赞》，卷 129 中薛甲的《学庸疑义五条》，瞿汝稷的《格物训一》《格物训二》，沈懋孝的《易学义例七条》，卷 130 中刘文卿的《格物致知义》、顾彦夫的《经疑》，卷 228 中郑之惠的《西汉文序》，卷 267 中顾起元的《自序》，卷 305 中王恪的《序葫芦生子》，卷 326 中刘宗周的《黄母姚淑人五十寿序》，卷 436 中祝允明的《唐子畏志》及卷 437 中王锡爵的《王弇洲碑》。这些文章中除徐渭《前破械赋》和赵汸《象山先生赞》二篇《四库全书》本和涵芬楼本见收外，余文他本皆不见收，应早已佚。而《序葫芦生子》《唐子畏志》《王弇洲碑》三文可于《明文授读》中查到，据此推测原《明文海》中应收有此三篇文章，后不知何故佚失不见，只余题目存世了。

今浙江图书馆藏有诸如绥所录《〈明文海〉目录》一部，为原余姚五桂楼所藏，上海古籍出版社亦有存，可资查证。目录前有诸如绥所写序文一篇，说明该目录所编由来及目的等。今录其序言如下：

> 吾乡黄梨洲先生所选《明文海》，其门分二十七（按：实二十八门，此应误记），向无刊本。今黄氏续抄堂所藏抄本无总目，且首编《南都赋》缺数页，墓文缺四百六十一至六十四共四卷，卷末稗说缺数篇。其间多鲁鱼亥误，必得补残雠校方成完璧。余友黄子石泉生平无他嗜好，惟于古今书籍视若性命，然所得既富，别作五桂楼藏之。岁丁丑予自金陵归至四明，一登其楼，见列大橱二十，分贮经、史、子、集，其不惜资而手抄购得者，已积有数千百卷，并谓余欲得《明文海》一书，以备一代之文。余谓卷帙浩繁，未能猝就，遂从黄氏录其各门篇目，釐为四卷，贻我石泉庋之楼中，使因其目以求各家全集。①

据其所言，因余姚五桂楼主人黄澄量嗜好藏书，欲求《明文海》而备有明一代

---

① ［清］诸如绥.《明文海》目录序.《明文海》目录［M］.按：据骆兆平先生称，此目录为余姚梨洲文献馆所藏，书上钤有"余姚黄氏五桂楼藏书印记"。

全文,诸如绶遂于清嘉庆二十二年(1817)受命前往余姚黄宗羲续钞堂①迻录此书,因而得到机会一睹《明文海》抄本真容。但因《明文海》卷帙过繁,诸如绶未能如愿进行全本抄录,仅"从黄氏录其各门篇目",整理成《〈明文海〉目录》四卷,以便"因其目以求各家全集"。其《〈明文海〉目录序》中所记无总目、首篇缺页、墓文缺四卷、稗说亦有缺文等等说法均与浙图藏本吻合。诸文漏记了四卷,分别为卷184、卷185、卷186及卷187,所抄目录中亦缺。诸如绶还提及抄本中有校改文字,"其间多鲁鱼豕误,必得补残雠校方成完璧",经查,浙图本中情况与此言亦相吻合。经校各篇目又与浙图本篇目相一致,可能诸氏当时所编《〈明文海〉目录》的底本正是原藏于续钞堂、现存于浙江图书馆的《明文海》抄本。

经统计,此本共收作者8010人,录篇目4457篇,与其他各本相较,浙图本是各本之中收文最多、最全者。其他几部均比浙图本少收1100余篇文章。虽然看目录数卷次,缺九卷的浙图本似乎比上海图书馆藏本和北京图书馆藏本缺得更多(按记录卷次,上图本、北图本都只缺第481、第482两卷),但实际上浙图本所缺者,他本亦缺,浙图本不缺者,其他几本也缺。其他本看似卷数缺得少,是因为他们以别卷中的内容填充入所缺卷中以补足卷次,虽然凑全了卷数,但实际篇目依然缺失。如卷461至464的缺卷情况即是如此,详细核对可发现,上图本和北图本卷462都抽取了卷458徐阶的《杨淑山志》一文,高叔嗣的《霍上蔡表》一文,王慎中的《张斋志》《沈束志》二文,罗洪先的《王东华志》《河孟循志》二文,张同德的《王定五志》一文,陈子龙的《徐太宰行状》一文等八篇补入,单列为一卷,以充卷数;而卷464也是将卷460的《黄忠端公碑》一文移来补入成卷。此类情况见于多处。如卷184移取了卷188中陈献章的《与葛侍御》,罗伦的《复李太守》,王守仁的《与安宣慰》《答毛宪副》等文;卷188中唐顺之的《与赵勇江》被移为卷185,而霍韬的《与林汝桓》,薛绘的《辞赵勇江》《答友人》二文,张居正的《辞建亭》几篇则被移为卷186;卷187则由卷190中王缙的《与友人》,薛绘的《答荆川》《答友人》,张治道的《上杨遂庵》,李默《上三宰相》,侯一无的《戒弟出》移入拼凑而成。这其实是一种掩耳盗铃、自欺欺人的做法,不仅弄虚作假,还混淆后人视听,实不足取。

浙图本中卷首和篇名目录署有钱谦益、侯方域、李世熊等人姓名,据此可知该本应收录了钱谦益等人的文章多篇,其抄录时间当在乾隆年间编《四

---

① 陈乃乾.室名别号索引[M].北京:中华书局,1957:337.

库全书》之前。因乾隆年间钱谦益被列为"贰臣",朝廷下令禁毁其全部文章。故他本中凡钱谦益名字出现之处,均用墨笔加以涂抹,当系乾隆后改,是后人出于避祸而为。再看文中的避讳情况。如卷 69 文徵明的《会稽双义祠碑》一文中出现了"夷狄禽兽"等语,但令人惊讶的是此处却未经涂抹或圈挖。按常理推测,为维护皇室尊严,文人作品中凡遇君王名讳均应采取改字、缺笔,或用代称等不同方式避之。但此本中"胤"字、"弘"字均不缺笔,"曆"字也都不见避讳,只有一处貌似是避讳,后经查证亦不过是误写,而书中"玄"字也仅有少数几处缺末笔,多数原字完好无缺。文中虽有涂改,但并不十分凌乱。版面整体而言比较干净、整洁。由此种种情况可基本判定,此本抄于康熙年间的可能性最大。

浙江图书馆 1963 年编有《〈明文海〉著者索引》一册,线装,为油印本,钢刻,藏于孤山分馆。笔者按此索引所著篇目初步统计,将此本《明文海》收录作者文篇数较多者(按:10 首以上者计入)略举部分如下:解缙 15 首、刘基 13 首、王守仁 20 首、王世贞 12 首、王渐达 26 首、宋濂 55 首、祝允明 33 首、袁宏道 20 首、袁中道 19 首、桑悦 28 首、方孝孺 50 首、王慎中 37 首、文徵明 17 首、徐师曾 13 首、徐渭 36 首、徐芳 18 首、徐世溥 14 首、唐顺之 40 首、胡翰 13 首、侯一元 19 首、唐时升 14 首、高攀龙 28 首、娄坚 32 首、张居正 16 首、张岳 15 首、张治道 15 首、张宁 22 首、张鼐 14 首、郭选卿 14 首、陈继儒 17 首、陶望龄 15 首、傅占衡 26 首、屠隆 14 首、曾异撰 25 首、汤显祖 15 首、焦竑 26 首、程敏政 10 首、童轩 16 首、黄佐 15 首、黄省曾 11 首、黄尊素 10 首、黄道周 18 首、黄绾 19 首、杨士奇 35 首、杨守陈 15 首、杨循吉 23 首、杨慎 15 首、叶向高 10 首、万士和 10 首、万廷言 10 首、邹元标 23 首、邹观先 12 首、熊过 12 首、赵汸 23 首、赵南星 36 首、赵贞吉 28 首、赵时春 24 首、刘绘 18 首、欧大任 13 首、蒋德璟 19 首、蒋鐄 13 首、郑之玄 13 首、邓元锡 13 首、黎遂球 17 首、钱谦益 66 首、薛甲 11 首、薛应旂 25 首、谢铎 12 首、钟惺 20 首、归有光 23 首、瞿九思 11 首、瞿汝稷 13 首、罗玘 24 首、罗洪先 30 首、苏伯衡 16 首、顾起元 25 首、顾璘 26 首等。其中,注明"四库本无"的有 197 首,详见文后附录二所列《〈明文海〉四库本缺目简表》。

值得一提的是,此本有一点较他本最显珍贵之处,即录有黄宗羲、黄百家父子二人的批语 220 条。这当中,黄宗羲的批语超过半数,计有 130 条,其子百家批语为 90 条,包括追记"先夫子曰"53 条和"百家私记"37 条。文中评语写法均为正文之后另起一行,低二格书写,字体大小与正文无异,而"百家私记"语则为双行小字,紧接在"先夫子曰"文后。经查,浙图本"卷三

国事三 赋三"中的刘球《至日早朝赋》及刘伯燮《朝钟赋》在骆兆平所言评语汇录中列入"卷二",当是骆兆平所记有误。此条刘球《至日早朝赋》末尾评语另起一行低二格,所录除"先夫子曰"之外,下接有双行小字注明:"百家私记:忠愍,号两谿,永乐十九年进士,正统八年应诏。陈言忤王振斫,死诏狱,颈断犹直立不仆。邑人成器,设位龙泉山巅,为诗文祭哭之人,名为祭忠台。"而刘伯燮条下评语则为另起一行低一格开始,字体大小与正文无异。书中批语笔迹与抄文同,当是转录。这些批语是我们研究、考证《明文海》的第一手材料,其重要文献价值毋庸讳言。而在《明文海》诸抄本中,唯有此本录有黄氏父子的批语,这也成为该旧抄本源于稿本的重要依据之一。

查旧抄本,通篇未发现钤有任何藏书印章,故其流传过程难以确考。目前仅知浙江奉化人孙鹤皋(1888—1970)曾得此残稿,藏于天孙阁。孙氏家族素有藏书重教之风,其祖父辈曾筑书屋、办书塾,阅书、藏书均多。如晚清进士孙锵一生嗜好收藏书籍,于光绪二十三年(1897)建藏书楼好古山房,号称"七千卷藏书之楼",实藏书达 8000 多卷。后在上海筑十二万卷楼,专门收藏古书、字画,所藏书多为四库全书未收之秘籍。可惜日寇入侵后,藏书多有散失。民国时期,孙鹤皋办奉北小学并购书藏于故宅天孙阁,藏书凡37 箱。《明文海》残稿本想必几经流转归其所藏,1954 年 7 月,浙江图书馆从天孙阁得此稿本,如获至宝,珍藏至今。

综上所述,可作如下推断:浙图所藏旧抄本极可能是续钞堂本,即乾隆以前黄宗羲编定《明文海》以后的清稿本。此本从抄写的时间、内容的完整程度、抄本与稿本的一致性等各方面来看,都优于其他几个抄本,是现存最早、最全且有评语之抄本,最接近黄宗羲所编《明文海》原貌,《四库全书》本和其他各抄本皆应源出于此。故在稿本残缺,抄本流传稀少,又无刻本的情况下,《明文海》若要重新整理出版,自然当以此本为最佳。

三、浙江图书馆藏文澜阁《四库全书》本

文澜阁《四库全书》本现藏浙江图书馆孤山分馆中,是南三阁中唯一幸存至今且存书较其他阁本更齐全的一部图书。该书于乾隆五十二年(1787)抄成,中间屡经校改。今存 208 册,收文 3400 多篇,较黄宗羲续钞堂本少1000 多篇。[1] 将文澜阁本《明文海》与天一阁藏稿本相较,发现至少有 49 篇文章失收,且具体篇目也有出入。每册首页钤有"古稀天子之宝"白方印一

---

① 汤纲、李明友.《明文海》初探[J]. 中国文化研究集刊第三辑,1985.

方,末页钤有"乾隆御览之宝"朱方印一方。每页 8 行,行 21 字。白口,四周双边,单鱼尾。版心上书"钦定四库全书",下以小字记书名、卷数。朱丝栏本,部分用泛黄色"坚白太史连纸"书写,纸质略粗,部分用白色宣纸书写,纸张较轻薄,正文为墨笔所书,文字字体不一,大小有异,可见出有多位抄写者,补抄痕迹比较明显。

　　文澜阁本《四库全书》原藏杭州文澜阁,编成后几百年间屡经浩劫,几乎尽毁。清咸丰十年(1860)、十一年(1861),杭州两次遭遇太平天国起义兵攻击,文澜阁楼不幸毁坏崩塌,藏于其中的《四库全书》遭劫散失,损坏严重,《明文海》亦未能幸免,毁损佚失近半。据晚清学者钱恂《壬子文澜阁所存书目》所记,当时幸存下来的《明文海》仅余 260 卷,其他 200 多卷是后来陆陆续续补抄而成,补抄部分共辑为 91 册。①

　　经统计,文澜阁《四库全书》先后经过三次大规模的补抄:第一次是光绪八年(1883)至十四年(1889),由清末著名藏书家、钱塘(今浙江杭州)人丁丙、丁申兄弟主持,通过在原文澜阁断壁颓垣上翻找分拣和四处搜寻沿街收购,抢救回 8600 余册的散佚图书,但仅为原文澜阁《四库全书》本的四分之一,于是费时多年四处借录补抄 26300 余册,合为 34769 册,存于清政府于光绪七年(1882)在原址上重建的文澜阁中。宣统三年(1911),浙江公立图书馆建成,文澜阁及所藏《四库全书》于六月并归其中。第二次是民国期间,自 1915 年至 1923 年,由浙江图书馆首任馆长、吴兴(今浙江湖州)人钱恂负责组织了补抄工作。他编写了《壬子文澜阁所存书目》,将文澜阁所缺卷目详细列出并着手补录缺书。后在北京借文津阁《四库全书》为底本,进行补抄。前后历时八年,补抄 33 种,268 卷(缺书 13 种,缺卷 22 种),称为"乙卯补抄",并购回原抄本 182 种。第三次自民国十一年(1922)始,由时任浙江省教育厅厅长,后为浙江省图书馆馆长的现代学者、海宁人张宗祥主持。因遗憾于文澜阁《四库全书》经离乱后尚未得恢复,张宗祥赓续前人,发起、主持了进一步的补抄工作。他在杭组织募款,派人去北京借文津阁本补抄,两年后抄回 211 种,2046 册,4497 卷,并重校光绪丁氏补抄本 213 种。后民国二十三年(1934)新一任浙江图书馆馆长陈训慈也继续努力,最后据文津阁本再补抄了一种,新购回原抄本七种。至此文澜阁《四库全书》终于基本将残损部分补齐,除个别缺卷或漏抄外,几成完璧。但今见文澜阁本并非昔日

---

① 钱恂.壬子文澜阁所存书目集部:第四册[M].卷四:96.按:该书未写明出版时间和出版地点,现藏北京大学图书馆古籍部等处。

原貌,多半是重新补抄,且有增录,故内容实较原本更为齐全。抗日战争期间,文澜阁《四库全书》数度被转移搬迁,抗战胜利后于 1946 年毫发无损地回到杭州,一直珍藏在浙江省图书馆内。

经上述可知,今文澜阁本《明文海》在兵连祸结中大量散失,后经补抄才有今日所见模样。那么,文澜阁本《明文海》到底于何时补抄,补抄使用的又是什么底本呢?据杨立诚民国十八年(1929)所编《文澜阁书目索引》可知,文澜阁本《明文海》系丁氏兄弟在光绪年间补抄而成。后面钱恂和张宗祥主持的两次补抄均以文津阁本为底本,《明文海》的补抄显然不是文津阁本。考其底本来源,丁氏兄弟乃是以原四库目录为据查询搜罗底本及藏书家,他们"竭数年心力,择可购之本购之,所不能购者则预借录副,一时不及遍见,则于《简明目录》下小楷详注某省、某郡、某家藏刊本、某抄本,或某局刻某藏书,以待商借"①。"悉出其八千卷楼珍藏之副本,倩人恭缮,他如鄞郡范氏天一阁、卢氏之报经楼、钱塘汪氏之振绮堂、孙氏之寿松堂、海宁蒋氏之别下斋、宣城李氏之瞿硎石室、钱塘吴氏之清来堂、仁和朱氏之结一庐、湖州陆氏之皕宋楼、金华胡氏之退补斋、丰顺丁氏之静持斋、南海孔氏之三十有三万卷堂,凡他人插架之书一一按索。"②可见,丁氏兄弟补抄时参校的底本多为各著名藏书楼所藏稿本或抄本,遵循忠实原书、不加删改的原则进行,其补抄时对于四库本删改严重者也选择依原书抄录。据此推测:文澜阁本《明文海》的补抄底本主要是丁氏私家藏书楼八千卷楼所藏《四库全书》本,亦有借抄其他家藏书刊本或抄本加以弥合的。而原文澜阁本《明文海》缺失的 220余卷,丁氏补抄时极可能部分参照了宁波天一阁残稿本的内容。原文澜阁本未见录入黄氏父子评语,补抄本依然没有收录其评语。

需要说明的是,今上海图书馆藏清抄本与文澜阁本相近,亦不排除文澜阁本《明文海》是用今上海图书馆藏抄本为底本补抄的可能。

四、北京国家图书馆藏清抄本(原上海涵芬楼本)

国家图书馆清抄本是原上海涵芬楼藏本。③ 该本一页 9 行,每行 21 字,四周双边。著录 480 卷,目录三卷,最后两卷即卷 481、卷 482 题有"原阙"二

---

① 王同.文澜阁补书记[M]//文澜阁志:卷下.清光绪二十四年钱塘丁氏嘉惠堂刻本.又见于孙峻.文澜阁志:卷下.武林掌故丛编:第二十六集[M].光绪戊戌年刊.
② 王同.文澜阁补书记[M]//文澜阁志:卷下.清光绪二十四年钱塘丁氏嘉惠堂刻本.又见于孙峻.文澜阁志:卷下.武林掌故丛编:第二十六集[M].光绪戊戌年刊.
③ 按:涵芬楼是商务印书馆上海时期的藏书楼,藏有大量宋元明旧刊和钞校本、名人手稿及其未刊者等善本.

字。内容起于《南都赋》，终于《崖鸡》篇。经查，卷 481 有残稿四篇，均移入卷 480。卷 184 至卷 187、卷 461 至卷 464 八卷缺，系从其他卷中移入此处以充卷数。该本抄写格式亦与四库本同，当抄写于四库本之后。该本文中有缺笔现象，如卷首所编《〈明文海〉提要》中"弘"字缺末笔，当避乾隆帝名"弘历"讳，他处"弘""玄""胤"等字均缺末笔，不过"琰"字反不见缺。另，卷中"夷""狄"等字样多被删，如卷 81 中俞大猷《议日本贡夷》"夷"字即被删除，据此判断，此本当抄于乾隆年间。

全本不见有黄宗羲等评语。从内容看，涵芬楼本删削情况也较严重，卷中多处遭删有缺，与浙图本相较，删削作者为 44 人、文章 159 篇。所删内容与文渊阁四库本情况大体相同，但人数、篇数较之少很多。钱谦益、侯方域、李贽等人文章全部删除，黎遂球、黄尊素、艾南英、陈仁锡等人则保留有多数篇章，仅部分遭删，而邹元标、郭正域、刘宗周、袁黄、沈懋孝等人文章在四库本无一幸存，尽数删削，然此本中却未遭删毁，着实有些奇怪。

1987 年，中华书局影印出版北京图书馆藏清抄本，影印本据原上海涵芬楼藏抄本影印。又据文津阁四库本补抄佚文 12 篇，较文津阁四库本多录文 26 篇，佚文部分按文津阁四库本目录编次，各附于抄本该卷之后。又据浙江图书馆藏清抄本补辑佚文 159 篇，附在书后，虽犹较旧抄本少文 171 篇，但已大大增加了该本的价值。中华书局影印本前言中对此有说明：

> 本书以原涵芬楼藏抄本影印。另外，我们又根据浙江图书馆所藏《明文海》抄本，补辑了侯方域、钱谦益等人的文章一百五十九篇，附于全书之后，目的是使这个影印本具有较高的文献资料价值。
>
> 钞本书前原附《四库全书》的提要，似从四库本出。但持与文津阁本四库全书相校，发现差异甚多，互有短长……两本相较，钞本比四库本多出二十六篇，而四库本也有钞本所缺的佚文十二篇，似均为编次未定之稿。①

可惜该本所补辑篇目有限，远未达到浙图本的数量。但此影印本在原书目录的基础之上重新编写目录，并编排了作者人名索引，附录备查，非常实用，给研究者提供了诸多便利。至此，《明文海》历数百年终有印本现世，但因以上海涵芬楼本作底本，编排、内容等并非原貌，而且仍然缺略了极其珍贵的黄宗羲父子评语，殊为憾事。

---

①　中华书局编辑部.《明文海》出版说明[M]//明文海.北京:中华书局,1987:1.

五、国家图书馆藏朱格抄本

该本现藏于北京国家图书馆,存有 480 卷,目录 3 卷,共 101 册。全书为朱格栏本。卷首依次题有黄宗羲《明文案序》和《四库全书总目·明文海提要》。每册封面均列有该册篇目的抄写者姓名或姓氏等,部分地方还加上了校改者名,卷内正文多处有校改者以朱笔校写的文字笔迹。文章篇目与涵芬楼本大致相类,如原涵芬楼藏本中有四篇文章有文无目,朱格抄本也有四篇有目无文。稍有不同的是:其中有一篇有目无文的在原涵芬楼藏本中目存文缺,而朱格抄本直接将那一空目从卷中删除。据此可推断,朱格抄本或与原涵芬楼藏本是据同一底本抄录而成,或是直接抄自涵芬楼原藏本。

国家图书馆另藏有算鹤量鲸室《明文海》目录三卷,绿格抄本,内中所记与国家图书馆藏朱格抄本中的《明文海》目录完全吻合,或为直接从朱格抄本《明文海》中誊录出来单列,或朱格抄本《明文海》是抄自算鹤量鲸室所藏《明文海》,皆有可能,备之待再考。

六、国家图书馆藏文津阁《四库全书》本

国家图书馆另藏有文津阁《四库全书》写本《明文海》,现存 482 卷,末两卷缺。分 22 函收藏,有 208 册。此本卷首有《四库全书总目提要》之《〈明文海〉提要》,编次、目录、作者等与其他四库本大同小异,如图 5-7 国家图书馆藏文津阁《明文海》所示。

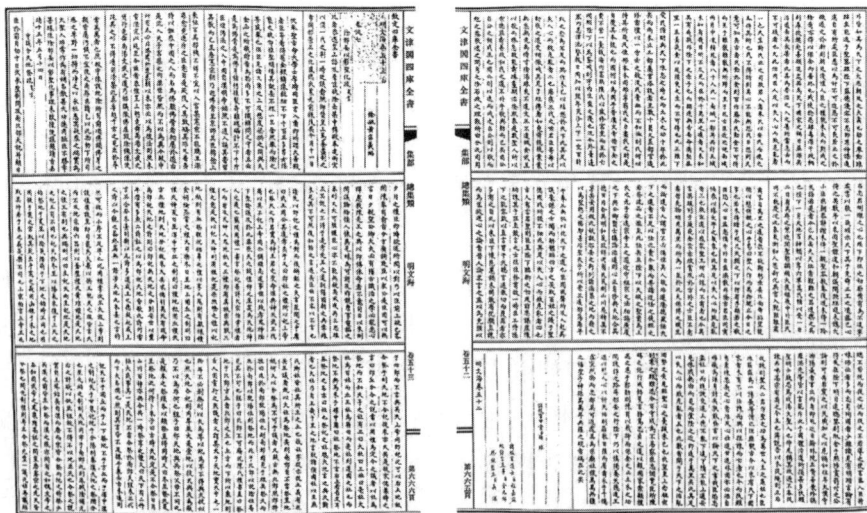

图 5-7　国家图书馆藏文津阁《明文海》

　　但所录篇目多于文渊阁本而少于浙图本。文渊阁本曾据文津阁《四库全书》本补录篇目，如：卷1桑悦的《南都赋》，卷2董应举的《皇都赋》，卷4徐世溥《汉宫春晓赋》，卷7黄凤翔《忻秋赋》，卷8张燮《喜秋赋》，卷12欧大任《南粤赋》，卷17何乔远《孔泉赋》，卷18黄尊素《虎邱看月赋》《浙江观潮赋》，卷20黎遂球《吊南汉刘氏墓赋》，卷21周应宾《哀赋》，卷25张凤翼《感遇赋》，黄忠端（即黄尊素）《清景赋》，黄尊素《壮怀赋》等。此补录篇目足可证文津阁本《明文海》内容较文渊阁本更全。

七、台北故宫博物院藏文渊阁《四库全书》本

　　此本现藏于台北故宫博物院古籍部。全书著录480卷，缺末二卷，凡202册。卷首有《四库全书总目提要》之《〈明文海〉提要》，目录无。此本较之旧抄本，少文173篇。① 其所收卷数、篇目、格式、行款、署名等与文津阁《四库全书》本大致相符，二者或同出一源。每页16行，每行21字。黑口，四周双边，单鱼尾。版心上书"钦定四库全书"，中间以小字分左右两边记书名、卷数，下书页码，页码分卷编次。该本应是据两淮盐政采进本重抄。乾隆年间组织编《四库全书》，清廷在全国范围内广征藏书，全面搜寻，时两淮盐政李质领找到一部《明文海》抄本进呈，馆臣即将此书收入所编《四库全书》之中。但此本删削情况非常严重。究其因，或由于两淮盐政采进本即是原稿重抄本，因要呈交官府，已然经过删削，而四库馆臣为避文字狱，遵循上意宁严勿松地在采进本上进一步予以抽毁删改。今将文渊阁本与浙图本相较，发现八卷"书"类、"墓志"类内容尽缺，今见卷数未缺其实是将其他卷中的篇目抽离若干移入缺卷中以充数之故。如卷62原有六篇文章全删，但从原卷63中移詹尔选的《辅臣以去明心疏》文入卷62；卷83诸篇尽数删除，然后从卷82移录一篇充当第83卷；卷99、卷121、卷207、卷224、卷455等无不是类似这样处理，通过此法可以达到文章总数虽因删削有减少但仍保持原稿卷数不变之目的。而此本第481、482两卷全缺，少文四篇，分别是：张维枢的《静观轩琐言》《观静轩琐言》两文，祁承㸓的《书万元彦数》文，赵统的《崖鸡》文。另外，此本还有10余篇缺少了作者，如《降陌辨》作者为田汝成、《五死篇》作者为李贽、《答武梦符》作者为李世熊、《与汤海若》作者为袁黄，

---

① 汤纲，李明友.《明文海》初探［M］//复旦大学历史系中国思想文化史研究室编. 中国文化研究集刊：第3辑.上海：复旦大学出版社，1984：302.文中云："以《明文海》续钞堂本和四库文渊阁本互校，我们发现卷数虽同，篇目相差却极大，四库本比续钞堂本缺少一千余篇。"此说或误，待再考。

但各文篇目下均不见其作者名。中间还存在文章题名相同作者却不同的情况,如《陈曹仲近艺序》《代耕篇序》两篇的作者在浙图本《明文海》中署为黎遂球而文渊阁本名为姜周,《顾云屋墓铭》篇浙图本为赵㧑谦而文渊阁本署为赵吉等等。又书名也存在差异,如卷49罗伦一《扶持纲常疏》文浙图本著《谏夺情疏》、卷50王守仁《处置平复地方以图久远疏》文浙图本名为《复思田疏》、卷127文徵明《会稽双祠碑》文浙图本为《会稽双义祠碑》、张宁《许白云求志解》文浙图本为《虞文靖公并白云先生门人与张率性书解》等等,此类情况他处还可见,兹不一一列举。童正伦曾称"对照浙图本,被删改作者竟达一百四十一人,一千一百余篇,约占全书的五分之一和四分之一"[①],并对此本《明文海》的抽毁删改情况表示"是触目惊心的"。

而且,此本同样缺少了黄宗羲、黄百家的评语,亦为憾事。

此文渊阁四库本既遭大量删毁、篡改,又无一评语,其文献价值自然大打折扣。倘无浙图本等,或有人会误认此文渊阁本《明文海》为原貌。当然,此本与旧抄本各有异同,可资校勘之用,且其抽毁情况正可借以得窥清朝政府大肆剿杀文化之一斑。今且录卷首《四库全书总目提要》之《〈明文海〉提要》全文如下:[②]

> 国朝黄宗羲编。宗羲有《易学象数论》,已著录。宗羲于康熙乙卯以前,尝选《明文案》二百卷。既复得昆山徐氏所藏明人文集,因更辑成是编。分体二十有八,每体之中,又各为子目。赋之目至十有六,书之目至二十有七,序之目至五,记之目至十有七,传之目至二十,墓文之目至十有三。分类殊为繁碎,又颇错互不伦。如议已别立一门,而奏疏内复出此体;既立诸体文一门,而《却巧》《瘗笔》《放雀》诸篇复别为一类。而止目为文,尤为无谓。他若书、序、传、记诸门,或析学校、书院为二,或叙文苑于儒林之上,或列论文、论诗于讲学、议礼、议乐、论史之前。编次糅杂,颇为后人所讥。考阎若璩《潜丘札记》,辨此书体例,谓必非黄先生所编,乃其子主一所为。若璩尝游宗羲之门,其说当为可据,盖晚年未定之本也。明代文章,自何、李盛行,天下相率为沿袭剽窃之学。逮嘉、隆以后,其弊益甚。宗羲之意,在于扫除摹拟,空所倚傍,以情至为宗。又欲使一代典章人物,俱藉以考见大凡。故虽游戏小说家言,亦

① 童正伦.《明文海》的编纂与传本[J].文献,2003(3).
② [清]黄宗羲.明文海[M]//文渊阁四库全书:第1453册.台北:台湾商务印书馆影印本,1983—1986:1457-1458.

为兼收并采,不免失之泛滥。然其搜罗极富,所阅明人集几至二千余家,如桑悦《北都》《南都》二赋,朱彝尊著《日下旧闻》时,搜讨未见,而宗羲得之,以冠兹选。其他散失零落,赖此以传者,尚复不少,亦可谓一代文章之渊薮。考明人著作者,当必以是编为极备矣。其书卷帙繁重,传钞者希。此本犹其原稿,四百八十一及八十二卷内文十二篇,有录无书,无可核补,今亦并仍之云。

乾隆四十四年二月恭校上

而文津阁本提要如下:(按:注意二本文字稍有区别)

国朝黄宗羲编。宗羲有《易学象数论》《明儒学案》,诸书已别著录。宗羲于康熙乙卯以前,尝选《明文案》二百卷。既复得昆山徐氏所藏明人文集,因更辑成是编。分体二十有八,曰赋、曰奏疏、曰诏表、曰碑、曰议、曰论、曰说、曰辨、曰考、曰颂、曰赞、曰铭、曰箴、曰戒、曰解、曰原、曰述、曰读、曰问答、曰文、曰诸体文、曰书、曰序、曰记、曰传、曰墓文、曰哀文、曰稗。每体中各为子目。凡赋之目十有六,书之目二十有七,序之目五,记之目十有七,传之目二十,墓文之目十有三。分类甚为繁碎,又颇错互不伦。如议已别立一门,而奏疏内复出此体;既立诸体文一门,而《却巧》《瘗笔》《放雀》诸篇复别为一类。而止目为文,尤为无谓。他若书、序、传、记诸门,或析学校、书院为二,或叙文苑于儒林之上,或列论文、论诗于讲学、议礼、议乐、论史之前。编次糅杂,颇为近人所讥。考阎若璩《潜丘札记》,辨此书体例,谓必非黄先生所编,乃其子主一所为。若璩尝游宗羲之门,其说当为可据,盖晚年未定之本也。明代文章,自何、李盛行,天下相率为沿袭剽窃之学。逮嘉、隆以后,其弊益甚。宗羲之意,在于扫除摹拟,空所倚傍,以情至为宗。又欲网罗三百年典章人物,俱藉以考见大凡。故虽游戏小说家言,亦为兼收并采,不免失之泛滥。然其搜罗极富,所阅明人集几至二千余家,如桑悦《南都》《北都》二赋,朱彝尊著《日下旧闻》时,搜讨未见,而宗羲得之,以冠兹选。其他散佚零落,赖此以传者,亦复不少,可谓一代文章之渊薮。考明人著作者,当必以是编为极备矣。其书卷帙繁重,原缺四卷,有录无书,无可核补,今亦故仍其旧焉。

乾隆四十九年九月恭校上

总纂官(臣)纪昀(臣)陆锡熊(臣)孙士毅　　总校官(臣)陆费墀

据提要中"其书卷帙繁重,原缺四卷,有录无书,无可核补,今亦故仍其旧焉""此本犹其原稿,四百八十一及八十二卷内文十二篇,有录无书,无可核补,今亦并仍之云"等语可知,此本只是一个删节本,并不能真正反映有明一代文章全貌,学术价值也还比较有限。

八、上海图书馆藏清抄本

此本现存 480 卷,卷首有《四库全书总目提要》之《〈明文海〉提要》。其文章卷数、篇目基本与文澜阁本相符合①,大概抄自毁损前的文澜阁本或文汇阁本、文宗阁本。清代四库七阁中,"南三阁"虽是钦定的官家藏书楼,但在一定范围内是公开对士人开放的,可以借阅传抄。乾隆四十九年(1784)乾隆特意下旨内阁要求南三阁《四库全书》允许文人士子们领出来传阅抄录:"原以嘉惠士林,俾得就近抄录传观,用光文治。第恐地方大吏过于珍护,读书嗜古之士无由得窥美富、广布流传,是千缃万帙徒为插架之供,无俾观摩之宝,殊非朕崇文典学、传为无穷之意。将来全书缮竣,分贮三阁后,如有愿读中秘书者,许其陆续领出,广为传写。全书本有总目,易于检查,只须派委妥员董司其事,设立收发档案,登注明晰,并晓谕借抄士子加意珍惜,毋致遗失污损,俾艺林多士均得殚见洽闻,以副朕乐育人才、稽古右文之至意。"②乾隆五十五年(1790)再次下旨:"俟贮阁全书排架齐集后,谕令该省士子,有愿读中秘书者,许其呈明到阁抄阅,但不得任其私自携归,以致稍有遗失。"③按当时规定,有兴趣读书的士子可以进入"南三阁"查阅自己所需书籍,只要办理好相关手续,还有机会借到外面抄写。"南三阁"中,文汇阁毁于咸丰四年(1854),文宗阁也于咸丰年间毁于太平军兵火,独文澜阁存世至今,文人利用率也最高。清代著名学者如阮元、孙星衍、陈奂之、胡珽之、马一浮等,还有著名藏书家钱泰吉、张金吾、陆心源、张寿镛等人都曾经到文澜阁中查阅并抄写过书籍,清宣统年间文澜阁董事张荫椿曾说光绪末和宣统年间,到文澜阁传抄书籍的人络绎不绝。④ 有鉴于此,笔者以为,此本抄自文澜阁本的可能性非常大。

---

① 汤纲,李明友.《明文海》初探[M]//复旦大学历史系中国思想文化史研究室编.中国文化研究集刊:第3辑.上海:复旦大学出版社,1984:302.

② 中国第一历史档案馆.纂修四库全书档案.谕内阁将来江浙文汇等三阁分贮全书许读书者领出传写[M].上海:上海古籍出版社,1997:1268.

③ 中国第一历史档案馆.纂修四库全书档案.谕内阁著江浙督抚等敦饬俟所属全书排架后许士子到阁抄阅[M].上海:上海古籍出版社,1997:2189.

④ 徐苏.南三阁的社会作用[J].图书情报研究,2013(2).

九、甘肃图书馆藏文溯阁《四库全书》本

文溯阁《四库全书》本属辽宁省图书馆所有，但存放于甘肃省图书馆。文溯阁旧藏四库抄本《明文海》，注明余姚黄宗羲编。该本存 480 卷，共 22 函，187 册。卷首钤有"文溯阁宝"朱文大方印，四周双边，白口，半框 22.3×15.4 厘米，单黑鱼尾下题"明文海"及页码，上题"钦定四库全书"，每页 8 行，每行 21 字，有界格。全书抄写精工，开本宏大，朱丝栏，白库纸，包背装，纸墨俱佳。卷内偶有残缺，校改、圈除痕迹清晰可见，亦有挖纸填补修改处，据此能见《四库全书》编辑时的校订、撤毁等情况，可为研究《明文海》借鉴勘校用。

十、日本东京静嘉堂文库藏本

日本东京静嘉堂文库所藏《明文海》为陆心源旧藏本，480 卷，末二卷仅存卷目，不见文本。日本江户时代，有大量汉籍流入日本，黄宗羲《明文海》或亦于彼时流入日本。陆心源（1838—1894），字刚甫，号存斋，晚号潜园老人，归安（今浙江湖州）人，清末四大藏书家之一，博学多识，尤善金石学。他家资殷实但淡于富贵，对书籍有特别爱好，喜欢广搜图书，手抄罕本，终生藏书、校书，藏书 15 万余卷，显赫一时。其中有大量《四库全书》未收之书，尤以宋版、元版居多，分藏皕宋楼（专藏宋元刻本）、十万卷楼（专藏明清秘刻、精抄本、精刻本及名人手校、手抄本、稿本等）、守先阁（藏普通刻本，间有抄本之无异者）三处。光绪三十三年（1907），日本岩崎氏从陆心源后裔手中秘密收购其全部藏书，合旧藏珍本 4146 种，共计 43218 册，现藏于日本东京静嘉堂文库。据日本学者岩崎弥之助介绍，静嘉堂文库是日本除宫内厅储藏的汉籍"御物"之外，收藏汉籍宋元古本最为丰富的一个文库。今储藏有汉籍善本 1180 余种，其中宋刊本 120 余种，元刊本 150 余种，明刊本 550 余种，明人写本 70 余种，另有清代名家朱彝尊、顾广圻、黄丕烈诸人的手写本和手识文本 260 余种，是汉籍版本的无价之宝。[①] 该文库于 1917 年将陆心源旧藏编为《静嘉堂秘籍志》，另分别于 1930 年、1951 年编有《静嘉堂文库汉籍分类目录》及其《续篇》等。静嘉堂收藏日汉古代典籍珍本可谓首屈一指，文库也由此成为国际汉学重镇。

而静嘉堂文库今藏《明文海》抄本即出于陆心源十万卷楼所藏。该版本

---

① ［日］岩崎弥之助. 在静嘉堂文库访"国宝"［N］. 中华读书报，2000-9-6.

的《明文海》具体情况今暂不知,有待赴日细考。

另,日本东京永青文库藏有一部编者不明的《皇明文海》,经京都大学小野和子教授考证,此本与黄宗羲《明文海》仅是同名,实为两部不同的明文选集,与黄宗羲《明文海》没有什么关系。①

十一、张宗祥增订本《明文海》

《明文海》增订本,现存放于浙江省图书馆古籍部善本库。此本为晚清学者张宗祥为弥补原《明文海》之不足增订而成的稿本。《增订〈明文海〉》稿本为散页,共有 35 袋。抄录纸张为无格白纸,每页 14 行,每行 30 字。卷首注明"余姚黄宗羲辑 海宁张宗祥增订"字样。天头处书"蓝笔据万历本校",说明稿本中蓝色笔迹是参照万历本校改的结果。该增订本册首有《增订〈明文海〉总目》,总目后接张宗祥写于 1964 年 9 月 23 日的题跋。跋云:"右目据五桂楼本迻录,四库本删阙甚多,然五桂亦有误处。录毕,又以原书校对一过,凡有目无文者标于目上。主目中分类之不当,当在新编增补之后再为详述。"由此跋语可知,张宗祥《明文海》增订本是以浙江图书馆藏旧抄本为底本过录增订而成。所收作家及文章远超原抄本,比如光作者就多出 74 位,以明末文人为主。另增补不同文体文章达 1145 篇,统计如下:"赋"增 25 篇,"诏表""檄"增 72 篇,"奏疏"增 67 篇,"碑"增 19 篇,"议"增 16 篇,"论"增 40 篇,"说"增 12 篇,"辨"增 8 篇,"考"增 3 篇,"颂""赞""铭""箴""戒"增 10 篇,"解""原""述读"增 10 篇,"问答"增 2 篇,"文""诸体文"增 18 篇,"书"增 147 篇,"序"增 235 篇,"记"增 142 篇,"传"增 99 篇,"墓文"增 59 篇,"哀"增 24 篇,"稗说"增 33 篇,可谓各体兼备,《明文授读》曾选录其中的 94 篇文章。显然,张氏增订本进一步丰富充实了黄宗羲《明文海》稿本,增其未录,补其不足,使明文资料更加完整。黄宗羲《明文海》编选内容方面有一较明显的缺陷,即不少明人优秀之作被遗而不录,如明末陈子龙编有《明经世文编》,崇祯年间即已刻行,搜明人文集 700 余家,其文学主张及创作在当时文坛有一定代表,黄宗羲对其亦称许不已:"子龙少年之文,恃才纵横",晚年"未尝屑屑于摹仿之间,未必为千子(即艾南英)之所及也"②,却未选一篇陈子龙阐诗论文的作品,何以如此? 再如明末著名科学家徐光启亦善为文章,

① [日]小野和子.两种《明文海》[M]//方祖猷,滕复.论浙东学术.北京:中国社会科学出版社,1995:157.

② [清]黄宗羲.陈子龙[M]//沈善洪,吴光.黄宗羲全集:第一册.杭州:浙江古籍出版社,2005:365.

但黄宗羲《明文海》中也未收其文。张宗祥注意到这一缺失,在增订本中及时予以补录,共收徐光启文章 20 余篇,包括"疏""辩""议""序""书""赞""说""碑记"等在内,为后人提供了深入了解徐光启及其所处时代历史的大量资料。尤其值得一提的是,张宗祥《明文海》增订本中还收录了部分作家自己文集中未录之文。如明万历进士缪昌期的《上郝令尹仲舆书》《集古文旨十四条》二文,宣德进士徐有贞的《精忠庙碑》《云岩雅集记》等,其现存文集中不见有录,却入了张宗祥《增订〈明文海〉》稿本。更有些作者集子佚失或较为罕见,如崇祯举人李天植所著《蜃原集》今已不存,但其《金山游记》《焦山游记》《北固山游记》《祠山横山游记》《游陈山记》等文却被张宗祥收入其《明文海》增订本中。① 增补明人明文这一做法,可减少很多遗珠之憾,意义重大,应予以充分肯定。

　　张宗祥(1882—1965),字阆声,号冷僧,因慕文天祥为人而改名宗祥,是晚清举人,也是现代学者、书法家,生于浙江海宁。新中国成立后曾任浙江图书馆馆长、西泠印社社长、浙江省文史馆副馆长等职,一直热衷于抄校古籍、整理文献等工作,曾刻有"手抄千卷楼""著书不如抄书"图章。其抄校的古籍超过 300 种,2200 多卷,《国榷》《说郛》《越绝书》《校正〈三辅黄图〉》《足本〈山海经〉图赞》《〈吹剑录〉全编》《云谷杂记》等均经他手进行抄录,而增订本《明文海》是其倾注心力最多,也是体系最为庞大的一部古书。起意要增订如此鸿篇巨制,是缘于张宗祥认为原《明文海》体例庞杂且有矛盾、文章归类不够严谨、篇目采选也因有所避忌或其他原因而难免疏漏,他认为"《文海》为先生未定之书,而有待于后人之整理,可无疑也"。有感于此,张氏下定决心一要补原《明文海》文稿体例及内容的不足,二要续黄宗羲编纂整理全明文集之缘,遂发力将《明文海》未完之事进行整理增订。在他的不断努力下,增订《明文海》这项极其浩大的工程于 1964 年 4 月正式启动,时张宗祥已年过八旬,但并不畏难,反而老当益壮,殚精竭虑,以增订《明文海》一事为己任。费时一年多,张宗祥完成了过录黄宗羲《明文海》和新增补作者篇目的工作,但过录部分的体例修正和文字校勘等工作尚未及尽数完成即病逝。据说张宗祥离世之前,每天一早起来就惦记着要赶校《明文海》,并始终挂念为增订本《明文海》写序言一事,可惜病情恶化终未能如愿。《增订〈明文海〉》最后未能完帙,体例、校勘方面等均尚待有心者再行细化调整,但即便如此,其学术价值也得到充分认可。

———————————

① 　按:此有部分参见徐由由. 张宗祥与增订本《明文海》[J]. 中国典籍与文化,2000(4)。

张宗祥除增订了大量黄宗羲父子所未收的明人明文以外,还仿黄宗羲父子在部分文章后面进行批点,留下很多考证性、评论性的案语。这些案语的文献价值和文学价值都不容忽视,对于我们增进对明代作家及其文章的认识大有裨益。如张宁所撰《愁阴赋》后,张宗祥案:

> 张宁字靖之,号方洲,浙之海盐人。景泰甲戌进士,授礼科给事中。王闳荐宁与岳正宜大用,李贤嫉之,出守泗州。未几告归林下二十年。其文感慨曲折,有一唱三叹之致。是时风气朴略,文多直致。公秀出其间,使皆如是,何、李亦岂敢言变哉!

此案语介绍作者张宁的生平经历,并针对其文章施以点评,在比较之中见其褒贬。这种写法与黄宗羲《明文海》中的评语如出一辙。不仅如此,张宗祥还对每一篇文章反复揣摩,进行多次批点。所以有些条目中"宗祥案"后还可见"又案"内容。如缪昌期所撰《延陵十字碑论》文后,张宗祥案:"昌期字当时,江阴人。万历四十一年进士,历迁谕德。杨涟劾魏忠贤,昌期左右杨,落职闲住。天启五年,以汪文言狱逮问。逾月,复入之李实疏中,下诏狱,坐赃三千,五毒备至。四月晦,毙于狱。崇祯即位,赠詹事兼侍读学士。弘光时,谥文贞。《明史》有传,卒年六十四岁,有《从野堂存稿》八卷,《外集》五卷。"又案:"《点将录》中,昌期为智多星,是东林首脑人物,逆魏所深恨者。梨洲原稿未收,今补。"桑悦撰《吊贾生赋》文除"宗祥案"介绍文章创作背景外,文尾又加了"案,此序不可删,为补录文后,又文体宜入骚"等语,说明自己对此文文体的看法。这种"案"了"又案"的做法可以见出编著者的严谨态度和良苦用心。

总体而言,张宗祥案语形式有两种:一为单纯介绍作者生平的,一为在作者生平简介后再加作品评述的。案语呈现了张宗祥对增补作品的看法,也可窥见他自己的文论观,对后来学者的相关研究也有一定借鉴价值。关于张宗祥增订本《明文海》的具体情况,原浙江省图书馆馆员徐由由写有《张宗祥与增订本〈明文海〉》一文可参。①

综上,张宗祥《明文海》增订本为学者研究典籍、考订史料、校勘保存了不少难得一见的珍贵史料,一定程度上丰富了对黄宗羲明文选本的研究。

以上即为笔者目前所知的《明文海》现存各种版本的基本情况。综合来

---

① 徐由由.张宗祥与增订本《明文海》[J].中国典籍与文化,2000(4).

看,今各本之中,最珍稀者是宁波天一阁本,可惜只剩残稿,最早、最全且最接近黄宗羲《明文海》原貌者是浙江省图书馆藏清初抄本,最能体现清廷抽毁具体情况和后果的是文渊阁《四库全书》本,最能补齐原《明文海》收文不足的是张宗祥增订本。各本可互相比勘参校,以最大限度地了解《明文海》版本流变情况。

此外,还需说明,据笔者所知,应该尚有数量不明的《明文海》各本残稿分藏于国内各大图书馆中,这部分文稿亦颇有价值,尤其可供对增进《明文海》原貌、流变过程及清廷抽删等其他情况的了解。如:

(一)河南省图书馆藏文渊阁本《明文海》残卷

河南省图书馆善本室现藏有文渊阁本《明文海》撤出的残卷二册,应是当年复检《四库全书》时从内廷文渊阁原藏抄本中抽毁出来的部分散页。散页共有 135 页,涉及原文渊阁本《明文海》中第 74、75、76、77、224、227、228 等 7 卷内容,散页大体依照原书先后顺序装订成册,中间有几页出现颠倒错乱,如卷 77 第 6 页在本卷第 20 页之后,卷 227 第 19 页、20 页在本卷 32 页后,恐是抽毁时大意疏忽或流转过程中混乱所致。此残卷书写纸张为北四阁常用的上等开化榜纸,朱栏,有界格,每半页 8 行,每行 21 字,字体为端楷。其卷 224 末页钤有篆书"乾隆御览之宝"朱印,卷 227 首页钤有篆书"文渊阁宝"朱印,此种做法及印章、款式、印色等均与原四库文渊阁本同。部分散页可见明显的墨笔删改、勾画印迹,有些书页天头处还批注有"以下删至某某页""换讫"等字样,笔迹较潦草。

该残卷包含删换原稿存留下来的文章 54 篇,所删篇目如:卷 77 删有徐时进文 2 篇、叶向高文 1 篇、赵南星文 1 篇,卷 228 中陈仁锡文 2 篇,经比对,此中赵南星和陈仁锡的三篇文章均在后来本中被撤删。因文字有"违碍"不利清廷而不见容于《四库全书》、整篇删除的文章共计 43 篇,包括有勾画整篇删除和未勾画整篇删除两种情况。如卷 75 吴道南的《谥法议》、卷 76 袁黄的《苏州府赋役议》、卷 224 沈懋孝的《题宣和谱之前》等。该本还有将原稿部分内容予以删改者,如卷 74 祝允明的《孔子庙堂续议》中引扬雄语"在夷狄则进之,倚门墙则摩之"数字被删,马一龙的《毁文庙塑像议》中删除三页,卷 75 顾清的《服制私议》亦见部分删改文字。以上仅为一鳞半爪,全书删改则不知几何。经与现行文渊阁《四库全书》重印本中的《明文海》比对校勘,可发现该残本还存在虽经勾画、涂抹但并未删除、《四库全书》照录不误者。如卷 227 曹于汴的《四库疑问序》,删余本中有多处朱墨涂抹,甚而几至影响阅读的程度。但今《四库全书》中仅将"夫子不惑矣"句改为"夫子年至四十而已不惑矣",其余部分照录不误。有此情况,大概源于当初四库馆臣们意见不一,部分人认为此文应删削抽毁并已下笔勾画、涂抹,但另有馆臣认为不宜删除,最终总纂官把关定夺,只进行了部分文字调整,未殃及全文。① 由此可见,四库本《明文海》并非一次删就而成,而是经过多次反复的删改,此撤出残本即应为前几次删改过程中诸本子之一。

当然,经比对,今上海古籍出版社重新影印台湾商务印书馆影印的文渊阁本《明文海》未录而见于河南省图书馆藏文渊阁本《明文海》残卷中的文章也有,且数量有 40 余篇,多见于"议""序"中,如焦竑的《修史条陈四书议》、吴道南的《谥法议》、徐时进的《常平仓议》、袁黄的《苏州府赋役议》、叶向高的《保甲议》、陈继儒的《武则天删伪经自序》、沈懋孝的《七略序》、赵南星的《酒史序》等。故至今存世的文渊阁本《明文海》都是抽毁稿,对于我们认识清朝的思想禁锢和文化灾难有重要的参鉴意义。

要之,河南省图书馆所藏《明文海》抽毁稿应可作为《四库全书》本《明文海》确屡遭删削的明证。因为从纸张、行款、印章等方面与文渊阁本高度一致的方面判断,此散页确实是在对原文渊阁已抄成的《明文海》进行复检时抽离流失的残稿。河南省图书馆于 20 世纪五六十年代自民间豫西山区购得此残卷②,一直作为善本入库珍藏。至于此残卷为何会从北京外流,又是何时流落至河南,已难细考。③

(二)浙江省图书馆藏《明文海》文渊阁本抽毁余稿

此抽毁稿浙江省图书馆孤山分馆有藏,应是据河南省图书馆藏文渊阁本《明文海》残卷整理影印而得,但原残卷中顺序错乱部分已经调整。余稿一部二册,每页 8 行,每行 21 字。四边双框,黑口单鱼尾,上题"钦定四库全书",下依次题写"明文海"及本稿页码。此稿有前言说明出版缘由等情况,文中有墨笔书字于天头处、两页夹缝间等,且多处用墨笔直接勾删某字又用"√"恢复痕迹,如第 13 页"《常平仓议》徐时进"处"徐时进"被一墨线涂去,右边出现粗笔"√"印,第 18 页叶向高的《保田议》名字被画线,旁侧亦画"√"标记。卷 77 中两页之间骑缝处有墨笔写明"七十七共删十二页",卷 74 有"零七十页抽删十六页撰入四页"字样,天头又加以"此下删至二十页止"墨字等。又,此稿第 22 页首行上墨笔书有"降则三藏以下存滇四页"字样,

① 徐黎娟.《明文海》删余稿价值探析[J].图书与情报,2019(4).
② 王拱璧.王拱璧文集[M].郑州:河南大学出版社,1991:242.
③ 刘阳.《明文海》文渊阁本抽毁稿初探[J].图书馆工作与研究,2003(4).

本页多处出现涂改，如"文字同归理障惟一切万法不离自性则三藏之文皆如来之幻迹"句中"惟一切万法不离自性"几字被一条黑线划去，旁边右侧书有"四页删"字样，文末"遂书于篇端以告夫同志者"中"以告夫同志者"几字同样以黑线纵向划除，徐𤊻的《重刊五音篇韵序》中间骑缝处用墨笔纵向书写"○○重刊五音篇韵序徐𤊻"字样。散页中间还有"三删""四删"等字样，或可为此《明文海》稿本反复经过四库馆臣数次删削之明证。

（三）湖南省图书馆藏抄本残卷

该本为清顾沅艺海楼抄本，现存湖南省图书馆古籍部。残稿目前仅存卷 133 至卷 137、卷 160 至卷 168，共 14 卷，分 4 册。书写纸张质量较佳，墨笔，乌栏，字体精致。今仅可见其缩微胶卷。顾沅（1799—1851），字澧兰，号湘舟，江苏长洲（今苏州）人，是清代著名学者、藏书家。道光年间官教谕，收藏金石、书籍甚富，颇多秘本、善本，建有怀古书屋、艺海楼、辟疆园、赐砚堂、秘香阁等庋藏载籍。《吴县志》有载："顾沅图书之富，甲于东南""收藏旧籍及金石文家甲于三吴"。其藏书主要分藏书、刻书、抄本三类。学者杨仲羲评艺海楼的藏书不及四库者 600 余种，而四库未及者 2000 余种。咸丰十年（1860）顾氏迫于家境困窘，藏书尽为富商官员丁日昌所收购，丁日昌《持静斋书目》中所著录之书，大半是顾沅旧藏。至于顾沅于何时何地得此《明文海》抄本残卷，详情已难实考。

（四）陕西高陵县图书馆抄本

此《明文海》抄本亦为残稿本，今可见者仅余 14 卷。因笔者尚未亲见，具体版式等情况不知，待考。

第三节　《明文授读》版本考辨

如前所述，黄宗羲劳心费力，举近 30 年之功终于在康熙三十二年（1693）辑成有明一代文章之皇皇巨著——《明文海》，但此书卷帙颇为浩繁，阅读起来极不便利。于是他又从中精选出数百篇优秀明文，以朱笔圈选于题上，授其子黄百家等攻读。《〈明文授读〉发凡》部分称："先遗献于《文案》《文海》中更拔其尤，加朱圈于题上，以授不孝所读者。此系有明一代文章之精华。"[①]不久黄宗

---

① ［清］黄百家.《明文授读》发凡［M］//［清］黄宗羲.明文授读.中国社会科学院近代史研究所藏清康熙三十八年味芹堂刻本.四库全书存目丛书集部：第 400 册.济南：齐鲁书社，1997：214.

羲去世，黄百家根据父亲当初所选的篇目，加以整理，编成 62 卷的《明文授读》。《明文授读》原有稿本曾藏慈溪冯云濠的醉经阁中。醉经阁在今慈城五马桥畔，为浙江三大名阁之一，藏书 5 万多卷，多为冯氏家乡文献，且多善本，名气极盛，仅次于范氏天一阁。醉经阁主人冯云濠（1807—1855），号五桥，慈城五马桥前新屋人，清道光十四年（1836）举人。《宁波图书馆志》记其"博采群书，搜藏珍版孤本，于观察第内筑醉经阁入藏……尤多明版舆地图籍。"冯氏著述不多，曾与王梓材合纂有《宋元学案补遗》。① 《明文授读》稿本曾入其醉经阁，由王梓材进行校定选学，可惜已久佚，其后亦未见有抄本流行。

康熙三十四年（1695），《明文授读》编成后，黄百家有心要将其加以推广流传，但因《明文授读》原稿只有一本，他担心刊刻过程中会导致原稿本遗失，曾一度犹豫是否要将其付与刊刻。后黄宗羲门人鄞县张锡琨找到百家，求借《明文授读》全书。张锡琨（1654—1719），字有斯，自号四青山人，乃黄宗羲的弟子张士培之子，自称黄宗羲门人。他以"刻《授读》者，正刻《文海》之先驱也"②为由力劝黄百家及时将《明文授读》付印："亟刻诸"。万言也出言提醒百家应该遵循黄宗羲编选明文集的初衷，称："则此《文海》，夫子目光心血之所存，有明三百年文士英灵之所寄也。子如不亟图所以刻而传之，脱有不虞，子之罪大矣！"③劝百家抓住时机将《明文海》等书加以刻印，使明文广布天下士子之间。经友人劝告，黄百家考虑明代文集确实该尽早公开传世以惠及众人，《明文海》部帙太大，要付梓难度极高，但《明文授读》不到百卷，于是将此选本重新审订、增益，借给张锡琨任其刻印。如是，康熙三十八年（1699），张锡琨终于将《明文授读》成功予以刊刻印刷，行之于世，是为味芹堂刻本。因较早得到了刊刻，《明文授读》的命运与《明文案》《明文海》有很大不同，该书一经刊成即迅速传播开来，在清代时流传甚广，影响极大。乾隆年间，《明文授读》以浙江巡抚采进本入选《四库全书》，《四库全书总目》卷 194 集部总集类存目四。今《四库全书存目丛书》集部总集类第 400 册至第 401 册中可见据康熙三十八年（1699）张锡琨味芹堂刻本影印的本子。故笔者所知版本即为此二种：康熙三十八年（1699）张锡琨味芹堂刻本和以味

① 李玉安，黄正雨. 中国藏书家通典[M]. 香港：中国国际文化出版社，2005：59.

② ［清］黄百家.《明文授读》序[M]//［清］黄宗羲. 明文授读. 中国社会科学院近代史研究所藏清康熙三十八年味芹堂刻本. 四库全书存目丛书集部：第 400 册. 济南：齐鲁书社，1997：210.

③ ［清］黄百家.《明文授读》序[M]//［清］黄宗羲. 明文授读. 中国社会科学院近代史研究所藏清康熙三十八年味芹堂刻本. 四库全书存目丛书集部：第 400 册. 济南：齐鲁书社，1997：211.

芹堂刻本为底本的影印本。影印本今国内各大图书馆均有藏，如北京图书馆、中国科学院图书馆、上海图书馆、浙江图书馆、福建省图书馆、四川省图书馆等，均可见有《明文授读》藏本。不仅如此，《明文授读》还流播海外，今日本东京汲古书院亦有《明文授读》影印本。现简单择要作一介绍。

一、味芹堂刻本

张锡琨味芹堂刻本今国家图书馆有藏。此刻本为线装，共 32 册，62 卷（按：国图检索处显示 60 卷，实为 62 卷，有误）。每半页 9 行，每行 20 字，小字双行同，白口，左右双边，板框为 18.4×13.9 厘米。卷端题写"姚江黄梨洲先生选授 门人张锡琨、男百家校读"字样，版心白口单鱼尾，上刻"明文授读"，下依次刻卷次、页码及"味芹堂"字样，有界格，卷内钤有"黄氏家藏"方印。卷后附注，有清代李慈铭校并跋。详见图 5-8 国家图书馆藏《明文授读》书影。

图 5-8　国家图书馆藏《明文授读》书影

封面注明"《明文授读》卷首目录一 共三十二本 氏（按：此字模糊难辨，形似"氏"）伯题签"，首页题有"姚江黄梨洲先生评选 明文授读 四明味芹堂藏板"，下依次列有徐秉义《明文授读》序、靳治荆序、黄百家《明文授读》序、张锡琨序、《明文授读》目录、《明文授读》发凡等。

此本徐秉义序首页右下方钤有"会稽李氏困学楼藏书印"朱文方印。序后钤有三方印，上下二方印为"徐秉义印"字样，中间方印则刻有"果亭"二字。其序后空行处有李慈铭用朱笔书写的数行文字，具体内容见下：

> 同治七年七月石番银四馆，得之仓桥街书肆，故柳州太守范蘅洲先生所藏也。南雷此选未尝编定，观其评艾天傭之文颇护天傭而右卧子，

今集中仍载天傭《与陈人中》一书,极其丑之,必非南雷之意。疑是选多由其子主一所为,故所去取不能悉当耳。太守博学穷经,藏书满家,为乾隆老辈中第一。是书多有评识,据其《会稽双义祠碑文》授评,语石乾隆十八年则尚在太守登第之岁藏。而于屠隆《与沈君典》书后评有"余守柳州"语,是于此书实终身石之,然所评殊草草。妙可取者太守用墨笔,余故用朱笔别之。会稽后学李慈铭识。①

文后钤有"慈铭"朱文长方印,表明此是李慈铭的题注。李慈铭(1830—1894)是晚清著名文史学家,初名模,字式侯,后改今名,室名越缦堂,晚年自署"越缦老人",会稽(今浙江绍兴)人。光绪六年(1880)进士,学识渊博,承乾嘉汉学之余绪,治经学、史学,蔚然可观,被称为"旧文学的殿军"。李氏嗜书成癖,最喜买书、读书、藏书,常到书市采购书籍,有藏书室多处,如越缦堂、困学楼、苟学斋、白桦绛树阁、知服楼等。据上所记,此刻本原为柳州太守范蔺洲所藏,李慈铭偶然从书市购得,欣喜异常,视为珍宝。刻本中有范蔺洲以墨笔所记批注,李慈铭又加以朱笔批注。

黄百家序后亦有李慈铭语,对黄宗羲选文予以了充分的肯定和高度的评价,并惋惜无法亲眼看到黄宗羲的《明文案》《明文海》等集:

> 南雷黄氏之学,通世天人,集有明之成,启国朝之盛,固粲可议。然其论文应随地涌出为佳,方言语录皆所不择,所著《文定》《文约》诸稿虽浩瀚可意,而才情烂漫粲所别裁,故往往不脱明末习气,流入小说家言。是选亦颇泛滥驳杂,多非雅音,其极推阳明,盖犹是《明儒学案》中门户之见,其痛诋前后七子而力称徐天池,则其指辄可知。然明文向粲佳选,即黄氏之《文案》《文海》,今亦不可得观。是集于胜国一代之文,大略已矣,其中亦多不经见者,终可宝也。戊辰八月后学李慈铭识。②

题记中明显可见李慈铭对无缘品读黄宗羲所选文集的遗憾、痛惜心情。

目录后又有李慈铭朱笔题记数行。

此刻本选文起于解缙《大庖西上封事》一文,终于蒋德璟《珠经》文。卷

---

① [清]李慈铭.《明文授读》校注[M]//[清]黄宗羲.明文授读.中国社会科学院近代史研究所藏清康熙三十八年张氏味芹堂刻本.四库全书存目丛书集部:第400册.济南:齐鲁书社,2002:214.
② [清]李慈铭.《明文授读》校注[M]//[清]黄宗羲.明文授读.中国社会科学院近代史研究所藏清康熙三十八年张氏味芹堂刻本.四库全书存目丛书集部:第400册.济南:齐鲁书社,2002:214.

首有黄百家所列目录，分为"奏疏""表""论""书""记""传""赋""经"等几类，"并搜先夫子所书各集评语掇载篇后，间附注以不孝私记，以为读书知人之助"。文中也间有张锡琨评语。①

黄氏父子评语均列于所选文后，比正文低一格，每行 19 字。黄宗羲评语为单行大字，黄百家评语则是双行小字。黄百家在《明文授读发凡》中说："先遗献遍阅有明文集，间有数行或数语，偶记其爵里姓氏及评其功力手笔者，今遇兹选所及，谨敢搜掇并载于篇，以为读书知人之助。以非本篇原评，特加'先夫子曰'或'先夫子书某集'以别之。其有未经先遗献所评及者，不孝或追忆先遗献平日之绪论，或私有触发以补之，则附注百家私记于下。"②此刻本情况即如是。

刻本中间有范蘅洲和李慈铭的批注，批注另起一行书于篇尾或空白处。如卷 54 徐芳《愚者大师传》文末低一格刻有"《思旧录》：方以智字密之，桐城人，明敏多艺，吴子远之甥也……"等字，后有竖行墨笔批语："密之既为僧，当至其家，有夫妇之事，所谓邂逅者也，非真为僧。"《愚者大师传》名下以小字书"方密之"三字，当是呼应后面《思旧录》中所言特别予以注明。卷 59 杨慎《药市赋》文后有墨笔批语为："富而艳，亦函而新，小品中之极。则岂桑氏悦徒情志可比？"此处的墨笔批注应出自范蘅洲之手。而卷 56 顾大韶《竹签传》"百家私记"后有朱笔书写大段文字："仲恭愤科举之弊盖更甚于艾千子，此传与《寻瞳使者说》直想入非非矣！然亦入俳谐，已开近时文章游戏之恶派。作者选者均可不必也。此法滥觞于唐宋时，东坡颇喜为之，然而有雅致。明季山人始扬其波，乃入秽恶。至国初尤侗、李渔、金人瑞辈而极矣。于是《虞初续志》等书纷纷而出，遂流而为浙人沈某之《谐铎》、粤人缪某之文章游戏，皆奉尤、李为大师。而近来江浙一二无赖乳臭猖狂呆愚，稍事唇吻，遂祖尤祢缪，割裂抄袭，播为丑恶之舞，致自堕于禽兽而不已。夫谁阶之厉哉？仲恭忠臣之弟，志节甚高，虽此等文字亦雅饬不俗，非今日浮浪之徒所能解。余特穷世流而类及之。"文中对顾大韶通过诙谐、滑稽的形式讽刺封建科举制的弊端，在荒唐的颠倒中，化悲愤为游戏，于嬉笑怒骂中针砭时弊的行文方式加以批评，认为用游戏态度作文章是恶俗之象，因而表示不满。此部分文字当是李慈铭校注。

卷中时有以墨笔标点或圈点断句痕迹，文中有人名首次出现者以墨笔

① 唱春莲，等.北京图书馆近年采进善本书提要(二)[M].北京:北京图书馆.1998:116.
② [清]黄百家.《明文授读》发凡[M]//[清]黄宗羲.明文授读.中国社会科学院近代史研究所藏清康熙三十八年张氏味芹堂刻本.四库全书存目丛书集部:第 400 册.济南:齐鲁书社,2002:214.

竖线画之,以示凸显,如卷 54"董公应举""刘北生"等人名均被竖线标示出来。除画线标明人名、文名的印记,还可见文中部分地方画线标注出关键字句,如卷 54 袁中道《李温陵传》中提到"其人不能学者有五,不愿学者有三"句后分别有墨笔画线于"一不能学也""二不能学也""三不能学也""四不能学也""五不能学也"以及"不愿学者一""不愿学者二""不愿学者三"等处;又卷 52 蒋冕《太学生丘君行状》一文中多处出现竖线,分别标出了人名"谢先生""刘君孟""唐君弼",文名《运气表》《其曰发冢论》及"君又尝著论辨公山不狃之非"等处,此等画线当是读者留下的阅读标记。

卷内还出现了以墨笔直接将文字涂抹盖住的痕迹,如卷 54 李世熊《画网巾先生传》中"自古无两年卷中华之事,亦无殉义耻自名之人"句中以粗线墨笔将"无两年卷中华之事,亦无"盖住,涂抹痕迹明显,具体何意不知,推测或是批校者所为,而施以墨笔则范蠡洲批校的可能性为大。

卷中偶有磨损破页。如卷 56 首页右下角缺两字,卷 62 蒋德璟的《珠经》末页文字有所缺,模糊不清者,部分文字难以辨认。文中多处出现破损处用黄色类似宣纸补全。

味芹堂刻本《中国古籍善本书目》有著录,国家图书馆藏《明文授读》与之为同一版本。

二、国家图书馆藏抄本

国家图书馆古籍部所藏《明文授读》抄本,共 24 册,凡 62 卷,纸张泛黄老旧。卷首先后列有五个人的六篇序,依次是:徐秉义《〈明文授读〉序》、靳治荆《辽阳后学靳治荆拜纂》、张锡琨序、黄百家《〈明文授读〉序》、黄宗羲《〈明文案〉原序上》及《〈明文案〉原序下》。序中字体不一,但均为每半页 7 行,每行 17 字,无鱼尾,左右双边,版心处按序作者分别书为"某序几"或"序几",如"徐序一""原序一"等。后接《〈明文授读〉发凡》,《发凡》每半页 9 行,每行 19 字,均低一格书写,左右双边,版心白口单鱼尾,上题"明文授读",下依次题"发凡"、页码及"味芹堂"。也有《〈明文授读〉目录》,目录先写明"卷之几",再写文体,再分列篇目名及作者名。抄本包括"奏疏"4 卷、"表"1 卷、"论"5 卷、"议"1 卷、"原考辨"1 卷、"解说释"1 卷、"颂赞铭箴"1 卷、"疏文对答述丛谈"1 卷、"书"8 卷、"记"7 卷、"序"14 卷、"碑文"1 卷、"墓文"5 卷、"哀文"1 卷、"行状"1 卷、"传"4 卷、"赋"5 卷、"经"1 卷等。卷内正文字体、格式等均与味芹堂刻本同,但除刻印的黄氏父子评语外,并不见有用墨笔或朱笔书写的批注等,亦不见有李慈铭语。

　　此抄本应是据味芹堂刻本抄录而来，没有墨笔评语或说明抄录者认为这部分批注并非原刻本所有，故遗而不录，或是抄录者所据底本原就没有批注。此本首册首页《〈明文授读〉序》下有二印章，上面分别钤有"江宁傅氏藏图鉴定书籍印""四明某某氏博经楼珍藏"字样，据此可推断此本应曾藏于宁波、南京等地。

　　此外，国家图书馆还另藏有《明文授读》刻本两部，见图 5-9 国家图书馆藏《明文授读》刻本所示。

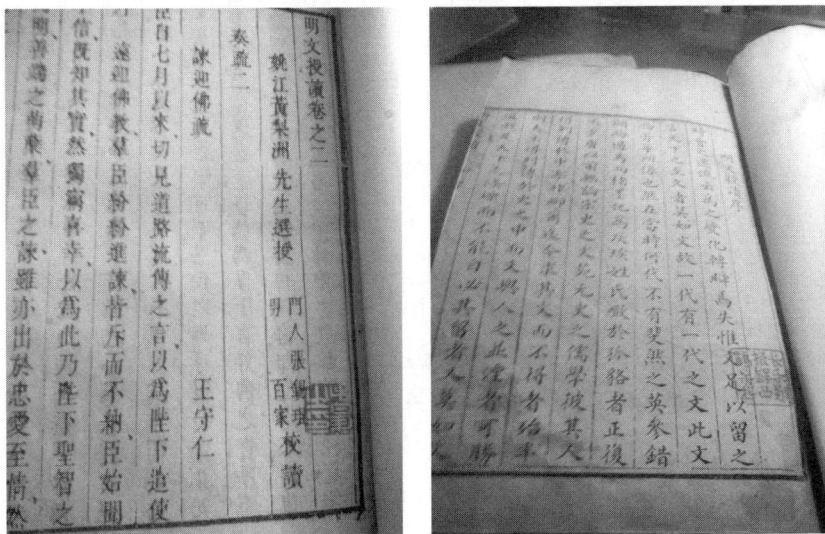

图 5-9　国家图书馆藏《明文授读》刻本

　　一为 20 册，62 卷，每半页 9 行，每行 20 字，左右双边，白口，内容与他本无异；一为 34 册，有"长乐郑振铎西谛藏书"朱文草隶方印，余同 24 册本。详情另找机会再查补。

三、浙江省图书馆藏本

　　今浙江省图书馆藏有《明文授读》五种，其中四种属于普通古籍，藏于浙江省图书馆孤山分馆，还有一种藏于浙江省图书馆善本特藏阅览室。

　　孤山分馆所藏《明文授读》中，有刻本两种，均为清康熙三十八年（1699）本，62 卷，其中一种是 32 册，线装；另一种是 28 册，线装。馆内还藏有一部清末民初时的《〈明文授读〉补钞》抄本，不分卷，一册，线装。另有影印本一种，见于《四库全书存目丛书》集部第 400 至 401 册中两册，62 卷，由齐鲁书社 1997 年出版。

　　二刻本情况与前所述国图馆藏本大致一样,除了没有范蘅洲和李慈铭的批注,其他版式、字体等均差不多,此不再述。

　　《明文授读》32 册本为线装,纸张呈黄色,有红、蓝等不同纸号印记,竹纸,泛黄,补抄纸页亦为竹纸,年代稍后,从字迹清晰度、所用纸张等判断应是初版初刻本。

　　该本每册首页右下方均钤有"浙江省立图书馆甲申整理馆书之章"红长方印一枚。每卷前均分二行写有"明文授读卷之某""姚江黄梨洲先生选授门人张锡琨 男百家校读"字样,卷末书"明文授读卷之某终"字样。有评语。

　　第一册为《明文授读》序及目录。首页为《〈明文授读〉序》,下钤有"浙江省立图书馆甲申整理馆书之章"朱长方印,另地头处有两方小的标明"86 年清点""64 年清点"朱长方印。每半页 7 行,每行 17 字,左右双边,无鱼尾,版心上题"徐序一(页码数字从一至七)"等字样。后接《序 辽阳后学靳治荆拜纂》,也是每半页 7 行,每行 17 字,左右双边,无鱼尾,版心处稍有不同,上题"序",下题页码。后为《〈明文案〉原序上下》《姚江黄宗羲述》,其他同,版心处上题为"原序一(页码从一至七)";其后再接《〈明文授读〉发凡》,每半页 9 行,每行 19 字,左右双边,白口单鱼尾,版心处上题"明文授读",中间为"发凡",下为页码,最下刻有"味芹堂"三字。然后接《〈明文授读〉目录》,每半页 9 行,版式同《〈明文授读〉发凡》,注明"姚江黄梨洲先生选授 门人张锡琨 男百家校读"字样。具体见图 5-10 浙江省图书馆藏《明文授读》刻本。

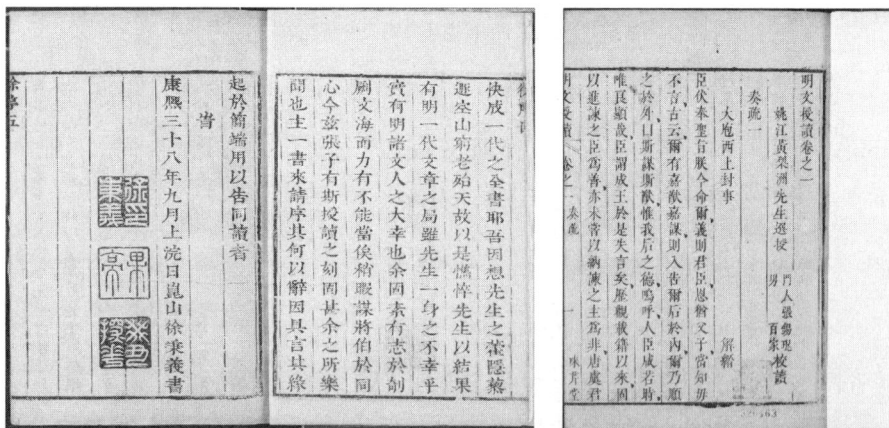

图 5-10　浙江省图书馆藏《明文授读》刻本

　　第二册开始为《明文授读》正文,如上图右侧所示,每半页 9 行,每行 20 字,左右双边,白口单鱼尾,版心上题"明文授读",下题卷次、文体、页码等,最下题有"味芹堂"三字,中间偶有圈点、句读标志等。有序者序言行 19 字,如卷之 14 中宋濂的《溟涬生赞有序》一文即每半页 9 行，每行 19 字。中间夹有空白无栏补抄文字，如第 13 页整页即为空白无栏补抄，上书文字从"七国之祸原及诸王末国之先节其都邑之制，减其卫兵，限其疆里，亦以待封诸王之子孙……"至"六七百年近者，亦三四百年，岂偶然而已哉？今议"后接第 14 页"者曰宋元中页之后……"，字迹与他处亦不同，当为后人所补。卷中多处抄者字体不一，且见虫蛀痕迹和水渍印迹，亦有破损处。如《扶植纲常疏》文最后一页即明显有水渍印存留，墨迹模糊。"先夫子曰"等语均可见出此痕迹。且后半页缺。第三册卷之四奏疏刘宗周《祈天永命疏》一文中有蓝、红笔迹涂抹于"责乎不揣狂瞽敢以祁天永命"字上。《痛愤时艰疏》中末页有缺损，《去国疏》文中明显有缺字处，如"行至天津，始知□□入犯，首震陵园，遂破昌平而南下""自己巳以来，无日不绸缪未雨，而□□之祸，一至于此，追原祸始，张凤翼小有才而器识不足，久已溺中枢之职矣，一旦□□阑入，侦探无闻，调援不速，动成束手，行间之任，益非其人可知矣"。此处不知何故缺字颇多，无缺页，无破损。

此本偶见有红笔断句标识，应为后人阅读所记。如卷一"奏疏"43 页处即有"味芹堂"左侧书"菁五"字样、卷二第 52 页"味芹堂"并列左边写有"嵩十二"字样，不知何意。文后百家私记文字中亦有红色圈点。文中墨线涂画亦较为多见。如杨继盛的《劾严嵩疏》一文中凡论其"专政叛君之十大罪"及历数其奸时，每一处均以直线墨笔标注，如"一大罪也""二大罪也"及"此其奸一也"至"此其奸五也"。彭辂《国脉论上》中"人心是已"、《国脉论下》中"国之脉在士气"用墨线在侧画之，以示重点。凡此种种，多半为阅读者习惯所致。

《〈明文授读〉补钞》抄本，不分卷，一册，线装。版式与前述刻本同，见图 5-11 浙江省图书馆藏《〈明文授读〉补钞》清末抄本。

图 5-11　浙江省图书馆藏《〈明文授读〉补钞》清末抄本

下面再介绍一下影印本。《明文授读》影印本见于《四库全书存目丛书》集部总集类,首页分上下两栏,上栏先后题写"明文授读六十二卷(一)""(清)黄宗羲编""中国社会科学院近代史研究所藏清康熙三十六年张锡琨味芹堂刻本"等字,但其中"康熙三十六年"恐为"康熙三十八年"之误。全书共62卷,始于第400册202页,终于第401册683页。

每半页9行,每行20字,左右双边,白口单鱼尾,版心上题"明文授读",下题写卷次、文体、页码,页码分卷编之,最下方题"味芹堂"三字,与他本大体一致。文中亦多有缺损痕迹,如卷62末页缺损状况与别的本子无二。见下图5-12《明文授读》影印本。

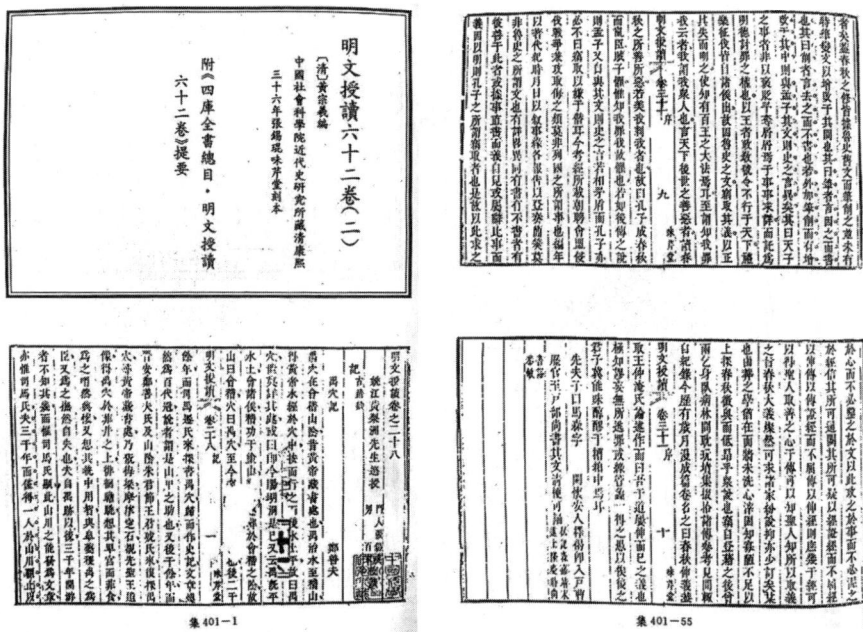

图 5-12《明文授读》影印本

此本最后单列一页,说明采进来源,兹录其文字于下:

《明文授读》六十二卷　浙江巡抚采进本

国朝黄宗羲编　初宗羲辑有明一代之文为《文案》,后得昆山徐氏传是楼藏书,益以所未见文集三百余种,增为《文海》。后其子百家以《文海》卷帙浩繁,请宗羲选其尤者为此编。其序则仍《文海》之旧,盖其门人宁波张锡琨移冠此集,以见去取宗旨云。①

由此可知,此本所据底本是浙江巡抚采进本。

卷中篇目字体不同,笔迹不一。如卷中所书字体多为宋体,但卷三、卷四则变为楷体,盖因为四库馆臣派人所抄,抄者不同,字体自然有异。文中同样有斜线标注人名、文名及部分文字,但所标地方与原刻本有些差异。部分原刻本标注的地方,此本并未见标出。之所以有此变化或是因为浙江巡抚采进本予以了删改,或为四库馆臣刻印时进行了二次斟酌改定。

此本已由齐鲁书社于1997年7月正式出版发行,为研究者提供了大大的便利。

毫无疑问,浙江省图书馆藏版本中最具价值的是今藏于善本特藏阅览室的清康熙三十八年(1699)张锡琨味芹堂刻本,分28册,线装。

此刻本与国图所藏味芹堂刻本基本一致,卷首亦有徐秉义、张锡琨、靳治荆、黄百家等人序言及《明文授读》发凡、目录等。左右双边,白口,单鱼尾,上题“明文授读”,下列卷次、文体并题写有“味芹堂”三字。每半页9行,每行20字。刻本中有黄宗羲、黄百家评语接选文篇目后,黄宗羲评语单行大字,低一格,每行19字,黄百家评语双行小字,低两格,每行18字。文中多处可见圈点,间有涂抹,亦有画线标注多处。有破损残缺页,亦有部分文字缺失,位置大致与国图本同。

另,上海图书馆有藏《明文授读》62卷,注明清黄宗羲辑,清吴骞批,康熙三十八年(1699)张锡琨味芹堂刻本,为《中国古籍善本书目》著录。

四、日本汲古书院影印本

日本汲古书院影印本《明文授读》现藏于日本京都大学文学部,此处收藏汉籍颇多。汲古书院影印本《明文授读》不知据何本影印,共62卷,单独成印。据笔者所见,此本版式等与国内各影印本大体一致,也是左右双边,白口单鱼尾,版心上方题有“明文授读”,中间题卷次、本卷文体、页码,下方为“味芹堂”字。每页分上下两栏,每栏半页9行,每行20字。文中有多处圈点,墨笔,有黄百家移录的黄宗羲评语及黄百家评语,黄宗羲评语以“先夫子曰”或“先遗献曰”开头,单行大字,行1至20字不等,下接黄百家评语以

---

① 　按:此部分文字见于［清］黄宗羲.明文授读［M］//中国社会科学院近代史研究所藏清康熙三十八年张氏味芹堂刻本.四库全书存目丛书集部:第401册.济南:齐鲁书社,1997:683。

"百家私记"开头,为双行小字,行 1 至 19 字不等。

但是此本卷首与国内本子稍有不同。卷首首页上半部分先标明《〈明文授读〉目录一》,下依次列有徐秉义、张锡琨、靳治荆、黄百家等人所作序言,亦有黄宗羲《明文案》原序两篇,但是各序排列先后与国图本明显不同。此本首列黄宗羲《〈明文案〉原序》(上、下),后依次接徐秉义《〈明文授读〉序》、张锡琨刻序、靳治荆《〈明文授读〉序》,黄百家《〈明文授读〉序》作为序言最后一篇。其后再列《〈明文授读〉发凡》《〈明文授读〉目录》、正文等。《〈明文案〉原序》(上)首页即有缺损文字,如序文中"某自戊申以来,即为明文之选,中间作辍不一,然于诸家文集搜择亦已过半。至乙卯而《文案》成得二百十七卷而叹有明之文莫盛于国初,再盛于嘉靖,三盛于崇祯。国初之盛当大乱之后,士皆无意于功名,埋身读书"①。文字分列五行,其中有三行上部分文字缺,即第三行"《文案》成得"、第四行"于国初,再"、第五行"当大乱之后"均空白,明显印版此处文字不全。

卷内篇目部分地方有墨笔涂划痕迹,如卷四刘宗周《痛愤时艰疏》文中有一墨笔画线斜跨七行,同卷刘宗周《祈天永命疏》文中"则所以终奏此祈天永命之功者,相臣实与有力矣"等字被画线标注,但四库丛书影印本无。该《祈天永命疏》文中所刻字体与四库丛书影印本不同,四库丛书影印本卷三与卷二刻印字体不同,原为宋体,此处变换为楷体。但此本中字体与他处并无两样。

此本所选明人明文内容与他本无异,凡作者 277 家,选文 789 篇。

① ［清］黄宗羲.《明文案》序上［M］//沈善洪,吴光.黄宗羲全集:第十册.杭州:浙江古籍出版社,2005:18.

第六章　问题考论

《明文案》《明文海》《明文授读》是统括于黄宗羲明文选本这一体系之下的不同选集，里面每部都存在一些特殊的现象或存疑待解之处，值得深入考察。如《明文案》的实际卷数、稿本散佚去向及遭"潜窃"疑案；《明文海》"晚年未定之本"说及原书卷数、抽毁情况等；还有《明文授读》的编者权、相关评语及序言写作排布等问题，学界尚存有不同声音，有不少疑义留待解决，故此专门辟出本章对此类有趣现象展开进一步的探究。

第一节　《明文案》有关问题考论

上章已列笔者所见《明文案》的不同版本概况，实则关于《明文案》的版本及其流传等情况尚有几处问题待细考。如关于《明文案》的实际卷数究竟是 207 卷还是 217 卷的讨论、《明文案》散佚部分归于何处、《明文案》究竟因何失窃又归于何处的问题等。

一、《明文案》的实际卷数

关于《明文案》的卷数，就目前所见，主要存在 207 卷和 217 卷两种说法。黄宗羲在《〈明文案〉序上》中提及编书过程曾说："某自戊申以来即为明文之选，中间作辍不一，然于诸家文集搜择亦已过半，至乙卯七月，《文案》成，得二百七卷。"[①]据字面理解黄宗羲《明文案》应为 207 卷。但其子黄百家在《〈明文授读〉序》中却云："先夫子自戊申岁取家所藏有明文集约五六千本，撷其精华，至乙卯岁成《明文案》二百一十七卷"[②]，明确得出"二百一十七卷"这一数字，且后世所记均主 217 卷。于是，此父子二人所述一为"二百七卷"，一为"二百一十七卷"，如其所举为精确数字，则有 10 卷之差。前文已述现藏于宁波天一阁中的《明文案》残稿即为黄宗羲原稿残本，号为 210

---

① ［清］黄宗羲.《明文案》序上［M］//沈善洪，吴光.黄宗羲全集：第十册.杭州：浙江古籍出版社，2005：18.

② ［清］黄百家.《明文授读》序［M］//［清］黄宗羲.明文授读.中国社会科学院近代史研究所藏清康熙三十八年味芹堂刻本.四库全书存目丛书集部：第 400 册.济南：齐鲁书社，1997：210.

卷,但仅存 188 卷。今见卷中记文所列最大卷数为 203,此数字包含于二人所说卷数之内,据此无从判断原稿究竟卷数几何。而原嘉业堂藏清抄本《明文案》虽著录为 217 卷,但今存残稿中最大所记亦止于卷 202,同样不足以证实该书卷数到底有多少。而 217 卷这一数字极可能为后人据黄百家"二百十七卷"一说核查所得,其真实存录篇数已无从确考。还有一种说法见于王重民在其著作《中国善本书提要》中所言,他说:"考宗羲辑是书始于康熙七年,至十四年七月,成书二百一十六卷。"书中所记仅此一句,简单言明了《明文案》编著起始时间和卷数,再无其他说明,不知"二百一十六卷"这一数字是王重民自己通篇核查所得还是一时笔误将"七"错写为"六"故有此。由于《明文案》早已没有全本存世,目前亦不见有较全的抄本能作为凭证,因而这个问题,只能暂时成为一个难解的谜团了。

而据上载朱鼎煦《黄梨洲先生〈明文案〉目录》后记,冯贞群和朱鼎煦均曾论及《明文案》卷数问题。冯贞群称:

> 然与原题目次有不相合者,考北平图书馆书目,有钞本《明文案》二百十六卷,《明文授读》中《〈明文案〉序》作二百十七卷(合目计之),清库书目称'宗羲选《明文案》二百卷',盖其卷第固未定也。①

认为《明文案》卷数说法各异,无法判定。

朱鼎煦亦称:

> 但其誊第,清库目作"二百卷",北平图书馆书目作"二百十六卷",隅卿考定为"二百七卷",而序跋未附,凡例未成。②

可见,《明文案》卷数之说实际共出现了"二百卷""二百七卷""二百十六卷""二百十七卷"四种。今国家图书馆抄本也称"二百十七卷",当为康熙十四年(1675)后所增补。据查,宁波冯贞群伏跗室所藏旧抄本《黄梨洲先生〈明文案〉目录》,比朱鼎煦所藏多,共为 293 篇,或许此即为多出来的 10 卷的书目。

不过今人多认可《明文案》"二百十七卷"一说,盖因黄宗羲编纂此书时

---

① 朱鼎煦.黄梨洲先生《明文案》目录后记[M]//马廉.黄梨洲先生《明文案》目录.别宥斋抄本.
② 朱鼎煦.黄梨洲先生《明文案》目录后记[M]//马廉.黄梨洲先生《明文案》目录.别宥斋抄本.

已经历明清易代，生活动荡奔波，选本成后不一定有时间细查卷数即写就序文，而后又潜心于其他著述，恐未及回头再核。而黄百家一直参与父亲编纂明文选本事宜，尤其是《明文海》和《明文授读》二书的编纂成稿，从资料搜集到最后定编，中间费时数十年，他始终不离不弃在黄宗羲身边充当助手，不遗余力尽己所能付出，贡献颇巨。在帮助父亲编文集的几十年中，他必然整理过黄宗羲的《明文案》原稿，在复检过程中，极有可能对于其中的卷数底细或较其父更为清楚，或许正是因为知道《明文案》的实际卷数，故在其写《〈明文授读〉序》文时并不依其父所言称"二百七卷"，反而特意明白告知"乙卯岁成《明文案》二百一十七卷"，或有纠其父无心之误的意思亦未可知。

当然，此问题因原本久佚不全，至今依然未详孰是，暂备举之。

二、《明文案》稿本散佚去向

前述《明文案》稿本有残稿存于今宁波天一阁中，而其余稿散佚部分的去向则一直不明。今仔细查寻，仍旧无确切结果，但有两条线索可资考索。

线索一，见马廉《〈明文案〉稿本跋》中所言。笔者曾在国家图书馆古籍部查阅马廉所编的《黄梨洲先生〈明文案〉目录》，该目录为二册，注明别宥斋抄本，目录前有《〈明文案〉总目》，后有别宥斋主人朱鼎煦所写后记五页。

马廉《〈明文案〉稿本跋》中称："梨洲选定《明文案》二百七卷，有序上下二篇，刊入《南雷文约》四卷。清初文网极严，致被刊入禁书，故传本绝鲜。"[1]说明因清廷文字狱严重，《明文案》受影响被列入禁书，所以传本非常罕见。其下马廉说：

> 吾友朱赞卿鼎煦于去年自慈溪购得叶氏先人赤董山人旧书大宗，而《明文案》稿本在焉。全书分订四十八册，内缺第七、第二十六、第三十、第三十四、第四十八共五册，闻叶氏今尚存二册，为嚣后检出者。[2]

据前"二十二年三月十五日马廉记"可知民国二十一年（1933），朱鼎煦从慈溪叶心水退一居处收购得到《明文案》稿本，该稿本有 48 册，缺 5 册，而叶氏在出售原稿本后发现自家还遗漏下 2 册，即"嚣后检出者"。这 2 册未能售出的《明文案》是重新被卖掉了还是叶家自己收藏，详情不得而知。更

① 马廉.《明文案》稿本跋[M]//.[清]黄宗羲.明文案.天一阁藏稿本.
② 马廉.《明文案》稿本跋[M]//.[清]黄宗羲.明文案.天一阁藏稿本.

可惜的是叶氏藏书也早就不幸流散,至今已逾半个多世纪,其残编断简已无处可觅。故此《明文案》散佚部分下落至今不明。

线索二,见于民国时期浙江图书馆原馆长张宗祥所言。张宗祥曾表示浙东五桂楼亦存有《明文案》残本,五桂楼是清诸生黄澄量的藏书楼,位于余姚四明山西麓的梁弄,当时号称"浙东第二藏书楼""藏书之富甲越中",共有藏书50000余卷,颇多宋元明善本,名气仅次于天一阁。张宗祥在《明文案》稿本首册末页曾题写过一段话,为:"此书似成于《明文海》之后,惜未得一校,闻五桂楼亦有此稿残本,赞卿先生藏此有年,甚愿其印行也。"①据其所言,张宗祥曾听闻五桂楼藏有《明文案》稿本残卷,但他自己并没有亲见,所以希望朱鼎煦所藏的《明文案》能加以印行,以利传播。五桂楼的部分藏书存于余姚梨洲文献馆,而黎洲文献馆今并入余姚博物馆。经查,并不见有《明文案》残稿部分入藏其中。故五桂楼是否真藏有《明文案》残卷也是一个难解之谜。如此,《明文案》稿本散佚部分至今未有人能见到,不能不说是一件遗憾的事情。

三、《明文案》失窃疑案考

《明文案》是黄宗羲明文选本系列中的"权舆"之作②,今存残稿,文献价值甚巨。然今《明文案》原本散佚不见,据悉该书乾隆年间被列入军机处第八次奏进全毁书目:"《明文案》一部五十册。查《明文案》系黄宗羲编,所录皆明人各体古文,中间多有干碍字面,应请销毁。"③在文字狱大兴时期,有"干碍字面"者自难保全。版本学家孙殿起1956年曾在《清代禁书知见录自序》中对《明文案》经销毁散失一事深表惋惜:"每叹我国古籍,自秦政焚书后,实以此次查禁为书籍空前浩劫,各书多有未经镌刻只系传钞孤本存留者,如黄宗羲辑《明文案》一部五十本,采辑可谓繁富,竟因销毁而散亡。"④后学者确认宁波天一阁中藏有《明文案》残稿188卷,凡43册,此残稿文献价值不言而喻。而早在康熙年间黄宗羲尚在世时,即出现过《明文案》在史馆遭窃事件,由此形成学术史上悬而未解的一桩疑案。

① 张宗祥.《明文案》稿本[M]//[清]黄宗羲.明文案.天一阁藏稿本.
② [清]张锡琨.《明文授读》序[M]//[清]黄宗羲.明文授读.中国社会科学院近代史研究所藏清康熙三十八年张氏味芹堂刻本.四库全书存目丛书集部:第400册.济南:齐鲁书社,1997:213. 按,张锡琨《明文授读》序记:先生明文之选,权舆于《文案》,绝笔于《文海》,而《授读》之集为家传简捷之本.
③ [清]姚观元,孙殿起.清代禁毁书目附补遗[M].北京:商务印书馆,1957:241.
④ [清]姚观元,孙殿起.清代禁毁书目附补遗[M].北京:商务印书馆,1957:241.

据黄宗羲子黄百家《〈明文授读〉序》中所言,康熙十九年(1680)朝廷以礼敦请黄宗羲修史,但宗羲"以老病不能赴"辞绝,康熙遂下旨"凡黄某所有著述有资明史者,著该地方官抄录来京,宣付史馆。于是藩司毅可李公俾胥吏数十人缮写,不孝(即黄百家)入署校勘,而《文案》亦在其中"①。康熙二十六年(1687),黄百家入京参修《明史》,见史馆中存有《明文案》抄本,之后不久,百家以思亲告归,返回余姚家中继续进行《明史》撰写。两年后完成任务即二度入馆,但此时明史馆中原藏《明文案》抄本已为人所窃。这是黄百家的说法,其《〈明文授读〉序》对此事有如下文字记载:

> 丁卯岁不孝入都门,故相国立斋先生监修《明史》,以史志数种见委,简阅史馆中书,此《文案》固在也。未几,不孝以思亲告归,先生许以在家纂辑。乙巳书成。先生复招不孝入都,再至史馆,已不见所谓《文案》,盖有潜窃之而去者矣!

又:

> 不孝思此本颇为海内传抄,此间之有无略不置意中。未几,《文案》为潜窃之人掩为己有,易名行世。或有讶而来告者曰:"是人也,亦尝受业于夫子之门人,得毋类逢门乎?"不孝曰:"子言亦不伦矣。逢门尽羿之道而杀羿。是人也,腹俭诗书,行多未检,颇大不类于乃师,乌得与逢门比乎?且先夫子之为是选也,亦不过欲表扬一代之文人,嘉惠后日之学者,奚必诩功自己出?苟有传刻是书者,亦即先夫子之志也。特嫌其不悉依原本,稍加窜易,点金成铁耳。"嗟乎,以先夫子之生平,继孝闽会,阐学濂洛,文章则平揖庐陵,节义则追踪孤竹,即无明文之选,何尝有损于毫末?况广而《文海》,精而《授读》,明文之选自在也!即百逢门乌得而杀之,子言不伦矣!②

序言中黄百家所说的"立斋先生"即徐元文。徐元文(1634—1691),字公肃,号立斋,江苏昆山人,顾炎武外甥。前文已述,其与兄长徐乾学、徐秉

---

① [清]黄百家.《明文授读》序[M]//[清]黄宗羲.明文授读.中国社会科学院近代史研究所藏清康熙三十八年味芹堂刻本.四库全书存目丛书集部:第400册.济南:齐鲁书社,1997:210.

② [清]黄百家.《明文授读》序[M]//[清]黄宗羲.明文授读.中国社会科学院近代史研究所藏清康熙三十八年味芹堂刻本.四库全书存目丛书集部:第400册.济南:齐鲁书社,1997:210-211.

义皆进士出身,名望甚富,时称"昆山三徐"。顾炎武曾称赞徐元文"有体国经野之心,而后可以登山临水;有济世安民之略,而后可以考古论今。"徐元文自康熙十八年(1679)奉诏出任《明史》监修总裁官,负责修史事宜。康熙二十一年(1682),徐乾学亦被任命为《明史》总裁官。康熙二十三年(1684)二月,康熙再命徐元文专门管理史局,负责监修《明史》。康熙二十六年(1687)黄百家在父亲许可下,入京协助修史,正是徐氏兄弟主持明史编纂期间。徐氏兄弟对黄宗羲编选《明文海》助力颇多,前文已有述及。而黄百家此次至京参加修史也算代父应邀前来。既入明史馆,则得到"以史志数种见委"的便利,可查阅皇家收藏的珍稀典籍,翻看自各地搜集而来的史料文献等。黄宗羲的《明文案》因修《明史》之故亦被征抄入朝廷,故黄百家能亲眼看到已收入明史馆中的《明文案》。据此可知,《明文案》1687年尚存于史馆,"简阅史馆中书,此《文案》固在也",但1689年他"再至史馆,已不见所谓《文案》",《明文案》就此遗失,即黄百家所称"有潜窃之而去者"。

此处,有几个地方值得注意。如潜窃《明文案》者究为何人? 因何要行此事?《明文案》究竟被易为何名? 等等。种种疑问,学界一直不曾予以深究。而笔者认为此疑案看似毫无头绪,仔细推敲,却可获知几条有意思的信息:

其一,黄百家对于行窃者的底细并非一无所知。据黄百家的序言,他发现《明文案》不见后,有人告诉他潜窃者"尝受业于夫子之门人",说明其应该与黄宗羲有师门之缘。知情者还说此人"类逢门"。"逢门"即逢蒙,又作逢蒙,是有穷氏部落首领后羿收的弟子,自己学艺出师后却因嫉妒把后羿给杀了。孟子《离娄下》第24章记:"逢蒙(即逢蒙)学射于羿,尽羿之道;思天下惟羿为愈己,于是杀羿。"①盗书者被比为"逢蒙",可知此人有妒师忌才、忘恩负义、人品不佳之嫌。后黄百家又对所谓"潜窃者"做出"腹俭诗书,行多未检"的评价,进一步说明窃书之人虽有学问但于德行有亏,不重气节或有不自律、不检点之举,其行为多受非议。由此足证百家不仅知晓"讶而来告者"口中的"是人"是谁,甚至还可能与此人有过直接的交往接触,否则怎会知其品性? 故"潜窃之人"究为何人,黄百家多半心中是有数的。既真如此,为何他不去追究潜窃者的责任呢? 这就涉及下述第二点。

其二,黄百家对失窃之事所持态度颇值玩味。先说"不孝思此本颇为海

---

① 孟子.离娄下[M]//万丽华,蓝旭译注.孟子:卷八.中华书局,2006:181.

内传抄,此间之有无略不置意中"①,《明文案》遭窃之初,黄百家貌似不以为然,并未觉有特别不妥之处,甚至认为如果《明文案》能借此得以广泛传播,未尝不是一件好事,也能够实现其父黄宗羲编选文集以"表扬一代之文人,嘉惠后日之学者",助益世人的目的,故该书置身何处关系反倒不那么大,被潜窃也无须追根究底。孰料《明文案》竟"为潜窃之人掩为己有,易名行世",其书不仅未见被广为传抄流播,惠及众人,反而被别有用心者肆意篡改,黄百家称"特嫌其不悉依原本,稍加窜易,点金成铁"②。"易名行世""稍加窜易",说明《明文案》被人改头换貌,转抄成书,更易名字行之于世,以致黄百家痛惜其未依原本而被"点金成铁"。显然,对篡改他人文集,盗取黄氏成果,未发挥《明文案》之用的卑劣行径,黄百家是极为不满且无法忍受的。但《明文案》到底被易为何名则语焉不详,此事后来不了了之,或与黄氏父子认为"况广而《文海》,精而《授读》,明文之选自在也"的情况有关,今已难查考。

凡此种种,多少留下了一些《明文案》被窃疑案的蛛丝马迹。在此笔者拟据黄百家言,结合其他资料,作一大胆推测:潜窃《明文案》之人或为徐乾学,或为万言,而以徐乾学的可能性为大。

之所以会有此猜想,是基于以下几点考虑。

首先,从窃书动机看,徐乾学、万言都有盗取《明文案》的潜在动机。徐、万二人平素都珍视典籍,酷爱藏书,又了解《明文案》的重要价值,窃其或为护之不毁或为中饱私库,具备"潜窃"的主观可能性。

《明文案》是康熙特旨下令征抄入馆的重要著述,但其中所收作家作品多有违逆当朝者,前文已述《明文案》因所录"明人各体古文,中间多有干碍字面,应请销毁"③,正是因为该书触犯了清朝统治者的忌讳,难以为世所容而直接被列入禁毁书目,但《明文案》的重要价值也由此愈加得以凸显。而从史馆窃走该书者既然甘愿以身试法冒此风险,必是知道其特殊价值而欲得之的人。"潜窃"者行此举的用意恐有几种可能:一种可能是意欲保护《明文案》,因为他明白《明文案》书中多有朝廷忌讳的内容文字,任其留在史馆恐难逃焚毁之厄,出于担心,索性偷走,自己加以保存。毫无疑问,徐乾学和万言二人均为著名的学者和修史人员,对于《明文案》一书的价值心知肚明,

---

① [清]黄百家.《明文授读》序[M]//[清]黄宗羲.明文授读.中国社会科学院近代史研究所藏清康熙三十八年味芹堂刻本.四库全书存目丛书集部:第400册.济南:齐鲁书社,1997:210.

② [清]黄百家.《明文授读》序[M]//[清]黄宗羲.明文授读.中国社会科学院近代史研究所藏清康熙三十八年味芹堂刻本.四库全书存目丛书集部:第400册.济南:齐鲁书社,1997:211.

③ [清]姚觐元,孙殿起.清代禁毁书目附补遗[M].北京:商务印书馆,1957:241.

也皆有可能因不忍其被毁而出"潜窃"下策。倘是出于此种考虑,那么黄百家等许是未体察到偷书者的良苦用心而对之产生了不满与误会。第二种可能则是出于"潜窃"者一己之私利。黄宗羲《明文案》稿本不可替代的史料价值和文献价值不言而喻,在当时能拥有这样一部珍贵典籍,是每个修史之人尤其是嗜好藏书者的心愿。这种可能性徐、万二人亦均具备,相较之下,徐乾学此心应较万言更大。因为徐乾学是嗜书如命的藏书大家,他有一座私家藏书楼——传是楼,人称"积书寰内亦第一"①。该楼名得自徐乾学传书不传财的做法。汪琬曾记此事:"于是先生召诸子登斯楼而诏之曰:'吾何以传女曹哉?吾徐先世,故以清白起家,吾耳目濡染旧矣。盖尝慨夫为人之父祖者,每欲传其土田货财,而子孙未必能世富也;欲传其金玉珍玩、鼎彝尊罍之物,而又未必能世宝也;欲传其园池台榭、舞歌舆马之具,而又未必能世享其娱乐也。吾方以此为鉴。然则吾何以传女曹哉?'因指书而欣然笑曰:'所传者惟是矣!'遂名其楼为'传是',而问记于琬。"②从上述藏书楼命名用意即可见出徐乾学酷爱藏书的程度非同一般。而凡藏书者都会想方设法搜罗各种珍稀典籍,不断充实自己的书库。徐乾学自然也不例外,甚而比一般藏书家更加勤于到处访求典籍,尤为重视以抄本充实家藏,传是楼中很多图书都属于前人或时人的秘藏。徐乾学因累仕高官,财力富足,靠收购或抄录之径可广聚典籍,但有些书籍资料即便财力、人力一应俱全也未必能访求到手,故不排除其为得到自己特别珍爱的藏书会使用些非常手段。作为大学者的徐乾学藏书敏感性极佳,藏书意愿也极强。康熙十二年(1673),黄宗羲曾登天一阁"取其流通未广者,抄为书目,坊间易得者不在其列",遂为好事者流传。徐乾学即闻风而动,"昆山徐尚书健庵(即徐乾学)使门生誊写而去"③。万斯同曾作《传是楼藏书歌》称:"东海先生性爱书,胸中已贮万卷余。更向人间搜遗籍,真穷四库盈其庐。"黄宗羲是时人共知的学术大家,他的著作,包括编著自然也会成为藏书者觊觎的目标。《明文案》作为保存明人明文的宏编巨著,当时仅黄宗羲本人及朝廷委派官员有抄写,存本极其有限,因而愈显珍贵,颇具收藏价值。以徐乾学嗜书如命的性格,他会否因为此稿本可为自己藏书再添重彩而意欲将《明文案》偷偷据为己有?抑或作为藏书家一心只想推广此书惠及后人而有此举?再退一步,徐乾学奉命编纂诸多图书,自需参考大量资料,这些资料除了朝廷提供的诸多文献典籍外,

---

① [清]万斯同.传是楼藏书歌[M]//续修四库全书:集部.上海:上海古籍出版社,1995.

② [清]汪琬.传是记.传砚斋丛书[M].清光绪十一年刻本.

③ [清]黄炳垕.黄宗羲年谱[M].王政尧,点校.北京:中华书局,1993:39.

也有部分取自自己的私人藏书处传是楼。客观地讲，基于编纂所需，他也必须时时注意不断丰富和填充自己的藏书量。当然，以徐乾学和黄宗羲的私交及其财力，他要派人从黄宗羲处抄录此书也是可以的，但《明文案》200多卷，抄录本非易事，而当时《明文案》已入明史馆，顺手牵羊拿走，一来使这一珍贵图书得以保存免遭焚毁，二来自己亦可轻易再得重量级的藏书一部。这种推测虽无甚确凿根据，但并非没有可能。

而之所以会猜测万言也可能会有此行径，是缘于事实上，《明文案》稿本确实流经万氏之手，且据书中藏书印所记，万言专门刻印交代子孙无论如何不能售卖《明文案》，"吾存宁可食吾肉，吾亡宁可发吾椁，子子孙孙永无鬻，熟此直可供饘粥"，两个"宁可"发以坚决不卖书的态度，"永无鬻"更见其斩钉截铁的心意。这一方面能见出万言对这部书的珍爱，另一方面是否也可做另一种揣想：永远不得售卖会不会是因为此书得来途径不当或者另有隐情，不能为外人所知？ 当然，这只是存在的一种可能性，是否真如此尚待进一步深入研究。

其次，从行窃条件看，徐、万二人均具备窃书的有利条件和良好时机。

先看有利条件。《明文案》是在明史馆中遗失不见的。清朝建立初期即设立史馆拟修《明史》，但因政局未稳，一直未见大动作。直到康熙十七年（1678），修史条件真正成熟，《明史》纂修工作便正式开始。当时康熙下诏成立《明史》编纂小组，举博学鸿儒143人于体仁阁，取上等20人，二等30人，由徐元文任监修，叶方霭、张玉书为总撰，加上布衣万斯同、范锡同等共修《明史》。明史馆是朝廷专设的部门，虽说结构较松散，但毕竟有相关规章制度在，按理，身份地位不够或未经特许的人是不能随意进出明史馆的，故要能顺利潜入馆中并窃走《明文案》而不被发现，则窃书者要么参与了修史，要么与《明史》修撰一事有关联。据黄百家所言，《明文案》失窃当发生在康熙二十六年（1687）至康熙二十八年（1689）之间。此前，徐乾学曾于康熙二十一年（1682）被任命为《明史》总裁官。之后他连连高升，但始终是《明史》纂修的主要负责人和参与者，其兄弟也在明史馆屡任要职，故他进出明史馆自是畅通无碍，想要提取《明文案》也不在话下。而万言与其叔万斯同因学问渊博、精于史学而被明史馆监修徐元文延请参与编史。康熙十八年（1679），万言随万斯同一起北上修史，此后，他以七品俸在史局任翰林院纂修一职长达10年，而《崇祯长编》《盛京通志》《大清一统志》等典籍的编纂他均作为主力参与。故进入明史馆拿走《明文案》于他也非不可能之事。此为徐、万二人所具备的窃取《明文案》的有利条件。

再就时机而言。《明文案》在康熙十九年(1680)即已进呈朝廷,康熙二十六年(1687)尚在史馆,至康熙二十八年(1689)发现遗失,也就是说此书在明史馆至少置放了七八年,假如徐乾学有心希图此书,为什么没有早点动手呢? 窃以为,可能是时机未到。《明文案》是作为撰修《明史》的重要参考书籍入馆的,在《明史》修撰早期要时时以其为据,自不可轻易盗取。经过数年,可据《明文案》修史的部分工作或陆续完成,该书被提取参考的频率也大大降低。而黄百家正是因"书成"再度入馆才发现《明文案》遗失不见了,说明1689年前后黄氏负责的初稿部分已接近尾声。这一进度,曾任《明史》监修官的徐乾学自然很清楚。康熙二十七年(1688),徐乾学因湖广巡抚张汧贪污一案牵连被爆受贿,在康熙庇护下虽免遭惩处,但其后即被许三礼弹劾"既无好事业,焉有好文章,应逐出史馆,以示远奸"[①],于是他上疏自请"放归田里"。是年五月,康熙恩准徐乾学罢官,并特许其携书局即家编辑,继续完成《大清一统志》等史籍的编修大业。康熙二十七年(1688)正处于《明文案》被盗期间,是否可作如此推断:徐乾学早有心将《明文案》纳入囊中,但因各方面顾虑和时机不成熟未及下手。彼时他要离开朝廷归家编书,《明文案》在史馆中的受关注度亦大不如前,正好可以盗取此书后顺势远离京都,朝廷也不致对其起疑心。如此,既可免除若干麻烦,自己也如愿得到《明文案》填补藏书之缺。若以上推断成立,则徐乾学窃书这一时机可谓正当其时。

而万言于康熙十四年(1675)中举人,康熙十八年(1679)入京任职,10年后离开,正好是康熙二十八年(1689),也是绝佳的带书远走高飞的机会,也恰符合潜窃《明文案》的时间要求。此为徐、万二人所具备的窃取《明文案》之时间条件。

再次,从黄百家所述"潜窃者"身份、品行等特征看,徐乾学、万言均与之有一定的吻合度,但具体情况又各异。

依前所说,潜窃者"尝受业于夫子之门人",说明窃取《明文案》者或与黄宗羲有师生之谊或跟随黄宗羲弟子学习过。但究竟是正式拜黄氏门下从其就学的学生还是仅仅请教过黄宗羲学问之事名义上冠以师生之称者,无法确定,两种情况皆有可能。徐乾学与黄宗羲虽说没有以师生相称,但实际相处中却一直都是亦师亦友的关系。据《黄宗羲年谱》载,康熙二十七年(1688),黄宗羲曾至吴门。"昆山果亭徐公(即徐秉义)自来相接,遂至昆山。

---

① [清]蒋良骐.东华录[M].鲍思陶,西原,点校.济南:齐鲁书社,2005:225.

在健庵尚书(即徐乾学)座,有突如而问道学异同者……"①也即是说,黄宗羲曾在昆山徐乾学处讲过学,而凡听过其讲学或者有由其答疑解惑经历者,均可称有师生之谊。徐乾学较黄宗羲小 21 岁,完全可能平时就在他面前自称"学生某某"之类,如此则其亦可算是"受业于夫子之门人"。

而万言自小即与叔父万斯大、万斯同一起问学于黄宗羲,是黄氏的高足,张寿镛曾称:"即以文论震川之古淡,刻源之色泽,梨洲许之者非虚。"②可见黄宗羲对他极为赏识、器重,甚至还评价说后起作者中"惟言(即贞一)与慈溪郑梁二人"。所以,万贞一是不折不扣的"受业于夫子之门人"。

黄百家序中还透露"潜窃"者身为学人,但"腹俭诗书,行多未检",虽亦读诗书,但人品不正,心术不端,自我要求不高,甚或气节有亏。此处要分而述之。之所以推测"潜窃者"可能为徐乾学,是因为历史上的他本就是一个为人不甚完美、品性道德较受非议之士。康熙年间,有朝中高士曾评价"昆山三徐"说:"公肃(徐元文字)仁人君子,健庵(徐乾学号)大人君子,果亭(徐秉义号)正人君子。"③徐氏兄弟虽皆有文名,且同修《明史》,也都为修史孜孜不倦,尽心竭力,但三人人品所获评价大不相同。徐元文身有傲骨、正直敢谏,徐秉义老实持重、高风亮节,但其兄徐乾学则不似两位弟弟文行皆优、受人敬重,反而背负着贪求功名、觊觎禄位的丑名,常有阿谀权贵、奉承高官、行贿受贿之举,且在明清鼎革之际表现毫无民族风骨,有负文人的气节风度,为人不齿。顾炎武曾批评徐乾学"彼之官弥贵,客弥多,便佞者留,刚正者去。今且欲延一二学问之士,以盖其群丑。不知薰莸不同器而藏也!吾以六十四之舅氏主于其家,见彼蝇营蚁附之流,骇人耳目……"④徐乾学的怙势气焰惊人,令抱有遗民之痛的舅父顾炎武锥心疾首,竟至出此激愤之言。而关于徐乾学的人品劣迹多处史料有载,《清史稿》卷二 271"列传"中"徐乾学传"即记其因品行问题致"物议沸腾",而"高士奇"条下亦载其与高士奇、王鸿绪等"凭藉权势,互结党援,纳贿营私,致屡遭弹劾,圣祖曲予保全。乾学、鸿绪犹得以书局自随,竟编纂之业,士奇亦以恩礼终,不其幸欤!"⑤如仅就学问而言,徐乾学、高士奇、王鸿绪等均是一时的士林之秀,但论人品和行为,则大有问题。所谓"凭藉权势,互结党援,纳贿营私",直接指

① [清]黄炳垕.黄宗羲年谱[M].王政尧,点校.北京:中华书局,1993:45.
② [清]万言.管村文钞内编初编序[M]//管村文钞内编.四明丛书本:325.
③ [清]陈康祺.郎潜纪闻初笔二笔三笔:卷四[M].晋石,点校.北京:中华书局,1984:83.
④ 武炎武.与潘次耕札[M]//顾炎武,文.唐敬杲,选注.武汉:湖北辞书出版社,2014:100.
⑤ [清]赵尔巽,等撰.列传:五十八[M]//清史稿:卷二百七十一.北京:中华书局,1998:10017.

出徐乾学等贪污行贿、结党营私,甚至争权夺利、公然弄权的行径。据其他资料记载,徐乾学曾依附宰相明珠,反对索额图派,后又勾结索额图反对明珠,趋炎附势,见风使舵,清朝著名清官、理学名臣李光地视其为危险人物,评以"谲诡奸诈",说他城府极深。许三礼弹劾徐乾学时更毫不客气表示应将其"逐出史馆,以示远奸"①。周寿昌则指出:"徐既爱其(指纳兰成德)才华,复逢迎权贵,百计以成其名……又窃取他人之书,嫁名成德,亦附刻于《经解》中,其心术行事为儒林轻蔑久矣。""古人有窃他人书以为己作者,乾学乃窃他人书以为他人之作,斯又添一书林掌故,可哂也。"②连乾隆帝也在《通志堂经解》补刻本自序中鄙薄徐乾学说:"徐乾学阿附权门,成德滥窃文誉,二人品行,本无足取。"③并下"谕旨"称:"即如索额图、明珠、徐乾学、高士奇辈,当时非不藉藉人口,而迹其行事,或则恃才自恣,或则倚附结纳,交通声气,虽学问或有可称,而品谊殊无足取。"④后梁启超也贬其为"学界蟊贼"⑤。可见,徐乾学人品确实堪忧,在文士圈中的口碑很差,遭人鄙薄、蔑视,造成"心术行事"都不受人待见,"为儒林轻蔑久矣"。另外,徐乾学"窃他人书"也实有其事,还被人记录在案。他编纂《读礼通考》时所用部分资料也是从万斯同处抄袭而来,故此,一个有窃取他人成果为己所用前科的人,一个心术、道德、行为均受人诟病、瑕疵在身的人,若萌生将《明文案》占据己有的私念而"潜窃"之,并将其"稍加窜易"后冒名行世,这种可能性不能说没有。

由此进一步推论,或许正是因为自己行径有愧于黄宗羲,所以康熙二十九年(1690),康熙皇帝问徐乾学"海内有博学洽闻、文章尔雅、可备顾问者"时,徐乾学答以黄宗羲,但当皇帝真要召黄宗羲至京时,他却又以"前业以老病辞,恐不能就道也"⑥为由进行了阻拦。诚然,此时黄宗羲已年逾80,且一直以明遗民自居,确乎不会来京任官,但徐氏的对答是真心替黄宗羲立场考虑还是另有难与外人道也的隐情呢? 这也是一个可以细究的问题。

而如果推测万言是潜窃者,则品行之说稍微有些对不上号。万言在历

① [清]蒋良骐.东华录[M].鲍思陶,西原,点校.济南:齐鲁书社,2005:225.
② [清]周寿昌.窃袭前人书.思益堂日札条辨:卷七[M].北京:中华书局,1983:282.
③ [清]爱新觉罗·弘历.通志堂经解序[M]//[清]徐乾学.通堂集经解.通志堂经解补刻本.
④ 谢贵安.清实录研究[M].上海:上海古籍出版社,2013:667.按,乾隆三十年(1765)六月二十三日关于修撰《钦定国史列传》"谕旨"中有载.
⑤ 梁启超.论中国学术思想变迁之大势[M]//饮冰室合集文集:第三册.北京:中华书局,2015:653.
⑥ [清]黄炳垕.黄宗羲年谱[M].王政尧,点校.北京:中华书局,1993:47.

史上一向以"生性耿直""不徇私情"而著称,因道德高尚、志气耿洁而受人推重,曾严拒他人托请,为官清正廉明,最后还因秉性过于刚直而得罪上司被罢官论死。史载万言"少有文名,随诸父斯大、斯同求学于黄宗羲。后由副贡与修《明史》,独成《崇祯长编》。出知五河县,忤大吏论死,寻得免"①。如此种种,显然不符合人品、道德有亏的"逢蒙"形象。因此,笔者再行揣测,会否存在另一种可能,即万言任职于史馆时因修史工作所需常将《明文案》从史馆借出以资参证,后因随时需要借鉴使用或出于前面所言某些不可为外人所知的原因,一经借出便未予归还。明史馆当时管理较混乱,《明文案》没有归档也无人察觉。而后黄百家发现《明文案》不见,认定是有人蓄意盗取,客观上造成了"潜窃"之象,之后,万言索性就势将《明文案》收归己藏,私家传之,也借此一举两得:既得好书藏之,又因此书已"失窃"而免担朝廷追责。但毕竟冒了"潜窃"之名,不宜外泄,故反复叮嘱,严告子孙不可将《明文案》售卖。

再或者,这其中还另有隐情。国家图书馆藏朱鼎煦《黄梨洲先生〈明文案〉目录》后记中便称:"贞一(即万言)……任事九年之久,生性耿直。因杨嗣昌孙挟要津札,乞于嗣昌,传少宽假,贞一力格之,以此忤贵人,出知五河大吏,又陷之得罪论死,其子营救得免。故余疑是书乃贞一在馆时假之而去,就曾读之书,作参证之用,事半功倍,当为师座所许。后来之不遭水火,以此黄氏诸孙仅以耕读自给,或转让,或报赠,皆未可知。若窃师门之著述,以充一己之箧笥,贤如贞一,必不出此,观者勿疑焉。"②笔者认为朱鼎煦之说不无道理,以万言的为人及其与黄宗羲的关系,恐难行盗书这类无耻之举,其家传的《明文案》得自黄宗羲后人转让或馈赠的可能性更大。且万言手中的《明文案》是否即为朝廷史馆中所收《明文案》,需当别论。失窃的《明文案》是朝廷派人征抄进入史馆供修史用的本子,而万言所得《明文案》若果为史馆所藏本,应是刻意藏之以护其周全,但实际上该本更可能为黄宗羲私人家藏本。若真如此,则《明文案》失窃一事当与万言无甚关联。

综合上述,徐乾学身为清朝大臣、著名学者、藏书家,参与了《明史》修撰,深知《明文案》价值,可自由出入明史馆,虽满腹诗书,但品行不佳,既有过背恩之举,又有过窃袭前人成果的小人行径,不管是出于私心还是好意,都可能会不愿《明文案》在史馆里束之高阁。这些方面几乎都与黄百家序中

---

① 梁战,郭群一.历代藏书家辞典[M].西安:陕西人民出版社,1991:7.

② 朱鼎煦.黄梨洲先生《明文案》目录·后记[M]//马廉.黄梨洲先生《明文案》目录.别有斋抄本.

所言的"是人"吻合。那么徐乾学作为"潜窃者"的动机、条件、特征等均大致具备,是"潜窃之人"的可能性还是有的。

万言亦是清朝修史官,饱读诗文且酷爱藏书,为黄宗羲弟子,知《明文案》之可贵,若说其"潜窃"《明文案》,或许是因误会而他将错就错实现将《明文案》私加保存的目的之可能性更大。

上文所言,算是对《明文案》"潜窃"疑案的一点思考。必须说明的是,理论上,当时明史馆中参与修史者皆有窃《明文案》之嫌疑,严格而言当以排除法一一析之,此处仅为据相关资料进行的推测之一种,并非定论,其中疑点皆需另寻力证作深入考索。至于"潜窃之人掩为己有,易名行世""不悉依原本,稍加窜易,点金成铁"等事宜,限于资料,此不再妄加揣测。

第二节　《明文海》有关问题考论

一、"盖晚年未定之本"论

《明文海》是否由黄宗羲编定完成,这个问题,世有疑异。据《四库全书总目提要》中记:"考阎若璩《潜丘札记》,辨此书体例,谓必非黄先生所编,乃其子主一所为。若璩尝游宗羲之门,其说当为可据,盖晚年未定之本也。"①所谓《明文海》"盖晚年未定之本"一说盖源出于此。今国家图书馆所收《黄梨洲先生〈明文案〉目录》书末所附后记中冯孟颙说:"宗羲后得昆山徐氏所藏明人文集,因更辑成《明文海》四百八十二卷。据其原稿著录中缺两卷(内文十二篇,有目无书),分体繁碎,编次糅杂。阎若璩《潜丘札记》,辨此书体例,必非黄先生所编,乃其子主一所为。若璩尝游宗羲之门,其说当为可据……梨洲不幸,一再经人窜乱,寄语世人,苟有述作不及身,写定,其不遭黎丘之鬼者,几希。翻阅一遍,掷笔三叹。"②冯孟颙再申《明文海》并非黄宗羲所定编,为其著作遭毁厄叹惋不已。别宥斋主人朱鼎煦补记"阎百诗之于《明文海》,李越缦之于《明文授读》,皆致微辞,且疑为主一所为。《文海》余未之见,不敢有所论列,《授读》之刊,出于张斯年之手"③等语亦提及阎若璩怀疑《明文海》为黄宗羲之子黄百家所为,但同时本着科学态度称自己未亲

---

① ［清］永瑢,纪昀,等.四库全书总目提要[M].海口:海南出版社,1999:1038.
② 冯孟颙.黄梨洲先生《明文案》目录后记[M]//马廉.黄梨洲先生《明文案》目录.别宥斋抄本.
③ 朱鼎煦.黄梨洲先生《明文案》目录后记[M]//马廉.黄梨洲先生《明文案》目录.别宥斋抄本.

见者不予定论,故此问题值得再探。

据上所言,关于《明文海》或为黄宗羲"晚年未定之本"说的提出,关键依据有二:一为"考阎若璩《潜丘札记》";二为"辨此书体例"。因阎若璩为黄宗羲门生,二者关系较亲近,阎氏说非黄先生所编,而是其子主一,即黄百家所为,在没有出现其他更有力的证据之前,该说自是较可信的。正因"若璩尝游宗羲之门,其说当为可据",故四库馆臣直接表示认同阎氏说法,留下"盖晚年未定之本"的结论。负责编纂《四库全书》的官员引阎氏之意为据,其言凿凿,而世人信此不疑。① 那么《明文海》到底是否完稿于黄宗羲之手?其子黄百家在其中起了什么作用? 黄宗羲去世前《明文海》编定工作是否告罄? 探讨这些问题,可从阎若璩及其《潜丘札记》着手考察。

阎若璩(1638—1704),字百诗,号潜丘,著名学者、汉学家,为学广博,长于考证,是清考据学重要先驱人物之一,学术上承顾炎武、黄宗羲,下启惠栋、戴震,贡献卓著。阎若璩曾为黄宗羲《明夷待访录》纠举舛错,为顾炎武《日知录》订正讹误,主要著述有《潜丘札记》《古文尚书疏证》《四书释地》等。《潜丘札记》共六卷,是阎氏早年的读书笔记汇编,后人搜辑整理成书。其卷五《与戴唐器书》中记:

> 昨如李太白所云:今日醉饱,乐过千春。然不为折福者,以一日之善得焉。请具陈之:第一,闻高论《椰经》《珠经》只算得东坡《酒经》,入文集杂著类中,岂得标一目曰"经",实以《椰经》《珠经》乎? 真不通! 必非黄先生之本意也,主一为之……第三,枕中思《明文授读》必不出黄先生之手,果出黄先生手,敢直标其父名黄尊素乎?②

据《钦定四库全书》杂家类《提要》载:"若璩学问淹通,而负气求胜,与人辩论,往往杂以毒诟恶谑……然记诵之博,考核之精,国初实罕其伦匹。"③阎若璩记忆精擅,治学严谨,好与人辩。他颇富质疑精神,曾就黄宗羲明文选本提出二惑:一,怀疑《椰经》和《珠经》归类有误,认为《椰经》《珠经》属于杂著类,不应列入"经"体,对此表示"真不通";二,判断《明文授读》非黄宗羲所编,因其中宗羲父黄尊素之名未经避讳,此事不合情理。故阎氏反复强调"必非黄先生之本意也""必不出黄先生之手"。

---

① 童正伦.《明文海》的编纂与传本[J].文献.2003(3).

② [清]阎若璩.与戴唐器书[M]//潜丘札记:卷五.钦定四库全书.乾隆十年阎氏刻本.

③ 司马朝军.四库全书总目精华录[M].武汉:武汉大学出版社,2008:523.

笔者认为:首先,阎若璩所疑内容无误,但所疑对象发生了错位。阎氏之言针对的均为《明文授读》而非《明文海》,是四库馆臣编书时将阎氏所语对象错当成《明文海》而得出"不出黄先生之手"的结论,然导致谬误发生之名不应冠于阎氏之身。其次,《明文海》确为黄宗羲"晚年未定之本",该书主要编纂者是黄宗羲无疑,而其子黄百家在旁协助并最后帮忙定稿,故此书可谓是黄宗羲父子二人合力完成。

细析之,阎氏所疑有二。质疑一中,阎若璩提出的困惑事出有因。今查《明文海》《明文授读》中确选有《椰经》和《珠经》二文,但《明文海》列其入卷482"稗"类,《明文授读》列其入卷62"经"体。《明文海》全书共分"赋""奏疏""诏表""碑""议""论""说""辨""考"等28类,并无"经"这一文体。而《明文授读》文体有变,删"戒""读""诸体""稗"四类,另增"释""疏""丛谈""行状""经"五门,所补门类中,"经"体列卷末,下含《椰经》《珠经》二文。由此可知,阎若璩所惑"不通"应是就《明文授读》所发,与《明文海》无关。正因阎氏认为黄宗羲不太可能作此安排,称"必非黄先生之本意也,主一为之"才顺理成章。质疑二中,阎若璩认为按当时避讳惯例,作者编文入集对自己父亲万不可直呼其名,此质疑亦属合理,但对象有偏差。黄宗羲讲究避讳,绝不会直标父名黄尊素,《明文海》中凡其父名均题以"黄忠端","忠端"乃黄尊素谥号,如此称呼即因要避家讳,今见《劾奏逆阉魏忠贤疏》《谏廷杖请恤万璟疏》等文下标作者名皆为"黄忠端"。而《明文授读》共选宗羲父文六篇,作者名均题为"黄尊素",但"尊""素"二字末笔一点皆缺,缺笔是避讳常用之法,《明文授读》有此避讳举措,恰可证"必不出黄先生之手"。由此可断,阎若璩疑黄宗羲力避父讳实就《明文授读》而言。

无论阎若璩所疑正确与否,两大质疑皆就黄氏名下另一选本《明文授读》而言,《四库全书提要》作者却误认其所指为《明文海》,遂贸然称"考阎若璩《潜丘札记》……谓必非黄先生所编",进而肯定"其说当为可据,盖晚年未定之本也"[①]。这是四库馆臣不够严谨,将《明文海》《明文授读》混淆而出现的疏失。

当然,并不是说其依据对象有误,结论就必定错误。私以为,《明文海》为黄宗羲"晚年未定之本"一说确实值得商榷,虽不一定是"未定本",但也绝非最终定本。据《明文海》稿本编定的具体情况,尤其内容选择、体例编排等细节问题,学界多位学者已认为《明文海》系黄宗羲"晚年未定之本"。如童

---

① [清]永瑢,纪昀,等.四库全书总目提要[M].海口:海南出版社,1999:1038.

正伦曾称阎若璩所言"原意并非如此"："据现存《明文海》残稿本，可以确认，此书乃由黄宗羲亲自编辑定目，由其门人子侄抄录剪辑而成。……但黄宗羲去世时，《明文海》实仅粗定，后由其子黄百家整理定稿。"①郭英德分析《明文海》体例时也称黄宗羲"有此卓见高识，不当作茧自缚。我认为这大约是黄宗羲在世时，未能编辑定稿，其子黄百家续编此书，手高眼低，未免留此遗憾"②。

笔者也认同黄宗羲去世前《明文海》确实已基本编好但尚未完全定稿这一说法。除了编纂方面的原因外，《明文案》有序而《明文海》无序也是值得考虑的一个因素。毋庸置疑，《明文案》一书从搜集资料、去取篇目、确定体例到编纂定稿，均由黄宗羲亲力亲为。成编后，黄宗羲为《明文案》写了上、下二序：

> 某自戊申以来，即为明文之选。中间作辍不一，然于诸家文集搜择亦已过半，至乙卯七月，《文案》成，得二百七卷。而叹有明之文，莫盛于国初，再盛于嘉靖，三盛于崇祯……③

说明《明文案》编选的前因后果，并分析明代散文发展状况，凸显编文之必要和重要性。这是正常的全套编辑过程，而成书完稿的标志之一即为出炉之作写序。黄宗羲此序一出，《明文案》的编选即尘埃落定，画上句号。反观《明文海》却并无这标志性环节。据载，《明文海》于康熙三十二年（1693）编成，黄宗羲于康熙三十四年（1695）离世，倘《明文海》已完全定稿，按理他应及时为此书撰序，这期间时长达数百日，写序来不及一说不太能够令人信服。相比之下，涵括有明 300 年文章的《明文海》对黄宗羲而言，其意义应较《明文案》更甚，如果《明文海》已无需再行整理、删改或增补的话，他当更重视其序言的写作而绝不致轻忽。何以两年内他却迟迟不动手为《明文海》补上序言呢？会否因规模庞大、卷帙浩繁的《明文海》在黄宗羲心目中乃未完待定之书，还需进行梳理或调整，故而写序一事也就一拖再拖？当然，编书过程中，黄百家从资料搜集到书稿整理等始终尽心竭力在旁协助。不料黄

① 童正伦.《明文海》的编纂与传本[J].文献.2003(3).
② 郭英德.黄宗羲明文总集的编纂与流传——兼论清前期编选明代诗文总集的文化意义[J]，郑州大学学报.2000(4).
③ [清]黄宗羲.明文案序上[M]//沈善洪，吴光.黄宗羲全集：第十册.杭州：浙江古籍出版社，2005：18-19.

宗羲"出师未捷身先死",直至辞世之际也未将《明文海》最终定编,《明文海》序自然也无从写就。换言之,《明文海》极可能是黄宗羲"晚年未定之本",当然,如果说称其为"未定本"有欠妥当的话,或许称其为"粗定本"会更合实际。倘若此说法成立,则无论从主、客观等各种因素考虑,完成《明文海》最终收尾定型工作者应非黄百家莫属。故称《明文海》是黄氏父子合力编成当属实。

二、《明文海》原书卷数辨析

对于《明文海》原稿卷数,今主要有"六百卷"和"四百八十二卷"二说。

(一)关于"六百卷"之说。该说见于清代目录学家、文学家邵懿辰(1810—1861)的《增订四库简明目录标注》卷19:

> 《明文海》四百八十二卷,清黄宗羲编。《总目》称即原稿,无刊本。原书六百卷,今余姚尚有传抄本。四库所剩之百十八卷,皆晚明事,有所避也。①

明确称《明文海》原书 600 卷。今记 480 余卷是"剩之百十八卷"后的结果,这里"剩"当为"删"。因原稿本共 600 卷之多的《明文海》在编入《四库全书》时,出于政治需要,馆臣们毫不吝惜进行了大刀阔斧的抽删,删除 120 卷后剩下 480 卷。现代古籍目录版本学、四库学知名学者杜泽逊与邵懿辰持同样观点,其《文献学概要》称:

> 此集原六百卷,《四库全书》收录时删去晚明一百十八卷。又第四百八十一、四百八十二两卷《提要》云有录无书,则库本仅四百八十卷。②

认为《明文海》原有 600 卷,并进一步解释为何今存四库本《明文海》为 480 卷。后中华书局 1987 年影印出版《明文海》时在《出版说明》中对"六百卷"之说不置可否,而其书传播广,可信度高,《明文海》600 卷的说法便广加流布。华东师范大学赵山林教授 2003 年出版的《大学生中国古典文学词典》

---

① [清]邵懿辰.增订四库简明目录标注:卷十九[M].北京:中华书局,1959:920.

② 杜泽逊.文献学概要[M].北京:中华书局,2001:369.

中介绍《明文海》继续采用此说：

> 明文海 明文总集。清黄宗羲编。482 卷。原 600 卷，未刊行。《四库全书》收入时删去记晚明史事部分 118 卷。全收 2000 余家，书分 28 体，每体下又有若干子目，子目极繁琐又颇多不当。阎若璩推测是宗羲之子主一所为。此编宗旨，在扫除明摹拟之习，空所依傍，以情至为宗。又欲统一代典章人物，借以考其大凡。搜罗极富，许多散佚作品赖之以存。故有称之为有明一代文章之渊薮者。以卷帙浩繁，无刊本。《四库全书》收入集部总集类。①

那么，《明文海》600 卷之说是否可靠呢？依邵懿辰所言，《明文海》在《四库全书》编选时抽删至 400 余卷，之前全本当有 600 卷。笔者以为此说有疑，不太可信。原因如下。

首先，《明文海》虽无序，但黄百家编选刻印《明文授读》时曾于序中兼及《明文海》一书简介："又有《明文海》之选，为卷凡四百八十，为本百有二十，而后明文始备。"②黄百家一直协助父亲进行明文编选工作，从资料搜罗整理到文稿编订修撰，作为《明文海》编纂工作的直接参与者和重要见证人，其说法最具可信度。他称《明文海》有 480 卷，120 本，则《明文海》的实际卷数当为 480 或 480 多一点，考虑古人计数惯取整数之故，"四百八十二卷"被记成"为卷凡四百八十"实属正常，但不排除有人将百家所说卷数和本数相加误记成 600 卷的可能性。

其次，四库馆臣修书时为有据可查，曾编写从内府及各省征集采进的古籍目录，即《四库存全书总目》，后改为《四库采进书目》。据《四库采进书目》载③，文渊阁本《四库全书》所用《明文海》底本为两淮盐政李质颖采进本，李质颖进呈时该本卷数即为 482 卷，计 124 本，此说与黄百家《〈明文授读〉序》中"为卷凡四百八十，为本百有二十"所说卷数及本数大致相合，可证四库馆臣当初虽对《明文海》篇目、作者等大肆抽删，但并未删减其总卷数。

废文不废卷是四库馆臣编书的惯用伎俩。比对文渊阁本《明文海》与涵芬楼本《明文海》，可知文渊阁本虽经抽删，但保持原书卷数不变。具体做法

---

① 赵山林.大学生中国古典文学词典[M].广州：广东教育出版社，2003：166.

② [清]黄百家.《明文授读》序[M]//[清]黄宗羲.明文授读.中国社会科学院近代史研究所藏清康熙三十八年张氏味芹堂刻本,四库全书存目丛书集部：第 400 册.济南：齐鲁书社,1997：210.

③ 吴慰祖校订.四库采进书目[M].北京：商务印书馆,1960：55.

为：拆东墙补西墙。四库馆臣抽毁《明文海》原稿时，若某卷篇目尽数删除，则将前后卷中文章分开插入，补充凑足原卷数使文章篇目有变但卷数不缺。如《明文海》原卷62收文六篇：黄尊素的《劾奏逆阉魏忠贤疏》《谏廷杖请恤万理疏》，方震孺的《出狱谢恩疏》，文震孟的《国步艰艰圣衷宜启疏》《孝思无穷疏》《皇陵展勤疏》，文渊阁本中这些文章悉数被删，导致原62卷下无文，遂移邻卷文章补缺以保持本卷数不失，今见文渊阁本中詹尔选《辅臣以去明心疏》一文即由原卷63挪至今卷62中。而刘宗周的《责难疏》《祈天永命疏》《痛愤时艰疏》《去国疏》四文原亦列于卷63，后全部遭删，卷中詹尔选文已移入前卷充数，则第63卷出现空缺，为确保卷数不变，原卷64黄道周《救钱阁学疏》一篇又被调入63卷中补位，如此，则62卷、63卷均见存于案，总卷数不变。这种移花接木、易彼为此的做法在四库馆臣编修《四库全书》时屡见不鲜，卷83、卷121、卷207、卷455等无不依此操作，最终《明文海》原卷数得以保全，但实际内容与原稿差之甚远。关于此点，已有学者专文论之。① 而馆臣们如此处心积虑想方设法拼凑调整，目的只有一个：在抽删《明文海》内容的前提下，不改动原书卷数，废文不废卷，以掩盖编书中某些事实。

综上可初步断定，"原书六百卷"之说缺乏可靠证据。那邵懿辰缘何会提出"原书六百卷"之说呢？这或与《明文海》四库全书本曾遭严重抽毁删削的事实有关。查今文渊阁本《明文海》存文有3392篇，而浙图本为4457篇，两者相较，四库本删文达1000余篇，接近原书四分之一，数量之多令人瞠目。而邵懿辰以为现存的482卷之数是抽删后剩余的卷数，根据《明文海》被大量抽删的情况和大致比例推断，既然"四库所删之百十八卷"，则将所删118卷加今存482卷，恰合600卷之数。后有学者为探此究竟，曾亲至黄宗羲故里寻访求证："我们曾到余姚访问有关方面，皆说未见有六百卷本传世。"② 故"原书六百卷"之说，当为邵氏推断也。

（二）关于"四百八十二卷"之说。《明文海》成编时卷数在482卷应更符合事实原貌。原因前文已略述，此再提三个理由：

其一，有黄宗羲亲友等所言为证。据黄百家《〈明文授读〉序》称："先夫子自戊申岁取家藏有明文集约五六千本，撷其精华，至乙卯岁成《明文案》二百一十七卷……逮后，先父子究以有明作者林林，歉于未尽，亲至玉峰，搜假

---

① 武玉梅.《明文海》诸问题考述[J]. 文献，2007(1).

② 汤纲，李明友.《明文海》初探[M]//复旦大学历史系中国思想文化史研究室，编.中国文化研究集刊，第3辑.上海：复旦大学出版社，1984.

司寇健庵先生传是楼明集,得《文案》以外所未有者,又如我家藏之数,汗数牛而归。缀以红楮,第其甲乙,复还玉峰。宫詹果亭先生命诸佐史茧指录出,亲正豕鱼,以寄先夫子。于是复合《文案》而广之,又有《明文海》之选,为卷凡四百八十,为本百有二十,而后明文始备。"①可知,《明文案》200 余卷,《明文海》在其基础上大加增益,终定编 480 卷,与"四百八十二卷"之数相合。黄宗羲弟子徐秉义称其"增益《文案》而成《文海》……顾其细帙浩繁,为卷几至五百……"②"几至五百"说亦证 482 卷之可信。又黄宗羲七世孙黄炳垕编《黄宗羲年谱》载有数条关于编选《明文案》《明文海》等的记录,其中"康熙十四年乙卯(1675),公六十六岁。南山乱定,闰五月,还故居。……《明文案》选成,共二百十七卷"③条下另注:"抄入《四库全书》,后广为《文海》四百八十二卷,亦抄入《四库全书》。"后又记:"康熙三十二年癸酉(1693),公八十四岁。……《明文海》四百八十二卷选成,谓主一公曰:'唐《文苑英华》百本,有明作者,轶于有唐,非此不足存一代之书,故读本不须如许,我为择其尤者若干篇,授汝读之。于是有《明文授读》六十二卷。'"④此中,黄百家和徐秉义二说最具说服力,由上述各记载互相参校,可大致断定黄宗羲《明文海》终稿成编卷数最大可能为 482 卷。

其二,清代学者诸如绶抄自续钞堂本的《〈明文海〉目录》所记卷数为 482 卷,可证。诸如绶曾于清嘉庆二十二年(1817)前往余姚黄宗羲续钞堂迻录《明文海》一书,得窥《明文海》抄本原貌。但因该书卷帙过繁,誊录不易,"未能猝就,遂从黄氏录其各门篇目,釐为四卷,贻我石泉庋之楼中,使因其目以求各家全集"⑤。虽未如愿将《明文海》全本抄录,但诸如绶据原本篇目整理有《〈明文海〉目录》四卷,上记卷数为"四百八十二"。今浙江图书馆藏有其所录《〈明文海〉目录》一部,为原余姚五桂楼所藏,上海古籍出版社亦有存,可资查证。续钞堂乃黄宗羲特意建于南雷用以贮藏各种文献典籍等资料的私家藏书楼,其所录数据自然较其他说法更具可信度。

其三,以《明文海》今存本所录为证。目前《明文海》存世者大抵如下:宁

①　[清]黄百家.《明文授读》序[M]//[清]黄宗羲.明文授读.中国社会科学院近代史研究所藏清康熙三十八年张氏味芹堂刻本,四库全书存目丛书集部:第 400 册.济南:齐鲁书社,1997:212.

②　[清]徐秉义.《明文授读》序[M]//[清]黄宗羲.明文授读.中国社会科学院近代史研究所藏清康熙三十八年张氏味芹堂刻本,四库全书存目丛书集部:第 400 册.济南:齐鲁书社,1997:203.

③　[清]黄炳垕.黄宗羲年谱[M].王政尧,点校.北京:中华书局,1993:39.

④　[清]黄炳垕.黄宗羲年谱[M].王政尧,点校.北京:中华书局,1993:49.

⑤　[清]诸如绶.《明文海》目录序.《明文海》目录[M].按:据骆兆平先生称此目录为余姚梨洲文献馆所藏,书上钤有"余姚黄氏五桂楼藏书印记"。

波天一阁藏 26 卷残稿本,浙江图书馆藏旧抄本及文澜阁《四库全书》本两种,北京国家图书馆藏清抄本(原上海涵芬楼本)、朱格抄本及文津阁《四库全书》本,上海图书馆藏清抄本,台北故宫博物院藏文渊阁《四库全书》本,甘肃图书馆藏文溯阁《四库全书》本,河南图书馆藏残卷本,湖南省图书馆藏残卷本(原顾沅艺海楼抄本)等。另外,日本东京静嘉堂文库另藏有陆心源旧藏本,而近代学者张宗祥先生还留下了增订本《明文海》。各本之中,以天一阁藏残稿本最善,浙江图书馆藏清稿本则是当今学界认为最早、最全、最真的抄本。① 浙江图书馆童正伦先生曾详加考证,认为此本当为黄宗羲续钞堂本,即康熙年间《明文海》稿本的誊清本。据笔者查,该本现存 125 册,473卷,所缺九卷分别为卷 184、卷 185、卷 186、卷 187、卷 461、卷 462、卷 463、卷464 及卷 482,内容包括"书"4 卷、"墓文"4 卷、"稗"1 卷。国家图书馆藏清抄本《明文海》亦著录有 480 卷,目录 3 卷,最后两卷题有"原阙"二字。而国家图书馆另藏有文津阁《四库全书》写本《明文海》,现存也为 482 卷,末二卷缺。现藏于台北故宫博物院古籍部的文渊阁《四库全书》本著录有 480 卷,末二卷缺,其所收卷数、篇目、格式、行款、署名等与文津阁本大致相符。日本东京静嘉堂文库所藏陆心源旧藏本《明文海》,亦记为 480 卷,但末二卷仅存卷目,不见本文。再结合《四库全书总目提要》之《〈明文海〉提要》所称:"考明人著作者,当必以是编为极备矣。其书卷帙繁重,传钞者希。此本犹其原稿,四百八十一及八十二卷内文十二篇,有录无书,无可核补,今亦并仍之云。"②综之,《明文海》今存本所记录其卷数以 480 卷上下居多,原《明文海》实际卷数当以 482 卷更可取信。

三、《明文海》的抽毁情况论

一言蔽之,统观之下,今《明文海》可以说有抽毁本和非抽毁本两种不同的类型。所谓抽毁本即指四库全书本《明文海》。乾隆三十八年(1773)二月,《四库全书》编修工作正式开始。为编《四库全书》,乾隆皇帝下诏从全国各地广征文献,辑采图书,并对拟收入《四库全书》的书籍进行极其严格、苛刻的审查。乾隆三十九年(1774)八月上谕:"乃各省进到书籍不下万余种,并不见奏及稍有忌讳之书,岂有裒集如许遗书,充无一违碍字迹之理……至

① 童正伦.《明文海》的编纂与传本[J]. 文献.2003(3).
② [清]黄宗羲.明文海.文渊阁四库全书:第 1453 册[M].台北:台湾商务印书馆影印本,1983—1986:1457-1458.

各省进到之书,现交四库全书处核查,如有关碍者即行销毁"①。在文字狱大兴的背景下,《明文海》被编入四库自也逃脱不了被删毁的噩运。《四库全书》的修撰是十分浩大的工程,从发凡起例、搜集群书,到编纂完成、复检库藏,过程极其繁复。《明文海》编成后卷帙浩繁,未曾刊刻,传抄甚稀,目前存世的抄本皆非其原貌,而《明文海》抽毁稿虽然没有原稿那么高的文献价值与学术价值,但研究抽毁稿对我们深入探索和比较《明文海》的整个编纂原貌、传播过程等不无裨益,也有助于加强对清政府为禁锢思想而肆意删改图籍的罪恶之认识。

对于《明文海》四库全书本的抽删情况,学界多人认定这是一场令人痛心的文化之厄。骆兆平说:"四库本《明文海》实际上只是一个节本,它起不到反映明朝一代之文的作用。我们也无法从中窥见该书的原貌。"②童正伦对《明文海》的抽毁删改情况更形容为"是触目惊心的"③。武玉梅曾专门就此撰《清修〈四库全书〉对〈明文海〉的抽删》一文进行了探讨。今就其中一二重要问题再略述之。

1.《明文海》抽毁的内容之多广与程度之严重令人唏嘘

按武玉梅的统计:"文渊阁本收文约 3435 篇,文津阁本收文约 4350 篇,较之浙图本的约 4543 篇,分别少了 1100 多篇和近 200 多篇。文溯阁本的收文篇数不得而知,据此本约 9026 页,文渊阁本约 9049 页的情况分析,收文篇数当比文渊阁本还少。文澜阁本也较浙图本少 1000 多篇。"④而童正伦将《明文海》的四库本与浙图本进行比较,发现"被删改作者竟达一百四十一人,一千一百余篇,约占全书的五分之一和四分之一"⑤。这些都是非常惊人的数据,仅从这便可知当初清政府钳制文人思想之厉害。黄宗羲三部明文选本中,《明文案》直接被列入禁书不予传抄⑥,《明文海》虽然编入四库却被大肆删削,横加篡改,变得面目皆非。

查《清代禁毁书目》,将其与今四库本《明文海》(按:此处以文渊阁本为例)比对,可发现,《明文海》中被列入《军机处奏准全毁书目》者近百家。除众所周知的钱谦益、李贽、屈大均、袁中道等人文章尽数被删外,沈懋孝文删

---

① 清高宗实录选辑.台湾文学史料丛刊:第四辑[M].台北:台湾大通书局,2009:218.
② 骆兆平.《明文案》《明文海》稿本述略[J].文献,1987(2).
③ 童正伦.《明文海》的编纂与传本[J].文献,2003(3).
④ 武玉梅.清修《四库全书》对《明文海》之抽删探考[J].历史档案,2004(3).
⑤ 童正伦.《明文海》的编纂与传本[J].文献,2003(3).
⑥ [清]英廉等编.清代禁毁书目[M]//续修四库全书:921 册.国家图书馆藏抄本:510.按:《明文案》名列军机处第八次全毁书目中。

64 篇,何乔远文删 44 篇,袁黄文删 36 篇,赵南星文删 37 篇,李世熊、娄坚文均被删 32 篇,余者不细数,且列表 6-1 如下:

表 6-1 《明文海》中文章全删者简目一览表①

被禁作者	删文篇数	被禁作者	删文篇数	被禁作者	删文篇数	被禁作者	删文篇数	被禁作者	删文篇数
钱谦益	71	沈懋孝	64	何乔远	44	赵南星	37
袁黄	36	娄坚	32	李世熊	32	顾起元	27
傅占衡	27	焦竑	26	曾异撰	25	艾南英	22
邹元标	22	倪元璐	21	郑之玄	21	钟惺	20
袁中道	20	王锡爵	19	徐芳	19	宋懋澄	19
张鼎	18	陈继儒	17	黎遂球	15	陶望龄	15
陈仁锡	14	唐时升	14	张燮	13	张凤翼	13
徐世溥	13	朱长春	13	欧大任	13	沈一贯	12
李贽	12	顾大韶	12	王宗沐	12	侯方域	11
文德翼	11	黄辉	11	黄尊素	10	叶向高	10
瞿九思	10	黄凤翔	9	董应举	8	郭正域	8
陈宏绪	7	陈龙正	7	张采	6	费元禄	6
何白	6	刘宗周	6	张大复	6	方应祥	6
蔡清	5	吴道南	5	魏呈润	5	官抚辰	5
王好问	5	文翔凤	5	徐时进	5	沈守正	5
徐必达	3	葛芝	3	孙矿	3	张溥	3
叶灿	3	方震孺	3	王稚登	3	曹学佺	2
杨涟	2	黄云师	2	张恒	2	董传策	2
许闻造	2	冯时可	2	冯琦	2	吴伯与	1
李日华	1	范景文	1	萧士玮	1	熊人霖	1
董其昌	1	姚希孟	1	杨嗣昌	1	赵贞吉	1
赵维寰	1	丁元荐	1	胡胤佳	1	陈懿典	1
周应宾	1	刘日升	1	徐奋鹏	1	沈寿民	1
周宗建	1	赵用贤	1	徐波	1		

表 6-1 中被明令全数删毁的明人明文达 93 家 1045 篇,这仅是明确列入

---

① 童正伦.《明文海》的编纂与传本[J].文献,2003(3).

《军机处奏准全毁书目》有据可查的全删者,实则还有不少被抽删篇目未见于《清代禁毁书目》所录却同遭全删,如祝以豳、赵时春等人文章即被尽数删却。另外,除了篇目全删者外,还有部分抽毁者,如于慎行、刘文卿、方应选、瞿汝稷等均有两篇文章遭抽毁,徐渭、陈于陛亦各有一篇文章被删,这还只是《军机处奏准抽毁书目》中明文记录的确凿可查者,至于被零星抽毁的则不知几何了。

乾隆四十一年(1776)十一月十六日,皇帝颁发了一条谕旨《谕内阁明人刘宗周等书集只须删改无庸销毁》,称:

> 若汇选各家诗文,内有钱谦益、屈大均辈所作,自当删去。其余原可留存,不必因一二匪人至累及众人。或明人所刻类书,其边塞、兵防等门,所有触碍字样,固不可存,然只须删去数卷,或删去数篇,或改定字句,亦不必因一二卷帙,遂废全部。他若南宋人书之斥金,明初人书之斥元,其悖于义理者,自当从删;涉于诉管者,自当从改,其书均不必毁。①

此谕旨大致指明了《四库全书》编纂时的抽删范围,按其说法,钱谦益等人文章见名即删、涉及边患与少数民族等敏感内容必删无疑,内容有碍清廷的部分不收亦自不在话下,但具体进行节选抽删还是涂改字句等则需酌情而定,"不必因一二卷帙,遂废全部"。就谕旨所言,乾隆的做法还是通情达理、较有分寸的。可实际上,四库馆臣们真正执行编选任务时,因怕陷入文字狱的牢笼之中,多是本着宁删勿漏、宁失勿错的原则严格予以删选,由此造成了《明文海》中实际删削内容远超谕旨之限。如乾隆虽曾亲自颁发《谕内阁明人刘宗周等书籍只须删改无庸销毁》谕旨,称刘宗周、叶向高、杨涟、周宗建、赵南星、倪元璐等人文章,删改其中的违碍文字即可,不必毁其文集,②但这些人在《明文海》文渊阁等本中的文章却全部被禁。而张凤翼《处实堂集》本为抽毁书,《明文海》中却变成全删,足见部分馆臣宁严勿宽以全身避祸的做法之甚。所幸当初文津阁本校书是在热河避暑山庄进行,缺乏校正册档为依据,保存了大量未经删削的内容,因而与其他阁本有所不同。

---

① 中国第一历史档案馆,编.清代档案史料纂.修四库全书档案上[M].上海:上海古籍出版社,1997:553-554.
② 中国第一历史档案馆,编.清代档案史料纂.修四库全书档案上[M].上海:上海古籍出版社,1997:553-554.

今查文津阁本《明文海》比文渊阁本《明文海》多出文章 900 余篇。而实际上文津阁本也已然是经过朝廷抽删后的官修书,由此可见经过多次抽删后形成的文渊阁本《明文海》的抽毁情况是多么严重。在此过程中,黄宗羲费尽心力收集的大量明人明文要么只字不留,要么被改头换面,从而造成一次中国文化的流失之殇。

2. 文渊阁本《明文海》被抽删篡改多因关涉政治违碍

具体而言,《明文海》遭到严重抽删的原因主要有以下几方面。

其一,因人废言。文渊阁本《明文海》删文所涉作者有 140 余位,其中有近百位作者由此故未及著录在案。上表已列出的《清代全毁书目》中的近百位文人,无论其文章内容如何,是否触犯朝廷忌讳,一律见名即删,格杀勿论,片字不留。如此大肆抽毁,不仅违背了当初下令编修《四库全书》的准则,也大大破坏了黄宗羲《明文海》一书的原貌,十分可惜。这些被无情封杀的文人中有对女真或其他少数民族表示不敬之意的,如钱谦益《初学集》中多处称后金为"虏""奴",陈仁锡《无梦园集》被列入《禁书总目》及《违碍书目》中,其《辑轩纪闻》有对女真风俗及全辽地理形势等情况描述,也常用"奴""贼""虏"等字称女真,故《明文海》中他们的文章尽遭封杀。不仅如此,因清廷对其忌讳太深,以至这些人物名字在他人文章中出现,该文章亦会一并被禁。如文渊阁本《明文海》卷 254 中徐波的《钟伯敬先生遗稿序》、卷 478 中谭元春的《告亡友钟伯敬文》二文均被删,即因为此二文章是为钟惺(字伯敬)所作,而钟惺是文渊阁《明文海》的封杀对象。同样,卷 478 中夏树芳的《王百谷先生诔》文也因王百谷(即王稚登)被禁而受牵连遭删。焦竑则因为与被清朝统治者当作异端之尤的李贽交好,四库馆臣认为他沾染李贽习气颇深,"二人相率而为狂禅",李贽敢于诋毁孔子,反对礼教,而焦竑也尊崇杨墨,批判孟子,实在是妄诞。所以不仅《四库全书》中未收一部焦竑的著作,只立存目,而且《明文海》中焦竑的文章也一并遭到删除、抽毁。有意思的是,恰因此故,有些文篇反会由于阙名或者误署其他人姓名而侥幸存留下来,如李世熊、袁黄都是朝廷封杀对象,但李世熊的《畸人传序》《名士传序》《忠义传序》,袁黄的《与汤海若》等文却因为篇目上"阙名"免遭荼毒,得以存录。卷 309 中黎遂球的《陈耆仲近艺序》《代耕编序》两篇文章则因误署名为姜周而逃脱被毁命运。《四库全书凡例》第 17 条称:"今所采录,惟离经畔道、颠倒是非者剖击必严,怀诈挟私、荧惑视听者屏斥必力。"①对所谓离经叛道,

---

① [清]纪昀,等总纂. 文渊阁四库全书:第 1 册[M],北京:商务印书馆,1986:39.

立论怪诞者的文章，朝廷也毫不手软予以禁杀。李贽因诋毁名教、鼓动邪说而被禁文，今《明文海》中仅存其《五死篇》一文，而这篇文章也是因为篇目上署"阙名"未被查明是李贽所作才得以幸存下来。另外，赵南星、黄尊素、侯方域等人文章全部被禁则是因其为明末党争中的人物，清政府对朋党防范甚严，故禁之。

其二，因言废文。四库馆臣对《明文海》审查非常严格，其中内容关乎边防问题、民族关系、颂明抑清等一类的文章都被抽删殆尽。清朝对胡、夷、戎、狄等字讳莫如深，文中凡涉及此者，必删无疑。如卷224沈懋孝的《题宣和谱之前》因"昔宋王安石执政时，其深心以为宋之受侮于辽者，至亡状矣，不可不一决而思约金人以斗之"句语涉辽、金遭删，卷266中何乔新的《跋闽人余应诗》文因记有"吁嗟乎凤为鸩，龙为鱼；三百年来龙凤裔，竟堕左衽称单于""金人之祸，举族北迁"等句被撤。卷280中赵贞吉的《与赵浚谷中丞书》因"即如我华夏国之北有一部鞑靼种，落日欲蹂我疆土，掳杀我人民也。公束发以来，即思以长弓大矢灭此北界虏族"句而遭删，卷284于慎行《贺中丞邱泽公征倭功成序》文中"圣上为华夷共主，宠绥四方……故知今日出师之名义而后上之威德益弘明"等句出现"倭""华夷""岛夷"等称呼，这在当时是高度敏感的字眼，故禁毁。清朝认为胡、夷、戎、狄等字包含民族歧视之意，对之讳莫如深，选文中凡涉及此者，统统被划入禁区，必删无疑。凡此种种，不胜枚举。

此外，还有因文章中论及被禁之人或被禁之书等而遭弃的。此点前已述及，而薛应旂的《〈宋元通鉴〉序》《〈宋元通鉴〉义例》，邓元锡的《〈函史〉序》三文遭删即是因为《宋元通鉴》一书是陈仁锡评本，是朝廷禁书，《函史》也被列为禁书，故而不录。

除了抽毁之外，四库本《明文海》还有不少内容被涂抹修改或圈挖的，多也是违碍文字。如卷227曹于汴的《四书疑问序》"夫子不惑矣"句改为"夫子年至四十而已不惑矣"，卷74祝允明的《孔子庙堂续议》中"扬雄曰在夷狄则进之，倚门墙则麾之"句以墨笔涂抹，卷75刘定之的《议刘静修薛文清从祀》文中有"当元氏奋自朔漠，统据华夏，其君臣懵焉不知尧舜禹汤文武周公之道"句，其中"君臣懵焉不知"几字改为"当时尚者知夫"，使意思反之。如此种种，亦见清朝对文人及其作品的极度不尊重。

在这样的高压政策及严苛做法之下，《明文海》中大量优秀篇章或禁或毁或改或删，皆不幸成为文字狱中的牺牲品。

除了作者及篇目遭删，四库本《明文海》还有一大缺陷，即黄氏父子的评语也尽遭剔除。抽删后的《明文海》已无法反映明代文学的全貌,抽毁文章1000余篇,禁录作者100多位,这种做法,有负黄宗羲尽收全明之文的选文初衷,其"考明人著作者,当必以是编为极备矣",集"有明一代文章之精华"①的努力在四库本《明文海》中也因此被虚废。

总之,《明文海》抽毁本早已离原貌远矣!但其不失为是清政府大肆推行文化专制主义,随意删改文献资料,破坏传统文化,不尊重历史,不尊重文人的最有力之罪证。在惋惜其被篡改删削之盛的同时,我们也需更加有意识地加深对其研究探讨。

第三节　《明文授读》有关问题考论

一、《明文授读》编者权归属问题

关于这个问题,需要说明一点,学界存在的普遍看法是:《明文授读》为黄宗羲选编,但最后定稿工作是其子黄百家所为。确实,《明文授读》内容多由黄宗羲选定,其中选文标准亦属其意,但具体执行则由其子黄百家遵循父意而编。故严格说起来,这部精选本应该算是黄氏父子的合著。打个或许不太合适的比喻,就《明文授读》的编纂而言,二人所完成的部分有点类似于今天的著作主编和执行主编的工作。对此,前人亦有过议论。如前述李慈铭在味芹堂刻本中,曾有朱笔题写文字列于徐秉义序后,其中便有"南雷此选未尝编定"的说法,并举例以证:"观其评艾天傭之文颇护天傭而右卧子,今集中仍载天傭《与陈人中》一书,极其丑之,必非南雷之意。疑是选多由其子主一所为,故所去取不能悉当耳。"②另如阎若璩《潜丘札记》卷五《与戴唐器书》中也曾明确提出:"枕中思《明文授读》必不出黄先生之手,果出黄先生手,敢直标其父名黄尊素乎?"③平心而论,其说法确有一定道理,譬如《明文授读》中选有黄宗羲父亲黄尊素文数篇,如《宋赋考》《谏廷杖请恤万璟疏》《劾奏逆阉魏忠贤疏》等,但其文下作者均直接标以"黄尊素",确实不符合避

① [清]黄宗羲.《明文授读》发凡[M]//[清]黄宗羲.明文授读.中国社会科学院近代史研究所藏清康熙三十八年张氏味芹堂刻本.四库全书存目丛书集部:第400册.济南:齐鲁书社,1997:214.

② [清]黄宗羲.明文授读[M]//中国社会科学院近代史研究所藏清康熙三十八年张氏味芹堂刻本.四库全书存目丛书集部:第400册.济南:齐鲁书社,1997:204.

③ [清]阎若璩.与戴唐器书[M]//潜丘札记:卷五.钦定四库全书:子部十.乾隆十年阎氏刻本.

讳的传统习惯。显然，此二人均怀疑《明文授读》的编定者并非黄宗羲。实际上，《明文授读》之选能成编确属黄宗羲、黄百家两人之功，且功劳亦算得平分秋色。

这个问题和《明文海》的编定情况有所不同。《明文海》虽然最终定稿工作也是由黄百家完成，但集中所有卷次、篇目、作家、体例都由黄宗羲敲定，编排基本按黄宗羲的标准来执行，且宗羲去世之前，《明文海》已大致成型，百家只是助其整合定编，他所做的可以说是善后工作。故《明文海》的编者为黄宗羲，这一问题并无异议。但是，《明文授读》则不同。《明文授读》是黄宗羲圈点出精品供其家人读书所用，时黄宗羲已年过八旬，待真正进入编选时期，他已然离世。《明文授读》的编订授意出自黄宗羲，具体篇目也多由他亲自圈定，但实际编纂定稿的操作者是黄百家。百家考虑到父亲在之前的文集编选时，曾喟叹有部分堪称精品妙文欲选入集中但因未见其文而不得已作罢的遗憾，决定将自己后期搜罗到的部分优秀之作依父意编入《明文授读》之中。对此，黄百家在《〈明文授读〉发凡》中曾特别予以说明，称：

先遗献平日有尝称道其文而未见其集者，如归元恭、顾宁人诸公不一二数，不孝耿耿在怀，多方购索，谨敢私登数篇，亦先意也。①

在此黄百家明确提到《明文授读》中所选作品并非全然由父亲圈定好，自己此次将父亲平素称赏、赞叹而未编入《明文案》或《明文海》中的数人作品搜罗入编，"私登数篇"。如归元恭、顾宁人的作品能入集中即是出于自己的想法，当然，美其名为"亦先意也"。归元恭（1613—1673），即清初文学家归庄，字玄恭，因避康熙玄烨名讳而以"元"代"玄"，故又名归元恭，能诗善画也擅文，其诗多奇气，文则醇厚、深重，可惜文集已佚。顾宁人（1613—1682），即顾炎武，明末清初学者，杰出的思想家、经学家、音韵学家，与黄宗羲、王夫之并称为明末清初"三大儒"，亦善诗文，有《亭林诗文集》。归庄与顾炎武同为昆山人，素友善，人称"归奇顾怪"。黄宗羲平时对此二人赞誉有加，但《明文海》等集中并未收其文入内，而其精挑细选诸文用于教子家学本是在《明文海》选本基础上予以圈定，故之前未曾收入《明文海》者，即便心下暗自称赏，也无可奈何，因此可能不得不与很多名篇佳作失之交臂，此事想

① ［清］黄百家.《明文授读》发凡［M］//［清］黄宗羲.明文授读.中国社会科学院近代史研究所藏清康熙三十八年张氏味芹堂刻本.四库全书存目丛书集部：第 400 册.济南：齐鲁书社，1997：214.

必令黄宗羲多有遗憾,虽然他不曾明白提出要百家收此二人文章入《明文授读》,但百家对父亲于归、顾的欣赏态度很是清楚,故据父意收录了归庄的《简堂集序》《侯研德文集序》两篇文章入卷 34"序四文集下",顾炎武的《原姓》篇、《吴同初行状》篇也分别收入卷 11"原考辨"、卷 52"行状"中。还有李邺嗣(1622—1680),号杲堂,自号东洲遗老,鄞县(今浙江宁波)人,曾问学于黄宗羲,两人亦师亦友,关系甚密。李邺嗣善作古文,得宗羲指点后更"得古文正路而由之"①。黄宗羲认为"甬上诸子皆好古读书""杲堂横厉其间如层崖湍翔霆破柱"②。李邺嗣去世后,黄宗羲特意为其写了《李杲堂先生墓志铭》,给出的评价极高:"四境之内,凡有事于文章者,非先生无以讫意,转向求请,充韧昔日。方外诗人,得先生一言便可坐高声价,款门云水,疲于应接。里中有鉴湖社,仿场屋之例,糊名易书,以先生为主考,甲乙楼上,少长毕集楼下候之。一联被赏,门士胪传,其人拊掌大喜,如加十赏。"③他还力赞李邺嗣:"今日古文,其学将绝,方藉杲堂之力,使诸贤或左或右,则斯文之统自在浙东。"④黄宗羲对李邺嗣寄予厚望,而李邺嗣也敬仰他的学术文章,表示"敢举先生之言以警励学者"⑤。但遗憾的是,由于种种原因,李邺嗣并没有文章被收入《明文案》或《明文海》中,而黄百家对父亲称赏其人其文的情况甚是了解,于是在《明文授读》中专门择取了李邺嗣五篇文章入选,即《马吊说》《肺答文》《福泉山精舍记》《贤孝叶淑人权厝志》《二仆传》等。诸如此类的做法不止这几位,若将《明文授读》与《明文海》逐一对比,可发现《明文授读》有《明文海》所未收录的作者共 21 家,文章凡 81 篇。除上述所言归庄、顾炎武、李邺嗣外,还有丰坊、黄珫、丘维屏、倪宗正、李清、李应升、孙爽、熊开元、施邦曜、王履、薛三省、叶逢春、郑郿、郑溱、周容、张自烈等人的作品见收。这足以说明,《明文授读》书中有些篇目确乎由黄百家做主确定增入,黄宗羲本人对此并无特别的要求。

除此之外,《明文授读》还有部分为黄门弟子张锡琨选补而得。而且为

---

① [清]黄宗羲.李杲堂先生墓志铭[M]//沈善洪,吴光.黄宗羲全集:第十册.杭州:浙江古籍出版社,2002:410.

② [清]黄宗羲.寿李杲堂五十序[M]//沈善洪,吴光.黄宗羲全集:第十册.杭州:浙江古籍出版社,2002:676.

③ [清]黄宗羲.李杲堂先生墓志铭[M]//沈善洪,吴光.黄宗羲全集:第十册.杭州:浙江古籍出版社,2002:410.

④ [清]李邺嗣.杲堂文钞自序[M]//杲堂诗文钞:卷三.张寿镛,辑.四明丛刊本.扬州:广陵书社,2006.

⑤ [清]李邺嗣.上梨洲先生书[M]//杲堂文钞:卷三.张道勤,校点.杭州:浙江古籍出版社,1988:465.

补入恰当的新作,黄百家和张锡琨等人付出了不少心血、精力,二人在《明文授读》中对新收作品也偶尔予以一定说明。如倪宗正《溪山岁月记》末"百家记"云:"先遗献未见其文,今得其《小野集》。"周容《裁衣者说》末"张锡琨记"云:"梨洲先生尝觅之而不得,近从友人处得文十余首,拔其《裁衣者说》《灯兰赋》与其《论诗论字书》《艺苑金针》亦已和盘托出,因为补入,惜乎未窥其全也。"①无论何种说明,都着力于表达一个意思:补选的作品并非随意添加,而是黄宗羲本人曾真心赏之或有意选之而未得,现在遴选入集亦算弥补其遗憾,故而,《明文授读》并未违背编选者的本意。作为精选之本,此集中所选作者仍然兼顾了明代各时期各种风格,上自元明易代之际的宋濂、刘基、杨维桢、戴良,下至明清易代之际的陈确、归庄、顾炎武、侯方域等,或可说,补入黄宗羲所未选的那部分篇目后,《明文授读》方可更为全面、典型地反映出有明一代优秀作家作品的实际状况,因此也更接近"采其尤,撮其要,既简而该,更切而当"②的标准,更吻合黄宗羲编文存史并以传家用的本心。故而靳治荆在《〈明文授读〉序》中由衷感慨道:"有明诸君子之精神学问,其萃于斯乎……非先生不能传古人,非先生之子不能体先生之志以传古人,且以传古人者传后人。"③

据此,可以说,《明文授读》主要编者是黄宗羲,其子黄百家亦是主力军,属合编者,此选本实为父子二人共同合作的成品,若要署名,黄百家亦应榜上有名。一如《宋元学案》亦是归属黄宗羲名下的主要编著,但众所周知,文稿未完黄宗羲即去世,遗命黄百家继续撰述,而古今人多认可《宋元学案》中黄百家的巨大功劳。《明文授读》一定程度上与此相似,只不过此书不一定是黄宗羲留有遗命令黄百家将其完成。

二、明文选本评语考释

《明文案》《明文海》《明文授读》三选本前后相继,彼此关联。三本之间,颇多差异,其中一条差异即见于其评语收录情况。三选本中,《明文案》有很多圈点痕迹并见有少数完整评语,《明文海》原稿本之上应有不少黄宗羲评语,但今见各四库本《明文海》均删削严重,黄宗羲批语也尽数被弃而不录,

---

① ［清］黄宗羲.明文授读［M］//中国社会科学院近代史研究所藏清康熙三十八年张氏味芹堂刻本.四库全书存目丛书集部:第 400 册.济南:齐鲁书社,1997:486.
② ［清］靳治荆.《明文授读》序［M］//［清］黄宗羲.明文授读.中国社会科学院近代史研究所藏清康熙三十八年张氏味芹堂刻本.四库全书存目丛书集部:第 400 册.济南:齐鲁书社,1997:205.
③ ［清］靳治荆.《明文授读》序［M］//［清］黄宗羲.明文授读.中国社会科学院近代史研究所藏清康熙三十八年张氏味芹堂刻本.四库全书存目丛书集部:第 400 册.济南:齐鲁书社,1997:206.

至康熙三十八年(1699)《明文授读》被刻印,明文选本中黄宗羲部分评语被誊录其上,加以黄百家等增补评语,父子二人的选本评点批语才算得以面世。黄百家曾就此特别说明:"先遗献遍阅有明文集,间有数行或数语偶记其爵里姓氏,及评其功力手笔者,今遇兹选所及,谨敢搜掇并载于篇,以为读书知人之助。"①"但授读之文仅六十二卷,随文刊出的批语亦仅占文海的一小部分。"②骆兆平曾撰文将《明文海》黄宗羲评语加以汇录,但其中偶有错误,且只录其评语原文,未加任何分析。而实际上这部分评语的学术价值非常大。现在这些评语可见于浙图藏本《明文海》和《明文授读》刻本中。比较三部选本,可发现其中的评语记录情况有别。《明文案》存稿中可见到少量的眉批、圈点、校字,而《明文海》除眉批外,还出现了200条左右写于文末的评语。《明文授读》中评语数量最多,共有310余条,但有70多条与《明文海》重复,其他约230余条。从评语记录情况来看,可知黄宗羲编《明文案》时并未有意识地进行点评,只是偶尔断句、校改或随性简评二三处,故评语数量属于零星个别式。其后编纂《明文海》时,虽没有逐位作家每篇文章都予以评析,但黄宗羲显然已经有了要尽可能对所选之文进行分析、评断,以展现明人作文之况,亦显示自己褒贬态度的想法,因而对明代主要的作家作品他均有所批点议论。故此,黄宗羲对各作家及其文章进行的学术评价或批于眉间,或题于文后,或口述由百家等记录。着手编纂《明文海》时,黄宗羲已是年逾六旬之人,至编成更达80多岁高龄,故评语多数是其口述而由助手黄百家予以记录。这种状况可于《〈明儒学案〉序》中推想而知:"壬申(即康熙三十二年,1693年,时黄宗羲已82岁)七月,某病几革,文字因缘,一切摒除……暂彻呻吟,口授儿子百家书之。"③黄百家在宗羲去世后,对评语进行了梳理整合,将黄宗羲原《明文海》中的笔录评语、见之于诸明文集上的评语和其《思旧录》《明儒学案》等著作上的有关评论全部抄录于《明文授读》各家文后,故《明文授读》较《明文海》中多出的条目,大多当初未曾誊于《明文海》上。可以说,黄宗羲评语中相当一部分是借助黄百家所录而得以保存,其于明文之点评能为时人和后人知晓,多赖百家悉心整理之功。

《明文授读》中的评语书写形式主要有四种:

---

① [清]黄百家.《明文授读》发凡[M]//[清]黄宗羲.明文授读.中国社会科学院近代史研究所藏清康熙三十八年张氏昧芹堂刻本.四库全书存目丛书集部:第400册.济南:齐鲁书社,1997:214.

② 骆兆平.《明文海》黄宗羲评语汇录[J].文献,1987(2).

③ [清]黄炳垕.黄宗羲年谱[M].王政尧,点校.北京:中华书局,1993:48.

第一种是黄宗羲原评,文辞见于本集中,当是平时黄宗羲阅读文章时顺手记下或口述形成的简单评述语;

第二种是黄百家补抄的黄宗羲评语,以"先夫子曰""先遗献曰""先夫子某某书曰"形式出现,数量最多,约上百条;

第三种是黄百家补注,冠以"百家私记""私记",约达数十条;

第四种是张锡琨补注评语,注明"张锡琨记",亦如"百家私记"般附于相关篇目后,数量最少,计有八条。

评语内容主要包括三方面:一是对集中所收文章作者的生平进行简介,一般是概述其为人、为官情况等;二是对收录进编的作家文章本身择要予以点评;三是对某作家行文风格做出总体评价。其中黄百家和张锡琨附加的记只有作家生平介绍,不涉及文章的写作风貌、特征的品评。

如浙图 32 册本《明文授读》中第 11 册卷 13 第七页沈懋孝《为物不二解》文后评语:"其见解当得之龙溪。"卷 18"书"第八页王廷相《答何粹夫论五行书》后评语:"识力所到,不随人俯仰。"此处的评语应为第一种形式,属于黄宗羲原评,文词不多,却直指文章特色来源或核心特征。而卷 11"议"九张凤翼《先师庙祀议》一文评语:"先夫子曰:凤翼,字伯起,长洲人,以孝廉终,其文亦曲折,然多稚牛句,不眠与过桥接凳多也。"下接双行小字:"百家私记:伯起嘉靖(按:此为界,前面部分文字原文有,后面为补抄者)甲子举人,与其弟献翼幼于燕、翼叔贻并有才名。吴人语曰:钤有四皇,后有三张。四皇谓皇甫汸、皇甫涍、皇甫冲、皇甫濂兄弟也。伯起善书,好度曲,所著《红拂记》盛为梨园所传。年巴士余,文为《处实堂集》。"前文评语是黄宗羲简述张凤翼的生平及文风,后面评语则属于黄百家对其为人为文给出的补充信息。又李东阳的《重进大明会典表》一文后有评语曰:"先夫子曰:西涯文气秀美,东里之后不得不以正统归之,第其力量稍薄,盖其工夫专在词章,于经术疏也。学者于此尽心焉,则知学文之法矣。"[1]下接双行小字,注明:"百家私记:西涯,字宾之,长沙茶陵人,天顺甲申庶常,弘治正德间大学士,谥文正,东里杨士奇也。"[2]此处前面的单行大字"先夫子曰""先夫子评沈文恭集"部分均属于第二种评语形式,是黄宗羲的评语,比正文低一格书写,字体

---

[1] [清]黄宗羲.《明文授读》评语[M]//[清]黄宗羲.明文授读.中国社会科学院近代史研究所藏清康熙三十八年张氏昧芹堂刻本.四库全书存目丛书集部:第 400 册.济南:齐鲁书社,1997:338.

[2] [清]黄宗羲.《明文授读》评语[M]//[清]黄宗羲.明文授读.中国社会科学院近代史研究所藏清康熙三十八年张氏昧芹堂刻本.四库全书存目丛书集部:第 400 册.济南:齐鲁书社,1997:338.

无异,为黄百家转引而来。无论是评议张凤翼文的优缺点,还是指出李东阳为文重词章而轻学术,均寥寥数语,却切中文章要害,对作家的行文风格也概括到位,体现出黄宗羲高超精辟的文学观和理论功底。而后面的双行小字部分"百家私记"属于第三种评语形式,是黄百家的评语。如李东阳条此处只简单述及李东阳的生平、从仕经历等,算是对于黄宗羲评语中未提东阳为何许人物而进行必要的补充说明。

第四种形式如卷5"表"中张邦奇的《进历代通鉴纂要表》文后评语,纯粹为张锡琨编集付印时增补内容:"张锡琨记:张邦奇,字常甫,鄞人。弘治乙丑庶常,正德初授检讨。时逆瑾窃柄,人多争附,公独守正不阿。著《张骞乘槎赋》以讽之,以亲老乞养出,补湖广提学。嘉靖改元提学四川,旋改提学福建进春坊,历任南京兵部尚书。公资性绝人,于书无所不读。精思笃行,期造圣贤,讲学与阳明别调。其立朝大节如摄太宰,不欲循故事,以选事除擢。先白政府,主断诏狱力,却翊国郭公之厚赂,以国法绳其家人,朝议将以浙闽册封景裕二王,而公谓江南财赋所出,且接壤留都。国初封吴王,即改于周,二百年来,谁敢复建此议,事遂寝。上慕道于无逸殿,欲令内直大臣簪冠如道家,公谓内阁夏公曰:使我等背圣人,不能从也。母老久思故乡,今日乞归有名矣。上闻,乃止。卒,赠太子太保,谥文定。"①从文字篇幅上看,这是评语中少有的长篇,但基本还是针对作者的生平遭际、品行性情、仕宦生涯等做出介绍,不过较其他评语增加了一些故事细节概述,以增进对所选文章作者的了解。此评语完全出于张锡琨之手,与二黄无甚关联。他如卷10"论"中郑溪《士先器识而后才艺论》文后的"张锡琨记:先生字平子,号兰皋,后号秦川……"、卷11议中薛三省《开金塘山议略》其后的"张锡琨记"评语等等,皆为张锡琨仿黄氏父子评语模式所作,但内容都重在介绍作者情况,鲜少论及文章本身如何。

仔细查考,《明文授读》还有直接引黄宗羲《思旧录》或《明儒学案》等文中语作为评语的。如卷8所收陈确《死节论》文后记:"思旧录:陈确,字乾初,海宁人,于先师门下颇能有所发明,余丙辰至其家访之时,已病风不能下床,信宿而返。乾初以大学层累之学不出于孔子为学者所哗,不知慈湖已有是言。古人力行所至,自信其心不须沿门乞火即以图书为怪妄,大学为别传,言之过当,亦不相妨,与剿袭成说者,相去远矣。"卷12顾炎武的《原姓》

---

① [清]张锡琨.《明文授读》评语[M]//[清]黄宗羲.明文授读.中国社会科学院近代史研究所藏清康熙三十八年张氏味芹堂刻本.四库全书存目丛书集部:第400册.济南:齐鲁书社,1997:336.

文后、卷14何乔远的《番薯颂》后也均直接标明:"《思旧录》……",这种情况当属黄百家引黄宗羲其他集子中论及散文的相关评语,挪用于此选本,严格说起来,应归入第二种评语形式之中。通过这些评语,我们可以看到黄宗羲是如何评述明人明文的,并得以更加深入窥见黄氏的文学思想主张,即便很多评语仅仅点到即止,而且直接凸显文学批评的言论比例并不大,但作为研究黄宗羲文论及明代文人创作、文化等情况的珍贵学术资料,其价值或无法与《明文海》相提并论,却是黄宗羲文论的直接而重要的构成部分,绝对不容轻忽。

难能可贵的是,黄百家在《明文授读》中根据所选篇目尽可能多地辑录了父亲关于各家文章各位作者的相关评语。这些评语大部分是依据其父遗说,稍有以己意阐发继承之处,则标以"百家私记"等语,以便后人明察。黄百家所摘录的一些评语,基本依循其父评语风格,于各家学术源流论述或详或略,但多见解不俗,更间有部分摆脱门户之见的议论,展现出一个文学评论家的思考与功力。

三、卷中各序及发凡

张锡琨味芹堂刻本中录有多篇序言,分别出自《明文授读》的作者、刻印者及其几位前辈或好友之手。各人从不同角度对《明文授读》的编选情况予以总体介绍,也均对黄宗羲编选文集之功加以褒奖,其中也部分述及有明一代的文学思想主张。这些序言是我们研究黄宗羲文学理论的重要资料。

《明文授读》各序中以徐秉义序在前,可见他受重视的程度胜于其他人。而黄百家作为《明文授读》最主要的编选者,借序讲述了《明文授读》的编选过程及刻印由来,并重申父亲借文存史存人,以助益后人的编集初衷,亦有不可替代的学术价值。今录徐秉义《〈明文授读〉序》、黄百家《〈明文授读〉序》等各人序言全文如下,以备细究:

1.徐秉义《〈明文授读〉序》①

时会之迁流云,为之变化,转瞬焉失,惟文足以留之。言天下之至久者莫如文。故一代有一代之文,此文物菁华所系也。然在当时,何代不有斐然之英,参错显晦过焉,而楮墨化为尘埃。姓氏暧于狐貉者,正复不少。唐以前,无论《宋史》之《文苑》《元史》之《儒学》,彼其人得列传

---

① ［清］徐秉义.《明文授读》序［M］//［清］黄宗羲.明文授读.中国社会科学院近代史研究所藏清康熙三十八年张氏味芹堂刻本.四库全书存目丛书:集部.济南:齐鲁书社,1997:202-204.

予中，亦非聊尔。迄今，求其文而不得者殆半，则夫不得列传与史之中。而文与人之并湮者，可胜道哉！是天下之倏烁而不能自，必其留者又莫如文，是必赖有人焉。为之荟萃遴选，存十一于千百。庶俾各家之著作，偕行并传，不至零涣而渐灭，由来远矣！虽然，以东莱（即吕祖谦）之博识，收之不尽，择之不精，每见当时之作家有传于今而逸于昔者，亦见一人之文集有相其貌而遗其神者，苏氏更何谈焉？是故非搜罗之极其广，则尘鼠有埋没之幽芳；非择取之极其醇，则枣梨有阑入之凡子。二者正是难免也。姚江梨洲黄先生，初有《明文案》之选，其所阅有明文集无虑千家，搜罗广矣。犹恐有遗也，询谋于余兄弟伯氏，细检传是楼所藏明集，复得《文案》所未备者三百余家。先生惊喜过望，侵晨彻夜，拔萃撦尤。余亦手抄目勘，遥为勤理，于是增益《文案》而成《文海》。夫以先生之明眼卓识，而又精勤于搜罗择取如此，则《文海》成而有明一代有全书，更无有埋没阑入之憾矣！顾其缃帙浩繁，为卷几至五百，令嗣主一尝私请于先生，更抡剔其最者，秘之枕中，是名《授读》。盖《文海》所以存一代之文，《授读》所以为传家之学，各有攸当也。余因之有感焉：古称三立吾人，动以立言自负，谓文以载道，文以纪事，若是乎，德与功之俱藉于文也。岂知德修于身，功施于物，其设心原不在传之与否。而要有德与功者，必传文士之文，自以为可至久，苟不得其人以传之。殆欧阳子所云"荣华之飘风，好音之过耳"，文岂足恃乎？宋之文计荟萃而遴选之者，有《纶言集》《太平盛典》《中兴制草》《圣宋文粹》，自东莱之《文鉴》出，而诸编尽掩，诚得传之之人也？然而收之犹有不尽，择之犹有不精，得人之中，其传不传，若又有命焉？且东莱没于隆兴，去宋之亡尚百年，未及见身后之文，故南宋之文莫有收而择之者，至今盖阙如也。有明之文，较多于前代，即今观诸人之文集，列屋兼辆，不有先生，孰能为之尽收而精择之哉？然先生适生于明之叔季，入本朝五十余年，考终上寿，故得尽见有明之诸集而收之择之。设也生殁于盛明之时，将不亦如东莱之未及见身后南宋之文，何以得快成一代之全书耶？吾因想先生之藿隐藜，遁空山穷老，殆天故，以是憔悴。先生以结。果有明一代文章之局，虽先生一身之不幸乎？实有明诸文人之大幸也。余固素有志于刌剧文海，而力有不能当侅。稍暇，谋将伯于同心。今兹张子有斯《授读》之刻，固甚余之所乐闻也。主一书来请序，其何以辞，因具言其缘起于简端，用以告同读者。

康熙三十八年九月上浣日昆山徐秉义书

按：撰写此序者为黄宗羲故交徐秉义。徐秉义（1633—1711），清代著名学者，初名与仪，字彦和，号果亭，清代南直隶苏州府昆山县（今江苏昆山）人，明朝官员徐开法之子，明清之际大思想家顾炎武之甥，与兄徐乾学、弟徐元文皆居高官而以文名盛，时列"昆山三徐"，誉满京城。徐秉义才高学博，是康熙十二年（1673）癸丑一甲三名进士，后授编修，又以史馆纂修被征召入京，授左中允，曾擢少詹事、詹事，任殿试读卷官，授任《明史》总裁官。他累经升迁，官至吏部侍郎，因能慧眼识才，康熙十四年（1675）曾典试浙江，号称一时知名之士咸登科第。徐秉义为人持重实诚，高风亮节，见重于时，副都御史许三礼弹劾其兄徐乾学疏中曾谓："独其弟徐秉义，文行兼优，实系当代伟人。"① 其写诗高雅幽洁，为文则求合于经史。徐秉义喜藏书，有藏书楼名曰培林堂，他主张书当藏以致用，认为"学问不在多积书，然书可以备查考；书亦不必皆宋版，然宋版可以资校对"②，曾仿兄《传是楼书目》作《培林堂书目》，嘉惠后人。徐秉义与黄宗羲二人渊源颇深，在学术方面多有交流，屡次帮助黄宗羲进行《明文案》《明文海》的编纂工作，甚至不惜亲自"手抄目勘，遥为勘理"，若交情不够深厚，恐难以有此行为。其实三徐与黄宗羲皆有私交。如徐秉义弟徐元文在康熙十八年（1679）清史馆开后，作为监修《明史》总裁，曾数度延请黄宗羲出山修史，宗羲以老病辞请，但后来还是派遣其子黄百家至署。康熙十九年（1680），徐秉义曾亲至黄竹浦拜访黄宗羲，感慨万端："徐果亭宫詹访公黄竹浦，谓'胜于过柴桑、问浣花也。'"③ 秉义兄徐乾学曾派人将黄宗羲所抄天一阁书目誊录而去，而黄宗羲亦于康熙二十二年（1683）至昆山观徐乾学传是楼中所藏书："至昆山，主徐司寇家，观传是楼书。"④ 黄宗羲与徐氏兄弟交往频繁，康熙二十七年（1688），"昆山果亭徐公自来相接，遂至昆山。在健庵尚书座，有突如而问道学异同者……留昆山一月而返"⑤。也就是说，徐秉义曾亲自将黄宗羲接到昆山，与徐乾学等谈学论道长达一月之久。康熙二十九年（1690），徐乾学时任尚书，康熙皇帝问以海内遗献事，徐乾学为黄宗羲对以"老笃"，称其恐无来意，为之解脱相辞。而后黄宗羲父亲黄尊素祠屋毁于洪水，徐乾学和徐元文等还组织地方官员、名流等出力捐资重建于余姚新城南门之左，使之较前更便于祭祀。康熙三

① ［清］国史馆.满汉名臣传：全四册[M].哈尔滨：黑龙江人民出版社，1991：1481.
② ［清］叶昌炽.藏书纪事诗[M].北京：北京燕山出版社，2008：311.
③ ［清］黄炳垕.黄宗羲年谱[M].王政尧，点校.北京：中华书局，1993：42.
④ ［清］黄炳垕.黄宗羲年谱[M].王政尧，点校.北京：中华书局，1993：44.
⑤ ［清］黄炳垕.黄宗羲年谱[M].王政尧，点校.北京：中华书局，1993：45-46.

十年(1691),徐元文卒,时隔三年,康熙三十三年(1694),黄宗羲忆及旧友,悲痛之下"哭徐立斋相国"①,作《哭相国徐立斋先生》诗云:"昔者徐孺子,曾受江夏辟。……古人重知己,非关一束帛。……扩我以见闻,杜我之疵隙。……一部明室史,功已过半百。……仆归未一年,夫子之病革。仆亦抱奇病,呻吟以永夕。去死仅毫厘,鬼门何偪侧。及闻会葬期,不殊江夏昔。空怀磨镜心,松丘无泪渍。嗟乎徐孺子,千载不相及。"②盛赞徐元文并表达深切的怀念。如此种种,皆证黄宗羲与徐氏三兄弟的私交颇深。正因此故,黄百家在《明文授读》编成付梓之际,第一时间想到请徐秉义赠序也在情理之中。《明文授读》刊刻是在康熙三十八年(1699),时三徐之中,徐元文已于康熙三十年(1691)辞世,徐乾学则卒于康熙三十三年(1694),仅徐秉义尚在人世。因此德高望重而又深知黄宗羲编选明文经过的徐秉义自然是为《明文授读》作序的不二人选。

因有前述渊源,对于黄百家请自己作序一事,想来徐秉义是一力应承的。康熙三十八年(1699),正担任詹事一职的徐秉义挥笔而就此序,在《〈明文授读〉序》中对明代文坛状况予以叙述,充分肯定了黄宗羲编集行为的积极意义,对《明文授读》的评价颇高。而且,因为清楚地知道编选明文总集之艰辛不易,所以徐秉义由衷感叹:"有明之文,较多于前代,即今观诸人之文集,列屋兼辆,不有先生,孰能为之尽收而精择之哉?"③同时也客观地分析了黄宗羲编集的有利条件,如"然先生适生于明之叔季,入本朝五十余年,考终上寿,故得尽见有明之诸集而收之择之。设也生殁于盛明之时,将不亦如东莱之未及见身后南宋之文,何以得快成一代之全书耶?"他认为从著述角度而言,经历政局动荡、移世易代的黄宗羲也算生逢其时,故得以博览众籍,成就明文选本编纂之客观基础等。当然,要想编出如此规模宏大的巨著也要求编者具备足够的实力和水平:"果有明一代文章之局,虽先生一身之不幸乎?实有明诸文人之大幸也。余固素有志于剖劂文海,而力有不能当侯。"④黄宗羲因不幸遭际方有文集之编,而其文集之编恰成明代文人之幸,

---

① [清]黄炳垕.黄宗羲年谱[M].王政尧,点校.北京:中华书局,1993:49.按:此处徐立斋(即徐元文)或为徐乾学之误,因是年徐乾学卒,而徐立斋已于康熙三十年(1691)故去,当然黄宗羲与徐氏兄弟感情均深,也不排除他当年听闻徐乾学辞世的消息后触发了对徐元文的怀念而有此。

② [清]黄宗羲.哭相国徐立斋先生[M]//沈善洪,吴光.黄宗羲全集:第十一册.杭州:浙江古籍出版社,2005:361.

③ [清]徐秉义.《明文授读》序[M]//[清]黄宗羲.明文授读.中国社会科学院近代史研究所藏清康熙三十八年张氏味芹堂刻本.四库全书存目丛书:集部.济南:齐鲁书社,1997:202-204.

④ [清]靳治荆.《明文授读》序[M]//[清]黄宗羲.明文授读.中国社会科学院近代史研究所藏清康熙三十八年张氏味芹堂刻本.四库全书存目丛书集部:第400册.济南:齐鲁书社,1997:206.

其间赖黄氏明文选本而文章传于后世者虽不知具体几何，但当不在少数。所以"实有明诸文人之大幸也"的说法是有道理的。总之，此序无疑是《明文授读》若干序言中分量最重、评价最宜的一篇，故黄百家将其序列为第一位。

2. 靳治荆序①

辽阳后学靳治荆拜纂

文章之传与不传，本作者之精神，亦在选者之学问。胸有万古之识而后发言，可乘于永远，胸有万卷之书而后操管，能定其去留。盖作者固难，选者诚不易也。昔人尝曰两晋无文章，惟陶渊明《归去来辞》，又曰唐无文章，惟退之《送李愿归盘谷序》，此不过一时兴会所感，偶举是篇，如谢家论诗"杨柳依依""穆如清风"语耳。究之两晋三唐，讵可以一二篇竟？予尝纵观《左》《国》《史》《汉》及唐宋诸大家，其精神力量各有不可磨灭者，独刘超繁华，习为排偶，绮丽之词，去古寝远。有明起高庙迄怀宗三百余年，扶舆清淑之气，蔚为人文。视上世可为极盛。然其间，弟不必袭师，子不必规父，靡不随其性之所近，诣之所造，自成为一家言。姚江梨洲黄先生，为当代耆宿，名山石室之藏，悉殚心穷究。即年垂八十，精神弗衰，日把一编，目不辍视，手不停披，尝出其绪。余订有明《文海》《文案》二集，业已脍炙海内矣。第卷帙浩繁，末学迟钝，叩以全板，罔不懵然。亡羊弃豕之苦心，又百不获一。欲其终岁而览之，不遗余力而卒业焉，势必有所不能。今先生之子百家，能守先生书，键户探讨，积有岁年。偶手示一编，颜曰：《明文授读》盖先生以之课子，而嗣君欲以传诸家者，公之世也。予捧阅数过，不禁掩卷而叹曰：有明诸君子之精神学问，其萃于斯乎！采其尤，撮其要，既简而该，更切而当，非先生不能传古人，非先生之子不能体先生之志以传古人，且以传古人者传后人，呜呼，是真可传也！巳予不揣荒落素，尝奉教于先生。今先生往矣，瞻其手泽，不啻先生之耳提面命，后之读是书者，息心屏气，想见作者之深心与选者之微意，浸淫服习，识其旨归，其为裨益，又岂可以世数计哉？四明张生锡琨先生门下士也，刻而传之并书。

时　康熙戊寅长至日

按：此序写于康熙戊寅年（1698），撰写者为黄宗羲门人靳治荆。靳治荆，字

---

① ［清］靳治荆.《明文授读》序［M］//［清］黄宗羲.明文授读.中国社会科学院近代史研究所藏清康熙三十八年张氏味芹堂刻本.四库全书存目丛书集部：第 400 册.济南：齐鲁书社，1997：205-206.

熊封,号雁堂,别号黄山长,襄平人,隶汉军镶黄旗,博雅嗜书,长于诗文,尤善版刻。瞿冕良《中国古籍版刻辞典》"靳治荆"条下记:"清康熙间汉军镶黄旗人,字熊村。刻印过明黄宗羲《南雷文定》11卷、《后集》4卷、《附录》1卷,自撰《香海词》1卷,明王寅《新都秀运集》2卷。"①此处"字熊村"当为"字熊封"。靳治荆曾任歙县知县,康熙二十九年(1690)与吴苑等一起纂修《歙县志》。近人石国柱修《歙县志》卷二《官司》:"靳治荆,辽东人,荫监,(康熙)二十一年(1682)任。有惠政,负盛名。"②黄宗羲《南雷文定》后集卷四有靳治荆父《通议大夫兵部职方司郎中太恒靳公传》:"……公讳弼,字太恒,先世为山左之历城人。明初有名清者,以边功授百户,家于辽,以征尔朱山陷阵力战而死,遂世袭千户……子六:长治扬,陕西巩昌府同知;次治荆,歙县知县;次治青,国学生;次治歧;次治兖……"从中可知靳治荆为家中次子,因"家于辽",又"以铜墨羁绊,未得往厕门墙,然读其书,见其人,不胜私淑之慕",靳治荆认黄宗羲为师,故序言中自称为"辽阳后学"。而靳治荆身为一介旗下人,竟能求得当时的大儒黄宗羲为其作家传,可见二人之间关系自非泛泛。靳治荆与黄宗羲常有诗文往来,如靳治荆曾作有《四明山九题诗次梨洲先生韵》(九首),而黄宗羲写有《靳熊封诗序》一文,对靳治荆给予了非同一般的称许:"从来豪杰之精神不能无所寓,……靳使君天才飚发,少攻举子业,拘于例不得就试,其胸中书史无所发,乃一寓之于诗。故其为诗,富艳精工,仍不失平淡清夷之骨,将使寒郊发幽,鬼贺破咽。"③这样的高度评价自可证明黄宗羲对靳治荆的充分认可和肯定。康熙三十年(1691),靳治荆任新安令,时黄宗羲已是82岁高龄,仍前往祝贺并应其邀游黄山。黄炳垕《黄宗羲年谱》记有此事,称:"靳使君熊封(即靳治荆)任新安,招公游黄山。公遂之新安,为黄山之游,龙钟曳杖,一步九顿,适汪栗亭《黄山续志》告成,公即为之序。"④靳治荆专门写下《游黄山记》一卷寄与黄宗羲请其作序,足见其师生感情之深。而黄百家对此自然也有所了解,故而《明文授读》付梓之际,需向知情者求序,恰如张锡琨序中所言:"两夫子(按:此指徐秉义、靳治荆)皆先

① 瞿冕良.中国古籍版刻辞典[M].苏州:苏州大学出版社,2009:888.按:此处"字熊村"当为"字熊封",误。
② 石国柱,楼文钊修.歙县志:卷二《官司》[M].民国二十六年(1937)铅印本.
③ [清]黄宗羲.靳熊封诗序[M]//沈善洪,吴光.黄宗羲全集:第十册.杭州:浙江古籍出版社,2005:62.
④ [清]黄炳垕.黄宗羲年谱[M].王政尧,点校.北京:中华书局,1993:48.

生高弟,其足以荐明先生之选者"①,靳治荆确实是为《明文授读》一书写序的有相当话语权和公信力的上佳人选。遂有此文。

3. 黄百家《〈明文授读〉序》:②

先夫子自戊申岁,取家所藏有明文集约五六千本,撷其精华,至乙卯岁,成《明文案》二百一十七卷。庚申岁,蒙今上有遗献之征,既以老病不能赴,又奉特旨"凡黄某所有著述有资明史者,著该地方官抄录来京,宣付史馆"。于是藩司毅可李公俾胥吏数十人缮写。不孝入署校勘,而《文案》亦在其中。丁卯岁,不孝入都门,故相国立斋先生监修《明史》,以史志数种见委,简阅史馆中书,此《文案》固在也。未几,不孝以思亲告归,先生许以在家纂辑。己巳,书成,先生复招不孝入都。再至史馆,已不见所谓《文案》。盖有潜窃之而去者矣!不孝思此本颇为海内传抄,此间之有无略不置意中。逮后,先夫子究以有明作者林林,歉于未尽,亲至玉峰,搜假司寇健庵先生传是楼明集,得《文案》以外所未有者,又如我家藏之数,汗数牛而归。缀以红楮,第其甲乙,复还玉峰。宫詹果亭先生命诸佐史茧指录出,亲正芼鱼,以寄先夫子。于是复合《文案》而广之,又有《明文海》之选,为卷凡四百八十,为本百有二十,而后明文始备。先夫子尝谓不孝曰:"唐《文苑英华》百本,有明作者轶于有唐,非此不足存一代之书。顾读本不须如许,我为择其尤者若干篇,授汝读之。"于是,更有《授读》一书。

未几,《文案》为潜窃之人掩为己有,易名行世。或有讶而来告者曰:"是人也,亦尝受业于夫子之门人,得毋类逢门乎?"不孝曰:"子言亦不伦矣。逢门尽羿之道而杀羿。是人也,腹俭诗书,行多未检,颇大不类于乃师,乌得与逢门比乎?且先夫子之为是选也,亦不过欲表扬一代之文人,嘉惠后日之学者,奚必诩功自己出?苟有传刻是书者,亦即先夫子之志也。特嫌其不悉依原本,稍加窜易,点金成铁耳。嗟乎,以先夫子之生平,继孝闵会,阐学濂洛,文章则平揖庐陵,节义则追踪孤竹,即无明文之选,何尝有损于毫末?况广而《文海》,精而《授读》,明文之选自在也!即百逢门乌得而杀之,子言不伦矣!"

---

① [清]张锡琨.《明文授读》序[M]//[清]黄宗羲.明文授读.中国社会科学院近代史研究所藏清康熙三十八年张氏味芹堂刻本.四库全书存目丛书集部:第400册.济南:齐鲁书社,1997:212.

② [清]黄百家.《明文授读》序[M]//[清]黄宗羲.明文授读.中国社会科学院近代史研究所藏清康熙三十八年张氏味芹堂刻本.四库全书存目丛书集部:第400册.济南:齐鲁书社,1997:210-212.

　　既而，山阳戴子唯一、戴子西洮屡以书来索刻《授读》，不孝迟迟未应。或又诮曰："夫子之学公而溥子，岂秘所异闻乎？"不孝曰："恶，是何言也！夫所谓《授读》者，先夫子怜不孝有志学文赋，性钝鲁，不能博记，故为是简捷者而授之读也。今不孝方读《礼》山中，实未遑潜心熟玩。于是，先夫子之为是书，因不孝而授之读。不孝之受是书，乃不自读而授人读，敢乎哉？况先夫子之精神在《文海》，《文案》在其中，《授读》在其中。不刻《授读》，天下有思《文海》而刻之者，一刻《授读》，吾恐读明文者得少而止，不且《授读》为《文海》累乎？"张子有斯曰："不然。刻《授读》者，正刻《文海》之先驱也。而不见夫歌者乎？有善歌于此，不聆其音，即遏云振木，未必关怀。既聆其音矣，既善其歌矣，宁有仅闻发皓齿之数声，便能已已而不欲其终阕者？故由夫不说学之人，则彼于《授读》，未必不嫌以为多，将由夫博雅之君子，睹一斑而慕窗豹，尝一脔而思全鼎，未有不因见《授读》而并思见《文海》者矣！子亟刻诸。"万子贞一曰："有斯之言是也。合有明数千家之集而成《文海》，平情而谈，舍夫子而外，孰有缘再能聚数千家之集于一家，而又得勤力钜眼如夫子者而为之遴拔乎？则此《文海》，夫子目光心血之所存，有明三百年文士英灵之所寄也。子如不亟图所以刻而传之，脱有不虞，子之罪大矣！子其可无先刻《授读》以为刻《文海》地乎？"不孝矍然曰："是则然矣！独是长淮隔此三千里，而是书为先夫子手泽原本，别无副二，可奈何？"有斯曰："尔不敢以夫子之书轻远出，我去子居，若此其近，而我兄弟亦尝及夫子之门，为任刻之，何如？"不孝拜手曰："固所愿也。"于是遂彻读《礼》之功，另诠一目，并搜先夫子所书各集评语撷载篇后，间附注以不孝私记，以为读书知人之助云。

康熙戊寅年男百家百拜谨述

　　按：此序为黄宗羲之子黄百家所撰。黄宗羲共有三子，黄百家为其季子，聪颖好学，是最能传其业者，黄宗羲的未完之稿《宋元学案》即由他续辑而成。从某种角度而言，《明文授读》也是他承父意编纂而成。上述序文在诸多序言中排列稍偏后，显示出黄百家对其他数家作序者的重视和尊崇。黄百家可以说是除了黄宗羲之外，在三大明文选本编选过程中投入最多、付出最巨的人，因而也对此中详情尤为了解。

　　本篇序言重点有二。一是追述三大明文选本的编纂过往。作为承继黄宗羲文化体系和学术精神最多的儿子，黄百家充分理解和支持父亲的编纂事业,并将自己的一生也投入伟大的挽救、弘扬文化的洪流之中。他全程参与了《明文案》《明文海》的编选工作,从资料的搜集到文献的整理,从篇目的选择到文体的编排,还有作者的取舍和评语的补录等等,都有他洒下的汗水与辛勤的劳作,所以他在序言中自《明文案》的编纂开始,历数《明文海》《明文授读》的编选过程,尽显其中不易。而且,我们也得以从中知晓一些有关明文选本的细节故事,譬如《明文案》曾遭"潜窃"一事,他人少有提及,而黄百家序专门就此事进行说明并表示了极大的愤慨。从序言中可见出黄百家对于明文选本有着不同于别人的特殊感情,言语间也透露出他对父亲黄宗羲终其一生编选明文之举的无比敬佩和深刻理解之情。毋庸置疑,对于父亲的每一部明文选本黄百家都异常珍视,并竭尽全力发挥自己"知人之助"的作用。

黄百家《〈明文授读〉序》的另一重点是介绍《明文授读》之所以会刊刻的缘由。他这样说明《明文授读》的编纂起因:"所谓《授读》者,先夫子怜不孝有志学文赋,性钝鲁,不能博记,故为是简捷者而授之读也。"①黄百家认为本书既是用于家学,则只需自己一家私相传授便是。之前发生的《明文案》失窃一事令百家耿耿于心,难以释怀,故而对于是否应该将《明文授读》公开刊印、广布于世,他是心存顾虑而有所犹疑的。后在友人张锡琨、万言等人的劝告之下,他遽然明白尽早刊刻《明文授读》对于散文传播流布让学习者可资借鉴之意义。《明文海》部帙过繁,想要刊刻难度极大,而《明文授读》虽是本着作为家庭用教材的初衷而编,但更是明文集中的精品荟萃,黄宗羲一生致力于保存有明一代全文,是为了让后人知晓明文之精妙和明代之历史,所以"夫子目光心血之所存,有明三百年文士英灵之所寄也。子如不亟图所以刻而传之,脱有不虞,子之罪大矣! 子其可无先刻《授读》以为刻《文海》地乎?"②万言这番话可谓一语中的,黄百家自也知晓在无力刊刻数百卷本的大部头文集的前提下,《明文授读》确实可作为《明文海》刊印之前奏,黄宗羲耗尽心神编集的本意即为供后人学习观瞻之用,若是束之高阁、秘而不宣,反而失却了其存在价值。大概是几经权衡思量后,黄百家终于扫除疑虑,决定将《明文授读》交予张锡琨刻印。在序言中,黄百家详细提及此事前后端绪,以证自己与父亲二人选文之苦心和《明文授读》得以刊印的原因。

---

①　[清]黄百家.《明文授读》序[M]//[清]黄宗羲.明文授读.中国社会科学院近代史研究所藏清康熙三十八年张氏味芹堂刻本.四库全书存目丛书集部:第400册.济南:齐鲁书社,1997:211.
②　[清]黄百家.《明文授读》序[M]//[清]黄宗羲.明文授读.中国社会科学院近代史研究所藏清康熙三十八年张氏味芹堂刻本.四库全书存目丛书集部:第400册.济南:齐鲁书社,1997:211.

一言以蔽之,作为文集的直接编著者,黄百家自己写就的这篇序宏观微观并举,有切身之感,意义非凡,欲观《明文授读》者不可不读之。

4. 张锡琨序:①

余刻 梨洲黄先生《明文授读》既成,主一谓余曰:"子可无一言以为序乎?"余谓:"刻书之有序,将以言其书之足以信今而传后也。若先生之书,当世仰之如泰山北斗,珍之如楚璧隋珠,固不待序言而始信始传也。况已得宫詹果亭徐公、郡司马雁堂靳公为之序。徐公之序谓先生之选,尽收而精择,无埋没阑入之憾,胜于东莱之《文鉴》。靳公之序谓先生之选,采尤而撮要,有简该切当之实,足以萃有明诸君子之精神学问。二公之论,亦可谓知言矣。且寒村郑夫子向许作序,第疾怍未遑也。近笔山范夫子自延平寓书,亦谆谆以序言为己任。两夫子皆先生高弟,其足以荐明先生之选者,岂有余蕴乎? 至于先生明文之选,权舆于《文案》,绝笔于《文海》,而《授读》之集为家传简捷之本,则兹选之所以命名,子序更言之详已,余复何言哉? 余惟有明三百年之文,定于先生一人之去取,则此数十百人之文,皆托先生之眼光心力以传,而先生之学识亦即散见于此数十百人之文之内。其间是非决择,断然不移,非先生不能自知之,亦非先生不能自言之也。乃《授读》一书,先生固非欲以行世,而《文海》之选,缃帙浩繁,世无任而刻之者。先生俱未尝作序,独《文案》有上、下序两篇,一论有明之文凡三盛,其人不能及于前代,而所选之文反过于前代;一论有明之文坏于何李,而王李继之,几于枉尽天下之本。此则先生盱衡千古论,定一代之大旨也。今《授读》之文虽丰,未见于《文案》,其大旨有外于选《文案》者乎? 即以先生而为《文海》《授读》之序,其大旨亦岂有难于《文案》之二序者乎? 则余今日而欲序先生之《授读》,亦岂有加于先生之自序者乎? 请以先生《文案》二序冠于兹集之端,则余可以无序矣!"主一曰:"子盍书之,是即子之序也。"因次第其言以为序。

时 康熙己卯岁孟冬月四明门人张锡琨拜题

按:本篇序为黄宗羲门下弟子张锡琨撰于康熙巳卯岁,即康熙三十八年

① [清]张锡琨.《明文授读》序[M]//[清]黄宗羲.明文授读.中国社会科学院近代史研究所藏清康熙三十八年张氏味芹堂刻本.四库全书存目丛书集部:第400册.济南:齐鲁书社,1997:212-213.

(1699)，当时《明文授读》已刻印完成。张锡琨(1654—1719)，字有斯，又字过云，自号四青山人，其父张士培(字天因)为黄宗羲高徒，全祖望曾谓他："梨洲先生之高弟也，……有别业在西庄，曰墨庄，即为梨洲先生讲学之所。……子锡琨。"①故张锡琨自称为"四明门人"，《明文授读》是他主动要求刊刻并最终由他负责付印的。朱鼎煦曾怀疑《明文授读》中标以"百家私记"的部分评语极有可能为张锡琨冒名代作："《授读》之刊出于门人张斯年之手，版心署其室名'味芹堂'，卷首署'姚江黄梨洲先生选授，门人张锡琨、男百家校读'，一若梨洲为彼二人而作，中间虽录百家私记，安知非出于张氏之手以相标榜乎？"②这怀疑并非毫无根据，前文论及评语形式时已有部分说明，而且这种情况确乎吻合当时的某种实际可能，不是绝对不可成立的。而作为《明文授读》的刊印者，在集中偶尔发表几句自己的看法似乎也不是不合情理的。

张锡琨序中说明"梨洲黄先生《明文授读》既成"之后，自己本无意作序，在黄百家和范光阳的先后劝说下方执笔写成此序。序中将三部选本之间的关系一言概之为"先生明文之选，权舆于《文案》，绝笔于《文海》，而《授读》之集为家传简捷之本"，表示了对黄宗羲的眼光和学识的由衷钦佩，同时再次申明《明文授读》的编选初衷、总结其关于明文的看法等，并从刊刻者的角度提出："乃《授读》一书，先生固非欲以行世，而《文海》之选，缃帙浩繁，世无任而刻之者。"认为体量如海的《明文海》受限于客观条件，难以正式刊刻发挥其作用。比较之下，让《明文授读》尽早付印行之于世以便后人能领略明代文章之魅力方是明智之举。同时在他看来："先生俱未尝作序，独《文案》有上、下序两篇"，认为徐秉义和靳治荆二人序言下语精当，但都不及黄宗羲自己所作《〈明文案〉序》那么高明，故"请以先生《文案》二序冠于兹集之端，则余可以无序矣！"③由此可见，为表对黄宗羲的敬仰，将《〈明文案〉序》置于《明文授读》卷前，乃是张锡琨的主意。

综上，从写序时间而论，靳治荆序成于康熙戊寅年(1698)，徐秉义序成于康熙三十八年(1699)九月上浣日，黄百家序成于康熙戊寅年(1698)，张锡琨序成于康熙己卯岁(1699)孟冬月。由此可推断，决意将《明文授读》刊印之后，黄百家便可能开始着手写序，同时拜托靳治荆为序，故二人序言均为

---

① [清]全祖望.续耆旧：卷一百零二[M].清槎湖草堂钞本.

② 朱鼎煦.黄梨洲先生《明文案》目录后记[M]//马廉.黄梨洲先生《明文案》目录.别宥斋抄本.

③ [清]张锡琨.《明文授读》序[M]//[清]黄宗羲.明文授读.中国社会科学院近代史研究所藏清康熙三十八年张氏味芹堂刻本.四库全书存目丛书集部：第400册.济南：齐鲁书社，1997：213.

康熙戊寅年(1698),而徐秉义序晚于靳治荆序完成,很可能黄百家求序的第一人是靳治荆而非徐秉义,但就作序者分量而言,靳治荆不及徐秉义,故徐氏序言仍列首位。张锡琨负责刊印的具体事宜,其序当作于《明文授读》已经刊刻成功之后,作为总结收官性的文字出现,故而最后出炉。各序所言内容有异同,对我们了解选本的成编和意义等均具有一定的参考价值。而今《明文授读》卷首的黄宗羲序言,系为《明文案》成编后所作,由宗羲门人张锡琨移植于本集之前,以正选本之源。

5.《〈明文授读〉发凡》①

一、《明文授读》 先遗献于《文案》《文海》中更拔其尤,加朱圈于题

上,以授不孝所读者。此系有明一代文章之精华。不孝读《礼》荒山,未遑自读,遽以付梓,耿耿私心,实不免有舍田芸人之病焉!

二、选中篇数,序、记最多,其次则书与墓文,若依《文案》以撰人之前后序列,难于记忆。今遵《文海》例,如《唐文萃》,于各体中,条别门类,以便检读。但《文海》篇章大备,其分最细,此则稍区大略耳。

三、先遗献遍阅有明文集,间有数行或数语偶记其爵里、姓氏及评其功力手笔者。今遇兹选所及,谨敢搜掇,并载于篇,以为读书知人之助。以非本篇原评,特加"先夫子曰"或"先夫子书某集"以别之。其有未经先遗献所评及者,不孝或追忆先遗献平日之绪论,或私有触,核以补之,则附注"百家私记"于下。

四、文海之选,先遗献甫定成帙,往往有名篇大作未及圈点者。不孝一依原本,不敢妄施以乱。观目知能读是选者,定不以圈点之有无揣文之优劣。

五、先遗献平日有尝称道其文而未见其集者,如归元恭、顾宁人诸公不一二数,不孝耿耿在怀,多方购索,谨敢私登数篇,亦先意也。

六、吾家所藏宋、元文集极多,皆先遗献假于各藏书家以抄得者,于昔则借抄于吾族白下之千顷堂、虞山钱氏之绛云楼、山阴祁氏之淡生堂、钮氏之世学楼、甬水范氏天一阁、禾中曹氏之倦圃。近复得吾师果亭徐先生(徐秉义)抄寄培林堂所藏集本,以补吾家所未备。于是先遗

---

① [清]黄百家.《明文授读》发凡[M]//[清]黄宗羲.明文授读.中国社会科学院近代史研究所藏清康熙三十八年张氏味芹堂刻本.四库全书存目丛书集部:第 400 册.济南:齐鲁书社,1997:214.

献有《宋元文集日抄》一书,部帙浩繁,内亦有朱圈、甲乙,以授不孝读者。今明文既不能自藏,则《授读》《宋元文》索性嗣出以公世也。

按:此发凡是黄百家为方便读者阅读《明文授读》而作。六条发凡简明扼要地针对《明文授读》的编纂内容、体例、评语形式等进行了必要的说明,重申了该选本的编纂目的和时代意义,同时兼及了《明文授读》的材料来源,使读者一目了然,查阅时可以按图索骥,做到心中有数。据此亦可证《明文授读》内容并非全是黄宗羲所圈定,有部分确为黄百家及张锡琨所补录。

四、《明文案序》的特殊位置

黄宗羲共编选了三大明文选本,稍加注意即可发现一很有意思的现象:黄宗羲就明文选本只写过一次序,即《〈明文案〉序》,分上、下两篇,而这两篇序却几乎适用了三个选本!当然按照惯例,每部独立的选本都会有自己单独配套的序文,何况《明文案》《明文海》《明文授读》三部选本规模都不小,按理应该各有其序,但实情却并非如此。今所见者,《明文案》有相应序文两篇,《明文海》没有任何专门的序文,《明文授读》序文最多,除了黄百家所作序之外,今《四库全书存目丛书》中还有徐秉义、靳治荆、张锡琨的序文各一篇,但令人不可思议的是黄宗羲《明文案》原序亦赫然在列。为什么会出现这么奇怪的现象呢?

此间可以考虑的是:有序文的《明文案》显然是不折不扣、如假包换的定稿,按惯例,书成之后作者便写下了《〈明文案〉序》,就编纂等有关情况进行说明,以宣告此书稿工作的了结,让读者能够从序言中窥见编纂者的苦心和意图,对于明代文章的发展变化、思潮特点等也有综合性的了解。而黄宗羲也借上、下两篇序言将自己对于明文的看法较系统、全面地予以了呈现。当然,其序并未将重点放在对《明文案》本身的介绍上,而是高屋建瓴地站在审视有明一代全文的制高点上,对明人明文的现状,包括优缺点等进行了整体的阐发。这是代表黄宗羲文论观的一篇纲领性的总结,其重大意义出于《明文案》又超乎《明文案》本身。

而《明文海》无序文留下,似可看出其在黄宗羲手中尚未完全定编的一个端倪。《明文授读》则可以确定是成编于黄百家之手,黄宗羲在世之时其内容可能大致圈定,但并未编成完稿。对此,张锡琨在刻印时专门写序予以了说明:

乃《授读》一书，先生固非欲以行世，而《文海》之选，缃帙浩繁，世无任而刻之者。先生俱未尝作序，独《文案》有上、下序两篇，一论有明之文凡三盛，其人不能及于前代，而所选之文反过于前代；一论有明之文坏于何李，而王李继之，几于枉尽天下之本。此则先生盱衡千古论，定一代之大旨也。①

总之，黄宗羲自己亲笔所书序文仅有《〈明文案〉序》，《明文海》是在《明文案》基础上扩充、增补而成，更能代表黄宗羲"存有明一代全文"的宗旨，也是其费力最多、耗时最长、看得最重的一部卷帙浩大之巨著。按常理推测，此书完稿之后黄宗羲当应更加郑重其事附上特别写就的与《明文海》直接关联的序言才是。但事实上，恰恰这部黄宗羲自己最为珍视的著述却缺失了这么一篇重要的提纲挈领式的文章。原因何在呢？笔者揣测，这可能并非黄宗羲故意不写序，而是在其有生之年没能来得及完成序文。《明文海》在康熙三十二年(1693)方编就，当时黄宗羲已经八十有四，垂垂老矣，且时常抱恙在身。据黄炳垕《黄宗羲年谱》记：

康熙二十六年丁卯(1687)，公七十九岁。……王颛庵督学，刊《自刘子文集》，公取家藏底草，与伯绳先生原本，逐一校勘，必以手迹为据。②

康熙三十一年壬申(1692)，公八十三岁。……秋七月，公病几革，文字因缘，一切屏除。接仇子沧柱都中来书，言北地贾醇庵(即贾若水子)已将《明儒学案》梓行，公暂彻呻吟，作序文一首，口授季子主一公书之。公平日读《水经注》，参考各省通志，多不相合，乃不袭前作，条贯诸水，名曰《今水经》，是年书成，遂序之。是年后，所作文曰《病榻集》。修儒学落成，遂序之。③

康熙三十二年癸酉(1693)，公八十四岁。寄万子贞一五古五百字。《姚志》底本，皆公所著，考核颇详，而人物一门，为后来妄增颠倒，公恐言之则招怨，因作《八绝》，使读者可追寻也。

① [清]张锡琨.《明文授读》序[M]//[清]黄宗羲.明文授读.中国社会科学院近代史研究所藏清康熙三十八年张氏味芹堂刻本.四库全书存目丛书集部:第400册.济南:齐鲁书社,1997:212-213.
② [清]黄炳垕.黄宗羲年谱[M].王政尧,点校.北京:中华书局,1993:45.
③ [清]黄炳垕.黄宗羲年谱[M].王政尧,点校.北京:中华书局,1993:48.

《明文海》四百八十二卷选成,谓主一公曰:"唐《文苑英华》百本,有明作者,轶于有唐,非此不足存一代之书,故读本不须如许,我为择其尤者若干篇,授汝读之。于是有《明文授读》六十二卷。"①

康熙三十四年乙亥(1695),公八十六岁。七月癸亥(三日)卯时,考终正寝。②

由上述各条可知,黄宗羲年过八旬后,因年事已高身体状况大不如前,疾病缠身,曾将自己抱病期间的创作形象地称为《病榻集》。彼时,他已将"文字因缘,一切屏除",至辞世前,只能偶尔勉强写些零星文字,极少再亲自动笔进行长篇创作,就连《明儒学案》付梓时的序言,也是口授由黄百家代笔书之。

所以我们推测,黄宗羲未能给后人留下《〈明文海〉序》,不外乎两种情况:

一种情况是他未动写序之念,自然无文可成。倘是此等情况,则康熙三十二年(1693)时,黄宗羲自己并不认为《明文海》已完全定编,虽然在百家帮助下《明文海》基本完稿了,但或许此选本离黄宗羲理想中的状态尚有些差距,或者还有什么是他想要进一步调整、完善的,总之还不属于最终定稿版。而序言的写作通常是在著作完全编定以后方予着手,某种程度上是表示著述大功告成的一种标志。如若黄宗羲还有意想稍作修改,则写序总结时机未到,所以迟迟未动笔为序,也就不可能有《〈明文海〉序》留世。

另一种情况则是编著者早有写序之念,但未及真正付诸成文。这种推测的前提是,《明文海》的编纂工作已经按照作者的理想状态完全编好,无须再改,而黄宗羲也一直在苦等《明文海》完工收结之时。但或许未料想到这部文集的编纂竟然前后费时 20 余年,待大体完编达成心愿时自己已然八旬有余,而序言的写作可谓是最后的"杀青"表示,以黄宗羲的个性推断,浩大工程终于告竣,他必然异常重视这件事,想要认真对待这一巨著的序,绝不会轻易妄为、随便凑合。可惜彼时他着实年高体弱,有心无力,对序言写作越重视则越谨慎,越要在准备充分、通盘统筹之下才肯动笔,故也越发难以成文。加上其离世前两年,频频面临丧子之痛,恐更难偷闲考虑《明文海》撰序一事。据黄炳垕《黄宗羲年谱》载,《明文海》是在康熙三十二年(1693)编成,当年冬天,"仲子直方公卒"③。康熙三十三年(1694),"甲子(即八月二

---

① ［清］黄炳垕.黄宗羲年谱［M］.王政尧,点校.北京:中华书局,1993:48-49.
② ［清］黄炳垕.黄宗羲年谱［M］.王政尧,点校.北京:中华书局,1993:49.
③ ［清］黄炳垕.黄宗羲年谱［M］.王政尧,点校.北京:中华书局,1993:49.

十九日），长子弃疾公卒"①。康熙三十四年（1695）七月，黄宗羲自己"考终正寝"②。黄宗羲生有三子，分别为长子黄百药、次子黄正谊、季子黄百家。上文"直方公"即黄宗羲第二子黄正谊，54 岁辞世。"弃疾公"即黄宗羲大儿子黄百药，66 岁离世。也即是说，黄宗羲在自己去世前数年间接连面临了两次白发人送黑发人的人生巨痛，原本在《明文海》编成后到自己离世，中间约有两年的时间，要写好一篇序文并非难事，但黄宗羲一方面毕竟是耄耋之年，常年抱病在身，已经无力执笔，一方面又不断遭受情感打击，更无心作序，故最后还未等到《〈明文海〉序》开始动手便与世长辞，徒留下无穷憾恨。在这种心有余而力不及的情况下，黄宗羲没留下《〈明文海〉序》自然也就不难理解了。

至于《明文授读》没有黄宗羲所写序，则应属正常。前文已述，《明文授读》当为黄宗羲圈定大部分内容后由其子黄百家编纂而成，并且有文字记录的《明文授读》完稿时间是在黄宗羲过世数年之后，所以他自然无法为这部书写序。那为什么《明文授读》前会冠以黄宗羲的《〈明文案〉序》呢？笔者推断，黄百家一直非常尊敬和崇拜自己的父亲，也深切地了解父亲欲编选《明文授读》私家传授的心意，作为黄宗羲身边最亲近也最能理解他的人，黄百家始终认为《明文授读》的编纂虽然是父亲离世两年后方成，但主编权理所应当归于父亲，自己只是帮助父亲完成未了的心愿而已。同时，《明文案》《明文海》《明文授读》虽然各自独立，但又是前后关联的一个整体，三部文集共同代表着黄宗羲对于明文编选所做的全部努力，也构成了文学史上一道独特的风景。《明文授读》仅是整个明文选本系列中的续篇，没有《明文案》《明文海》，根本不可能有《明文授读》的问世，所以该书编著权仍归于黄宗羲。这意思，《明文授读》的刊刻者也应心中有数。

更重要的是，《〈明文案〉序》上、下篇所言也确实立足高远，视野宏阔，纵贯全明，适用于三大选本中的任何一部，将其直接作为《明文授读》的序言，问题也不大。但毕竟黄宗羲未能亲见《明文授读》，而《明文授读》与前面两部明文选本有所不同，如果非要就编纂工作任务进行一个分工说明的话，则《明文案》和《明文海》的编纂是以黄宗羲为主，黄百家为辅；而《明文授读》是以黄宗羲为辅，黄百家为主。祝鸿熹、洪湛侯主编的《文史工具书辞典》中曾就此称："百家以《文海》卷帙浩繁，请宗羲选其尤工者以为此编，其序则仍用

---

① [清]黄炳垕.黄宗羲年谱[M].王政尧,点校.北京:中华书局,1993:49.
② [清]黄炳垕.黄宗羲年谱[M].王政尧,点校.北京:中华书局,1993:49.

《文海》之旧,盖其门人张锡琨移冠于此集,以见其去取之宗旨。"①借由黄宗羲原《〈明文案〉序》,确可将《明文授读》与《明文海》两相参校,观其选文,凸显其着意"拔优选萃"之特点。当时黄百家找了很多文流名士为《明文授读》作序,而黄宗羲门人张锡琨负责刊印《明文授读》,对宗羲、百家父子心意也知一二,在黄百家要求他作序时,他认为黄宗羲自己当初为《明文案》所写的序无人能出其右,大可将《〈明文案〉序》置于《明文授读》前,如此既能体现对黄宗羲作为选本编著者的高度尊重,同时也代表对过世的学术大家的特殊纪念。故而他提出"请以先生《文案》二序冠于兹集之端,则余可以无序矣!"②由此可见,《〈明文案〉序》置于《明文授读》卷前,是张锡琨的主意,而这提议显然得到了黄百家的认可,后来他果然秉持这一想法在味芹堂刻本中将黄宗羲《〈明文案〉序》原封不动移置于书前,以示敬意,也让后人更能明确《明文授读》的存在价值。由是,就有了《明文授读》卷前出现《〈明文案〉序》这一特殊安排。

---

①　祝鸿熹,洪湛侯.文史工具书辞典[M].杭州:浙江古籍出版社,1990:851.

②　[清]张锡琨.《明文授读》序[M]//[清]黄宗羲.明文授读.中国社会科学院近代史研究所藏清康熙三十八年张氏味芹堂刻本.四库全书存目丛书集部:第400册.济南:齐鲁书社,1997:213.

第七章　选本价值

　　尘埃浩浩,乾坤流转,黄宗羲以一己之力举毕生之功成就的《明文案》《明文海》《明文授读》三大明文选本,历经数百年风云变幻,已经成为中国古代散文选本中为人瞩目的存在。黄宗羲致力于借此以备明代数百年文学精华及文献典故,成一朝之史,其良苦用心慨然可感,其文化意义难以估价。今读三选本,有明一代300年之文士风范、作品特性、社会现实、世俗风情、历史风貌等林林总总宛然可见,黄宗羲的编纂之功,巨矣!而黄宗羲在明文选本中或隐或显展示出的对于古代文章万千景象,尤其是明代散文的批评、主张等,对于深入把持明代文坛纷纭复杂的世态、次第林立的流派、日新月异的观点激烈碰撞等具有相当的指导作用,黄宗羲的理论之功,亦巨矣!乱世之下,不顾安危,不计名利,身体力行,出入各界,以学人之最高道德准则自我规范与要求,以著书立说之举努力成就个体人生最高价值,并进而实现社会价值最大化、最优化,此等行事做派,非梨洲先生不能为,非笔者所能尽言也。

第一节　文献价值

　　历史上有很多重要文献是借文章总集、选本或其他汇编本的形式得以传世的,选本不但可使保存于集中的文献嘉惠学林,泽被后世,也大大有益于文化的流布与传播。三选本不仅是优秀的文学选本,还是明代极为珍贵的历史文献资料汇编。黄宗羲辑选此明文总集,意在尽量全面地存留故国文献以传世,故在遴选文章、衡量作品、权衡优劣时他非常注重资料的文献价值。三选本中收文最全的《明文海》共482卷,保留下的明朝政治、历史、经济、军事、文化、教育等状况方面的文献资料极为丰富,其编纂于文、史、政等各界均贡献卓著。譬如选本中收录有大量"碑""铭""传状"类文章,众所周知,"碑""铭""传状"对于保存原始文献进而考证历史人物的生平事迹有重要的特殊价值,是官修正史和民间野史都无法替代的。明代虽也有人著录、记载类似资料,但都较为零散,所记一鳞半爪,未成体系。而黄宗羲明文选本所存留下来的各种碑铭、传状类作品可谓是最精彩、最丰富、最生动的补充来源，借此我们还可进行参史正史、校正谬误、弥合空白等工作。如《明文海》卷 71"碑"类所选董份的《岭南平寇碑》中赫然可见万历十七年（1589），刘继文担任两广总督时出兵镇压始兴（今粤北）一带流民的故事，而实则所谓"流民"只是不堪忍受官府压迫不得不逃荒的农民而已，黄宗羲在此文中点评道："此亦小寇耳，故为张大，便非信笔。"①而《明文授读》卷 52"行状"类所选孙鑛的《吏部尚书恭介陈公行状》一文述及明朝官僚倾轧与朋党之争，将"万历中阁部相轧情形，剖悉殆尽"②。明文选本中不少类似文章皆程度不一地存留了官史中难得见到的历史真相。

黄宗羲向以明遗民自居，尤重文献之保存，见明代文献或毁于战火，或失于人祸，或亡于天灾，零落不堪，深觉痛心。他辑选明文总集，是为了尽可能全面地保存故国文献，使之不致消泯而传于后世。正是出于保存明代文献的宗旨，选文时他将文献学的标准作为第一要义，衡量文章作品时尤其注重资料的文献价值。在此指导思想下，三选本中，卷帙最丰的《明文海》共收明文近 5000 篇，保留下了相当丰富而珍贵的文献资料。集中"奏疏""序""记""传""碑"等关乎国计民生、人物事迹之类实用性极强的文章比例极高，对于明代社会各方面情况均有反映，是研究明朝政治经济、历史文化等状况的直接文献资料。其"论"一类文章中即多有针砭时弊、映射历史的记录，如卷 100 中的杨锵《过臣》一文"深中弱宋之病。至于明之病，在君骄臣谄，上下隔绝"③。徐芳的《三民论下》对于"今之士未尝不以母而权其子，然而不能保其母者多矣，商之所羞也。搒掠毒虐，未尝不如盗贼，然而诈之见诈，徒为上官，聚敛不能充己之囊橐，又盗之所羞也"④的历史现实有淋漓入骨的反映。康熙年间《明文案》编成后不久即被征选抄送至朝廷史馆，其中有 16篇"奏疏"全文或部分被移录进官修《明史》"列传"部分。而《明文海》卷 47至卷 65 选录了 97 篇"奏疏"，其中有 18 篇谈论的是从明太祖洪武时到明武宗正德时（1368—1521）共 153 年间的政治得失及种种弊端，另外 79 篇着眼于明世宗嘉靖到崇祯时明亡期间（1522—1644）发生的皇帝庸碌、权柄被持、滥赏淫刑、小人当道、忠良遭难等政事，而卷 387 至卷 428"传记"分名臣、能臣、文苑、儒林、忠烈、义士、奇士、名将等类目，录有 20 类人物的 310 多篇传

---

①　沈善洪，吴光.明文海评语汇辑［M］//黄宗羲全集：第十一册.杭州：浙江古籍出版社，2005：101.

②　沈善洪，吴光.明文授读评语汇辑［M］//黄宗羲全集：第十一册.杭州：浙江古籍出版社，2005：197.

③　沈善洪，吴光.明文海评语汇辑［M］//黄宗羲全集：第十一册.杭州：浙江古籍出版社，2005：109.

④　沈善洪，吴光.明文海评语汇辑［M］//黄宗羲全集：第十一册.杭州：浙江古籍出版社，2005：109.

记。卷429至卷472同样按此类别收录"墓文"320余篇。这些人物事迹多未载入正史而借《明文海》之编得存于世。

毫无疑问,《明文海》是明史研究参考的直接资料和重要文献,而此书卷帙浩博未曾付印,又绝少传抄,因而愈显珍贵。《明文授读》在前两部选本基础之上进一步精益求精,成就了一部优秀作品荟萃之集。在《明文海》难以付梓的情况下,《明文授读》承担了实际上的明文导读之责,而部分文章的增补也同样保存了诸多珍贵的文献资料。正因黄宗羲三大选本收文全面,资料丰富,真实地再现了明代社会状况,其中部分文献,诸如党争、边患等情况的记载更在一定程度上有碍于清朝政府的思想文化建设政策,乾隆年间,《明文案》被列为军机处第八次奏进全毁书目,《明文海》亦经大量删削后方列入四库全书中,原书内容约被抽毁五分之一,全面性严重受损,其文献价值亦因此大打折扣。所幸今《明文案》《明文海》部分残稿藏于宁波天一阁,可得窥几分原貌,其于古籍整理出版和文献保存方面意义独具。

值得一提的是,黄宗羲著述始终贯彻强烈的文献保存意识和经世致用观念。他在编撰《明文案》《明文海》的同时还完成有《明史案》《明儒学案》等思想史巨著,为我们留下了体系相对完整的明代文献系列丛书,给后世文献研究提供了很多重要的参考材料,也是中国传统文化的宝贵财富。

第二节　文学价值

毋庸置疑,《明文案》《明文海》《明文授读》是三部优秀的明代文章选本。《明文案》是黄宗羲明代文章选本首发之作,本着以文存史、以文存人的原则收录明人明文数千家,而在此基础上增扩而成的《明文海》在众多明文选本中卷帙最博、存文最全、声名最显、最能代表明代文人作品特色,对清代散文风尚影响甚远,文学价值突出。《明文授读》虽着意于家教,却是以前二部文集为基础而欲更上一层楼的精选本,其中收录的作家、作品尤具代表性,作为明文范本自也不容忽视。一代有一代之文,明代不同流派、不同作家、不同风格的作品于此三选本中可以得到详尽而切实的体悟,其中所蕴文人之思想情怀、喜怒爱憎、审美艺术等也于此文集中得窥一二。可以说,黄宗羲的明文选本及其中蕴含的文学思想是他学术活动中不可不提的一大成就,其文学理论始终与经世致用的思想一脉相通,而选本既是提升他文学观的系统总结,也是他注重经世的实践体现。

黄宗羲身处明亡清兴之际,充分意识到整理明代文集对保存前朝文献和确立清朝文风导向之重要性,所以立志编纂明文总集,与他对现实社会的敏感认知性和高度责任感有关,也与他不满于此前的明文选本或庞杂不全、遗珠累累,或只重文采、有失偏颇,"皆多所阙遗疏漏,未能囊括一代之文"①等不尽如人意的局面有关。前文已述,明代文章选本为数不少,但各有缺陷。黄宗羲之前的明文编纂成就主要包括程敏政的《明文衡》、张时彻的《明文范》、何乔远的《明文徵》等。但这些明文选本要么收文时限较短,要么文章搜罗不全,无法反映明代300年文人文章的整体情况。

黄宗羲有感于前代古文之选多有所缺,不够完善,认为有识者自应赓续传统,再行选文之事。他编选明文选本是旨在存一代之全书,对明文传承流变状况予以梳理,既弥补前代古文选者之不足,又对当代编选明文者的弊端予以纠偏,以成就真正的明文总集之选。《明文海》中的选文不仅涉及各体,而且兼顾各家,既未因人废文,也不因文废人,凡情理俱至、见解不一的文章均被收入,明代文坛各派文人的代表性作品也搜罗备至,甚至"虽游戏小说家言,亦为兼收并采"②。黄宗羲虽对前后七子的文学复古运动素有微词,但编选《明文海》时却能跳出一己之见,将李梦阳、何景明、王世贞、李攀龙等人的优秀篇章纳入其中,还选录了不少颇具非议的时文,在卷307至卷313专设"时文"一类,"让八股文登堂入室而进入断代文学总集之中"③。此种摈弃陈见、博收并采之举使不少明文散失零落者赖以传世,徐秉义因之有《文海》成则明有全书而无憾之慨,就连四库馆臣也由衷表示叹服,称赞《明文海》"可谓一代文章之渊薮,考明人著作者,当必以是编为极备矣"④。可以说,与同时期其他明文选本相较,黄宗羲的三部选本确实采摘繁富,取舍谨严,质量偏优。尤其《明文海》对于明文的全面保存意义极大,无论选编数量、选本规模抑或选文质量等各方面都堪称空前。

不仅如此,《明文案》《明文海》等在明代文学思想发展史上也占有一席之地。作为文学选本,三书尽可能存文原貌,使后世文人学者能于其中探求明人作文之心与为文之技,也让黄宗羲能借此彰显出自己的文论思想。

可以说,黄宗羲以明文选本的编纂不露声色但又堂而皇之地彰显出了一己之散文理论。譬如"文道合一""情至为宗"的文体论;文如其人、宗经务

---

① 郭英德.黄宗羲明文总集的编纂与流传——兼论清前期编选明代诗文总集的文化意义[J].郑州大学学报,2000(4).

② [清]永瑢,纪昀,等.四库全书总目提要[M].海口:海南出版社,1999:1038.

③ 张思齐.比较视域中的《明文海》研究与明代时文格局[J].江西社会科学.2009(11).

④ [清]永瑢,纪昀,等.四库全书总目提要[M].海口:海南出版社,1999:1038.

学的作家论;经世务用、风格多样、以作品为本的作品论;本之"六经"、确立正宗,叙述有法、讲究韵致,扫除模拟、主张独创的创作论……对于明代古文、时文也有自己独到的看法,对活跃于明代文坛上的各宗流派,如复古派、唐宋派、公安派等各有褒贬。他力批复古派的摹拟因袭之流弊;推崇唐宋派"文道合一"、植根经史、情理兼具的主张;对公安三袁"独抒性灵,不拘格套"的做法深以为然等。关于黄宗羲明文选本中的散文理论问题,笔者已另撰文阐之,此不赘述。虽然这些理论多是或隐或显地分散于序言、评语、其他序文或选本编纂实践中,并没有眉目清晰的完整体系,但实则经过梳理可以发现,选本中看似杂乱无章的理论既具独立性,又有贯通性,可以相互补充深化,在更灵活的层面实现理论的系统化和逻辑化。

　　黄宗羲曾撰《〈明文案〉序》上、下篇指出明文的基本特征及衰弊之因,并提出明文"三盛"说揭示明代散文的发展演变历程。《明文海》作为《明文案》的增益版,更为系统、完整地勾勒出有明一代古文的发展脉络,反映了明代的文学思潮动向。集中内容的取舍、文章比例的分配、有关明文的批语等都或明或晦地昭示了黄宗羲对明文的批评态度、审美旨趣等。这些都充实和丰富着明代文学的思想资源,也是黄宗羲明文选本文学价值的体现之一。

　　故此,三部明文选本既是黄宗羲散文主张在理论层面的集中标举,又是其散文理论指导具体实践的行为贯彻。黄宗羲以这种特立独行的方式存一代之文以示后人,其远大意义自不待言。

第三节　史学价值

　　作为经世致用观念极强的学者和明清易代之际的著名史学家,黄宗羲于史学用力尤勤,不少文学活动也见其史学意识,其明文选本在这方面亦堪称代表。三选本皆偏重选录实用性文章,《明文海》所收更堪称明代较全的史料汇辑,对于明代历史的再现与保存别具意义。黄宗羲深知明文化能否传承直接关乎明朝的真正兴亡,所谓"国可灭,史不可灭"①,江山鼎革,作为政权实体的明朝虽已告终结,但明史却不能因之而亡,此乃文化大义问题,

---

①　[清]黄宗羲.户部贵州清吏司主事兼经筵日讲官次公董公墓志铭[M]//沈善洪,吴光.黄宗羲全集:第十册.杭州:浙江古籍出版社,2005:309.

若"国灭而史亦随灭,普天心痛"①,所以他一直"有志于《明史》"②。清政府为修《明史》曾数度请其出山,黄宗羲自认为是明朝遗民,为坚守气节屡辞不就,但仍然在必要时为《明史》纂修贡献自己的力量。如他同意儿子黄百家和学生万斯同等赴京参与明史编修,"命子百家至京,与修《明史》"③,自己"虽未预修史,而史局遇有大事、疑事,必咨之"④,他作为顾问对修史一事酌情提出了不少建议和意见,并参与核查史实等,说到底,其虽无修史之名,却有修史之实。《明文海》等选本之编也是其为修《明史》尽可能保存下丰富而真实的史料而为。《明文案》《明文海》所录明文中有相当部分关乎明代历史,对于《明史》修纂影响甚巨。《明文案》成编不久即被征选抄至朝廷史馆,成为修纂《明史》最主要的参考资料之一,其中有 16 篇"奏疏"被移录进《明史》列传部分。而《明文海》卷 387 至卷 472 收录的 600 余篇明文中,包括 20 类人物的 300 多篇传记和 320 余篇墓文。其中很多人物的事迹正史中已不可见,却赖《明文海》所存文章示于世人。李元度说黄宗羲"选《明文案》,广之为《明文海》,共四百八十二卷,阅明人文集二千余家,自言与十朝《国史》相首尾"⑤,其《明史案》240 卷即在此基础上辑成。这些都充分彰显出黄宗羲明文选本的重大史料价值。

作为明清易代之际的著名史学家,黄宗羲家国观念极强,他编《明文案》《明文海》等选本,实如钱谦益、朱彝尊编选明诗一般,皆意在存史,借此总结明亡教训,实现匡时救世之愿。在他看来,"文集者,一人之史也"⑥。文人作品既可证史实,又可补史事,故黄宗羲自己所撰散文也体现出浓厚的史学意识。如他喜欢撰写碑传文、墓志文等重记载史实的叙事之文,据载其现存各类墓碑、墓志、行状等文有 200 余篇,而且立传对象多为所谓亡国士大夫:"余草野穷民,不得名公巨卿之事以述之,所载多亡国士大夫,地位不同耳,其有裨于史氏之缺文一也。"⑦黄宗羲确信如自己这般与正式史官不同的"草野穷民"对于王朝交替之际遗民们的纪录定能从更广义的视野弥补正史的不足。

---

① [清]黄宗羲.谈孺木墓表[M]//沈善洪,吴光.黄宗羲全集:第十册.杭州:浙江古籍出版社,2005:269.

② [清]江藩.黄宗羲[M]//[清]黄炳垕.黄宗羲年谱.北京:中华书局,1993:113.

③ [清]秦瀛.黄宗羲[M]//[清]黄炳垕.黄宗羲年谱.北京:中华书局,1993:105.

④ [清]江藩.黄宗羲[M]//[清]黄炳垕.黄宗羲年谱.北京:中华书局,1993:113.

⑤ [清]李元度.黄梨洲先生事略[M]//[清]黄炳垕.黄宗羲年谱.北京:中华书局,1993:130.

⑥ [清]章学诚.东雅堂校刻韩文书后[M]//章氏遗书:卷六.吴光刘氏嘉业堂刊本.

⑦ [清]黄宗羲.《南雷文定》凡例四则[M]//沈善洪,吴光.黄宗羲全集:第十一册.杭州:浙江古籍出版社,2005:83.

在这种意识主导下,其文选之编自也被作为史的直接或间接记录存世。对此,他曾明确称:"余选明文近千家,其间多有与实录异同。盖实录有所隐避,有所偏党,文集无是也。且《实录》止据章奏起居注而节略之,一人一事之本末不能详也。"①黄宗羲深知《实录》的历史价值,但同时也明白《实录》"有所隐避,有所偏党",在史实客观记载方面必有所失,而且《实录》的编纂体例使其对历史人物或事件只能"节略之",甚至"一人一事之本末"都无法详尽记录。两相比较,部分文集比《实录》所记更加接近历史真相,或记载有更为详尽、生动的真实内容,故其《明文案》《明文海》可补实录等历史记载之不足,其史料价值应得到充分肯定。

可以说,编纂明文总集,其实就是黄宗羲借文学作品、文学材料来进行史学研究和历史事实保护的一种方式,而他这种融文学、史学于一体,以文补史证史,又以史存文论文的做法,成就了他进行编著时个人特色突出、堪称卓尔不群的学术风范。

第四节　人生价值

任何人都有实现自我价值的需求,但具体表现模式则因时因事因人而异。在明清易代之际,时危世乱,文士命运多蹇,仕途难进,个体意识反而倍加觉醒、自我价值实现的欲望也因之崛起甚而越发强烈。许多学者、文人忧患意识浓厚,经世观念突出,体现在学术行为上,即热衷于著书立说、撰述经世之作。而黄宗羲以其卓然特立的见识和超乎凡人的能力,在史学、文学、哲学等诸多方面均孜孜以求并有所作为。用今天的人生价值实现观点来看,他的学术努力恰是其追求自我价值最大化的表现。而《明文案》《明文海》《明文授读》三选本既能彰显黄宗羲作为学术大儒之深厚功力,又恰融其文史哲等思想精义于一体,堪称其学术成就中的代表性著作,也是其以个人实践创造惊世价值的成果。

就历史政治层面看,黄宗羲身为明朝遗民,在山河易主之际时有抗清义举,后战乱稍微安定,他主要考虑的便是明代政治、经济、文化等方面的得失。作为乱世学者,他有自己对于社会、时运和历史的思考与选择,逐渐明确自己生存价值之所在。三部明文选本的编纂横跨 30 年,从《明文案》始编

---

① ［清］黄宗羲.陆石溪先生文集序[M]//沈善洪,吴光.黄宗羲全集:第十册.杭州:浙江古籍出版社,2005:90.

至《明文授读》付梓,经历了清初期至清中期的时世变化。此起彼伏的历史巨变对文人命运产生了直接影响,文人也会适时对自己的文化行为予以一定调整,从三大明文选本中我们便可体察到黄宗羲作为学术大家和文化使者的心迹历程。他以80高寿横跨明清两代,亲历大动荡和大安定之交替,深晓人生百种况味,也明白可以留世传芳的只有经得起考验的著书立说,所以才有意识地借编选三大明文选本以求有补于世并实现自我人生价值。

作为具备宏通远见又重经世致用的大学者,黄宗羲尚博杂,又尚躬行。他的明文选本充分体现出以务实为要的政治观及把握明清之际时代潮流的敏感性和大局观。他从历史兴衰纷纭错综的变化中深切领悟到,仅有理论主张并不足以维系自身价值,还必须将经世致用落到实处,而身为学者,最能彰显自身学术价值的便是成就出可以传世的高质量学术著作。从此层面观之,《明文案》至《明文海》再到《明文授读》三选本的编纂行为特别契合吕祖谦所强调的"学者以务实躬行为本""讲实理、育实才而求实用"①和王阳明所提出的"知行合一"等思想主张。同时,这也是黄宗羲具备文化自信的表现之一:经世致用思想影响下,一方面他有高度的社会责任感和强烈的遗民意识,力主以文存人存史;另一方面黄宗羲本身一直是个十分通达自信又具非凡魄力的人,编选明文总集这么浩大的工程,他毫不犹豫就铁肩担道义,不惜以私人之力费时数十载几度增删、修改而成,而有此举实亦因其自恃有此能耐,事实证明,他也确实未曾辜负这份自信和担当。文集编纂从某种程度来讲也是黄宗羲不随俗从众、不趋时附势而独立思考、反省自得的产物,是他不墨守成规、不囿于传统的创新表现,也是他为补先贤前辈之缺做出的努力和想别立一家进行的自我挑战。黄宗羲对自己的生平著述是非常满意的,他临终前曾致信孙女婿万承勋,自述有"四可死"者:其一,所活年岁够长,以寿命论,可死;其二,一生行事端正,"虽无善状,亦无恶状",可死;其三,上不愧于先辈,下无愧于后人,可死;其四,平生勤于学术,著作等身,虽"未必尽传",但"亦不下古之名家",可死。正因一生虽然波折不断但精彩异常,所以认定"死真无苦"②,可安然离世。应该说,黄宗羲是从中国传统文人秉持的立德、立功、立言人生追求三标准出发审视了自己的一生所为。这其中,最令他引以为傲的大概是自己穷尽心力而得的著述成就斐然,可媲美前代名家,自我人生价值如愿实现,故死而无憾。古人云:"盖文章,经国之

---

① [宋]吕祖谦.大学策问[M]//东莱文集:卷五.民国续金华丛书本.

② 李玉安,黄正雨.中国藏书家通典[M].香港:中国国际文化出版社,2003:59.

大业,不朽之盛事。年寿有时而尽,荣乐止乎其身,二者必至之常期,未若文章之无穷。是以古之作者,寄身于翰墨,见意于篇籍,不假良史之辞,不托飞驰之势,而声名自传于后。"①黄宗羲显然深谙其道,故因自己能著书立说传于后世而欣慰不已。《明文案》《明文海》等将明代文人文章各体收聚齐备,笼为一集,供后人参鉴,虽尚存有不足之处,但无疑是黄宗羲最具分量的学术著述之一,也确属我国学术文化史上足以彪炳后世的鸿篇巨制。

综上,三大明文选本其实是黄宗羲进行文学编著、史学研究和文献保护并借以实现自我人生价值的最佳方式之成品。无论是力求周全、完备的《明文案》和《明文海》,还是注重精益求精的《明文授读》,都已成为包举明代300年重要文人、作品、历史、风物等的资料汇编,其所蕴含的丰厚文化意义和学术价值,值得我们进一步予以挖掘、研究。

平心而论,一部文学选本很难做到既符合大众审美趣味又顾全社会时代需求,从体例到内容等各方面均经得起推敲而达到毫无瑕疵。故三大明文选本也有其自身不可避免的一些缺陷和疏失,包括编选时因过于求全图备而失之庞杂、体例过细导致稍显混乱等,选文时因为要符合自己的编纂标准而无法周至、顾此失彼的现象也在所难免,部分明代大家之文如陈子龙、李邺嗣等人的文章被漏收也的确颇让人遗憾,集中散文理论多以短篇或只言片语的序跋、评语等形式见存而难成系统等等。但这丝毫不影响三大明文选本成为我国文学史上极为出色的巨著,尤其是黄宗羲以其惊人的胆气、独特的视角和超凡的识见开创性地将明代文人文章整体性地呈现于世人面前,还留下了可资借鉴的大量散文理论思想,其明文之选至少从某一层面积极实践了文学作品的社会价值,这一点是值得充分肯定和弘扬的。称黄宗羲的明文编著及其文论思想等智慧结晶可辉映后世,并不为过。

---

① ［东汉］曹丕.典论·论文［M］//［梁］萧统.昭明文选.中国文学宝库·第1辑.北京:中国文学出版社,2000:622.

结 论

至此,本书主要从文献整理的角度针对黄宗羲的《明文案》《明文海》《明文授读》等明文选本的编纂情况及版本考述等问题进行了较为全面的审视与整体的观照。黄宗羲是一个通贯各领域的全才型人物,其不论于史学、哲学或文学,均有开拓性的大贡献。三大明文选本既能集中彰显出黄宗羲作为编著者之先进意识和深厚功力,又恰融其文史哲等多界域思想精义于一体,借此一斑得窥全豹,堪称是其学术成就中最具经典意义也最富代表性的巨著之一。然则,目前学界并无专门、集中针对黄宗羲的明文选本进行深入、系统研究的成果,是为憾事。本书力图有所突破,既对黄宗羲明文选本的编纂过程进行了细致绵密的爬梳介绍,又就其现存版本状况及部分值得深研的特殊现象与问题展开了较为详尽的文献考述,并将《明文案》《明文海》等选本置于整个明代学术史上进行价值衡量,以见其丰富性和复杂性。

本人学识水平有限、力不能逮等原因,文中尚有很多问题未及细究。譬如考证黄宗羲明文选本各种版本情况时,由于境外资料难以获取,虽多方设法访求到部分,但毕竟未能竭泽而渔,有待另寻良机考索第一手文献,以便补充细化。关于三大选本还存在一些未能获得确证、需要释疑的现象,如何拨开迷雾探其内核,目前存在诸多障碍,这是笔者接下来要努力探寻的方向之一。而明文选本编纂中蕴含着很多显性和隐性的文章学思想,如何对其进行挖掘梳理,形成宏观融通的认识,如何就黄宗羲明文选本中呈现的散文理论体系给出合理建构,并使其评价不出现偏失,也是一大挑战。这些问题均留待他日再予深入探究。学海苍茫,浩瀚无涯,无能后辈如我,唯有心怀敬畏蜗速向前,且行且习且研之。

参考文献

按：本参考文献中的黄宗羲原著大体据重要性排序，研究黄宗羲的今人著作类（仅列关系较大者）和其他专著、论文等均按作者姓名首字母顺序排列。

一、黄宗羲原著

1. [清]黄宗羲. 明文案[M]. 《四库禁毁书丛刊》补编第 45 册影印浙江图书馆藏清抄本.

2. [清]黄宗羲. 明文海[M]. 浙江图书馆藏康熙年间续钞堂抄本；台湾商务印书馆 1983 年影印文渊阁《四库全书》本；中华书局 1987 年影印本.

3. [清]黄宗羲选编. 明文授读[M]. 《四库存目丛书》集部第 400 册影印清康熙三十六年张锡琨味芹堂刻本.

4. [清]黄宗羲. 《明文海》目录手稿[M]. 宁波天一阁藏《明文海》残稿本.

5. [清]黄宗羲，吴光整理. 南雷杂著稿真迹[M]. 上海图书馆古籍部藏《南雷杂著稿真迹》手稿本.

6. [清]黄宗羲. 南雷集[M]. 四部丛刊本.

7. [清]黄宗羲. 南雷文定五集[M]. 黎照庐丛书本.

8. [清]黄宗羲著，薛凤昌编. 梨洲遗著汇刊[M]. 上海：时中书局，清宣统二年(1910)本.

9. [清]黄宗羲著，陈乃乾编. 黄梨洲文集[M]. 北京：中华书局，1959.

10. [清]黄宗羲著，戚焕埙等整理. 黄梨洲诗集[M]. 北京：中华书局，1959.

11. [清]黄宗羲. 黄梨洲诗集[M]. 香港：中华书局香港分局，1977.

12. [清]黄宗羲. 黄宗羲诗文选译[M]. 成都：巴蜀书社，1991.

13. [清]黄宗羲著，吴光辑校. 黄梨洲诗文补遗[M]. 台北：台北联经事业出版公司，1995.

14. [清]黄宗羲著，沈善洪主编，吴光执行主编. 黄宗羲全集(全十二册)[M]. 杭州：浙江古籍出版社，2005.

15. [清]黄宗羲著，吴光主编. 黄宗羲全集(全十二册)[M]. 杭州：浙江古籍出版社,2012.

16. [清]黄宗羲.明儒学案[M].台北:世界书局,1965.

17. [清]黄宗羲.明儒学案[M].北京:中华书局,1985.

18. [清]黄宗羲撰,全祖望续修.宋元学案[M].北京:中华书局,1986.

19. [清]黄宗羲等.南明史料八种[M].南京:江苏古籍出版社,1999.

20. [清]黄宗羲.续修四库全书·弘光实录钞[M].上海:上海古籍出版社,1995.

21. [清]黄嗣艾.南雷文案[M].台北:明文书局,1985.

22. [清]黄炳垕.黄宗羲年谱[M].北京:中华书局,1993.

23. 全国公共图书馆古籍文献编委编.《明文海》文渊阁本抽毁余稿[M].北京:中华文献缩微中心,2000.

二、研究黄宗羲的今人专著

1. 曹国庆.黄宗羲评论[M].北京:中国社会出版社,2010.

2. 程志华.困境与转型:黄宗羲哲学文本的一种解读[M].北京:人民出版社,2005.

3. 方祖猷.黄宗羲长传[M].杭州:浙江大学出版社,2011.

4. 黄灵庚.明文海[M].北京:人民文学出版社,2019.

5. 李明友.一本万殊——黄宗羲的哲学与哲学史观[M].北京:人民出版社,1994.

6. 平慧善,卢敦基.黄宗羲诗文[M].台北:锦绣出版事业股份有限公司,1992.

7. 谢国桢.黄梨洲学谱[M].台北:台湾商务印书馆,1967.

8. 徐定宝.黄宗羲评传[M].南京:南京大学出版社,2002.

9. 徐定宝.黄宗羲与浙东学术[M].北京:海洋出版社,2010.

10. 王政尧.黄宗羲[M].北京:中华书局,1982.

11. 吴光.黄宗羲论·国际黄宗羲学术讨论会论文集[M].杭州:浙江古籍出版社,1987.

12. 吴光.黄宗羲著作汇考[M].台北:台湾学生书局,1990.

13. 吴光.黄宗羲与明清思想[M].上海:上海古籍出版社,2006.

14. 吴光,万斌.天下为主:黄宗羲传[M].杭州:浙江人民出版社,2008.

15. 吴光.黄宗羲与清代浙东学派[M].北京:中国人民大学出版社,2009.

16.[日]小野和子.黄宗羲[M].东京:人物往来社,1972.

17.朱光磊.回到黄宗羲:道体的整全开展[M].苏州:苏州大学出版社,2013.

18.朱义禄.黄宗羲与中国文化[M].贵阳:贵州人民出版社,2001.

19.[台]张高评.黄梨洲及其史学[M].台北:台湾文津出版社,1989.

三、其他古籍

1.[梁]萧统撰,[唐]李善注.文选[M].北京:中华书局,1977.

2.[宋]姚铉编.唐文萃[M].台北:台湾商务印书馆,文渊阁《四库全书》影印本,1984.

3.[宋]李昉编.文苑英华[M].北京:中华书局,1966.

4.[宋]吕祖谦编.宋文鉴[M].台北:台湾商务印书馆,文渊阁《四库全书》影印本,1984.

5.[元]苏天爵编.元文类[M].台北:台湾商务印书馆,文渊阁《四库全书》影印本,1984.

6.[明]茅坤选评.唐宋八大家文钞[M].台北:台湾商务印书馆,文渊阁《四库全书》影印本,1984.

7.[明]梅鼎祚编.宋文纪[M].台北:台湾商务印书馆,文渊阁《四库全书》影印本,1984.

8.[明]袁中道著,钱伯城点校.珂雪斋集[M].上海:上海古籍出版社,1989.

9.[明]黄尊素.黄忠端公集[M].光绪十三年(1887)姚江黄炳垕刊本.

10.[明]谈迁.国榷[M].北京:中华书局,1958.

11.[明]陈子龙.明经世文编[M].北京:中华书局,1962.

12.[清]钱谦益.列朝诗集小传[M].上海:上海古籍出版社,1983.

13.[清]钱谦益.有学集[M].上海:上海古籍出版社,1996.

14.[清]钱谦益撰,许逸民、林淑敏点校.列朝诗集[M].北京:中华书局,2007.

15.[清]顾有孝选评.明文英华[M].《四库禁毁书丛刊》集部第34册影印清康熙间传万堂刻本.

16.[清]王夫之编.永历实录[M].长沙:岳麓书社,1982.

17.[清]谷应泰.明史纪事本末[M].北京:中华书局,1977.

18.[清]计六奇.明季北略[M].北京:中华书局,1984.

19.［清］计六奇.明季南略［M］.北京：中华书局,1984.

20.［清］李邺嗣.杲堂诗文集［M］.杭州：浙江古籍出版社,1988.

21.［清］万斯同.明史［M］.上海：上海古籍出版社,2008.

22.［清］黄百家.明史历志［M］.北京中国科学院图书馆藏稿本.

23.［清］黄百家.学箕初稿［M］.四部丛刊初编重印本,1929.

24.［清］张廷玉等编.明史［M］.北京：中华书局,1974.

25.［清］章学诚.文史通义［M］.上海：上海书店,1988.

26.［清］永瑢,纪昀等编.四库全书总目提要［M］.海口：海南出版社,1999.

27.［清］纪昀等总纂.《文渊阁四库全书》影印本［M］.台北：台湾商务印书馆,1983—1986.

28.［清］焦循.诸子集成本《孟子正义》［M］.上海：上海书店,1986.

29.［清］徐文驹,罗景泐选评.明文远［M］.《四库存目丛书》第406册影印东北师范大学图书馆藏清刻本.

30.［清］全祖望.鲒埼亭集［M］.台北：华世出版社,1977.

31.［清］全祖望.全祖望集汇校集注［M］.上海：上海古籍出版社,2000.

32.［清］姚鼐选评.古文辞类纂［M］.《续修四库全书》集部第1609册影印清道光元年(1821)合河康氏家塾刻本.

33.［清］黄璋等撰.浙江采集遗书总录［M］.清乾隆三十九年(1774)刻本.

34.［清］夏燮.明通鉴［M］.北京：中华书局,1959.

35.［清］钱林.文献征存录［M］.清咸丰八年(1858)刻本(有嘉树轩藏版).

36.［清］黄炳垕.黄忠端公年谱［M］.清光绪元年乙亥(1875)重刻同治间留书种阁刻本.

37.［清］周炳麟等修.余姚县志［M］.清光绪二十五年(1899)刊本。

38.［清］赵尔巽等.清史稿［M］.北京：中华书局,1977.

39.［清］姚觐元.清代禁毁书目四种［M］.上海：商务印书馆,1937.

40.［清］薛熙选.明文在［M］.《四库存目丛书》集部第408册影印辽宁大学图书馆藏清康熙三十二年古渌水园刻本。

41.［清］王云五.四库全书珍本250册［M］.台北：台湾商务印书馆,1979.

42.［清］王云五.国学基本丛书四百种［M］.台北：台湾商务印书

馆,1968.

43.北京图书馆出版社编.明人年谱十种[M].北京:北京图书馆,1997.

44.蔡冠洛.清代七百名人传[M].北京:中国书店,1984.

45.郭伯恭.四库全书纂修考[M].上海:上海书店,1992.

46.国立中央研究院历史语言研究所编.明清史料[M].上海:商务印书馆,民国25年(1936).

47.[日]荒木见悟、冈田武彦主编.影印和刻近世汉籍丛刊——思想四编[M].台北:中文出版社,广文书局印行,1975.

48.黄爱平.四库全书纂修研究[M].北京:中国人民大学出版社,1989.

49.黄庆曾,黄中范等纂.竹桥黄氏宗谱[M].民国十五年(1926)仲秋月重辑,淳伦堂刻本.

50.柯愈春.清人诗文集总目提要[M].北京:北京古籍出版社,2002.

51.雷梦辰.清代各省禁书汇考[M].北京:北京图书馆出版社,1989.

52.李灵年,杨忠主编.清人别集总目[M].合肥:安徽教育出版社,2000.

53.梁鸿志.明实录[M].南京:江苏省立国学图书馆传抄本影印,1940.

54.钱海岳.南明史[M].北京:中华书局,2006.

55.沈起炜编著.中国历史大事年表(古代史卷)[M].上海:上海辞书出版社,1983.

56.《四库全书存目丛书》编纂委员会编.四库全书存目丛书[M].台南:庄严文化事业有限公司,1997.

57.《四库禁毁书丛刊》编纂委员会编.四库禁毁书丛刊[M].北京:北京出版社,2000.

58.司马朝军.《四库全书总目》编纂考[M].武汉:武汉大学出版社,2005.

59.吴光.刘宗周全集[M].杭州:浙江古籍出版社,2007.

60.吴光.国际黄宗羲学术讨论会论文集[M].杭州:浙江古籍出版社,1987.

61.谢国桢.南明史略[M].上海:上海人民出版社,1957.

62.谢国桢.增订晚明史籍考[M].上海:华东师范大学出版社,2011.

63.续修四库全书编纂委员会编.续修四库全书[M].上海:上海古籍出版社,1995—2002.

64.杨仲良编.续通鉴长编纪事本末[M].北京:北京图书馆出版社,2003.

65.张伯行选评.唐宋八大家文钞[M].《丛书集成新编》本.

66.章樵注,钱熙祚校刊,严一萍选辑.古文苑[M].台北:艺文印书馆,1967.

67.张舜徽主编.二十五史三编[M].长沙:岳麓书社,1994.

68.郑天挺.明清史资料[M].天津:天津人民出版社,1981.

69.周骏富辑.明代传记丛刊[M].台北:明文书局,1991.

70.朱则杰.清诗史[M].南京:江苏古籍出版社,2002.

四、论文

(一)学位论文

1.古清美.黄宗羲之生平及其学术思想[D].台北:台湾大学中文研究所,1978.

2.方保前.清初浙东学派古文研究——以黄宗羲和甬上弟子为中心[D].宁波:宁波大学,2014.

3.管凌燕.清初浙东学派的文学思想研究:以黄宗羲与甬上弟子为中心[D].宁波:宁波大学,2009.

4.黄龄瑶.黄宗羲的诗文观与明清之际的文学思潮[D].台中:静宜大学,2000.

5.孟伟.清人编选的文章选本与文学批评研究[D].上海:复旦大学,2006.

(二)期刊论文

1.陈正宏.《明文海》与黄宗羲明文研究中的两重性[J].中国文学研究辑刊,1999(1).

2.春仲.《明文海》新探[J].图书馆杂志,1983(2).

3.慈波.四海宗盟与所得一半:黄宗羲明文统系中的钱谦益[J].北京社会科学,2019(12).

4.崔霞.黄宗羲《明文海》编纂始末考略[J].中国出版,2014(22).

5.崔霞.黄宗羲《明文海》若干问题考略[J].广西社会科学,2018(11).

6.戴文葆.历代编辑列传·三十三·黄宗羲(下一)[J].出版工作,1989(5).

7.高洪钧.黄宗羲著作汇考补正——记《黄氏续钞》三种[J].天津师范大学学报(社会科学版),1995(3).

8.［日］古城贞吉.《明文海》考［J］.日本及日本人,1925(646).

9.顾志兴,吴昊.试论浙东学术与浙东藏书关系［J］.浙江学刊,2012(3).

10.黄灵庚.《明文海》:追述一代学术轨迹［J］.浙江社会科学,2016(9).

11.黄灵庚.《明文海》:以史为鉴,叙说一代政治利弊［J］.江苏师范大学学报,2017(9).

12.黄灵庚.《明文海》:抒发遗民的黍离悲情［J］.中国文化研究,2017(6).

13.李圣华.黄宗羲"明文正宗"说的文学史思考［J］.中州学刊,2016(5).

14.骆兆平.《明文案》《明文海》稿本述略［J］.文献,1987(2).

15.骆兆平.《明文海》黄宗羲评语汇录［J］.文献,1987(2).

16.孟伟.黄宗羲的明文选本与明文批评［J］.常熟理工学院学报,2009(9).

17.宋学达.《明文海》编纂的若干史实及版本源流考述［J］.图书馆研究与工作,2019(3).

18.汤纲,李明友.《明文海》初探［J］.中国文化研究集刊,1985(3).

19.童正伦.《明文海》的编纂与传本［J］.文献,2003(3).

20.吴承学.明代文章总集与文体学——以《文章辨体》等三部总集为中心［J］.文学遗产,2008(6).

21.武玉梅.清修《四库全书》对《明文海》之抽删探考［J］.历史档案,2004(3).

22.武玉梅.《明文海》诸问题考述［J］.文献,2007(1).

23.［日］小野和子.两种《明文海》［J］.论浙东学术,1995.

24.徐黎娟.《明文海》删余稿价值探析［J］.图书与情报,2019(4).

25.徐由由.张宗祥与增订本《明文海》［J］.中国典籍与文化,2000(4).

26.薛红梅.黄宗羲编辑思想探析［J］.出版发行研究,1999(8).

27.［日］野村鲇子.黄宗羲《明文案》考［J］.学林,1993(4).

28.［日］岩崎弥之助.在静嘉堂文库访"国宝"［N］.中华读书报,2000-9-6.

29.张敏杰.易代之际的诗史之辨——以《南雷诗历》《明文海》《思旧录》为中心［J］.文艺理论与批评,2012(6).

30.张如安.黄氏两《学案》补考［J］.古籍整理研究学刊,1993(6).

31. 张思齐. 比较视域中的《明文海》研究与明代时文格局[J]. 江西社会科学,2009(11).

32. 张则桐. 论黄宗羲的明文编选和古文理论[J]. 漳州师范学院学报(哲学社会科学版),2013(3).

附录 1 黄宗羲明文选本评语辑录

按：此评语辑录包括《明文海》及《明文授读》中的黄宗羲相关评语，主要参考沈善洪主编、吴光执行主编的 2005 年版《黄宗羲全集》中所录评语及骆兆平《〈明文海〉评语辑录》一文，并根据《明文海》《明文授读》稿本相关内容，查漏补缺，纠正讹误，重新标点，整理而得。其中《明文授读》评语辑录部分已将《明文海》中曾出现的 50 余条删除，黄百家及张锡琨补记均暂不录，仅录未出现于《明文海》中的黄宗羲评语者。①

(一)《明文海》黄宗羲评语辑录

卷二 赋二

金幼孜《皇都大一统赋》

虽无伟词杰句，而平妥老成。

卷三 赋三

刘球《至日早朝赋》

先夫子曰：刘球字求乐，江西之安福人，以进士为侍讲，死于阉人王振，谥"忠愍"。其文直叙明初之派。

刘伯燮《朝钟赋》

比干剖腹，贾谊痛哭，以此形容钟声，似乎不祥。

（按：此二条《黄宗羲全集》归为卷二，经查应为卷三赋三，故调之。）

卷八 赋八

张宁《愁阴赋》

张宁字靖之，号方洲，浙之海盐人，景泰甲戌进士，授礼部给事中。王闳荐宁与岳，正宜大用。李贤嫉之，出守汀州。未几告归，林下二十年。其文感慨曲折，有一唱三叹之致。是时风气朴略，文多直致，公秀出其间。使皆如是，何、李亦岂敢言变哉！

卷十四 赋十四

黄卿《海市赋》

---

① 参骆兆平.《明文海》黄宗羲评语汇录[J].文献，1987(2).又见沈善洪，吴光.黄宗羲全集：第十一册[M].杭州：浙江古籍出版社，2005：88-198.

先夫子曰：黄卿号海亭，益都人，官至江西布政使。长于作赋，皆婉转可诵，不堕方板填塞之习，其文则句法琐碎。

李濂《艮岳赋》

先夫子书《嵩渚集》：李濂字川父，祥符人，山西佥事。文多直叙，不事波澜。

王云凤《登秦岭赋》

王云凤字应韶，辽州和顺人，号虎谷。成化甲辰进士，授礼部主事，劾奄人李广，下狱，降知州，升陕西提学佥事，历副使按察，召为国子祭酒，以右佥都御史巡抚宣府，丁忧不起。为文平妥，篇中多及学而粗浅。

卷十五　赋十五

何景明《渡泸赋》

先夫子曰：何景明字仲默，信阳人，陕西提学副使。大复之持论虽谬，然习气最寡，恒言："必曰何、李，无乃以大复为公孙泄乎？"

卷三十三　赋三十三

黄宗会《思子赋》

先夫子曰：震川《思子亭记》忽作幻想，此只平序自足，至情惨人。

卷三十八　赋三十八

高启《闻早蛩赋》

先夫子曰：高启字季迪，长洲人。与修《元史》，授翰林院编修。告归，为魏观作《府治上梁文》，坐斩。明初诗家高、杨、张、徐，而季迪之文清新奋发。世无知之者，将无诗掩其文乎？

卷三十九　赋三十九

叶宪祖《后相思鸟赋》

先夫子撰《先外祖墓志铭》：公讳宪祖，字美度，别号六桐，姓叶氏，宋石林先生梦得之后也。迁于余姚。明洪、永间，有原善者，官。

卷四十五　赋四十五

傅占衡《盆草赋》

娟恬之色，亦与盆草相称。

谭宗《吊落梅赋》

谭宗初字九子，后改公子，姚江人，善音律，为人不羁。余于庚寅岁见其与群少年登场演戏，九子扮《绣襦》乐道德，摹写帮闲，情态逼肖。是后不相邂逅，闻其改窜唐诗，心窃笑之。近从县丞田一峰处见其集，诗文俱有师法，自愧交臂失之。因选其古绘与此二赋。

卷四十七　奏疏一

叶居升《上万言书疏》

先夫子曰：叶伯巨字居升，以字行，宁海人。他文虽不见，《万言书》固《治安》之流亚也。

解缙《大庖西上封事》

先夫子曰：解缙字大绅，吉水人，于序事特长，以太祖之时而敢上《大庖西封事》，王佐才也。精于谱学，凡江右之宗派婚姻，数百年之内，粲若指掌。

卷四十八　奏疏二

程敏政《考正孔庙从祀疏》

先夫子曰：篁墩以博洽为文，动有根底，大约与王华川相似，固是一时学者。

卷四十九　奏疏三

罗伦《谏夺情疏》

先夫子曰：一峰之文，刚毅之气形于笔端，芒寒色正。

倪岳《覆正祀典疏》

《正祀典》一疏，狄梁公之《毁淫祠》不为过也。

卷五十　奏疏四

王守仁《谏迎佛疏》

先夫子曰：茅鹿门云："八大家而下，予于本朝独爱王文成公诸《论学书》，及《记学》《记尊经阁》等文，程、朱所欲为而不能者；江西《辞爵》及《抚田州》等疏，陆宣公、李忠定所不逮也。即如浰头、桶冈军功等疏，条次兵情如指诸掌。公固百世殊绝人物，区区文章之工与否所不暇论。予特揭于此，以见本朝一代之人豪，而后世之品文者，当自有定议云。"按鹿门此论，知言之选也。予谓有明之文统始于宋、方，东里嗣之；东里之后，北归西涯，南归震泽；匏庵、震泽昭穆虽存，渐沦杞宋，至阳明而中兴，为之一振。第自宋以来，文与道分为二，故阳明之门人不欲奉其师为文人，遂使此论不明，可为太息者也。

卷五十三　奏疏七

霍韬《申议郊祀二祖并配疏》

深文刀笔！

（按：此条录自残稿本眉批。《黄宗羲全集》见录，骆文未载。）

卷五十六　奏疏十

海瑞《治安疏》

先夫子曰:刚峰琼州人,嘉靖二十八年举人,仕至南京都御史。文非所长,然刚梗直截,不顾人之好恶,所著有《备忘录》。

卷五十七　奏疏十一

孙存《申明冠礼疏》

先夫子曰:孙存字性父,滁阳人,官至河南布政司。所著《丰山集》。文亦应酬,略兼理学。

卷六十　奏疏十四

郭正域《严谥典疏》

先夫子曰:明龙之文亦学欧阳,而加以辞藻,与台山伯仲。

卷六十一　奏疏十五

孙慎行《劾方从哲疏》

先夫子曰:淇澳以荆川为外祖,述其论文甚悉,而下笔则零星侧出,殊不相似。

邹元标《讲学疏》

先夫子曰:南皋之文清峻,而修辞时带钝笔。

卷六十二　奏疏十六

方震孺《出狱谢恩疏》

先夫子《思旧录》曰:方震孺字孩未,寿州人,巡按辽东,下诏狱,其出狱谢恩一疏,读之绝痛。辛巳,公在南都,余往还久之。公谓余文有师法,不落世谛。时饮六安茶,香色俱佳,因曰:“此乃真六安,彼暴烈日中者,烹之,其色如卤,只堪屠沽饮耳。”

(按:此条《黄宗羲全集》中未载,当为遗漏。见于骆文。)

卷六十三　奏疏十七

刘宗周《去国疏》

先夫子曰:先生之奏疏,有明一代不多见也。他文结构老成。

卷六十四　奏疏十八

倪元璐《方隅未化正气未伸疏》《劾杨维垣疏》《毁要典疏》

三疏自是不朽之文。

先夫子书《鸿宝应本》:倪元璐字玉汝,上虞人。天启壬戌进士,入词林,官至户部尚书,死烈皇之难,谥文正。文以雕刻凿僻为主,于文章一道别开生面,在孙樵、刘蜕之间,固是黄石斋之亚也。

黄道周《易数疏》

先夫子曰:石斋之文不规规于《史》、《汉》、欧、曾,取法在先秦,而精神自与《史》、《汉》、欧、曾相合，自是天壤之奇气。

卷六十五　　奏疏十九

李世熊《褒恤孤忠疏》

先夫子曰：世熊字元仲，闽汀州人。其文刘轲、沈亚之匹，刘子威远不及也。

卷六十六　　诏表

丘濬《拟进大明一统志表》

先夫子曰：丘濬字仲深，琼山人，弘治间大学士，琼台盖博而未洽者。观其恶白沙、定山之不仕，补《大学衍义》之平天下而不及内侍，是何心哉？文亦驳杂。

李东阳《重进大明会典表》

先夫子曰：西涯文气秀美，东里之后不得不以正统归之。第其力量稍薄，盖其工夫专在词章，于经术疏也。学者于此尽心焉，则知学文之法矣。

卷七十　　碑四

胡松《王江泾战功本末序》

叙亦明朗。

卷七十一　　碑五

董份《岭南平寇碑》

此亦小寇耳！故为张大，便非信笔。

董份《平都蛮传》

叙事周匝。

卷七十四　　议一

祝允明《孔子庙堂续议》

愚谓孔子称先师，不必以王爵为重。至于祭用生者之禄，则天子之祭自宜八佾，郡准诸侯宜用六佾，县准士宜用四佾，礼亦视此。向使天子幸学，而用诸侯之礼乐可乎？

卷八十一　　议八

余大猷《议处日本贡夷》

存之以见日本情形。

卷八十二　　议九

翁万达《复河套议》

待时之言，究无定策。

赵南星《四凶议》

此为丌赵官吴而发。

卷八十四　论一

胡翰《慎习》

先夫子曰：胡翰字仲伸，金华人，儒学教授，与修《元史》。黄文献以文章名重一时，尝欲致仲伸于门下，不能。仲伸同时与宋景濂称金华两先生，王子充而下不与焉。所著《衡运》《井牧》《皇初》诸文，天地间之元气也。景濂称其失者李习之之所好，而得者非习之所至也。

朱右《物初论》

先夫子曰：朱右字伯贤，临海人，仕终晋府长史，质直自是儒者之文，于经传多所考正。景濂称其文多而不冗，简而有度，神气流动，而精魄苍劲，粲然藻火之章矣。

卷八十八　论五

黄凤翔《非相塚论》

先夫子书《田亭草》：凤翔，闽之晋江人，官至礼部尚书。其碑版质无文采，小品有致。

祝允明《性论》

此"有性善有性不善"之说也，亦与昌黎"三品"之说同。

祝允明《后国年论》

枝山识力非常人所及，但句法有意古拙，反觉有碍。

卷八十九　论六

李濂《族葬论上》

族葬亦惟西北土厚可以为之，若东南水土浅薄，岂能家家得此一片高燥之地乎？

卷九十　论七

彭辂《文论》

宋人无文，亦是习气之论。宋文之衰，则是程、朱以下门人蹈袭粗浅语录，真嚼蜡矣。

卷九十二　论九

黄省曾《难柳宗元封建论》

先夫子曰：五岳之文学六朝，然意思悠长，不仅以堆杳为工，则是阳明问道之力。牧斋因其北学，訾毁过甚。其实五岳未尝染空同一毫习气也。

卷九十三　论十

徐渭《论中七》

七论皆有独见。

张治道《耽诗论》

先夫子书《太薇集》：张治道字孟独，关中人，正德甲戌进士，刑部主事，不久弃官，专心著述。虽盛称何、李，然其文自是正派。

卷九十四　论十一

张居正《三代至秦浑沌之再》

先夫子曰：时大笔下俱有锋刃，似其为人。

侯一元《理气论》

理气之论，此为最难。前儒模糊，可以尽废。

周思兼《嗤道学》

议论痛快，不傍人途辙，所谓二十分胆识。

（按：此条《黄宗羲全集》记为卷九十七，底本作卷九十四，今依底本。）

卷九十五　论十二

顾起元《诗》

言"郑、卫为淫诗"之非。

顾起元《诗二》

齐、鲁、韩、毛四家，各有源流。

卷九十六　论十三

沈懋孝《论文有五综七纬》

此五论者，总以自然为宗。解此可以自作千古。杜少陵所云"意惬关飞动，篇终接混芒"者耶？

此七论者，以舍练为宗。入此可以含精不朽。黄鲁直所云"独知求玉意，九练见金心"者耶？

卷九十八　论十五

戴士琳《释论》

"中才一等"，亦谓今之死守训诂者而言，此愤激之论。

卷一百　论十七

黄道周《本治上》

先夫子曰：此篇言君以臣为友。

黄道周《本治中》

外之本在内。

黄道周《本治下》

先夫子曰：此言无讳。

艾南英《论宋祔祫》

先夫子曰：艾南英字千之，东乡人，其传者当在论文诸书。他文摹仿欧阳，其生吞活剥，亦犹之摹仿《史》《汉》之习气也。其于理学，未尝有深湛之思，而墨守时文见解，批驳先儒，引后生小子不学而狂妄，其罪大矣。

杨锵《过臣》

深中弱宋之病。至于明之病，在君骄臣谄，上下隔绝。

徐芳《三民论下》

今之士未尝不以母而权其子，然而不能保其母者多矣，商之所羞也。搒掠毒虐，未尝不如盗贼，然而诈之见诈，徒为上官聚敛，不能充己之囊橐，又盗之所羞也。

（按：此二条骆文误为卷一百一，实应如《黄宗羲全集》所列为卷一百。）

卷一百一　说一

刘基《菜窝说》

先夫子曰：伯温，青田人，官至御史中丞，封诚意伯，谥文成。凡谶纬前知之事，世多驾之伯温。然观其为方氏所羁管，欲自杀，门人密里沙抱持得不死，向使前知后日之佐命，必不走此计无复之之路。故知西湖云起，举酒大言，一切皆傅会瞽说耳。伯温之文，洁净而未底于精微。其言"天下文章，宋濂第一，基次之，张孟兼又次之"，亦言之太易，将置赵东山、胡长山辈于何地乎？

卷一百四　说四

李濂《墓祭说》

拜扫而不墓祭，亦是曲说。

卷一百六　说六

毛恺《性说》

先夫子曰：恺字达和，号介山，江山人。嘉靖壬辰进士，官至刑部尚书，谥端简。文多言学，达意而止。

瞿九思《圣人制乐裁成说》

先夫子曰：瞿九思字睿夫，湖广黄梅人，万历癸酉举人，以攻县令系狱。晚征为翰林待诏。博学，精于律、《易》，其文纵横不可羁勒。

卷一百十一　辩二

刘定之《玺辩》

先夫子曰：定之字主静，永新人，大学士。呆斋以渊博之学，英敏之才发为文章。尝言为文必先博而后约，若句锻字炼，探之而有穷，取之而无复余者,不过为孤峰绝涧而止,乌足以成其大哉。

（按:此条骆文作卷一百十,《黄宗羲全集》作卷一百十一,查,以《全集》为是。）

卷一百十四 辨五

张恒《血气心知辨》

释氏"本觉"之言未尝不是,又何怪乎其同也。公有《心学论》四篇,中无实得,不自知其言之离合。

罗虞臣《小宗辨》

辨班固"四宗"之非。

卷一百十七 辨八

宋茂澄《辨文章五声》

强为分疏,实未必然。

郝敬《周公不杀兄辨》

先夫子曰:仲舆,京山人,给事中。楚望穷经,其文滔滔莽莽,尽情舒写,另是一种家数。

卷一百十九 考一

赵汸《周正考》

先夫子曰:子常号东山,新安人,师事黄楚望。其学以穷经为主,不为应酬之文。而川庖、浙庖之喻,文之能事毕矣。《楚望行状》,穷经指要和盘托出,天地间有数文字也。洪武己酉,聘修《元史》,事竣,还山而卒。

卷一百二十三 赞

方应祥《黄大年像赞》

大年讳可师,余族伯也。与先公同榜进士,官行人,拔杜松于小校。松后死戊午之难,不负所知。

卷一百二十四 铭

归有光《书斋铭》

先夫子曰:归有光字熙甫,昆山人,南京太仆寺丞。震川之文一往情深,故于冷淡之中自然转折无穷,一味崛兀,雄健之气都无所用也。其言"为文以《六经》为根本,迁、固、欧、曾为波澜",圣人复起,不易斯言。今之耳食者便欲以震川为根本,愈求而愈不似乎!

卷一百二十七 解一

沈懋孝《为物不贰解》

其见解当得之龙溪。

卷一百三十七　　问答四

方弘静《诘儒一》

三篇皆粗论,不得要领。

卷一百三十八　　问答五

徐渭《蝗灾对》

此必有所指而言,然议甚迂。

徐渭《捕鲮人言》

从《捕蛇者说》来。

卷一百四十　　文二

屠应峻《让陆大夫文》

从《滑稽传》来。

傅占衡《橄虎文》

是悲愤文字,不是游戏文字。

卷一百五十三　　书七

唐顺之《答茅鹿门书》

只六股便无限转折,荆川底蕴已自和盘托出。而鹿门一生,但得其绳墨转折而已,所谓精神不可磨灭者终不得也。缘鹿门溺于富贵,未尝苦心学道,故只小小结果,孤负荆川如此。

卷一百五十四　　书八

王宗沐《与胡弘甫书》

先夫子曰:王宗沐字新甫,临海人,刑部右侍郎。敬所潜心理学,充之而为经济,皆有根本,故其文精悍之气出于纸上,鬖悷之绣瞠乎其后矣。

焦竑《与友人论文书》

先夫子曰:焦竑字弱侯,南京人,翰林修撰。博极群书,其文皆有法度。

卷一百五十六　　书十

吾谨《与方思道论文书》

文章正派,尽于此书。

吾谨《与李空同论文书》

空同模拟之病,不可无此一砭。

卷一百六十　　书十四

王廷相《与郭价夫学士论诗书》

如是言之,则有比兴而无赋矣。

作诗之法非不详备,然终是揣摩得之,不如宋景濂所谓"五美"者,语语见血。

(按:本条据残稿本眉批手迹补辑,骆文无。)

卷一百六十五　书十九

王渐逵《答王龙溪书》

此甘泉"随处体认天理"宗旨与阳明异同处。

卷一百七十一　书二十五

薛应旂《再答施太守》

论书院不宜祀先圣。

黄绾《复天彝师友服制书》

尝见刘先生居丧,只用今麻布巾,白布一幅束于其上。即此便是首绖也。

卷一百七十四　书二十八

何维骐《答吴克服论宋史柬》

《宋史》《道学》一门,亦是一家之货,未必能传孔、孟之道,徒起争端。此是元臣欧阳玄等陋处。

卷一百七十五　书二十九

彭华《与吴鼎仪论韵学书》

先夫子曰:彭华字彦实,安福人,礼部尚书。其文严整峭厉,然为人倾险,不足取也。

杨慎《答李仁夫论转注书》

先夫子曰:杨慎字用修,新都人,翰林修撰。升庵之文古奥,博而未尝不化,既无北地之剿袭。在西涯之门,别开生面,斯为善学西涯者矣。

卷一百七十六　书三十

唐顺之《与万思节主事书》

荆川历学得之山阴周云渊。云渊著有成书,而荆川于数论之外无他见也。但怪荆川论历,曾不将云渊说起,岂秘其所从得耶?后来邢云路作《律历考》,本出布衣魏文魁之手,云路掩之为己有。然考中所载历议,又窃之云渊,而不留其姓名。展转相掩,不可解也。

卷一百七十八　书三十二

王叔英《与方正学书》

先夫子总评王叔英、周是修、练子宁、程本立四人文,曰:此皆不必以文传。然原采之《静学集》,一本于仁义,固逊志之亚也。是修之《刍荛集》,文特秀美,浸浸乎未有涯涘。子宁之《金川玉屑集》,质而不俚。原道之《巽隐集》,极力与词家争长黄池者也。

卷一百七十九　书三十三

黄尊素《止魏廓园劾魏广微庙享不至书》

先夫子注:魏忠节卒劾之。广微遂将《缙绅便览》于姓名上重者三点,次者二点,又次一点,约六七十员,目为"邪党"。又手书所欲大用之人五六十员,各加三圈二圈有差,目为"正人",密付遂庵。遂庵逆阉,一一依行。此见《酌中志略》。向若忠节从先公之言,天下之祸不如是之烈也。"莫谓秦无人,吾谋适不用"耳。千古一辙,读之只增流涕。

卷一百八十三　书三十七

何乔远《答戴亨融书》

亦可以观一时之风气。

卷一百八十八　书四十二

宗臣《与刘一丈书》

描写逢迎之状如画。

又先夫子曰:宗臣字子相,兴化人,提学副使。其文虽无深致,而方幅整齐。

卷一百八十九　书四十三

陈鹤《辞赵司马留参军务书》

海樵不肯就赵文华,是其高节处。

卷一百九十　书四十四

李默《上三宰相书》

劝杨公辞伯爵。

卷一百九十一　书五十

沈懋学《上陆五台大司寇公》

江陵有《答五台书》,纯是一片杀机,则五台之不能得于江陵也较然矣。

卷二百　书五十九

唐寅《与文徵明书》

先夫子曰:唐寅字伯虎,吴县人。其自序诸书亦多凄惋。余文无足观者,颓然自放而已。

陈束《辰州与田叔禾书》

先夫子曰:陈束字约之,鄞人,翰林,出为提学副使。后冈虽无大文,然清新婉约。

卷二百五　　书六十四

屠隆《为瞿睿夫讼冤书》

先夫子曰：屠隆字长卿，鄞人，礼部郎中。赤水之文才情舒卷，忽而波澜浩渺，有一段好处，但未经剪裁耳。而随逐时尚，持论荒谬，幸其工夫未深，不掩本色。

薛应旂《寄赵大洲阁老》

为海刚峰讼冤。

卷二百七　　书六十六

袁黄《与王四来书》

仁人之言。

朱长春《复郑大允升孝廉书》

自叙吏治。

卷二百十二　　序三

姚翼《玩画斋藏书目录序》

不知书之散尤易于他物，卷帙既繁，难于收拾。一散于婢仆，则入饧笛货碗之手；再散于书贾，则尺量其高下，权衡其轻重。故云积书于子孙，子孙不能卖。

卷二百十六　　序七

田汝成《重刻文选序》

先夫子曰：田汝成字叔禾，钱塘人，广西参议。所著《炎徼纪闻》，人称其有司马之致。然以文成之抚为处置失宜，岂必如韩雍之斩刈如犬豕乃为得乎？

卷二百十七　　序八

孔天胤《重刻唐诗纪事序》

意未尝不是，而遣词则拙。

卷二百二十一　　序十二

周复俊《风雅逸篇序》

一时习气之论，特下语古拙。

卷二百二十六　　序十七

周诗雅《唐诗艳小序》

除却堂堂正正之路，别寻径术。

卷二百三十六　　序二十七

卢襄《西村集序》

谨严无一枝辞。此是文章正脉。

卷二百四十九　序四十

瞿九思《陶长公寓黄集序》

序得有致,所言文章化境,唯东坡足以当之。恐陶公未必办此。

卷二百五十二　序四十三

陈懿典《尊师焦澹园先生文集序》

文与道合一,亦是寻常议论。其推阳明、荆川为能合之人固不谬。澹园之文虽是正派,然方而不圆,去阳明、荆川犹隔一尘。

卷二百五十六　序四十七

宋濂《刘兵部诗集序》

将"五美"之论反覆四番,而不见其复。

卷二百五十九　序五十

张宁《甘谷堂诗序》

先夫子曰:张宁字靖之,号方洲,海宁人,景泰甲戌进士。在给事中称为敢谏,出守汀州。文清梗有法,固是作家。

卷二百六十　序五十一

彭时《杨文定公诗集序》

平平直序,不失欧、曾规矩,然其流必至于靡靡。

卷二百六十五　序五十六

杨师孔《昆池草小引》

亦是小品好手。

卷二百六十六　序五十七

朱日蕃《人日草堂引》

韵事。亦以见崇重先辈,如此真至。

卷二百六十九　序六十

万廷言《许孟中壬申所寄和诗后序》

真情妙悟在笔墨之外,讲学之文至此方为不腐。

卷二百七十　序六十一

钟惺《潘稚恭诗序》

每见诗文序,多不肯许人。此则尤不以许稚恭,特序己所以作序之意,其集可知已。

(按:此条《黄宗羲全集》列为卷二百七十,骆文列为卷二百六十九。查《明文海》四库本,不见此文记载,暂从《全集》。)

卷二百七十一　序六十二

俞琬纶《林若抚梅咏引》

若抚名云凤，苏州人。崇祯庚午在南京，余从之学诗，见赠诗极多。今皆失去，止记其赠余及吴子远、周元亮同庚诗："谁家得种三株树，老我如登群玉峰"一联而已。其诗稿不知落谁人之手，恐将湮没矣！

卷二百七十三　序六十四

官抚辰《庐山诗自序》

三叠泉从玉川门进，古白鹿洞在玉川门外。余游时，则庚子之十月也。

卷二百七十四　序六十五

郑之玄《陈古白诗序》

古白，余庚午见之于南中，犹记其论诗痛诋今之学长吉者。

卷二百八十二　序七十三

周诗《赠督府胡公进秩宫保序》

招直降者，鄞诸生蒋洲也。功成而下之狱，令其抑郁客死。陈汤之事，千古同慨。

徐渭《赠吴宣府序》

不叙其在朝功绩，而叙一琐事以形之。所谓闲中着眼，胜俗笔千万矣。

方良永《赠郡守张白斋公致仕序》《赠郡博蔡我斋致仕序》

我斋名宗兖。两序亦平平。以白斋之诗，我斋之品，不可无考。

卷二百八十四　序七十五

瞿九思《赠姑孰戴月樵序》

中多大言，其贬太白尤谬。

卷二百八十八　序七十九

李承芳《送王敬夫佥事福建序》

茂卿从白沙讲学，故不喜朱子。言虽过当，其辟训诂，自有独见。

李承芳《送郑温卿序》

茂卿每每推重静修。其《渡江》一赋，诵元之代宋，无乃得罪于名教乎？不可以其难进而恕之也。

李承箕《送许生还上虞序》

璋字半圭，与阳明为友。

卷二百九十四　序八十五

薛应旂《送王汝中序》

方山管南察，察处龙溪，故方山为世所指摘。其实龙溪言行不掩，方山别有一段议论也。

卷二百九十五　序八十六

孟洋《送双山先生序》

一意而故为曲折。

卷三百　序九十一

黄仲昭《书李西涯所作山阴陈氏祠堂记后》

直夫既以子继其兄而为宗子，则家庙之祭，其子主之，而父反从后，此心安乎？不安乎？此等决不可行。故东白之言是也。黄公拘牵礼文，真腐儒也。

祝允明《跋王右丞画真迹》

陈沂所载略异。

卷三百二　序九十三

赵南星《赵仲一先生滕县政事录序》

汤海若之序尤为雄拔。

卷三百三　序九十四

陈仁锡《西湖观序》

文特幽媚，皆不必然之想。

卷三百六　序九十七

瞿九思《摩崖抄序》

德政碑变体，颇觉形容失实。

卷三百七　序九十八

方应祥《顾九畴选义引》

制义一道，本无精微。彼学究以为精微者，未必不是圣贤之糟粕也。孟旋说得如许关系，终是故纸生活耳。

卷三百八　序九十九

文德翼《过云将匡山小草序》

如刘改之之词，白日见鬼，固是奇特。

卷三百十一　序一百二

文德翼《巢端明文稿序》

端明名鸣盛，桑海以后居于墓庐，不出一步，不交一人。种匏、制为器皿，如香炉、灯擎、瓶盒、杯卷之类，精工朴雅，好事者购之，不殊金玉。岁乙巳，访余于语溪，剧谈数昼夜而去。其离丙舍，仅此一行也。有《大匏赋》以见志。三吴风节之著，惟端明与徐昭法两人耳。

卷三百十五 序一百六

陆深《跋狮子林图》

席应真既教以兵法,则不怪广孝,所为必不拒之,而疑其所见即应真,此是文章漏绽处。

卷三百十七 序一百八

万廷言《观物杂咏序》

此亦先生写其自得,借题发挥。

卷三百二十四 序一百十五

袁宏道《识雪照灯卷末》

余读《白乐天集》,其诗淡而隽永,一作禅语,便不能佳。中郎此意,颇与余意合。

徐芳《白骨会序》

此等文章,韩、欧所无,以韩、欧未见此惨也。

徐芳《四十八愿期场序》

此言乱来,士大夫折而入于佛,悲慨淋漓,不朽之文。

徐芳《剑津草序》

吞吐意表,读之令人呜咽。

卷三百二十六 序一百十七

袁中道《寿大姊五十序》

一团正气,惟震川有此。

郑之玄《陈小韫诗序》

宗九名元龄,闽人,所著有《思问初编》。崇祯庚午,余会之南中,博雅之士也。

卷三百三十九 记十三

袁宏道《文漪堂记》

得此怀看山水,觉援琴动操,令众山皆响者犹浅。

卷三百四十八 记二十二

陆仲华《异猪记》

议迂腐,以事奇存之。

(按:此条《黄宗羲全集》中无作者及文章名,此补之。)

卷三百五十七 记三十一

陈以忠《华山游记》

写得真至如见。王履道以后斯为亚矣,彼李于鳞直梦中语耳。

卷三百六十　记三十四

商辂《重建岳阳楼记》

素庵为文,大略悃愊无华,此是一时风气。守欧、曾之体裁,无欧、曾之风韵。

卷三百六十二　记三十六

张维枢《重修墨妙亭记》

自是当行文字。

卷三百六十五　记三十九

邹观光《云梦县儒学藏书记》

凡郡邑之学皆可为法。

卷三百六十六　记四十

陈继儒《求忠书院记》

司理、太守后皆从逆。此一事不当以人废之。

卷三百六十九　记四十三

胡缵宗《新建韩蕲王庙记》

学《曹成王碑》,才力不及耳。

卷三百七十　记四十四

方应选《重修颜鲁公祠堂记》

文亦平常,而改祠一节可传。刻下闽僧人岳有人欲刻其语录,乃移之,而刻《李元仲文集》,与此正同。

卷三百七十一　记四十五

丁自申《重表谯公祠记》

周以劝降,史笔不少假借,存其墓可矣。重建其祠,彼毁王敦、曹操之庙者独何人欤?

卷三百七十三　记四十七

袁宏道《天皇山护国寺如来佛碑记》

亦是回护象教之论,意多迁就。

卷三百八十二　记五十六

王渐逵《辟清远峡江道碑记》

以琐碎见奇。

卷三百八十八　传二

王一鸣《裕州府君列传》

语多习气,一时宗法空同者大概如是。

卷三百九十九　传十三

王慎中《陈紫峰先生传》

虚斋、紫峰之书，不过场屋之业耳。自科举盛，而遂等之于传注。中间虽为点出，然毕竟言之太过。若遇欧、曾，必不假借。

卷四百十四　传二十八

刘日升《南京郡守吴公元配贤烈陈孺人传》

"长斋"及"但母"两段点缀有致。吴公名宝。

卷四百十七　传三十一

黄巩《拙修小传》

"杨柳春风丞相府"之诗，刘克庄所作。

卷四百十九　传三十三

傅占衡《萧洞虚小传》

神趣潇爽，人所易知；寄感高深，人不易知也。然只赏其易知者，足矣。

侯方域《马伶传》

朝宗此文，描写曲尽，在无关系之中，写出极有关系。然余以顾秉谦安能像分宜？分宜威福在手，耳目口鼻得以自主；秉谦为逆阉干儿，精神惟工于媚耳。使马伶学赵文华于其手，乃为绝技，分宜非其本色也。虽然，能谄人者方能骄人，马伶是或一道耳。

卷四百二十七　传四十一

刘日升《药估小传》

庚午，姚江大水。有一人漂流将没，得一棺凭之，号呼求救。岸上人救之起，其人乞并救此棺，岸人嗤之："汝幸脱死，遑及棺乎？"其人曰："吾非此棺，久已溺死。犹得留以待救哉？是棺有恩于我，不忍令之漂流也。君等苟出此棺，我必有以售君等。"遂共救之。及至岸，棺上有记号，即其人之父也。呜呼，异哉！父子相救，无间于生死如此。

卷四百二十九　墓文一

岳正《明故谢君墓志铭》

序事多用秃笔。

卷四百三十三　墓文五

蒋冕《太学生邱君行状》

遗献公曰：公字敬之，全州人，相武宗，有光史册。其文博赡有法，非苟作者。

卷四百三十七　墓文九

王锡爵《太仆寺丞熙甫归先生墓志铭》

此文唐叔达代作。其舒徐顿挫,亦似震川。

王锡爵《南京太常少卿麟洲王公墓志铭》

直叙无甚精采,以其人存之。

卷四百四十　墓文十二

林俊《陈梅峰墓志铭》

句多秃笔,未免晦涩之病。

卷四百四十一　墓文十三

彭时《故礼部左侍郎兼翰林院学士薛公墓志铭》

中多曲笔。如大理之荐,出于王振,狱事之解,由振之老奴,皆以门面盖过。不加缕袭,便不见精神。若出班、马之手,定有多少形容。

卷四百四十八　墓文二十

王锡爵《周文恪公墓表》

碑版之文,惟文肃能以议论行其曲折。

卷四百五十　墓文二十二

吕原《南京都察右佥都御史张公墓志铭》

余尝从其后裔见公诗四大册,皆未刻者,今亦散落无存矣。

卷四百五十二　墓文二十四

黄道周《姚现闻墓铭》

平平叙去,不似石斋先生本色。

卷四百五十三　墓文二十五

倪元璐《原任资政大夫礼部尚书兼东阁大学士青岳刘公暨元配夫人曲氏累夫人王氏合葬墓志铭》

仿庾子山志铭之体,因其时王永先、杨维垣诸奸党犹在,故不敢显然指斥。

卷四百六十九　墓文四十一

李梦阳《康长公墓碑》

此文在《空同集》中称杰作。然康长公不第举子,一庸庸人耳,而激昂说得若关系兴衰,详看甚无意味。

卷四百七十七　哀文五

俞琬纶《祭桃影》

似李义山《祭女孙》文。

卷四百八十一　稗三

张维枢《静观轩琐言》

弇洲史笔多出私心。山农、心隐之传,据其爱书而为之。至如吾邑吕相,得其润笔千金不难,极力回护,此亦已矣。唯是杨忠愍弹嵩奏章及于吕者,作忠愍之传亦为削去。将谁欺乎?凡文章捧其珠盘者,无不赞扬;徐文长、杨秘图不受其笼络者,则推筑不遗余力。岂可令之作史!

(二)《明文授读》黄宗羲评语辑录

卷一　奏疏一

杨守陈《讲学听政疏》

先夫子曰:杨守陈于经术,诸经皆有《私钞》。其于先儒之传惟是之从,附己见,有不合者,虽大儒之说不苟徇也。故文有依据。

卷三　奏疏三

李应升《劾魏广微疏》

先夫子《跋李忠毅公遗笔》:逆阉之乱,李忠毅公与先公同下诏狱,忠毅困甚不任拷,先公代其楚毒,逆党许显纯亦为之动色。呜呼!二公交情如此,两家子弟可一日忘耶?某十四岁时,曾拜忠毅床下,忆其貌长而瘦,其议论感激动人。他日流转岛屿,吴宗伯请某曰:"忠毅,吾之门士也。忠毅之亡,吾作诗哭之。今日之事,吾求不愧忠毅而已矣!"落日狂涛,相对唏嘘者久之。云云。

方震孺《出狱谢恩疏》

观之可泣,似从悟后得之。

文震孟《孝思无穷疏》

主持正论,文自不朽。

卷五　表

苏伯衡《进元史表》

先夫子曰:苏伯衡字平仲,金华人,国子监学正。平仲之文,质实无华,而摹仿谟、诰,陈腐可厌。景濂之送其归也,以家世、学术、词章三者称之,望其作《宋元通鉴》。平仲既不作,而今之《宋元通鉴》芜秽不足观。景濂其尚有遗憾乎?

卷六　论一

方孝孺《正俗》

先夫子曰:正学不欲以文人自命,然其经术之文,固文之至者也!尤妙者在书,得子瞻之神髓,叙事亦登史迁之堂。惟序、记多有庸笔杂之,疑门人掇拾之误也。

　　杨锵《君子小人论》

　　先夫子曰：杨锵字德甫，蜀之华阳孝廉。其《生绿堂文集》议论超拔，非寻常经生所及；虽有矫枉之处，固是豪杰之才也。

　　孟思《论三代》

　　先夫子曰：孟思字叔正，浚县举人，与卢次楩相善，其文亦不相上下。

　　彭辂《国脉论上》

　　先夫子曰：彭辂字子殷，海盐人，以进士官南，比部而归。其文铺叙详赡，故是名家。

卷七　论二

　　吴沉《兵礼论》

　　先夫子曰：吴沉字浚仲，兰溪人，元礼部师道之子，仕至东阁大学士。观其所撰《六经师律》一篇，蔼然仁者之言，即杜牧之《孙之注叙》不能及也。

　　薛甲《论兵》

　　先夫子评《艺文类稿》曰：薛甲字应登，号畏斋，江阴人，嘉靖巳丑进士，授兵科给事中。劾方士邵元节，降湖广布政司照磨。历宁波府通判、保定同知、四川叙泸兵备金事、赣州兵备副史。以忤严氏大计，拾遗罢免。公笃信象山、阳明之学，其言："格物即所以致知，慎独即所以存养，成物即所以成己，无暴即所以持志，与夫一在精中，贯在一中，约在博中，恕在忠中，皆合一旨。此学之所以为易简也。"故其文皆有原本，纵横无不如意。彼言："道学语不可入于古文，大略胸无自得，抄袭语录陈言，读之唯见腐烂"，则彼言诚是也。

　　邵宝《治河论下》

　　先夫子曰：邵宝字国贤，无锡人，南京礼部尚书，西涯之入室。

卷八　论三

　　吾谨《灵识同异论》

　　先夫子书《了虚文集》：惟可文从悟入，篇章之外自有余韵，是第一等手段。

　　袁黄《形神论》

　　先夫子书《两行斋集》：了凡嘉兴人，以兵部主事赞画朝鲜，其经济实实可用。书之便是有根底之文，不特作手，自是豪杰而未圣贤者。

卷九　论四

　　顾起元《诗论》

言郑、卫淫诗之非。

先夫子书《嫩真草堂集》:顾起元,字太初,江宁人。累官至国子监祭酒。博学,以徐庾为根底,故其文好用排调,下者入于事类赋。修词之过,反多俗笔。

杨兆京《礼论》

先夫子书《颍阳集》:杨兆京,字璐月,兰水人。文有秀色。

张治道《耽诗论》

先夫子书《太薇集》:张治道,字孟独,关中人,正德甲戌进士,刑部主事,不久弃官,专心著述,虽盛称何、李,然其文自是正派。

(按:此浙图孤山分馆存本有,《黄宗羲全集》未载。)

沈一贯《乐论二》

先夫子评《沈文恭集》:肩吾之文,无事锤炼而疏爽老辣。

卷十　论五

徐应雷《名士论》

先夫子曰:徐应雷字声远,吴郡人,有《白毫集》二十二卷。其文爽快无摹拟,然学力不足。

徐芳《三民论下》

又评其《悬榻编》曰:徐芳字拙庵,盱江人,崇祯庚辰进士,出守泽州。小说家手段,能以趣胜,其合处不减东坡小品。

顾大韶《放言二》

先夫子曰:大韶字仲恭,常熟人。其文健爽,取法于卓吾之辨才,而汰其游戏之调,惜世无知之者。

卷十一　议

宋濂《孔子庙堂议》

先夫子曰:宋濂字景濂,号潜溪,金华浦江人,翰林学士承旨,谥"文宪"。欧、苏之后,非无文章,然得其正统者虞伯生、宋景濂而已。其一时之师友,生平之学力,皆非他人之所能及也。今欲舍景濂而以震川为嫡子,震川之学,毕竟挹之易尽。景濂无意为文,随地涌出波澜,自然浩渺,其大碑版,似乎方板平实无动人处,然整而暇。宋自楼宣献而来,多相祖述,《危太朴集》中大概如此;其在元时之文,虽多奇崛,而痕迹未销;入明之文,方是大成也。

张凤翼《先师庙祀议》

先夫子曰:凤翼字伯起,长洲人,以孝廉终。其文亦曲折,然多稚句,不免于过桥接凳多也。

沈懋孝《复古乐议》

先夫子曰:懋孝字幼真,平湖人。仕至大司成。学于赵大洲。其论学不腐;其论文有根底,在万历间一作手。

钱福《旌表赵氏女妇议》

先夫子曰:福字与谦,号鹤滩,华亭人,弘治庚戌进士第一人,终官修撰。鹤滩为人风流跌宕,其文反觉沾滞,与之相反,何也?

赵南星《废社仓议》

先夫子曰:公字梦白,号侪鹤,高邑人。公初成进士,以汝南推官拜度支郎。江陵病,举朝祷祀,不与者三人,公其一也。迁考功郎。孙清简为太宰,癸巳京察,尽逐执政之私人,太宰之甥亦不免,执政恶之。台省上疏,拾遗虞淳熙、杨于廷、袁黄三人覆疏留用,给事中刘道隆以为台省交章,何得不去一人?诏切责吏部专权植党,太宰夺俸,公降三级调外任。家居三十载。天启初,起太常卿,历左都御史,寻升冢宰。公为诸贤领袖,固小人所侧目;及调职方,邹维琏为考功,因而大哗,未几推谢应祥。抚晋。御史陈九畴受阉密旨,攻之,回籍。已而提问,遣戍振武卫。崇祯初,赦至;阉党巡抚牟志夔以部文未至,不听自便;卒于戍所,年七十八。赠"少保",谥"忠毅"。公疾恶如仇,其为文是是非非,无所隐避,虽不事华采,而部伍整齐。

卷十二 原 考 辨

王廷相《五行辨》

先夫子曰:廷相字子衡,仪封人,兵部尚书。家藏集欲以博洽见长,故于律吕、夏正、深衣、阴阳无所不论,然不能精到,终见疵于专家。

卷十三 解 说 释

郭造卿《问说解》

先夫子曰:造卿字建初,闽之福唐人,名仅籍太学,而知交遍天下。长于经济,其言凿凿可用。

李贤《物形说》

先夫子曰:原德,邓州人,宣德癸丑进士,天顺初大学士,赠"太师",谥"文达"。古穰相业可观,文亦详密,止以一峰一疏诎之,为可惜也。

卷十五 疏 文 对 答 述 丛 谈

曾异撰《罗山法海寺劝化普度疏》

先夫子曰:曾异撰字弗人,闽人。《纺授堂集》驰骋雄健,是明末一作者。

邹观光《瘗古志石文》

先夫子曰:邹观光字孚如,楚之云梦人,官吏部郎中,万历间,内阁与铨部水火,故其言铨事独详。君子小人之分党,于此可考见。文亦能达所欲言。

沈士柱《遥祭阮大铖文》

先夫子曰:沈士柱字昆铜,芜湖人。千言立就,波澜横出。其文当有收藏之者,以俟访求。

贝琼《土偶对》

先夫子曰:贝琼字廷臣,崇德人。征修《元史》,授国子监助教。廷臣学于杨铁崖,其论文,谓:"立言不在于崭绝刻峭,而平衍为可观;不在于荒唐险怪,而丰腴为可乐。"故清江之集,有一唱三叹之致焉!

卷十六 书一

先夫子云:方先生书不可分类。

(按:本卷列方孝孺书函十二篇,均无评语。)

卷十七 书二(经学 讲学)

刘绘《与宗尉西亭公论经学书》

先夫子曰:刘绘字子素,号嵩阳,河南之光州人,嘉靖乙未进士,授行人司,选户科给事中。劾夏言十罪,因言之罢相。出守渝州,为循吏第一。言再相,遂去官。其文纵横似苏子瞻,而加之色泽,是明朝一作手。

赵贞吉《复王敬所书(其四)》

先夫子曰:贞吉号大洲,内江人,相世、穆二宗。其文雄健,措辞不苟,唐之昌黎、元之牧庵不相上下,有明有数作手。

又曰:大洲之文老健,其力量与杜樊川相上下。有宋以后,神理过之者有矣!至于遣词运笔,如生龙活虎,不能多见。

万廷言《答李孟诚书》

论品一语,真是讲学者顶门一针。今日龌龊阘茸之徒无不讲学,可羞可鄙,遂令讲学为畏途。

张乃《与耿蓝阳书》

先夫子曰:张乃字世调,号侗初,松之华亭人。累官礼部侍郎。其《宝日堂文》曲折能尽所欲言,微嫌烦冗。讲学处颇有新得。

卷十八 书三(杂论)

先夫子曰:陆粲字子余,长洲人。贞山文秀美平顺,不起波澜,得之王文恪居多,乃欧阳之支流也。

陆深《与康德涵修撰论乐书》

先夫子曰:陆深字子渊,上海人,举进士,入翰林,至国子祭酒。其讲章为内阁窜易,上疏言之。左迁延平府同知,提学山西、浙江,转江西参政、四川布政,入为光禄卿,至詹事府詹事,谥"文裕"。俨山文仿欧、曾,有明之正派也。

王廷相《答何粹夫论五行书》

识力所到,不随人俯仰。

王廷陈《寄童内方修志书》

先夫子曰:王廷陈字稚钦,黄冈人,由翰林为裕州知州。皇甫石泉称:"其与顾中丞,陈监察,若嵇康之绝山宰;寄余懋昭、舒国裳二札,即杨恽之报会宗。君子读而悲之。"此定论也。

卷十九　书四（国是 吏治 持正 交游）

王九思《与刘养和书》

先夫子曰:王九思字敬夫,鄠县人,翰林检讨,降寿州同知。牧斋谓:"渼陂之文,粗有才情,沓拖浅率,《续集》尤为冗长。"

按:对山、渼陂与空同同变文体,而其文绝不相似。

张居正《答奉常陆五台论治体书》

此老胸中,真有利刃!

罗伦《复保宁李太守书》

斧钺九原。

卷二十　书五（论诗）

何白《与王伯度书》

先夫子曰:何白字无咎,温州人。其《汲古堂集》文甚灵秀,山人中绝少。

尹民兴《与友人书》

先夫子曰:尹民兴字宣子,楚之嘉鱼人,崇祯朝为职方。有明国亡,去发,以灵岩继起储为师。其诗拗僻;奏疏多中时病;至于文章,别开生面,真有生龙活虎手段,艺苑中之变局也。

卷二十一　书六（论文上）

王慎中《与项东瓯书》

先夫子曰:王慎中字道思,晋江人,河南左参政。道思初沿北地之习,后尽弃之,而为曾、王之文。其得文法先于荆川,两人交相引重,故叙荆川之集,以之配子游,其待之亦至矣!李中麓谓道思有言:"公但敬服荆川,不知荆川得吾之绪余耳!"此言断不出自道思,传之者有误也。

王维桢《驳乔三石论文书》

破议论、叙事裂为二者之说。

又先夫子书《存笥稿》：王维桢字允宁，华州人，国子祭酒，槐野，好模仿太史公，起止段落，路径宛然，而胸中实无真得，且才力浅薄，不异南粤王之黄屋左纛也。孙季泉心悦而诚服之，以文章之事至《存笥》而观止，直出空同之上。当时信之者且半焉。

舒芬《与友人论文书》

先夫子曰：舒芬字国裳，进贤人，翰林修撰。梓溪不欲以词章名世，而识力高华，文有光芒不可掩处。

丁自申《与王九难郎中书》

先夫子曰：丁自申号槐江，晋江人，举进士，除部属，出守两郡。其《三陵稿》文和绥纡徐，得欧之神，万历间名家也。

莫如忠《答吕侍郎沅州书》

先夫子曰：莫如忠字子良，华亭人，历官浙江右布政使崇兰馆。文有家数，固是名家。

（按：此条《黄宗羲全集》未载，查《明文授读》刻本补录。）

卷二十二　书七（论文下）

陶望龄《拟与友人论文书》

先夫子曰：陶望龄字周望，会稽人，国子祭酒。歇庵之文，昌明博大，一洗抄袭模仿之套。盖宗法阳明者也。但阳明出之无意，歇庵出之有意，所谓大而未化，累棋至顶，正不易耳！

徐祯卿《与同年诸翰林论文书》

先夫子曰：祯卿字公望，宜兴人，隆庆戊辰进士，官吏部侍郎。其《天远楼集》习气深重。

张岳《与聂双江书》

先夫子曰：张岳字维乔，泉州人，右都御史，嘉靖中一作家。

卷二十三　书八（自叙 忧谗 悽婉 感愤 讼冤）

杨循吉《答东郭生书》

先夫子曰：杨循吉字君谦，苏州人，以主事致仕。其文疏爽简洁，濯去陈腐之言，是一能手。

唐顺之《与王尧衢书》

亦似柳子厚得罪以后诸书。尧衢名立道，翰林院编修，荆川之妹夫也。

康海《与彭济物书》

先夫子曰：康海字德涵，武功人，翰林修撰。牧斋谓："对山之文，率直冗长，殊不足观"，亦定论也。

卢柟《与孟龙川书》

先夫子曰：卢柟字次楩，浚县人。次楩长于骚赋；骚赋之外，其在狱所上当道书，与柳州贬后诸书无异；爰书俗事，出其手弗雅者。此真作手！与饰字矜名者不可同日而语也。

卷二十四　记一（考古 记功 记事类）

王祎《唐两省记》

先夫子曰：王祎字子克，义乌人。洪武初征用，降漳州通判。召修《元史》，与宋文宪同为总裁；书成，拜翰林待制。五年，出使云南，为元使所害，年五十二。正统六年，赠"翰林学士"，谥"忠文"。公文欲并驱文宪，颇有意于博洽，故考索之多多，非自然也。胡长山称其"音节曲折，与黄晋卿如出一律"。

宋懋澄《纪陶真人事》

先夫子曰：宋懋澄字幼清，华亭人。其《九籥集》曲折波澜之中，加以脂粉，亦多异闻小说，然恐道听，未必皆实。

卷二十五　记二（学校 书院 官廨类）

李维桢《温州府儒学记》

先夫子曰：李维桢字本宁，京山人，南京礼部尚书。大泌之文，以堆积为工，以多为贵，然不染做作扭捏之习，百一之中，亦有佳文，惜为多所掩耳。

杨士奇《石冈书院记》

先夫子曰：士奇名遇，以字行，泰和人，大学士，谥"文贞"。东里之文，欧阳之矩镬也；但平远萦回之致多，而波澜澎湃之观少。然自景濂、希直之后，不得不以正统归之。

庄昶《六合县科第题名碑记》

先夫子曰：定山文极有当家者。余尝喜香山之诗，至其口头禅语，毫不足观。定山之诗，汰其道学腐语，其在有意无意之间者，是则诗之至也！牧斋能读陈公甫之诗，可谓巨眼，而不能得之于定山何也？

卷二十六　记三（祠庙 寺观类）

罗洪先《峡山练公祠记》

先夫子曰：念庵之文，从理窟中来，自然转折可观。彼以肤浅道学之语填写满纸，不可谓之道学，故不可谓之文也。若如念庵，何一句不是道学？推而上之潜溪，逊志，亦何一句不是道学乎？故言"文章不可入道学语"者，吾不知其以何者为文也。牧斋言念庵仙去不死，来访虞山，直是痴人说话，岂堪载之著述，引人笑柄耶？

何塘《东火乡致正祀典记》

先夫子曰：粹夫，武涉人，右都御史。栢斋辨论澜翻，是其所长；脱除议论，则未免常调。

郑满《三官庙记》

三官庙如此发论，庶几不倒却文章家架子。先生学本于宋儒，而得其纯，不独规仿韩、欧也。

程琁《德郡重修东岳庙碑记》

先夫子曰：程琁字□□，东齐人，嘉靖壬辰进士，自司理至尚宝卿，为严世蕃所排，谪度支郎，积官右布政使致仕。文从字顺。

赵釴《重修大兴寺记》

先夫子曰：赵釴字鼎卿，桐城人，仕至贵州巡抚。其文无蹊径，匠心而作，固是一作手，无知之者。

赵时春《郯庄观音堂记》

先夫子曰：赵时春字景仁，平凉人，佥都御史。浚谷之文，奇崛顿挫，精神透于纸背，在唐亦杜樊川流亚。

汤显祖《临川县古永安寺复寺田记》

先夫子曰：汤显祖字义仍，临川人，终遂昌知县。海若之文，精悍而有识力，中间每有一段不可磨灭之处。然当其放溢时，每有杂笔阑入，未经淘汰耳！

梁潜《重修江陵佑圣观碑记》

先夫子曰：梁潜字用之，泰和人。洪武丙子，举于乡。历知三县。永乐初，召修《实录》。仕至右赞善。文皇北狩，留用之，副监南京。因陈千户事连及，诛死。泊庵文在东里、伯仲之间，不可忽之也。

卷二十七　记四(居室亭池类)

赵㧑谦《稽古斋记》

先夫子曰：赵㧑谦字古则，余姚人，琼台教谕。学者称为“海南夫子”。近得其集于裔孙，朴略有先民之矩。

孙作《杞菊轩记》

先夫子曰：孙作字大雅，江阴人，国子监司业。其文不多，见而奇崛，尽去陈言者也。

宗臣《登平远台记》

似陆鲁望登高文。

归有光《思子亭记》

无聊之极,结为怪想。余于迎儿之殇,坐卧恍惚,作此言辞,岂意震川先已描出!

桑悦《独坐轩记》

先夫子曰:悦字民怿,常熟人,以乙榜终柳州通判。先生不抄袭古文,而自能为古文,可谓大作手矣!但怪其留心经学,不能有所独得,而沿习先儒成说,随其脚下盘旋,何也?

袁宏道《抱瓮亭记》

先夫子曰:中郎,公安人,由吴县入吏部,天才骏发,一洗陈腐之气,其自拟苏子瞻,亦几几相近,但无其学问耳。

袁中道《远帆楼记》

先夫子曰:珂雪之文,随地涌出,意之所至,无不之焉。冯具区云:"文章须如写家书一般。"此言是之而非也。顾视写家书者之为何人:若学力充足,信笔满盈,此是一样写法;若空疏之人,又是一样写法,岂可比而同之乎?珂雪之才更进之以学力,始可言耳!

任瀚《果州浮梁记》

先夫子曰:任瀚字少海,春坊司直。少海之文奇崛,当于唐文中求之。

卷二十八　记五(古迹)

郑善夫《禹穴记》

先夫子曰:郑善夫字继之,闽县人,吏部郎中。少谷之文,规模逼窄,而嫣然有秀色。

乔宇《登牛山记》

先夫子曰:乔宇字希大,乐平人,吏部尚书。白岩与空同切摩,为古文词。

徐渭《西施山舍记》

先夫子曰:徐渭字文长,山阴人。其文俱有至情,序次句无不精到。夫震川之文淡,或落于时文;文长之淡,淡而愈浓,嘉靖间大作手。

又曰:天池文有法度,得《史》、《汉》之体裁,但未底于美大耳!倔强自负,不屑入弇洲大函之牢笼;而当世随声附和之徒,亦无有能道之者。水落石出,究竟天池之光芒不可掩。嗟乎!艺苑之中,亦有娼嫉。

方豪《竹溪记》

先夫子曰:方豪字思道,开化人,湖广副使。棠陵之文,苍老奇崛,似不苟作,在山谷、伯仲之间。

黎遂球《观汉刘氏冢记》

先夫子曰：遂球字美周，番禺人，职方主事莲须阁。其文秀美，居然小品名家。

卷二十九　记六（游览 记行类）

王履《宿玉女峰记》

先夫子曰：王履字安道，昆山人。所著《华山游记》与李五峰之《记雁山》山川文章，两相映发，所仅见耳！尝言：文章当使移易不动，慎勿与马首之络相似。

（按：此条《黄宗羲全集》有缺字，今据《明文授读》刻本补。）

蔡羽《游石蛇山记》

先夫子曰：蔡羽字九逵，苏之洞庭山人，翰林院孔目。洞庭诸记已逼柳，他文读之，有"枫落吴江冷"之叹。

又评《南馆集》曰：文虽古拙，而故为断续，无纡回之致。

万士和《石阡途记》

先夫子曰：万士和号履庵，历官南礼部尚书。其文长江大河，盖学于荆川而上溯阳明，故笔气似之。

卷三十　记七（杂类）

郑满《重修漏泽园记》

议论淳正，极有关系，南丰嫡派。

（按：此条《黄宗羲全集》缺，据《明文授读》刻本补录。）

刘楚《虎咥木偶人记》

先夫子曰：刘楚字子高，泰和人，后改名崧。权吏部尚书，终司业。槎翁以诗集孤行，故景濂疏五美为作诗之法，而子高之文峭厉转折，其五美不特在诗也。

岳正《江山秋霁图记》

先夫子曰：正字季方，号蒙泉，漷县人。正统戊辰，进士及第；天顺初，以修撰入阁，被谪，复任；成化初，出为兴化知府，致仕，卒。嘉靖中，赠"太常"，谥"文肃"。蒙泉之文以气胜。

王云凤《补烛记》

先夫子云：云凤字应韶，号虎谷，和顺人，官至右佥都御史。文有师法。

乌斯道《渔记》

先夫子曰：斯道字继善，慈溪人，知石龙、永新二县。其文质实，先辈不以文名者类皆如此。自伪《史》、《汉》起，人始不安于本色，此文之所以愈下也。

傅占衡《吴陈二子选文糊壁记》

先夫子曰:傅占衡字平叔,豫章人。集中多黍离之文,读之凄怆,胜其师大士倍屣也。

卷三十一　序一(著述类上)

沈懋孝《刻蔡氏蒙引补正序》

蒙引本不足观,其序之不得不稍为回护,然剖判的确,使俗儒见之,破其瓮天。

马森《春秋伸义序》

先夫子曰:马森字孔养,闽怀安人。释褐即入户曹。历官至户部尚书,其文清梗可诵。

吴沉《六经师律序》

蔼然仁者之言,即杜牧之《孙子注叙》不能及也。

沈鲤《毛诗折衷序》

先夫子书《亦玉堂稿》:沈鲤号龙冈,归德人,万历时大学士,谥“文端”。其文皆有实用,而诸记颇饶别致。

穆文熙《七雄策撰序》

先夫子曰:文熙字敬甫,大名人,官止考功员外郎。文有体裁,亦一能手。

王世贞《战国策谭椒序》

先夫子曰:元美,太仓人,刑部尚书。弇州之文,似有分类。《史记》随题填写,然读书既多,不落套括者,则固不能掩其工致。

丰坊《世统本纪序》

先夫子曰:丰坊字存礼,鄞人,考功主事。南禺为人狂易,穷经力学,文藻乃其余事,眼底无一人当其意者。故其注六经,视训诂为可厌,别出新意,僻经怪说以佐之。然其中惊骇创辟处实有端确。不可易者,乃概以狂易,束之高阁,所以叹世眼之如豆也。

李维桢《万历疏抄序》

本宁之文,少有如此切实无枝蔓者。

(按:此条《黄宗羲全集》缺,据《明文授读》刻本补录。)

卷三十二　序二(著述类下)

江盈科《重刻〈唐文粹〉引》

先夫子曰:盈科字进之,楚之桃源人,万历某年进士,为长洲令。入为大理评事,与袁石公同官。其《雪涛阁》集一宗石公,而才不及,然疏爽可观。

周诗雅《明诗选序》

先夫子评《静文堂稿》：诗雅字廷吹，常州人，万历巳未进士，仕至监司。文以冷艳自许，亦自一小品手段，但其代为《沈潍墓志》，胸中绝无泾渭。

（按：此条《黄宗羲全集》缺，据《明文授读》刻本补录。）

何良俊《薛方山随寓录序》

先夫子曰：何良俊字元朗，松江之柘林人，嘉靖时，以贡为翰林孔目。风流儒雅。其文有两派：一仿选体，主于浓艳；一平淡直叙，尽所欲言。

又曰：柘湖文不落时趋，郁然可观。

卷三十三　序三（文集）

罗玘《澄江文集后序》

先夫子曰：罗玘字景鸣，南城人，吏部右侍郎。圭峰之文逼仄，所争在句法奇险之间，非大家气象。艾千子以为力追古大家体裁。天下言文之士，由当代而韩柳，必以公为小宗，恐未然也。

娄坚《猴山先生集序》

先夫子曰：娄坚，字子柔，嘉定人。传震川之规矩，而才不能逮。

（按：此二条《黄宗羲全集》漏记卷次，误入卷三十二，今改其误失。）

卷三十四　序四（文集下）

王锡爵《袁文荣公文集序》

先夫子曰：王锡爵字元驭，太仓人，大学士。荆石笔挟风霜，不可正视。其文过于弇州，反为相业所掩。

刘文卿《尚友堂文稿序》

先夫子曰：刘文卿字俣如，盱江人。举进士，为金华推官。入为铨部，调刑部，年三十三而卒。其文华而古，颇似刘子威，而无其轧苗，是万历间一名手。顾无人道之者，急表而出之。

王衡《黄葵阳先生文集序》

先夫子曰：猴山字辰玉，太仓人，翰林编修。传其家学，加之师友砥砺，文采可观，第未尽其量耳！

谭元春《自序》

先夫子曰：元春字友夏，湖广解元，未第，卒于旅店。李元仲称其："如《二十四舅》及《陈思野》《陈巡检》诸墓志，《寒溪寺留壁诗记》《与钟伯敬》《金正希书》，皆一片性地流出，尽洗书本积木之气，栖泊人心腑间，如吞香咽旨，虽欧、苏不能过也。"

文德翼《魏子敬遗稿序》

先夫子曰：德翼字用昭，号灯岩，柴桑人，司李嘉兴。文时有奇气。

陈弘绪《博依堂文集序》

先夫子曰：陈弘绪字士业，南昌人。初与茂先伯叔，晚加工夫，非茂先之所能及也。

又曰：在南都与余访求藏书之家。庚子，遇其舅氏于舟中，寓书士业，答言："吾非故吾，若有惭德，何也？"

卷三十五　序五（诗集上）

王慎中《沈青山门人诗序》

仿佛欧公《石曼卿墓表》。

（按：此条《黄宗羲全集》见录，但查《明文授读》刻本未见，暂存。）

卷三十六　序六（诗集中）

彭辂《诗集自序》

先夫子曰：其谈"兴"字远在《诗传》之上。

朱长春《诗自序》

先夫子曰：朱长春字大复，湖州人，万历癸未进士。饶有深湛之思，微染习气，不甚为害。亦一作家。

李梦阳《诗集自序》

先夫子曰：李梦阳字献吉，大梁人，江西提学副使。自明初以来，文之正统未尝乏绝，然或过于质直，则边幅自狭；或过于繁缛，则靡弱难收，故有不得不变者。变之之道，则本之太史以求其洁，本之《六经》以求其精微而已。其时，王文成可谓善变者也。空同乃模仿太史之起止、《左国》之板实，初与文成同讲究之功。文成深悟此理，翔于寥廓，反谓文成学不成而去，空同掩天下之耳目于一时，岂知文成掩空同之耳目于万世乎！

蔡汝楠《东游篇序》

先夫子曰：蔡汝楠字子木，德清人，南京工部侍郎。白石文沉郁而秀，少迂回之致。

唐时升《王辰玉纪游诗序》

先夫子评《叔达文》：亦子柔之亚。

张时彻《丰南禺摘集小序》

张时彻字惟静，鄞人，南京兵部尚书。东沙文近板实，独其《序丰考功》描写曲尽，若俱如此，便为作家矣！

郭正域《吴瑞谷诗序》

先夫子曰：郭正域字美命，江夏人，少宗伯。明龙之文，亦学欧阳，而加以词藻,与台山相伯仲。

叶向高《王亦泉诗序》

先夫子评《苍霞草》:台山学欧梗概,而学力不及,不得其精神所在。

徐学谟《二卢先生诗集序》

先夫子曰:学谟字思重,嘉定人,嘉靖庚戌进士,仕至大宗伯。文得欧、苏之传,其识见出寻常章句之上。所著《世庙识馀录》亦有体裁,但其中有因爱憎。

万延言《观物杂咏序》

此亦先生写其自得,借题发挥。

(按:此条《黄宗羲全集》缺,据《明文授读》刻本补录。)

卷三十七　序七(诗集下)

钟惺《潘无隐集序》

先夫子曰:钟惺字伯敬,楚之竟陵人,万历庚戌进士,仕至提学道。其文好为清转,以纠结见长,而无经术本领;求新求异,反堕时文蹊径。

徐世溥《莲须阁集序》

先夫子曰:世溥字巨源,豫章人。其赋艳丽,文则小品。

侯方域《宋牧仲诗序》

先夫子曰:侯方域字朝宗,商丘人。得欧阳之波澜感慨,惜不多读书,未能充其所至。

官抚辰《李木夫诗集》

先夫子书《贵希函》:官抚辰字凝之,楚人。文有奇气而学无原本,故不免好为大言欺人。

曾异撰《张友有诗集序》

前后两截不相粘合,固是一病。又谓明诗盛于前代,持论倒置。

卷三十八　序八(时文)

罗万藻《张硕肤制艺小序》

先夫子曰:罗万藻字文止,豫章人,知县。文未成家,而有精深之作。

李世熊《抗谈斋制艺自序》

奇创之谈,大足骇人。平情而思,实属正论。

李流芳《徐廷葵燕中草序》

先夫子书《檀园集》:流芳字长蘅,嘉定人。长蘅无他大文,其题画册,潇洒数言,便使读之者如身出其间。真是文中有画也。

卷三十九　序九(赠类)

陈琛《赠邢秀才归揭阳序》

先夫子曰：潇洒脱尘，可谓行所无事。

徐渭《赠吴宣府序》

不叙其在朝功迹，而叙一琐事以形之，所谓闲中着眼，胜俗千万矣。

（按：此条《黄宗羲全集》缺，据《明文授读》刻本补录。）

卷四十　序十（送别类）

李承芳《送戴元之序》

先夫子书《东峤集》：承芳字茂卿，嘉鱼人，大厓世卿之兄也。大厓为白沙高第弟子，茂卿亦从学白沙，举进士，官至大理寺副。其文亦多讲学，而议论独辟，绝无庸芜之习，故知庸芜抄说无与于学者也。至使人言："道学语不可入于文章"，冤哉！

（按：此条《黄宗羲全集》缺部分文字，今据《明文授读》刻本补全。）

李承箕《送王承吉序》

先夫子书《大厓集》：承箕字世卿，嘉鱼人，从学于白沙。集中不屑屑讲学，善《易》者不言易与。

（按：此条《黄宗羲全集》缺，据《明文授读》刻本补录。）

李攀龙《送宗子相序》

先夫子曰：李攀龙字于鳞，历城人，河南按察使。沧溟之文，集句而成，一时视之亦如孙樵、刘蜕。但孙、刘意思隽永，沧溟则索然而已。楚楚自成尚不能况，欲以之易天下乎？

姚涞《送张子行之金宪陕西序》

先夫子曰：姚涞字维东，慈溪人，翰林学士。明山文甚可观。其在翰林，尝轻文衡山。牧斋以为："后世但知有衡山，何曾有举姚涞姓氏者乎？其实不然。衡山之风流，固不可没，使尽人而学衡山，则成一浮华之世界矣！"明山有《驱除录》，明初僭国之史也。今溪上人无知之者，又何怪夫牧斋之论乎？

（按：此条《黄宗羲全集》缺部分文字，今据《明文授读》刻本补全。）

储巏《送华源洁游南雍序》

先夫子书《柴墟集》：储巏字静夫，成化二十年进士第一，仕至南京吏部左侍郎，谥"文懿"。为文质实，然有家法。李卓吾谓其从阳明往来问学，不知何据。考其文集，止有阳明一书，亦非论学者也。

熊过《送程君启之任黄梅序》

弘忍即释氏五祖，黄梅人。

又先夫子曰：熊过字叔仁，号南沙，富顺人。文有精力，亦是能手。

傅夏器《送袁莪溪泉州府节推序》

先夫子书《锦泉集》：夏器字廷璜，闽之南安人，嘉靖庚戌会试第一人。以稽勋郎中归，即不出。文多模仿昌黎。

侯方域《送何子归金陵序》

何次德为相国如宠之子，少年喜结客。

卷四十一　序十一（杂类）

于慎行《贺中丞丘泽万公征倭功成序》

先夫子曰：于慎行号谷峰，东阿人，相神宗。其文博赡经世，固是名家；时露方板处。

先夫子曰：于慎行字无垢，东阿人，大学士。诗文春容宏丽。

戴良《百猿图序》

以此猿比元，以猴比明。此时元尚有四川，而明之发迹在东海，故云。

文翔凤《赵仲一先天数说序》

仲一之论，即佛氏"有物先天地，无形本寂寥。能为万象主，不逐四时凋"之论也。宋儒之论理气，亦是此说。但宋儒言神与形俱尽，则与理在气先之说自相违背，不如佛说之一贯也。

郑满《宗谱序》

谱序最难出新。此只闲闲淡淡一叙，却极淳朴，是宋、元有支派文字。

郑以伟《琴谱序》

先夫子曰：以伟字子器，江右上饶人，相烈皇，拙于票拟。其《灵山藏集》喜用僻书，杂博而乏本领。

朱安溦《酒筹序》

先夫子曰：安溦号小山，明之宗室也。尝游空同之门，于鳞、明卿过梁，每相酬和，弇洲谓其能酌献吉豪雄之响，而调柔之，但才小不及耳。今观其《春草斋集》文从字顺，不染习气，不嫌才小也。

卷四十二　序十二（题跋）

张燮《书魏志后》

先夫子曰：张燮字绍和，漳州举人。其文波澜壮阔，而佐以色泽。万历间一作手也。

王格《书昌黎集后》

已悉何、李之弊。

郑鄤《题葛成册页》

先夫子曰：葛成今同葬五人之墓，以其气类相似。此文当与张天如《五人墓记》同立一碑。

卷四十四　序十四(方外)

瞿汝稷《水月斋指月录序》

今释子人置一部。无此，不得为善知识矣！

书《瞿囧卿集》：汝稷字元立，号洞观，常熟人，文懿之子，由任子出守黄、邵、武辰三郡，擢长芦盐运使，以太仆少卿致仕。元立精于禅理，其所著《指月录》，释子奉之犹紫阳之《集注》也。为文亦多禅门习气，如白乐天诗，凡直言禅者，便无意味。非此则皆有可观。自是名家作手。

程嘉燧《松寥诗引》

极似苏公小品。

又书《松园偈庵集》：程嘉燧字孟阳，徽州人，无大文字，毕竟山人手段。

卷四十五　碑文

张宁《重修海盐县儒学碑》

从东坡牢笼不逞，别是有术内翻出。

文徵明《会稽双义祠碑》

先夫子曰：文徵明初名璧，以字行，更字徵仲，长洲人，以荐征为翰林院待诏，三载，谢病归，年九十。衡山文有师法，一时如吴匏庵、王震泽、史西村肩背相望也。

又曰：徵仲文有极佳者，多为诗画所掩。

田汝成《诛髡贼碑》

先夫子曰：有冯具区《漫录》一段当附后。谨查《漫录》：孙太守游飞来峰，见杨琏真伽像，怒，命石工截其头。石工误截地藏菩萨及侍者头，置狱中，其头常滚，狱中遂大疫。命僧作七昼夜道场，而疫不减，乃返其头于冷泉亭旁。游人践踏辄病，寺僧乃函供他处。而杨髡像竟无恙。田叔禾作《戮杨髡文》，亦不知其误。杨髡像前作天女献供，并酒缸内置一勺，上刻"杨琏真伽"云云数字，今亦残毁。乃竟遗祸于地藏，可笑也。周申父说。

卷四十六　墓文一(名臣)

王锡爵《周文恪公墓表》

又书王文肃《文草》：公字元驭，号荆石，相神宗。文笔纵横而华采，一代巨手。

（按：此条前有"碑版之文，唯文肃能以议论行其曲折"句，《明文海》卷四百四十八"墓文二十"见录，此略。）

卷四十八　墓文三（儒林）

张诩《白沙先生墓表》

先夫子曰:张诩字廷实,号东所,世家番禺。登进士,养高林泉六年,部檄起之,授户部主事。复谢病归。荐起南京通政司参议,即上疏辞归,从学白沙。故文多论学,然绝无庸腐之习。余阅宋文,凡论学者类不脱"庸腐"二字,故文章以道学语为讳,如东所又何患焉?

王鏊《大厓李先生墓表》

先夫子书《震泽集》:公字济之,吴县人,大学士。孝宗文治之盛,由长沙与公主持馆阁也。文虽不一辙,然清而不薄,详而不芜,皆正宗也。奈何空同大声疾呼,诋康庄为蹊径,真所谓无事生事矣!

詹事讲《近溪罗夫子墓志》

先夫子书《养真集》:詹事讲字明甫,豫章之乐安人。官御史,从近溪讲学。

卷四十九　墓文四（文苑）

祝允明《唐子畏墓铭》

斟酌分寸,淡笔传神。

卷五十　墓文五（杂类）

归有光《怀庆府推官刘君墓表》

其精神在临死一段,将生平好奇慷慨之致,借此点出。

(按:此条《黄宗羲全集》缺,据《明文授读》刻本补录。)

卷五十一　哀文

俞琬纶《祭胡一文》

先夫子曰:琬纶字君宣,长洲人,万历年进士。其《自娱集》文甚风华,颇似李义山,但无其学耳。

(按:此条《黄宗羲全集》缺,据《明文授读》刻本补录。)

卷五十二　行状

孙鑛《吏部尚书恭介陈公行状》

万历中阁部相轧情形,剖悉殆尽。即南皋、长孺两先生每言此事,不能如此曲折明白。

先夫子书《居业次编》:孙鑛字文融,余姚人,南京兵部尚书。月峰与外舅叶美度、先生余君房论文,诸书无不落蹊径,然其集中时有一二合作。

蒋冕《太学生丘君行状》

先夫子曰:公字敬之,全州人,相武宗,有光史册。其文博赡有法,非苟作者。

卷五十四　传二

王叔英《二孝子传》

先夫子曰：叔英字原采，黄岩人，建文时翰林修撰。其静学一本于仁义，固逊志之亚也。

卷五十五　传三（杂流）

王稚登《黄翁传》

先夫子曰：王稚登字伯谷，吴县人。为文小有致。

王宠《张琴师传》

先夫子曰：王宠字履吉，吴县人。雅宜之文小，文目标致而已。

何伟然《驭如传》

先夫子曰：何伟然字仙曜，仁和人。学无本领，欲以冷艳字句点缀成篇。学陈仲醇，而才力不及者也。徽人闵景贤刻快书数十种，大概小品清话。伟然踵而行之，亦刻快书数十种。余过景贤于南中，偶问伟然何状，景贤訾之不置。两人本好友，顾绝交于快书也。

（按：此三条《黄宗羲全集》缺，据《明文授读》刻本补录。）

卷五十六　传三（物类）

周是修《三义传》

先夫子曰：是修名德，以字行，泰和人，洪武末荐辟，仕至衡府纪善。靖难时入应天府学，自缢。《刍荛集》文特秀美，浸浸乎未有涯涘。

（按：此条《黄宗羲全集》缺，据《明文授读》刻本补录。）

卷五十七　赋一（国事）

李时勉《北京赋》

先夫子曰：李时勉名懋，以字行，安福人，国子祭酒。其文平实。

（按：此条《黄宗羲全集》缺，今据《明文授读》刻本补录。）

卷六十　赋四（吊古 述怀 欣赏 哀伤类）

徐𤊹《乍见赋》

先夫子曰：徐𤊹字兴公，闽县人。博学工文。

（按：此条《黄宗羲全集》缺，今据《明文授读》刻本补录。）

卷六十一　赋五（禽虫 花木 器物）

薛蕙《孤雁赋》

先夫子曰：薛蕙字君采，亳州人，考功郎中，西原之文清真，有悟于道德之旨，惜其一知半解而已。

俞允文《蟋蟀赋》

深得《两京》《三都》之法,他人堆积,中之空疏,殊为可厌。

杨守陈《伐老柳赋》

刺时之在高位者。

朱应登《杨梅赋》

先夫子曰:朱应登字升之,宝应人,云南参政。

汪伟《落叶赋》

先夫子曰:汪伟号闲斋,弋阳人,礼部。

谭宗《吊落梅赋》

谭宗初字九子,后改公子,姚江人,善音律,为人不羁。余于庚寅岁,见其与群少年登场演戏。九子扮绣襦,乐道德,摹写帮闲,情态逼肖。是后,不相邂逅。闻其改窜唐诗,心窃笑之。近从县丞田一峰处见其集,诗文俱有师法,自愧交臂失之。因选其古绘与此二赋。

(按:上述六条《黄宗羲全集》缺,今据《明文授读》刻本补录。)

徐献忠《布赋》

先夫子曰:徐献忠字伯臣,华亭人,奉化知县。文多小品。牧斋称其《布赋》,未见。忆崇祯庚午,云间王匡曾投《布赋》一篇,序其初种以至起解,甚详备,措词警秀,今亦失去。

卷六十二　经

蒋德璟《椰经》

先夫子曰:德璟字若柳,号八公,闽之晋江人,相烈皇。博物洽闻。召对时,凡九边兵马之数及道路远近、钱谷利弊,矢口而陈,无藉笏记。为文明爽,辨晰实用之学。晚年之书,如论黄钟、古尺,有裨经学者,惜未寓目。

附录2 《明文授读》著者目录索引

按:此目录索引为笔者据今齐鲁书社1997年版的《四库全书存目丛书》集部第400册至第401册中所录、中国社会科学院近代史研究所藏清康熙三十八年(1699)张氏味芹堂刻本《明文授读》整理而得,表中以收录作者姓名拼音先后为序,并进行了数量统计。

姓名	篇名	卷数	篇数
艾南英	《论宋史礼乐志》	卷之七,论二	11
	《论宋天地合祭》	卷之七,论二	
	《论宋禘祫》	卷之七,论二	
	《为僧募白衣大士像》	卷十五,疏文对答述丛谈	
	《募修文昌帝君阁疏》	卷十五,疏文对答述丛谈	
	《白城寺募建文昌帝君像疏》	卷十五,疏文对答述丛谈	
	《答夏彝仲论文书》	卷二十二,书七"论文下"	
	《再答夏彝仲论文书》	卷二十二,书七"论文下"	
	《答陈人中论文书》	卷二十二,书七"论文下"	
	《再与周介生论文书》	卷二十二,书七"论文下"	
	《前历试卷自序》	卷三十八,序八"时文"	
贝琼	《土偶对》	卷十五,疏文对答述丛谈	3
	《水云深处记》	卷二十七,记四"居室亭池类"	
	《送郑千之序》	卷四十,序十"送别"	
边贡	《涉封君挽诗序》	卷四十三,序十三"寿挽"	1
蔡懋德	《庚午江西武举录序》	卷四十一,序十一"杂类"	1
蔡汝楠	《东游篇序》	卷三十六,序六"诗集中"	2
	《送谭金事赴浙江按察序》	卷四十,序十"送别"	
蔡羽	《林屋洞记》	卷二十九,记六"游览记行类"	4
	《销夏湾记》	卷二十九,记六"游览记行类"	
	《石蛇山记》	卷二十九,记六"游览记行类"	
	《顾全州七诗序》	卷三十五,序五"诗集上"	

续表

姓名	篇名	卷数	篇数
陈 琛	《赠邢秀才归揭阳序》	卷三十九,序九"赠"	1
陈弘绪	《博依堂集序》	卷三十四,序四"文集下"	2
	《赠方元亮序》	卷三十九,序九"赠"	
陈 确	《丧实论》	卷之八,论三	4
	《死节论》	卷之八,论三	
	《丧意二则》	卷十五,疏文对答述丛谈	
	《与朱康流书》	卷十九,书四"国是吏治持正交游"	
陈仁锡	《钱兼由先生广用集序》	卷三十四,序四"文集下"	1
陈 束	《寄屠渐山书》	卷二十三,书八"自叙忧谗悽惋感愤讼冤"	2
	《辰州与田叔禾书》	卷二十三,书八"自叙忧谗悽惋感愤讼冤"	
陈献章	《认真子诗集序》	卷三十五,序五"诗集上"	4
	《送李世卿还嘉鱼序》	卷四十,序十"送别"	
	《王徐墓志铭》	卷五十,墓文五"杂类"	
	《陈冕墓铭》	卷五十,墓文五"杂类"	
程 瑶	《德郡重修东岳庙碑记》	卷二十六,记三"祠庙寺观类"	1
程嘉燧	《松寮诗引》	卷四十四,序十四"方外"	1
程敏政	《考正孔庙从祀疏》	卷之二,奏疏二	2
	《宋太祖太宗授受辨》	卷十二,原考辨	
储 巏	《送华源洁游南雍序》	卷四十,序十"送别"	1
戴 良	《百猴图序》	卷四十一,序十一"杂类"	1
戴世琳	《一粟轩记》	卷二十七,记四"居室亭池类"	
丁自申	《与王九难郎中书》	卷二十一,书六"论文上"	1
董梦桂	《吐绶赋》	卷六十一,赋五"禽虫花木器物"	1
杜诏先	《官子诗引》	卷三十七,序七"诗集下"	1
方 豪	《竹溪记》	卷二十八,记五"古迹"	1
方孝孺	《深虑论一》	卷之六,论一	23
	《深虑论二》	卷之六,论一	
	《君职》	卷之六,论一	

续表

姓名	篇名	卷数	篇数
方孝孺	《正俗》	卷之六,论一	23
	《斥妄》	卷之六,论一	
	《司马孚论》	卷之十,论五	
	《黄氏三寿图赞》	卷十四,颂赞箴铭	
	《与苏平仲先生书》	卷十六,书一	
	《与王修德书》	卷十六,书一	
	《复郑好义书》	卷十六,书一	
	《复郑好义第二书》	卷十六,书一	
	《答郑仲辨书》	卷十六,书一	
	《复郑叔度书》	卷十六,书一	
	《与赵伯钦书》	卷十六,书一	
	《与友人论井田书》	卷十六,书一	
	《答王秀才书》	卷十六,书一	
	《答钱罗二秀才书》	卷十六,书一	
	《答俞景文书》	卷十六,书一	
	《与郭士渊论文书》	卷十六,书一	
	《棠溪书舍记》	卷二十七,记四"居室亭池类"	
	《张彦辉文集序》	卷三十三,序三"文集上"	
	《送浮图景晔序》	卷四十四,序十四"方外"	
	《孙伯融传》	卷五十四,传二	
方震孺	《出狱谢恩疏》	卷之三,奏疏三	2
	《棘门集序》	卷三十四,序四"文集下"	
丰　坊	《世统本序》	卷三十一,序一"著述类上"	1
冯元飏	《叙诗庸》	卷三十一,序一"著述类上"	1
傅夏器	《送袁羡溪泉州节推序》	卷四十,序十"送别"	1
傅占衡	《吴陈二子选文糊壁记》	卷三十,记七"杂类"	5
	《亦骚篇序》	卷三十七,序七"诗集下"	
	《自娱草堂诗序》	卷三十七,序七"诗集下"	
	《和陶饮酒诗序》	卷三十七,序七"诗集下"	
	《游愈上诗序》	卷三十七,序七"诗集下"	

续表

姓名	篇名	卷数	篇数
高攀龙	《王侯祠两庑记》	卷二十六,记三"祠庙寺观类"	4
	《水居记》	卷二十七,记四"居室亭池类"	
	《可楼记》	卷二十七,记四"居室亭池类"	
	《重刻诸儒语要序》	卷三十二,序二"著述类下"	
高　启	《游天平山记》	卷二十九,记六"游览记行类"	2
	《闻早蛩赋》	卷六十一,赋五"禽虫花木器物"	
耿定向	《夏叟传》	卷五十四,传二	1
顾大韶	《放言一》	卷之十,论五	6
	《放言二》	卷之十,论五	
	《寻瞳使者说》	卷十三,解说释	
	《书十八房后》	卷三十八,序八"时文"	
	《竹签传》	卷五十六,传四"物类"	
	《又后虱赋》	卷六十一,赋五"禽虫花木器物"	
顾大章	《井田论》	卷之七,论二	2
	《诸曹佞台谏说》	卷十三,解说释	
顾起元	《诗论》	卷之九,论四	5
	《刘成斋先生诗序》	卷三十六,序六"诗集中"	
	《锦研斋次草序》	卷三十六,序六"诗集中"	
	《竹浪斋诗序》	卷三十六,序六"诗集中"	
	《潘方凯墨序》	卷四十一,序十一"杂类"	
顾宪成	《窹言》	卷十五,疏文对答述丛谈	2
	《寐言》	卷十五,疏文对答述丛谈	
顾炎武	《原姓》	卷十二,原考辨	2
	《吴同初行状》	卷五十二,行状	
顾彦夫	《观真》	卷十五,疏文对答述丛谈	2
	《村落嫁娶图记》	卷三十,记七"杂类"	
官抚辰	《李木夫诗序》	卷三十七,序七"诗集下"	1
归有光	《书斋铭并序》	卷十四,颂赞箴铭	11
	《思子亭记》	卷二十七,记四"居室亭池类"	

续表

姓名	篇名	卷数	篇数
归有光	《沧浪亭记》	卷二十八，记五"古迹"	11
	《项思尧文集序》	卷三十三，序三"文集上"	
	《送童少瑜序》	卷四十，序十"送别"	
	《寿瀋甫魏君五十序》	卷四十三，序十三"寿挽"	
	《赵汝渊墓志铭》	卷五十，墓文五"杂类"	
	《沈贞甫墓志铭》	卷五十，墓文五"杂类"	
	《怀庆府推官刘君墓表》	卷五十，墓文五"杂类"	
	《抚州府学训导唐君墓志铭》	卷五十，墓文五"杂类"	
	《左副都御史廉甫李公行状》	卷五十二，行状	
归 庄	《简堂集序》	卷三十四，序四"文集下"	2
	《侯研德文集序》	卷三十四，序四"文集下"	
郭造卿	《问社解》	卷十三，解说释	2
	《夕蛾赋》	卷六十一，赋五"禽虫花木器物"	
郭正域	《叶进卿文集序》	卷三十三，序三"文集上"	3
	《吴瑞谷诗序》	卷三十六，序六"诗集中"	
	《高文襄公墓志铭》	卷四十六，墓文一"名臣"	
海 瑞	《治安疏》	卷之二，奏疏二	1
郝 敬	《周公不杀兄辨》	卷十二，原考辨	3
	《客问》	卷十五，疏文对答述丛谈	
	《非墨篇》	卷十五，疏文对答述丛谈	
何 白	《与王伯度书》	卷二十，书五"论诗"	2
	《吴少君传》	卷五十五，传三"杂流"	
何景明	《渡泸赋》	卷六十，赋四"吊古述怀欣赏哀伤"	2
	《东门赋》	卷六十，赋四"吊古述怀欣赏哀伤"	
何良俊	《薛方山随寓录序》	卷三十二，序二"著述类下"	1
何南金	《游鬼岩记》	卷二十九，记六"游览记行类"	1
何乔远	《番薯颂》	卷十四，颂赞箴铭	10
	《陆象山像赞》	卷十四，颂赞箴铭	
	《与周彖六年文书》	卷二十二，书七"论文下"	

续表

姓名	篇名	卷数	篇数
何乔远	《琴庄笔记序》	卷三十二,序二"著述类下"	8
	《郑道圭诗序》	卷三十七,序七"诗集下"	
	《吴可观诗草序》	卷三十七,序七"诗集下"	
	《何仁仲奉使篇序》	卷四十一,序十一"杂类"	
	《石钟山赋》	卷五十八,赋二"时令由用类"	
何瑭	《东火乡改正祀典记》	卷二十六,记三"祠庙寺观类"	1
何伟然	《马又如传》	卷五十五,传三"杂流"	1
侯方域	《宋牧仲诗序》	卷三十七,序七"诗集下"	4]
	《送何子归金陵序》	卷四十,序十"送别"	
	《赠江伶序》	卷四十一,序十一"杂类"	
	《马伶传》	卷五十五,传三"杂流"	
侯一元	《理气论》	卷之八,论三	1
胡广	《皆山轩记》	卷二十七,记四"居室亭池类"	2
	《河清赋》	卷五十八,赋二"时令由用类"	
胡翰	《慎习》	卷之六,论一	6
	《井牧论》	卷之七,论二	
	《琴释》	卷十三,解说释	
	《悦亲堂记》	卷二十七,记四"居室亭池类"	
	《黄岩戴氏合族诗序》	卷三十五,序五"诗集上"	
	《雪心赋句解序》	卷四十一,序十一"杂类"	
黄道周	《易数疏》	卷之四,奏疏四	8
	《再告李朱二先生文》	卷十五,疏文对答述丛谈	
	《大涤书院记》	卷二十五,记二"学校书院官廨类"	
	《大涤书院后记》	卷二十五,记二"学校书院官廨类"	
	《大涤书院三记》	卷二十五,记二"学校书院官廨类"	
	《应本序》	卷三十四,序四"文集下"	
	《小草自序》	卷三十八,序八"时文"	
	《两朝忠烈碑》	卷四十五,碑文	
黄凤翔	《周幽厉王谥说》	卷十三,解说释	1

续表

姓名	篇名	卷数	篇数
黄　淮	《四愁赋》	卷六十，赋四"吊古述怀欣赏哀伤"	1
黄　琛	《博士松原杨公七十寿序》	卷四十三，序十三"寿挽"	1
黄　卿	《海市赋》	卷五十八，赋二"时令由用类"	1
黄省会	《难柳宗元封建论》	卷之七，论二	3
	《与陆芝秀才书》	卷二十一，书六"论文上"	
	《朱继翁遗文序》	卷三十三，序三"文集上"	
黄云师	《东林寺重建五如来殿碑记》	卷二十六，记三"祠庙寺观类"	1
黄宗会	《魏巳任墓志铭》	卷五十，墓文五"杂类"	2
	《思子赋》	卷六十，赋四"吊古述怀欣赏哀伤"	
黄尊素	《劾奏逆阉魏忠贤疏》	卷之三，奏疏三	10
	《谏廷杖请恤万璟疏》	卷之三，奏疏三	
	《宋科目考》	卷十二，原考辨	
	《宋赋考》	卷十二，原考辨	
	《答堂翁杨大洪问去留书》	卷十九，书四"国是吏治持正交游"	
	《止魏郭园劾魏广微书》	卷十九，书四"国是吏治持正交游"	
	《隆万两朝列卿记序》	卷三十一，序一"著述类上"	
	《徐虞求时文序》	卷三十八，序八"时文"	
	《虎丘观月赋》	卷五十八，赋二"时令由用类"	
	《浙江观潮赋》	卷五十八，赋二"时令由用类"	
霍　韬	《与朱二守论称谓书》	卷十八，书三"杂论"	3
	《赠黄子省会序》	卷三十九，序九"赠"	
	《李子长先生墓表铭》	卷四十八，墓文三"儒林"	
江盈科	《重刻唐文粹序》	卷三十二，序二"著述类下"	2
	《锦帆集序》	卷三十六，序六"诗集中"	
蒋德璟	《椰经》	卷六十二，经	2
	《珠经》	卷六十二，经	
蒋　冕	《太学生丘君行状》	卷五十二，行状	1
焦　竑	《与友人论文书》	卷二十一，书六"论文上"	4
	《墨苑序》	卷四十一，序十一"杂类"	

续表

姓名	篇名	卷数	篇数
焦竑	《兵部尚书王襄毅公墓志铭》	卷四十六,墓文一"名臣"	4
	《荣府纪善图泉朱公墓志铭》	卷四十八,墓文三"儒林"	
解缙	《大庖西上封事》	卷之一,奏疏一	4
	《适意斋记》	卷二十七,记四"居室亭池类"	
	《时敏斋记》	卷二十七,记四"居室亭池类"	
	《伯中公传》	卷五十四,传二	
瞿九思	《圣人制乐裁成说》	卷十三,解说释	2
	《报冯慕冈先生书》	卷十七,书二"经学讲学"	
瞿汝稷	《水月斋指月录序》	卷四十四,序十四"方外"	1
康海	《与彭济物书》	卷二十三,书八"自叙忧谗悽惋感愤讼冤"	1
黎遂球	《观汉刘氏塚记》	卷二十八,记五"古迹"	7
	《琉璃盆双红鱼记》	卷三十,记七"杂类"	
	《李氏藏书序》	卷三十一,序一"著述类上"	
	《陈孟长集句诗序》	卷三十七,序七"诗集下"	
	《李伯熙传》	卷五十四,传二	
	《荔枝赋》	卷六十一,赋五"禽虫花木器物"	
	《素馨赋》	卷六十一,赋五"禽虫花木器物"	
李承芳	《送戴元之序》	卷四十,序十"送别"	1
李承箕	《送王承吉序》	卷四十,序十"送别"	1
李东阳	《进历代通鉴纂要表》	卷之五,表	3
	《重进大明会典表》	卷之五,表	
	《鹊赋》	卷六十一,赋五"禽虫花木器物"	
李濂	《忌日答问》	卷十五,疏文对答述丛谈	2
	《艮岳赋》	卷六十,赋四"吊古述怀欣赏哀伤"	
李流芳	《徐廷葵燕中草序》	卷三十八,序八"时文"	
李梦阳	《诗集自序》	卷三十六,序六"诗集中"	3
	《盱江书院碑》	卷四十五,碑文	
	《灵豀先生墓志》	卷五十,墓文五"杂类"	
李攀龙	《送宗子相序》	卷四十,序十"送别"	1

续表

姓名	篇名	卷数	篇数
李　清	《吴公忆记序》	卷三十二,序二"著述类下"	1
李时勉	《北京赋》	卷五十七,赋一"国事"	1
李世熊	《褒恤孤忠疏》	卷之四,奏疏四	9
	《答叶慧生书》	卷十八,书三"杂论"	
	《李贺诗解序》	卷三十二,序二"著述类下"	
	《抗谈斋制义自序》	卷三十八,序八"时文"	
	《黎子遗编序》	卷三十八,序八"时文"	
	《谈长益制义序》	卷三十八,序八"时文"	
	《曾弗人行稿序》	卷三十八,序八"时文"	
	《罗宣明传》	卷五十四,传二	
	《画冈巾先生传》	卷五十四,传二	
李维桢	《温州府儒学记》	卷二十五,记二"学校书院官廨类"	2
	《万历书抄序》	卷三十一,序一"著述类上"	
李　贤	《物形说》	卷十三,解说释	1
李邺嗣	《马吊说》	卷十三,解说释	5
	《肺答文》	卷十五,疏文对答述丛谈	
	《福泉山精舍记》	卷二十六,记三"祠庙寺观类"	
	《贤孝叶淑人权厝志》	卷五十,墓文五"杂类"	
	《二仆传》	卷五十五,传三"杂流"	
李应昇	《劾魏广微疏》	卷之三,奏疏三	1
李元阳	《黑水辨》	卷十二,原考辨	2
	《游皖山记》	卷二十九,记六"游览记行类"	
梁　潜	《重修江陵佑圣观碑记》	卷二十六,记三"祠庙寺观类"	2
	《游长春宫遗址诗序》	卷三十五,序五"诗集上"	
廖道南	《真黉记》	卷二十五,记二"学校书院官廨类"	1
林文俊	《圣驾临幸太学谢表》	卷之五,表	1
林　志	《舵师记》	卷三十,记七"杂类"	1
刘　楚	《虎咥木偶人记》	卷三十,记七"杂类"	1
刘定之	《玺辨》	卷十二,原考辨	1

续表

姓名	篇名	卷数	篇数
刘 绘	《与宗尉西亭公论经学书》	卷十七,书二"经学讲学"	6
	《答乔学宪三石论诗书》	卷二十,书五"论诗"	
	《与王翰林槐野论文书》	卷二十一,书六"论文上"	
	《答祠狼熊南沙论文书》	卷二十一,书六"论文上"	
	《上大司徒梁公俭庵书》	卷二十三,书八"自叙忧谗悽惋感愤讼冤"	
	《送日者丁凤序》	卷四十一,序十一"杂类"	
刘 基	《菜窝说》	卷十三,解说释	5
	《苦斋记》	卷二十七,记四"居室亭池类"	
	《项伯高诗序》	卷三十五,序五"诗集上"	
	《王原章诗集序》	卷三十五,序五"诗集上"	
	《照玄上人诗集序》	卷四十四,序十四"方外"	
刘 球	《至日早朝赋》	卷五十七,赋一"国事"	2
	《畜鹰赋》	卷六十一,赋五"禽虫花木器物"	
刘文卿	《尚友堂文稿序》	卷三十四,序四"文集下"	1
刘 夏	《焦氏庐墓记》	卷三十,记七"杂类"	1
刘永之	《答梁孟敬书》	卷十七,书二"经学讲学"	1
刘宗周	《责难疏》	卷之四,奏疏四	5
	《祈天永命疏》	卷之四,奏疏四	
	《痛愤时艰疏》	卷之四,奏疏四	
	《去国疏》	卷之四,奏疏四	
	《黄母姚淑人五十寿序》	卷四十三,序十三"寿挽"	
娄 坚	《猴山先生集序》	卷三十三,序三"文集上"	2
	《张元长六十寿序》	卷四十三,序十三"寿挽"	
卢 柟	《与陈一泉外翰书》	卷二十三,书八"自叙忧谗悽惋感愤讼冤"	5
	《与耿忠庵进士书》	卷二十三,书八"自叙忧谗悽惋感愤讼冤"	
	《与孟龙川书》	卷二十三,书八"自叙忧谗悽惋感愤讼冤"	
	《幽鞠赋》	卷六十,赋四"吊古述怀欣赏哀伤"	
	《祭李复斋郎中文》	卷五十一,哀文	

续表

姓名	篇名	卷数	篇数
陆坍	《太极论》	卷之八,论三	1
陆粲	《与华修撰论修史书》	卷十八,书三"杂论"	2
	《祝枝山墓志》	卷四十九,墓文四"文苑"	
陆符	《董笔公文稿序》	卷三十八,序八"时文"	3
	《且就编序》	卷三十八,序八"时文"	
	《二江山中草序》	卷三十八,序八"时文"	
陆铨	《解尸虫文》	卷十五,疏文对答述丛谈	2
	《赠汪子擢守永州序》	卷三十九,序九"赠"	
陆深	《与康德涵修撰论乐书》	卷十八,书三"杂论"	3
	《块庵记》	卷二十七,记四"居室亭池类"	
	《瑞麦赋》	卷六十一,赋五"禽虫花木器物"	
罗洪先	《峡江练公祠记》	卷二十六,记三"祠庙寺观类"	7
	《幻悲阁记》	卷二十六,记三"祠庙寺观类"	
	《石钟山记》	卷二十八,记五"古迹"	
	《池亭唱和序》	卷三十五,序五"诗集上"	
	《别汪周潭序》	卷四十,序十"送别"	
	《吉安进士录序》	卷四十一,序十一"杂类"	
	《跋萧奇士宣平劝农图》	卷四十二,序十二"题跋"	
罗伦	《扶植纲常疏》	卷之一,奏疏一	5
	《复保宁李太守书》	卷十九,书四"国是吏治持正交游"	
	《宋文丞相祠堂记》	卷二十六,记三"祠庙寺观类"	
	《益庵记》	卷二十七,记四"居室亭池类"	
	《西园清隐记》	卷二十七,记四"居室亭池类"	
罗玘	《澄江文集后序》	卷三十三,序三"文集上"	7
	《送黎文渊还南城序》	卷四十,序十"送别"	
	《送李君知华亭县序》	卷四十,序十"送别"	
	《函长别情序》	卷四十,序十"送别"	
	《庆汪君七十寿序》	卷四十三,序十三"寿挽"	
	《寿朱本清六十序》	卷四十三,序十三"寿挽"	
	《养气俞先生挽卷序》	卷四十三,序十三"寿挽"	

续表

姓名	篇名	卷数	篇数
罗万藻	《孙硕肤制义小序》	卷三十八,序八"时文"	1
马 森	《春秋伸义序》	卷三十一,序一"著述类上"	1
毛 恺	《性说》	卷十三,解说释	1
孟 思	《论三代》	卷之六,论一	1
莫如忠	《答昌侍郎沃洲书》	卷二十一,书六"论文上"	1
穆文熙	《七雄策纂序》	卷三十一,序一"著述类上"	2
	《弇洲续稿序》	卷三十三,序三"文集上"	
倪元璐	《方隅未化正气未伸疏》	卷之四,奏疏四	9
	《劾杨维垣疏》	卷之四,奏疏四	
	《毁要典疏》	卷之四,奏疏四	
	《姚孟长翰长代言稿序》	卷三十四,序四"文集下"	
	《李大生更部霞起楼诗序》	卷三十七,序七"诗集下"	
	《黄石斋宦稿序》	卷三十八,序八"时文"	
	《吴淡人庶常别言序》	卷三十八,序八"时文"	
	《周简臣未焚草序》	卷三十八,序八"时文"	
	《祈止祥稿序》	卷三十八,序八"时文"	
倪宗正	《谿山岁月记》	卷二十七,记四"居室亭池类"	1
彭 华	《与吴鼎仪论韵学书》	卷十八,书三"杂论"	1
彭 辂	《国脉论上》	卷之六,论一	6
	《国脉论下》	卷之六,论一	
	《春秋论》	卷之九,论四	
	《与友人论诗书》	卷二十,书五"论诗"	
	《项子瞻诗选序》	卷三十六,序六"诗集中"	
	《诗集自序》	卷三十六,序六"诗集中"	
钱 福	《旌表赵氏女妇议》	卷十一,议	1
钱谦益	《答唐训导汝谔论文书》	卷二十二,书七"论文下"	24
	《复李叔则书》	卷二十二,书七"论文下"	
	《东征二士录》	卷二十四,记一"考古记功记事类"	
	《书沈伯和逸事》	卷二十四,记一"考古记功记事类"	

续表

姓名	篇名	卷数	篇数
钱谦益	《耦耕堂记》	卷二十七,记四"居室亭池类"	24
	《葛端调编次诸家文集序》	卷三十二,序二"著述类下"	
	《唐诗英华序》	卷三十二,序二"著述类下"	
	《新刻震川先生文集序》	卷三十四,序四"文集下"	
	《李忠文公文水全集序》	卷三十四,序四"文集下"	
	《归玄恭恒轩集序》	卷三十四,序四"文集下"	
	《胡致果集序》	卷三十七,序七"诗集下"	
	《曾房仲诗序》	卷三十七,序七"诗集下"	
	《刘司空诗集序》	卷三十七,序七"诗集下"	
	《石田诗钞序》	卷三十七,序七"诗集下"	
	《赠侯朝宗序》	卷三十九,序九"赠"	
	《题刘司空同年会卷》	卷四十二,序十二"题跋"	
	《似虞周翁八十序》	卷四十三,序十三"寿挽"	
	《汪母节寿序》	卷四十三,序十三"寿挽"	
	《忠烈杨公墓志铭》	卷四十七,墓文二"忠义"	
	《南京礼部尚书李公墓志铭》	卷四十九,墓文四"文苑"	
	《齐孝廉墓志铭》	卷五十,墓文五"杂类"	
	《邵茂齐墓志》	卷五十,墓文五"杂类"	
	《瞿元初墓志》	卷五十,墓文五"杂类"	
	《徐霞客传》	卷五十四,传二	
乔 宇	《登牛山记》	卷二十八,记五"古迹"	1
丘 濬	《拟进大明一统志表》	卷之五,表	1
丘维屏	《送邹幼楫自翠微还归序》	卷四十,序十"送别"	1
任 瀚	《果州浮梁记》	卷二十七,记四"居室亭池类"	4
	《禺山文集序》	卷三十三,序三"文集上"	
	《吴越诗引》	卷三十五,序五"诗集上"	
	《孙山甫诗集序》	卷三十五,序五"诗集上"	
桑 悦	《独坐轩记》	卷二十七,记四"居室亭池类"	6
	《游浯溪记》	卷二十九,记六"游览记行类"	

续表

姓名	篇名	卷数	篇数
桑 悦	《唐诗分类精选后序》	卷三十二,序二"著述类下"	6
	《韵学集成序》	卷三十二,序二"著述类下"	
	《听秋赋》	卷五十八,赋二"时令由用类"	
	《登楼赋》	卷五十九,赋三"居处人事闲情音乐"	
邵 宝	《治河论上》	卷之七,论二	4
	《治河论下》	卷之七,论二	
	《观陶说》	卷十三,解说释	
	《汉愍帝碑》	卷四十五,碑文	
沈 鲤	《毛诗折中序》	卷三十一,序一"著述类上"	1
沈懋孝	《复古乐议》	卷十一,议	9
	《补原性》	卷十二,原考辨	
	《格物穷理辨》	卷十二,原考辨	
	《为物不二解》	卷十三,解说释	
	《述大洲赵师口义》	卷十五,疏文对答述丛谈	
	《周易古注疏辑序》	卷三十一,序一"著述类上"	
	《刻蔡氏蒙引补正序》	卷三十一,序一"著述类上"	
	《截蒲编序》	卷三十二,序二"著述类下"	
	《书洪氏泉志后》	卷四十二,序十二"题跋"	
沈士柱	《遥祭阮大铖文》	卷十五,疏文对答述丛谈	1
沈寿民	《祭影庵郑师文》	卷五十一,哀文	1
沈一贯	《乐论一》	卷之九,论四	4
	《乐论二》	卷之九,论四	
	《许行论》	卷之十,论五	
	《捕者张松溪传》	卷五十五,传三"杂流"	
施邦曜	《阳明先生文集序》	卷三十四,序四"文集下"	1
舒 芬	《与友人论文书》	卷二十一,书六"论文上"	1
宋 濂	《孔子庙堂议》	卷十一,议	21
	《文原》	卷十二,原考辨	
	《平江汉颂》	卷十四,颂赞箴铭	

续表

姓名	篇名	卷数	篇数
宋 濂	《溟涬生赞》	卷十四,颂赞箴铭	21
	《答章秀才书》	卷二十,书五"论诗"	
	《栖云室记》	卷二十七,记四"居室亭池类"	
	《八咏楼诗纪序》	卷三十二,序二"著述类下"	
	《杜诗举隅序》	卷三十二,序二"著述类下"	
	《叶夷仲文集序》	卷三十三,序三"文集上"	
	《刘兵部诗集序》	卷三十五,序五"诗集上"	
	《送东阳马生序》	卷四十,序十"送别"	
	《元隐君鹿皮子陈先生墓志》	卷四十八,墓文三"儒林"	
	《元儒学提举杨君墓志铭》	卷四十九,墓文四"文苑"	
	《礼部侍郎曾公神道碑》	卷四十九,墓文四"文苑"	
	《喻侣喻南强传》	卷五十三,传一	
	《王冕传》	卷五十三,传一	
	《杜环小传》	卷五十三,传一	
	《方凤传》	卷五十三,传一	
	《黄景昌传》	卷五十三,传一	
	《秦士录》	卷五十三,传一	
	《奉旨撰蟠桃核赋》	卷六十一,赋五"禽虫花木器物"	
宋棨澄	《纪陶真人事》	卷二十四,记一"考古记功记事类"	1
苏伯衡	《进元史表》	卷之五,表	3
	《赠岳德清序》	卷三十九,序九"赠"	
	《徐进善三命辨序》	卷四十一,序十一"杂类"	
苏 桓	《弹筝记》	卷三十,记七"杂类"	1
孙承恩	《感蟋蟀赋》	卷六十一,赋五"禽虫花木器物"	1
孙 存	《申明冠礼疏》	卷之二,奏疏二	1
孙 矿	《吏部尚书恭介陈公行状》	卷五十二,行状	1
孙慎行	《劾方从哲疏》	卷之三,奏疏三	4
	《诗说》	卷十三,解说释	
	《蔷薇壁记》	卷二十七,记四"居室亭池类"	
	《读北门诗》	卷四十二,序十二"题跋"	

续表

姓名	篇名	卷数	篇数
孙爽	《书昌黎逸事》	卷四十二,序十二"题跋"	2
	《书小畜集后》	卷四十二,序十二"题跋"	
孙作	《杞鞠轩记》	卷二十七,记四"居室亭池类"	2
	《赠笔生张蒙序》	卷四十一,序十一"杂类"	
谭元春	《自序》	卷三十四,序四"文集下"	2
	《告亡友钟伯敬文》	卷五十一,哀文	
谭宗	《古绘赋》	卷六十,赋四"吊古述怀欣赏哀伤"	2
	《吊落梅赋》	卷六十一,赋五"禽虫花木器物"	
汤显祖	《临川县古永安寺复寺田记》	卷二十六,记三"祠庙寺观类"	7
	《青莲阁记》	卷二十七,记四"居室亭池类"	
	《腾侯赵仲一实政录序》	卷四十一,序十一"杂类"	
	《东莞县晋黄孝子特祠碑》	卷四十五,碑文	
	《国子监祭酒刘公墓表》	卷五十,墓文五"杂类"	
	《感宦籍赋》	卷五十七,赋一"国事"	
	《嗤彪赋》	卷六十一,赋五"禽虫花木器物"	
唐时升	《王辰玉纪游诗序》	卷三十六,序六"诗集中"	3
	《张文恒六十寿序》	卷四十三,序十三"寿挽"	
	《太仆寺丞归公墓志铭》	卷四十九,墓文四"文苑"	
唐顺之	《与陈两湖书》	卷十七,书二"经学讲学"	22
	《答项瓯东论陈白沙书》	卷十七,书二"经学讲学"	
	《答李孟诚书》	卷十七,书二"经学讲学"	
	《与耿蓝阳书》	卷十七,书二"经学讲学"	
	《与万思节主事书》	卷十八,书三"杂论"	
	《答茅鹿门书》	卷二十一,书六"论文上"	
	《与王尧衢书》	卷二十三,书八"自叙忧谗悽惋感愤讼冤"	
	《序广右战功》	卷二十四,记一"考古记功记事类"	
	《重修泾县儒学记》	卷二十五,记二"学校书院官廨类"	
	《西峪草堂记》	卷二十七,记四"居室亭池类"	
	《任光禄竹溪记》	卷二十八,记五"古迹"	

续表

姓名	篇名	卷数	篇数
唐顺之	《胡贸棺记》	卷三十,记七"杂类"	22
	《江阴县学新志序》	卷三十一,序一"著述类上"	
	《董中峰侍郎文集序》	卷三十三,序三"文集上"	
	《前后入蜀稿序》	卷三十六,序六"诗集中"	
	《赠训导丘君序》	卷三十九,序九"赠"	
	《书地理鹤岗况君卷》	卷四十二,序十二"题跋"	
	《送第上人渡海谒观音序》	卷四十四,序十四"方外"	
	《吏部郎中薛西原墓志铭》	卷四十八,墓文三"儒林"	
	《吏部郎中林东城墓志铭》	卷四十八,墓文三"儒林"	
	《都督沈紫江先生墓碑记》	卷五十,墓文五"杂类"	
	《瘗河壖枯骨志》	卷五十,墓文五"杂类"	
陶望龄	《拟与友人论文书》	卷二十二,书七"论文下"	5
	《寄君奭弟书》	卷二十二,书七"论文下"	
	《长春观碑记》	卷二十六,记三"祠庙寺观类"	
	《徐文长三集序》	卷三十三,序三"文集上"	
	《方布衣集序》	卷三十三,序三"文集上"	
田汝成	《重刻文选序》	卷三十二,序二"著述类下"	2
	《诛髡贼碑 附冯梦祯漫录》	卷四十五,碑文	
屠 隆	《与董宗伯书》	卷二十二,书七"论文下"	9
	《奉杨太宰书》	卷二十三,书八"自叙忧谗悒怅感愤讼冤"	
	《与沈君典诸子书》	卷二十三,书八"自叙忧谗悒怅感愤讼冤"	
	《为瞿睿夫讼冤书》	卷二十三,书八"自叙忧谗悒怅感愤讼冤"	
	《长水塔院记》	卷二十六,记三"祠庙寺观类"	
	《唐诗品汇序》	卷三十二,序二"著述类下"	
	《旧集自序》	卷三十六,序六"诗集中"	
	《吾谨传》	卷五十四,传二	
	《尹鬈头传》	卷五十五,传三"杂流"	

续表

姓名	篇名	卷数	篇数
万士和	《石阡途记》	卷二十九，记六"游览记行类"	1
万泰	《简堂记》	卷二十七，记四"居室亭池类"	2
	《姚江黄氏正气堂寿宴序》	卷四十三，序十三"寿挽"	
万廷言	《许孟中壬申所寄和诗后序》	卷三十六，序六"诗集中"	4
	《观物杂咏序》	卷三十六，序六"诗集中"	
	《泛舟诗序》	卷三十六，序六"诗集中"	
	《赠汪生序》	卷三十九，序九"赠"	
汪道昆	《查八十传》	卷五十五，传三"杂流"	1
汪伟	《落叶赋》	卷六十一，赋五"禽虫花木器物"	1
王鏊	《大厓李先生墓表》	卷四十八，墓文三"儒林"	3
	《洞庭两山赋》	卷五十八，赋二"时令由用类"	
	《吴子城赋》	卷六十，赋四"吊古述怀欣赏哀伤"	
王宠	《张琴师传》	卷五十五，传三"杂流"	1
王道	《禘祫考》	卷十二，原考辨	1
王衡	《黄葵阳先生文集序》	卷三十四，序四"文集下"	1
王骥德	《千秋绝艳赋》	卷五十九，赋三"居处人事闲情音乐"	1
王渐逵	《三洲子诗集序》	卷三十五，序五"诗集上"	4
	《越山社送李三洲诗序》	卷三十五，序五"诗集上"	
	《送林巽峰序》	卷四十，序十"送别"	
	《贺湛翁九十一序》	卷四十三，序十三"寿挽"	
王九思	《与中丞刘养和书》	卷十九，书四"国是吏治持正交游"	1
王履	《始入华山至西峰记》	卷二十九，记六"游览记行类"	4
	《上南峰记》	卷二十九，记六"游览记行类"	
	《游东峰记》	卷二十九，记六"游览记行类"	
	《宿玉女峰记》	卷二十九，记六"游览记行类"	
王慎中	《与项瓯东书》	卷二十一，书六"论文上"	17
	《巡海副使柯公海上平寇记》	卷二十四，记一"考古记功记事类"	
	《长汀县学记 附与汪直斋书》	卷二十五，记二"学校书院官廨类"	
	《游清源山记》	卷二十九，记六"游览记行类"	

续表

姓名	篇名	卷数	篇数
王慎中	《金溪游记》	卷二十九,记六"游览记行类"	17
	《晓江渔者记》	卷三十,记七"杂类"	
	《会南丰文集序》	卷三十二,序二"著述类下"	
	《沈青门山人诗序》	卷三十五,序五"诗集上"	
	《朱碧潭诗序》	卷三十五,序五"诗集上"	
	《赠赵千户序》	卷三十九,序九"赠"	
	《送程龙峰郡博致仕序》	卷四十,序十"送别"	
	《送诗人沈青门序》	卷四十,序十"送别"	
	《郡守父周莲坡荣封序》	卷四十一,序十一"杂类"	
	《寿蔡鹤峰先生序》	卷四十三,序十三"寿挽"	
	《送闲寂海上人序》	卷四十四,序十四"方外"	
	《张毅斋先生墓表》	卷四十七,墓文二"忠义"	
	《陈紫峰先生传》	卷五十四,传二	
王世贞	《战国策谈概序》	卷三十一,序一"著述类上"	2
	《宗子相集序》	卷三十三,序三"文集上"	
王守仁	《谏迎佛疏》	卷之二,奏疏二	11
	《再辞封爵疏》	卷之二,奏疏二	
	《瘗旅文》	卷十五,疏文对答述丛谈	
	《与顾东桥书》	卷十七,书二"经学讲学"	
	《答罗整菴少宰书》	卷十七,书二"经学讲学"	
	《与陆元静书》	卷十七,书二"经学讲学"	
	《答徐成之论朱陆书》	卷十七,书二"经学讲学"	
	《答毛宪副书》	卷十九,书四"国是吏治持正交游"	
	《象祠记》	卷二十六,记三"祠庙寺观类"	
	《何陋轩记》	卷二十七,记四"居室亭池类"	
	《别湛甘泉序》	卷四十,序十"送别"	
王叔英	《二孝子传》	卷五十四,传二	1
王廷陈	《寄童内方修志书》	卷十八,书三"杂论"	1
王廷相	《五行辨》	卷十二,原考辨	3
	《答何粹夫论乐律书》	卷十八,书三"杂论"	
	《答何粹夫论五行书》	卷十八,书三"杂论"	

续表

姓名	篇名	卷数	篇数
王维桢	《驳乔三石论文书》	卷二十一,书六"论文上"	1
王锡爵	《袁公荣公文集序》	卷三十四,序四"文集下"	5
	《右副督御史印川潘公墓志铭》	卷四十六,墓文一"名臣"	
	《户部尚书木庵杨公墓表》	卷四十六,墓文一"名臣"	
	《周文恪公墓表》	卷四十六,墓文一"名臣"	
	《刑部尚书凤洲王公神道碑》	卷四十九,墓文四"文苑"	
王祎	《汉南北军记》	卷二十四,记一"考古记功记事类"	4
	《唐两省记》	卷二十四,记一"考古记功记事类"	
	《古乐府诗类编序》	卷三十二,序二"著述类下"	
	《药房赋》	卷五十九,赋三"居处人事闲情音乐"	
王献定	《浙江按察司狱记》	卷二十五,记二"学校书院官廨类"	2
	《汤琵琶传》	卷五十五,传三"杂流"	
王云凤	《补烛记》	卷三十,记七"杂类"	1
王直	《夷齐十辨》	卷十二,原考辨	1
王稚登	《黄翁传》	卷五十五,传三"杂流"	1
王宗沐	《与胡宏甫书》	卷二十一,书六"论文上"	8
	《临海县重修儒学记》	卷二十五,记二"学校书院官廨类"	
	《梧冈诗集序》	卷三十五,序五"诗集上"	
	《白岩山人诗稿序》	卷三十五,序五"诗集上"	
	《赠康长公序》	卷三十九,序九"赠"	
	《赠青崖胡先生序》	卷三十九,序九"赠"	
	《桂林图志序》	卷四十一,序十一"杂类"	
	《寿槐庄杜翁六十序》	卷四十三,序十三"寿挽"	
文德翼	《魏子敬遗稿序》	卷三十四,序四"文集下"	3
	《李石守文稿序》	卷三十八,序八"时文"	
	《观文大社序》	卷三十八,序八"时文"	
文翔凤	《赵仲一先天数说序》	卷四十一,序十一"杂类"	1
文震孟	《孝思无穷疏》	卷之三,奏疏三	2
	《黄忠端公神道碑铭》	卷四十七,墓文二"忠义"	

续表

姓名	篇名	卷数	篇数
文徵明	《寿梅集序》	卷三十六,序六"诗集中"	3
	《会稽双义祠碑》	卷四十五,碑文	
	《沈石田行状》	卷五十二,行状	
乌斯道	《渔记》	卷三十,记七"杂类"	1
吴沉	《兵礼论》	卷之七,论二	2
	《六经师律序》	卷三十一,序一"著述类上"	
吴溥	《予庄记》	卷二十七,记四"居室亭池类"	2
	《太保康敏自公挽诗序》	卷四十三,序十三"寿挽"	
吾谨	《心性论》	卷之八,论三	4
	《灵识同异论》	卷之八,论三	
	《与方思道论文书》	卷二十一,书六"论文上"	
	《与李空同论文书》	卷二十一,书六"论文上"	
熊过	《送程君启之任黄梅序》	卷四十,序十"送别"	1
熊开元	《方舆纪要序》	卷三十二,序二"著述类下"	1
徐𤊹	《乍见赋》	卷六十,赋四"吊古述怀欣赏哀伤"	1
徐芳	《三民论上》	卷之十,论五	8
	《三民论下》	卷之十,论五	
	《浛雷记》	卷三十,记七"杂类"	
	《灵蛙记》	卷三十,记七"杂类"	
	《剑津草序》	卷四十四,序十四"方外"	
	《白骨会序》	卷四十四,序十四"方外"	
	《四十八愿期场序》	卷四十四,序十四"方外"	
	《愚者大师传》	卷五十四,传二	
徐阶	《忠愍杨公椒山墓志铭》	卷四十七,墓文二"忠义"	1
徐世溥	《食研堂集序》	卷三十七,序七"诗集下"	5
	《溉园诗集序》	卷三十七,序七"诗集下"	
	《莲须阁集序》	卷三十七,序七"诗集下"	
	《汉宫春晓赋》	卷五十七,赋一"国事"	
	《怀芳草赋》	卷六十一,赋五"禽虫花木器物"	

续表

姓名	篇名	卷数	篇数
徐 渭	《西施山书舍记》	卷二十八，记五"古迹"	5
	《赠吴宣府序》	卷三十九，序九"赠"	
	《张母八十序》	卷四十三，序十三"寿挽"	
	《陈山人墓表》	卷四十九，墓文四"文苑"	
	《祭胡少保文》	卷五十一，哀文	
徐献忠	《布赋》	卷六十一，赋五"禽虫花木器物"	1
徐学谟	《二卢先生诗集序》	卷三十六，序六"诗集中"	
徐应雷	《名士论》	卷之十，论五	2
	《答王孟肃书》	卷二十，书五"论诗"	
徐祯卿	《与同年诸翰林论文书》	卷二十二，书七"论文下"	1
薛 蕙	《孤雁赋》	卷六十一，赋五"禽虫花木器物"	1
薛 甲	《论赋》	卷之七，论二	2
	《论兵》	卷之七，论二	
薛三省	《开金塘山议》	卷十一，议	1
薛 瑄	《车憁记》	卷二十七，记四"居室亭池类"	1
薛应旂	《枢筦集序》	卷三十五，序五"诗集上"	1
杨继盛	《劾严嵩疏》	卷之二，奏疏二	2
	《祭易州杨五丈文》	卷五十一，哀文	
杨 爵	《香灰解》	卷十三，解说释	1
杨 涟	《纠参逆党疏》	卷之三，奏疏三	1
杨 锵	《国是论》	卷之六，论一	9
	《民生论》	卷之六，论一	
	《过臣论》	卷之六，论一	
	《君子小人论》	卷之六，论一	
	《学术论》	卷之八，论三	
	《管仲论》	卷之十，论五	
	《庄子论》	卷之十，论五	
	《愤世论》	卷之十，论五	
	《放言》	卷之十，论五	

续表

姓名	篇名	卷数	篇数
杨 慎	《答李仁夫论转注书》	卷十八，书三"杂论"	5
	《祭玉垒王舜卿文》	卷五十一，哀文	
	《祭少司徒南园张公文》	卷五十一，哀文	
	《药市赋》	卷五十九，赋三"居处人事闲情音乐"	
	《戎旅赋》	卷六十，赋四"吊古述怀欣赏哀伤"	
杨士奇	《石冈书院记》	卷二十五，记二"学校书院官廨类"	2
	《游东山记》	卷二十九，记六"游览记行类"	
杨守陈	《讲学听政疏》	卷之一，奏疏一	4
	《石钟山铭有序》	卷十四，颂赞箴铭	
	《勉庵赋》	卷五十九，赋三"居处人事闲情音乐"	
	《伐老柳赋》	卷六十一，赋五"禽虫花木器物"	
杨维桢	《潜溪新集序》	卷三十三，序三"文集上"	2
	《石丈人录》	卷五十六，传四"物类"	
杨循吉	《答东郭生书》	卷二十三，书八"自叙忧谗悽惋感愤讼冤"	2
	《朱先生诗集序》	卷三十五，序五"诗集上"	
杨兆京	《礼论》	卷之九，论四	1
姚 涞	《送张子行之金宪陕西序》	卷四十，序十"送别"	1
叶逢春	《重修江阴县尊经阁记》	卷二十五，记二"学校书院官廨类"	1
叶居升	《上万言书疏》	卷之一，奏疏一	1
叶良佩	《闵独赋》	卷六十，赋四"吊古述怀欣赏哀伤"	1
叶宪祖	《相思鸟赋》	卷六十一，赋五"禽虫花木器物"	4
	《后相思鸟赋》	卷六十一，赋五"禽虫花木器物"	
	《落花赋》	卷六十一，赋五"禽虫花木器物"	
	《捶钱赋》	卷六十一，赋五"禽虫花木器物"	
叶向高	《王亦泉诗序》	卷三十六，序六"诗集中"	1
尹民兴	《与友人书》	卷二十，书五"论诗"	2
	《序小吏诗》	卷三十七，序七"诗集下"	
于 谦	《祭蛤蟆石文》	卷十五，疏文对答述丛谈	1
于慎行	《贺中丞丘泽万公征倭功成序》	卷四十一，序十一"杂类"	1

续表

姓名	篇名	卷数	篇数
俞婉纶	《祭张幼于文》	卷五十一,哀文	2
	《祭胡一文》	卷五十一,哀文	
俞允文	《蟋蟀赋》	卷六十一,赋五"禽虫花木器物"	1
玉格	《书昌黎集后》	卷四十二,序十二"题跋"	1
袁宏道	《抱瓮亭记》	卷二十七,记四"居室亭池类"	5
	《华山别记》	卷二十九,记六"游览记行类"	
	《长安送黄竹石序》	卷四十,序十"送别"	
	《书唐医册》	卷四十二,序十二"题跋"	
	《纪梦为心光书册》	卷四十四,序十四"方外"	
袁黄	《情理论》	卷之八,论三	5
	《形神论》	卷之八,论三	
	《诗亡辨》	卷十二,原考辨	
	《寄陆五台先生书》	卷十九,书四"国是吏治持正交游"	
	《与王四来书》	卷十九,书四"国是吏治持正交游"	
袁中道	《远帆楼记》	卷二十七,记四"居室亭池类"	4
	《中郎先生文集序》	卷三十四,序四"文集下"	
	《寿大姊五十序》	卷四十三,序十三"寿挽"	
	《李温陵传》	卷五十四,传二	
袁尊尼	《听弹琵琶赋》	卷五十九,赋三"居处人事闲情音乐"	1
岳正	《江山秋霁图记》	卷三十,记七"杂类"	1
曾异撰	《罗山法海寺劝化普度疏》	卷十五,疏文对答述丛谈	9
	《与赵十五书》	卷二十,书五"论诗"	
	《答会长修书》	卷二十,书五"论诗"	
	《复曾叔祈书》	卷二十二,书七"论文下"	
	《谒李忠定公墓祠记》	卷二十八,记五"古迹"	
	《卓珂月蕊渊蟾台二集序》	卷三十四,序四"文集下"	
	《叙施造仲将军诗》	卷三十七,序七"诗集下"	
	《徐叔亨诗序》	卷三十七,序七"诗集下"	
	《张友有诗集序》	卷三十七,序七"诗集下"	

续表

姓名	篇名	卷数	篇数
詹事讲	《近溪罗夫子墓志》	卷四十八，墓文三"儒林"	1
张邦奇	《进历代通鉴纂要表》	卷之五，表	1
张大复	《东征献获记》	卷二十四，记一"考古记功记事类"	3
	《东征献俘记》	卷二十四，记一"考古记功记事类"	
	《济上看月记》	卷二十九，记六"游览记行类"	
张凤翼	《先师庙祀议》	卷十一，议	2
	《清舞赋》	卷五十九，赋三"居处人事闲情音乐"	
张孚敬	《正典礼疏》	卷之二，奏疏二	1
张 含	《虎含鱼说》	卷十三，解说释	1
张居正	《天下之势最患于成》	卷之六，论一	4
	《天下之事极则必变》	卷之六，论一	
	《三代至秦混沌之再》	卷之六，论一	
	《答奉常陆五台论治礼书》	卷十九，书四"国是吏治持正交游"	
张 宁	《甘谷堂诗序》	卷三十五，序五"诗集上"	3
	《题錬雪斋诗文册》	卷四十二，序十二"题跋"	
	《重修海盐县儒学碑》	卷四十五，碑文	
张时彻	《丰南禺摘集序》	卷三十六，序六"诗集中"	1
张 燮	《书魏志后》	卷四十二，序十二"题跋"	1
张 诩	《白沙陈先生墓表》	卷四十八，墓文三"儒林"	1
张 岳	《与聂双江书》	卷二十二，书七"论文下"	2
	《赠王兴乔南归序》	卷三十九，序九"赠"	
张治道	《耽诗论》	卷之九，论四	3
	《翰林院修撰对山康公行状》	卷五十二，行状	
	《孔雀赋》	卷六十一，赋五"禽虫花木器物"	
张自烈	《字汇辨序》	卷三十二，序二"著述类下"	1
章 懋	《谏元宵灯火疏》	卷之一，奏疏一	1
章 镒	《上扬镜川先生书》	卷二十一，书六"论文上"	1
赵本学	《孙子书校解引类序》	卷三十一，序一"著述类上"	1
赵广生	《王正义先生别传》	卷五十四，传二	1

续表

姓名	篇名	卷数	篇数
赵㧑谦	《稽古斋记》	卷二十七,记四"居室亭池类"	1
赵南星	《废社仓议》	卷十一,议	6
	《周元合文集序》	卷三十四,序四"文集下"	
	《张曰肩漫著序》	卷三十四,序四"文集下"	
	《送雷鹭洲归里序》	卷四十,序十"送别"	
	《孙清简公墓志铭》	卷四十六,墓文一"名臣"	
	《山西右布政使王君墓志铭》	卷五十,墓文五"杂类"	
赵汸	《潜溪后集序》	卷三十三,序三"文集上"	3
	《送征君郑子美序》	卷四十,序十"送别"	
	《黄楚望先生行状》	卷五十二,行状	
赵时春	《邹庄观音堂记》	卷二十六,记三"祠庙寺观类"	7
	《大观书屋记》	卷二十七,记四"居室亭池类"	
	《养鱼池记》	卷二十七,记四"居室亭池类"	
	《康太史集序》	卷三十三,序三"文集上"	
	《胡永之集序》	卷三十三,序三"文集上"	
	《读刘静修文集》	卷四十二,序十二"题跋"	
	《司命赋》	卷六十,赋四"吊古述怀欣赏哀伤"	
赵釴	《重修大兴寺记》	卷二十六,记三"祠庙寺观类"	2
	《凤嬉堂记》	卷二十七,记四"居室亭池类"	
赵贞吉	《复王敬所书其四》	卷十七,书二"经学讲学"	8
	《与少司马会确庵论统部书》	卷十八,书三"杂论"	
	《与赵浚谷中丞书》	卷十九,书四"国是吏治持正交游"	
	《复李生书》	卷二十一,书六"论文上"	
	《周南留著图录序》	卷三十二,序二"著述类下"	
	《重刻阳明先生文粹序》	卷三十三,序三"文集上"	
	《杨文忠公墓祠碑》	卷四十六,墓文一"名臣"	
	《泰州王心斋先生墓志铭》	卷四十八,墓文三"儒林"	
郑满	《三官庙记》	卷二十六,记三"祠庙寺观类"	3
	《重修漏泽园记》	卷三十,记七"杂类"	
	《宗谱序》	卷四十一,序十一"杂类"	

续表

姓名	篇名	卷数	篇数
郑鄤	《文庙乐书序》	卷三十一,序一"著述类上"	2
	《题葛成册页》	卷四十二,序十二"题跋"	
郑溱	《士先器识而后才艺论》	卷之十,论五	2
	《春秋集解序》	卷三十一,序一"著述类上"	
郑善夫	《张郡博去思碑记》	卷二十四,记一"考古记功记事类"	2
	《禹穴记》	卷二十八,记五"古迹"	
郑以伟	《琴谱序》	卷四十一,序十一"杂类"	2
	《董君玉几印章序》	卷四十一,序十一"杂类"	
钟惺	《潘无隐集序》	卷三十七,序七"诗集下"	4
	《送王永启督学山东序》	卷四十,序十"送别"	
	《断香铭》	卷五十,墓文五"杂类"	
	《白云先生传》	卷五十四,传二	
周洪谟	《殷民叛周论》	卷之六,论一	1
周容	《裁衣者说》	卷十三,解说释	4
	《答黄子润论字学书》	卷十八,书三"杂论"	
	《复许有介论诗书》	卷二十,书五"论诗"	
	《灯兰赋》	卷五十九,赋三"居处人事闲情音乐"	
周诗雅	《唐诗艳小序》	卷三十二,序二"著述类下"	2
	《明诗选序》	卷三十二,序二"著述类下"	
周是修	《三义传》	卷五十六,传四"物类"	2
	《放凫赋》	卷六十一,赋五"禽虫花木器物"	
周思兼	《叱道学论》	卷之八,论三	1
周天佐	《读盐铁论序》	卷三十一,序一"著述类上"	1
周怡	《囚对》	卷十五,疏文对答述丛谈	1
朱安㳽	《酒筹序》	卷四十一,序十一"杂类"	1
朱长春	《诗自序》	卷三十六,序六"诗集中"	1
朱应登	《杨梅赋》	卷六十一,赋五"禽虫花木器物"	1
朱右	《物初论》	卷之八,论三	1
朱曰藩	《跋空同先生集后》	卷四十二,序十二"题跋"	1

续表

姓名	篇名	卷数	篇数
祝允明	《古今论》	卷之六,论一	4
	《三箴》	卷十四,颂赞箴铭	
	《西洋朝贡典录序》	卷四十一,序十一"杂类"	
	《唐子畏墓志》	卷四十九,墓文四"文苑"	
庄 泉	《六合县科第题名碑记》	卷二十五,记二"学校书院官廨类"	2
	《送戴侍御提学陕西序》	卷四十,序十"送别"	
宗 臣	《与刘一丈书》	卷十九,书四"国是吏治持正交游"	2
	《平远台记》	卷二十七,记四"居室亭池类"	
邹观光	《瘗古志石文》	卷十五,疏文对答述丛谈	1
邹元标	《讲学疏》	卷之三,奏疏三	2
	《三祀志序》	卷四十一,序十一"杂类"	
邹 智	《应诏封事》	卷之一,奏疏一	1

附录 3 《明文海》四库本缺目简表

按：此表为笔者据浙江图书馆《明文海》著者目录索引爬梳整理而得，此处《明文海》四库本指文渊阁本，其中缺失篇目共计 197 条，"四库缺"或"四库本无"等说法亦暂依所参索引逐条记录。

著者	篇名	卷数	册数	附记
艾南英	《论宋史礼乐志》	100	25	四库本缺
	《论宋天地合祭》	100	25	四库本缺
	《论宋禘祫》	100	25	四库本缺
陈龙正	《请正郊期疏》	65	16	四库缺
	《垦屯并重疏》	65	16	四库缺
	《垦荒议》	65	16	四库缺
陈以忠	《华山游记》	357	90	四库缺
	《复修撰康公乡贤祠议》	76	19	四库缺
陈于陛	《纂辑本朝正史疏》	59	14	四库缺
方震孺	《出狱谢恩疏》	62	15	目录作黄尊素 四库缺
冯琦	《遗疏》	58	14	四库缺
傅占衡	《六戒》	126	31	四库无
	《盆草赋》	45	10	四库缺
顾大韶	《放言》（一、二、三）	99	25	四库缺
	《寻瞳使者说》	109	27	四库缺
	《白马非马辨》	117	29	四库本无
顾起元	《诗》（一、二）	95	24	四库本缺
	《春秋》（一、二）	95	24	四库本缺
	《郊祀》	95	24	四库本缺
郭选卿	《大宁辨》	117	29	四库本无
郭正域	《严谥典疏》	60	15	四库缺

续表

著者	篇名	卷数	册数	附记
何　白	《释问》	137	34	四库无
何乔新	《金主亮大杀其宗室论》	86	22	四库无
	《评衡论》	86	22	四库无
	《徐寿辉破江州总管李黼杀之》	86	22	四库无
何乔远	《古文解》	128	32	四库无
	《杂解九条》	128	32	四库无
	《番薯颂》	122	31	四库无
	《史迁谬是非辨》	117	29	四库本无
	《兰说》	109	27	四库本无
黄凤翔	《皇太后丧服考》	120	30	四库无
	《周幽厉王谥说》	109	27	四库本无
黄洪宪	《柬支华平》	174	43	四库无
黄　辉	《阜润堰铭》	124	31	四库缺
黄尊素	《宋科目考》	121	30	四库本无
	《宋赋考》	121	30	四库本无
	《劾奏逆阉魏忠贤疏》	62	15	六十二卷四库全缺
	《虎丘看月赋》	18	4	四库本缺
	《浙江观潮赋》	18	4	四库本缺
焦　竑	《与友人论文书》	154	38	四库无
	《郊祀分合考》	120	30	四库本无
	《修史条陈四书议》	75	19	四库缺
	《郑州重修药王庙碑》	72	18	四库缺
瞿九思	《九边辨》	116	29	四库本无
	《大宴礼说》	107	27	四库本无
	《圣人制乐裁成说》	107	27	四库本无
	《定律不必候气说》	107	27	四库本无
	《成周善藏兵说》	107	27	四库本无
瞿汝稷	《格物训》（一、二）	128	32	四库无
来知德	《客问》	138	34	四库无

续表

著者	篇名	卷数	册数	附记
黎遂球	《素馨赋》	45	10	四库缺
	《荔枝赋》	45	10	四库缺
	《槟榔赋》	45	10	四库缺
李三才	《祭陈国势病由疏》	60	15	四库缺
李世熊	《褒恤孤忠疏》	65	16	四库缺
	《乞免廷试疏》	65	16	四库缺
李载执	《孔明为后主写申韩管子六韬》	94	24	四库缺
刘宗周	《责难疏》	63	15	四库缺
	《祈天永命疏》	63	15	四库缺
	《痛愤时艰疏》	63	15	四库缺
	《去国疏》	63	15	四库缺
陆楫	《宋南迁解》	128	32	四库无
倪元璐	《方隅未化正气未申疏》	64	16	四库无
	《劾杨维垣疏》	64	16	四库无
	《毁要典疏》	64	16	四库缺
欧大任	《单道开颂》	122	31	四库本无
	《秦风辨》	117	29	四库本无
	《河图洛书辨》	117	29	四库本无
邱兆麟	《戚姑赋》	37	8	四库无
沈懋孝	《湖上读书惟六先生会语》	144	35	四库缺
	《为物不二解》	127	32	四库无
	《周礼传述考》	120	30	四库本无
	《汲冢周书考》	120	30	四库本无
	《前史载籍考》	120	30	四库本无
	《格物穷理辨》	115	29	四库本无
	《复古乐议》	75	19	四库缺
	《论文有五品》	75	19	四库缺
	《论文有五综七纬》	75	19	四库缺
	《京营考论》	75	19	四库缺

续表

著者	篇名	卷数	册数	附记
沈懋孝	《论王仲淹续经之旨》	75	19	四库缺
	《论天下大势》	75	19	四库缺
	《论文之义味》	75	19	四库缺
沈懋学	《题革象书后语》	224	56	四库缺
	《题宣和谱之前》	224	56	四库缺
	《书鄱阳洪氏泉志后》	224	56	四库缺
	《崔氏考注中说序》	224	56	四库缺
	《题孝感杨夷思先生怀师录》	224	56	四库缺
	《论语笔解》	224	56	四库缺
	《七略序》	224	56	四库缺
	《题司马相如对禅书》	224	56	四库缺
	《路史序》	224	56	四库缺
	《截蒲编序》	224	56	四库缺
	《叙汉选抄》	224	56	四库缺
	《刻蔡氏蒙引补正序》	224	56	四库缺
	《选抄副本序》	224	56	四库缺
	《七言律诗韶编序》	224	56	四库缺
	《两支集序》	224	56	四库缺
	《校刻尔雅注叙》	224	56	四库缺
	《周易古注疏辑序》	224	56	四库缺
沈一贯	《乐论》（一、二）	98	25	四库缺
	《卜论》	98	25	四库缺
	《许行论》	98	25	四库缺
宋懋澄	《辨文章五声》	117	29	四库本无
唐时升	《诗亡然后春秋作论》	95	24	四库本缺
王好问	《逐客》	145	35	四库无
王家屏	《答顾冲庵抚台》	181	45	四库无
王锡爵	《定国论一政体疏》	58	14	四库缺
	《申请举行泰交用人原奏疏》	58	14	四库缺

续表

著者	篇名	卷数	册数	附记
王宗沐	《与胡弘甫书》	154	38	论文 四库无
魏呈润	《留山初铭》	124	31	四库本无
	《义山铭》	124	31	四库本无
文德翼	《卧赋》	28	7	四库无
	《巫说》	109	27	四库本无
文震孟	《国步綦艰圣表衷宜启疏》	62	15	四库缺
	《孝思无穷书》	62	15	四库缺
	《皇陵震动疏》	62	15	四库缺
吴道南	《边地议》	81	21	四库缺
	《边饷议》	81	21	四库缺
	《泇河议》	81	21	四库缺
	《谥法议》	75	19	四库缺
	《科场议》	75	19	四库缺
熊人霖	《钱法广议》	78	20	四库缺
徐必达	《采木六难》	80	20	四库缺
徐 芳	《七义赞》	123	31	四库无
	《三民论》（上、下）	100	25	四库无
徐师曾	《三高三忠祠议》	76	19	四库缺
徐时进	《常平仓议》	77	19	四库缺
	《乡约保甲议》	77	19	四库缺
	《文说》	108	27	四库本缺
徐世溥	《怀芳草赋》	45	10	四库缺
	《逐病赋》	28	7	四库缺
薛 甲	《学庸疑义五条》	129	32	文缺四库无
杨 琏	《乞归疏》	61	15	四库缺
	《劾逆庵魏忠贤疏》	61	15	四库缺
杨循吉	《金小史序》	220	55	四库无
叶向高	《屯政考》	121	30	四库本无
	《京营兵制考》	121	30	四库本无
	《保甲议》	77	19	四库缺

续表

著者	篇名	卷数	册数	附记
游曰教	《纪梦为先杨乞祠议》	76	19	四库缺
于慎行	《太庙祧迁考》	121	30	四库无
袁 黄	《边关十议》	80	20	四库缺
	《运河考》	121	30	四库本缺
	《泉政考》	121	30	四库本缺
	《石柜考》	121	30	四库本缺
	《高家堰考》	121	30	四库本缺
	《分黄导淮考》	121	30	四库本缺
	《古人治河考》	121	30	四库本缺
	《今日治河考》	121	30	四库本缺
	《沟洫考》	121	30	四库本缺
	《疏浚考》	121	30	四库本缺
	《水讯考》	121	30	四库本缺
	《筑堤考》	121	30	四库本缺
	《禹贡三江考》	121	30	四库本缺
	《白河考》	121	30	四库本缺
	《三吴水利考》（上、下）	121	30	四库本缺
	《历法考》	121	30	四库本缺
	《日食考》	121	30	四库本缺
	《马政考》	121	30	四库本缺
	《古书真伪考》	25	29	四库本缺
	《八蜡辨》	25	29	四库本缺
	《杨雄不仕王莽辨》	25	29	四库本缺
	《诗亡辨》	25	29	四库本缺
	《丧服辨》	25	29	四库本缺
	《内刑辨》	25	29	四库本无
	《情理辨》	97	25	四库本无
	《形神论》	97	25	四库本无
张 采	《娄江说》	109	27	四库本无

续表

著者	篇名	卷数	册数	附记
张凤翼	《清舞赋》	36	8	四库无
	《斗蟋蟀对》	136	34	四库无
	《后蟋蟀对》	136	34	四库无
	《先师庙祀议》	74	19	四库缺
张 恒	《文佞论》	96	25	四库缺
	《血气心知辨》	114	29	四库本无
张居正	《答王鑑川计贡市利害》	181	45	四库无
	《与张心斋计不许东虏欬贡》	181	45	四库无
张 鼐	《大学古本解》	128	32	四库无
赵南星	《废四六启议》	82	21	四库缺
	《四凶议》	82	21	四库缺
	《废社仓议》	77	19	四库缺
	《王灵官赞》	123	31	四库无
郑之玄	《第三问》	138	34	四库无
钟 惺	《灯花赋》	28	7	四库无
	《秦淮灯船赋》	28	7	四库无
	《鹊巢赋》	42	9	四库无
	《李长吉诗辨》	117	29	四库无
	《断香铭》	124	31	四库无
朱长春	《叩隐》	137	34	四库无
祝以豳	《梅雨说》	108	27	四库本无
	《命说》	108	27	四库本无
邹元标	《讲学疏》	61	15	四库缺

后 记

　　2020年的夏天,似乎比往年来得更加悄然而迅捷。敲下最后一键,点击保存后起身,窗外蝉声悠长嘹亮,余音绕梁,久久不散。那是如流星般闪现于世,尽情歌唱后便永远消逝的、弱小又倔强的生命在谢幕前所做的华丽表演。

　　走笔至此,终于可以举首凝眸,让时光回溯数载。

　　八年前,在硕士毕业十余年后,我打点行装踏入八闽大地重新寻求学术精进之路,不曾想过自己会在那个陌生的南方城市有何等的奇遇,亦不曾料到有朝一日会穿越猎猎风尘和一位横跨数界成就斐然的学术大家结缘。当结束博海冲浪生涯,伫立于冬光旖旎、海水激滟的金门码头,似乎看见那个耄耋老者颔首拂须而笑,不禁低眉合掌:漫漫征程,上下求索,可无悔矣!

　　从论文到书稿,是个令人唏嘘感慨、念念不忘听取回响的过程。将博士论文的部分内容剥离出来,加以充实和完善后正式付梓,几乎是理所应当的必然事件。而逡巡于因为文献性质略显刻板、严肃的文字之中,面对由于资料不足和自身学力所限存留的若干待解问题,常有难以安榻之感,唯恐愧对了"耿耿此心不易灰"的先贤学者,愧对了那段令人"荡胸生层云"的历史。在这样时而坚定时而犹疑的心态下,几经改易,终于在完稿的那一刻,蓦地明了梨洲老人穷尽心力孜孜于编著,却不轻易定本那种既欣欣然又怅怅然的复杂微妙心理,并深觉倘若只能择一字总结那些伏案砌文的岁月,则非"幸"莫属。

　　此"幸",首先源自那个在天地互换、乾坤不定的时代潮流中奋勇拼杀,在文史哲各界皆能独当一面,遍地开花,被尊为一代鸿儒的大师黄宗羲。身处杭州的我和出生余姚的他首度近距离亲密接触是在博士选题期间,时空相隔算来不过数百年和数百里,但余生注定相牵相守的缘分却始于更早更远处。自此,一入黄门深如海,从此梨洲非路人。我不断地折服于大师不同凡俗的学识、豪气和魅力,也不得不由衷感恩他给予后人如许多的学术馈赠和知识瑰宝。

　　此"幸",也得自我的导师欧明俊教授。人的一生,能得遇明师指导教诲,乃莫大幸事。欧师博学睿智,敏锐通达,严谨和善,对学术有着炽热的追求和虔诚的情怀,最擅思人所未思,发人所未发,时有精言妙语点人于寻常,令学生如醍醐灌顶，茅塞顿开；又有超众识见启心涤智，助学生似甘露洒怀，神清气爽。老师跳跃灵动的思维常带人海阔天空、烟雨江湖，其儒雅的书生气度和高昂的治学理想让人由衷拜服，而间或闪现的风趣幽默与率真性情又令人捧腹并觉亲切。记得第一次聆听师训，老师淡然告知做学问不可功利，思维不可局限，要有大视野大格局，而最佳的做学问之境乃是快乐治学……然后便表达了对学生的高远期许和多方关心。惜乎自己生性愚鲁，不堪开化，有负师望，但导师当日所言却在耳在心，历历不忘。选题初定时，我曾担心自己力不能及、无法驾驭而多有顾虑，受制于畏难情绪一度迟滞不前。是欧老师时而温言相导，时而厉言鞭策，帮助我更新观念，树立自信，使我得以一路跟跟跄跄却不断披荆斩棘摸索向前。衷心谢谢我的导师。没有欧老师的谆谆教诲、激励厚爱与悉心扶助，我可能还在蜗速爬行，难有寸进。而2016年顺利通过博士论文答辩那天，老师对我抚掌相贺，我竟只知憨笑以对。师恩难报！唯有以一"谢"字汇聚我内心所有的感恩和庆幸，再铭记师训，砥砺前行。

研学途中得逢太多良师益友，实为平生又一大幸也！

感谢读博期间授我以学的各位老师。齐裕焜教授、陈庆元教授、李小荣教授、涂秀虹教授、王汉民教授、郭丹教授、张善文教授……无不博识勤勉、宽容豁达、谦逊严谨，给我留下至深至明的印象。而各位师长在学术路上执着向前、推掖后进的精神，还有令人高山仰止的学养与品格，都令我感佩不已并指引着我此后的奋斗方向。感谢论文答辩时各位专家、学者的真知灼见和高明指点。当初因为论文预答辩和正式答辩二上金门，让人在台风肆虐过后的满地狼藉和重整后焕然一新的井然有序中更深地感受到人间恒定的温暖和顽强的韧性。此间老师们提出的宝贵建议和细心督勉，师兄们的满腔热情和体贴关照，还有小师妹内外兼顾又无怨无悔的协助，都让我由衷感动与感恩。感谢硕士阶段的王琦珍师、曾子鲁师、段晓华师、杜华平师等以高尚的德行和勤研的精神引我入门。虽然毕业之后山遥水远难以常见，老师们却时时关心我的读书情况和学术进展，尤其王琦珍师不顾年高体弱，总是默默地以微信、电话等方式提供学界最新动态和查询文献资料之法。我平素口拙，极少出言致谢，但此中点滴，实铭感于怀久矣！

学术路上踽踽而行，还有太多需要感谢的人。

当初密友太萍与我同年考取博士，她北上我南下，数年间，我们彼此扶持协助，相互勉励安慰，共渡博海风云。犹记得2014年11月到北京国家图书馆查访资料时借住于太萍宿舍，和她一起在北师大后主楼上自习到深夜

12点,惊觉马上封门后不得不急速狂奔冲入宿舍楼,然后与她同床共枕夜话求学问道的种种。也记得她隔三岔五发来"加油""相信你"的鼓励,还有在我捉襟见肘之际放弃休息对英文资料施以援手等等,这种不可量计的情谊,无论何时何地我都将铭记在心。与我相识相知二十余年的闺中挚友长江、满珍等常于不经意的闲谈间表达对我的激励和肯定,感谢她们予我无处不在的情感支持和心灵滋养。

几年来,学院领导也经常过问我的工作和生活,多次给予勉励督促,感谢来自领导们的敲打和关照。感谢我身边的热心同事。在我文稿写作最关键阶段无法承担过多教学任务时,刘俊伟老师挺身而出接手部分课程解决我一大难题,吴智斌、汤燕君等老师亦经常以"过来人"身份解我重压、宽我心怀,范知欧老师则帮忙减轻我指导学生论文的压力,这些貌似君子之交的朋友们给予了我最有效、最体贴的慰藉。

感谢查访资料及写作文稿过程中给我提供了各种帮助的相识和不相识的朋友。感谢国家图书馆、宁波天一阁、余姚博物馆及上海图书馆等处的管理员老师们。尤其浙江图书馆古籍善本特藏室的张老师、孤山分馆的夏老师等,在得知我每天来回奔波三小时余才能抵达古籍部查阅文献的不易时,他们尽其所能给我提供资料查询之便,而精于文献学的陈老师总是不厌其烦,耐心地帮助我辨认印章,讲解疑难。感谢他们的无私相助!在我苦于资料获取不便时,在台访学的晚霞同学专程为我跨越半座城市到台北故宫博物院复印文籍并随箱捎上两盒蛋卷,而我赴日求学于大阪的学生陈慧慧也特意帮忙至东京拍来《明文授读》的资料图片供查对。凡此种种,无一不是深情,无一不令人慨然。

诸多幸事中,最奇妙的缘分或是在榕城结识了若干好姐妹。求学路上能有一群同心同德同道者相携共进,与时偕行,幸甚至哉!福师大的文科楼、南安楼、长安山,曾经因为喧闹的我们而一扫沉寂,变得多姿多彩,熠熠生辉。那一年的流光日影、清风明月、紫荆蓝楹、栀子木棉,那一段彼此切磋学问交流论道、嬉笑逗闹把盏言欢的美好时光……件件在目,念念在心。感谢我的好姐妹张伟、赵莹莹、侯丹、赵雅丽、曾丽琴、郑丽霞、郑昀、董慧等,短短一年的相处,成就了意料之外的深情厚谊,这是我在福州除了学业之外最大、最圆满的人生收获和幸福源泉。师姐卓希惠、师弟邹书、班长卞友江,还有名为师兄实是弟弟的董国华、鄢冬等经常通过短信、QQ留言等方式关心和鼓励我,在那些负重而行的日子,他们的问候和开导犹如三月春风、冬日艳阳,让我于蹒跚困惑中逐渐步伐坚定,终能专注投入学业一途。

　　感谢我至亲至爱的家人，包括年事已高的父母、穷于奔波的爱人和乖巧伶俐的儿子。由于求学与教学并行，我常常分身乏术，顾此失彼，无法周全，是家人的付出和包容使我得以"自私"地安心做自己的事，期间种种千回百转，难以尽言。当初我只身一人奔赴远方时，儿子尚是稚气未脱的三岁小娃，每次往返于浙闽两地之间，爱人都会或牵或抱着年幼的孩子送我到车站。隔着厚重得仿佛可以隔绝一切的窗玻璃，看父子俩迎风挥手注目相送，那幕画面已永远定格于我记忆板上，烙印鲜明得成为促我日后步步向前的力量之源。回杭后，尤其是我忙于写书的这段时间，爱人一边孜孜于自己的事业，一边负担起带娃重任，抽空还帮忙整理些资料。感谢这个在身心诸方面都给予我常人所不能给的照顾、关爱和支持的亲人。

　　当然，还想感谢我自己。曾在他人问询文稿之事时笑称："猴年马月吧！从现在起不完成这个任务我不剪发啦！"未料此去经年，不知不觉间一袭长发已然及腰。想起之前一边工作一边写稿的诸多"不得已"，如不得不在假期带着孩子天天泡图书馆，不得不冷馒头、硬饼干凑合出一天做事的能量，不得不风雨无阻想方设法辗转多地查阅资料，不得不闭关潜心写作最长一连二十余日足不出户以致暴瘦如柴……如今想来，万般无奈，皆是幸事。感谢自己最终的坚持，在连续奋战使尽洪荒之力后，终于在丹桂飘香、秋色连波的九月看到将青丝渐少的长发咔嚓一刀的希望。

　　最后，感谢浙江大学出版社的胡畔编辑、杨利军编辑等。和编辑们虽未曾谋面，但每一次文字和语音接触都如夏日和风般熨帖入心，让我受益颇多。尤其胡编辑耐心提醒的朴实言语间展露出的认真负责、严谨干练和细腻温情，令人莞尔之余又生幸运之叹：感谢遇见，感谢相助。本书出版还有幸得获浙江省哲学社会科学规划后期资助基金的资助，在此一并诚挚致谢。

　　愚钝如我亦深知，与学术牵手，注定不可能一马平川，逍遥度日。因为始终心怀对学术的敬畏之情，我常戚戚又惶惶。但学术予人之魅力或许就在让你不自觉地沉溺于时为桃源时为迷宫、时如飞龙时如困兽般的无限未知与可能之境吧！最后，本书稿尚有诸多不足或偏颇之处，待不敏小子有机会再行修正完善，以慰先贤和自己。尼采说过：每一个不曾起舞的日子，都是对生命的辜负。惟愿此后余生能自由翻跹于高文典册、书香翰墨间，不负己心，不问归程。

崔　霞

2020 年 9 月 书于钱塘清雅

图书在版编目(CIP)数据

黄宗羲明文选本文献学研究 / 崔霞著 . —杭州：
浙江大学出版社，2021.4
ISBN 978-7-308-21059-1

Ⅰ.①黄… Ⅱ.①崔… Ⅲ.①中国文学－古典文学研
究－明代 Ⅳ.①I206.62

中国版本图书馆 CIP 数据核字(2021)第 025716 号

黄宗羲明文选本文献学研究

崔 霞 著

责任编辑	胡　畔(llpp_lp@163.com)	
责任校对	宋旭华	
封面设计	周　灵	
出版发行	浙江大学出版社	
	(杭州市天目山路 148 号　邮政编码 310007)	
	(网址:http://www.zjupress.com)	
排　　版	浙江时代出版服务有限公司	
印　　刷	浙江新华数码印务有限公司	
开　　本	710mm×1000mm　1/16	
印　　张	19.25	
字　　数	350 千	
版 印 次	2021 年 4 月第 1 版　2021 年 4 月第 1 次印刷	
书　　号	ISBN 978-7-308-21059-1	
定　　价	68.00 元	